ちくま学芸文庫

カリスマ

C・リンドホルム
森下伸也 訳

筑摩書房

Charisma by Charles Lindholm

愛と尊敬とをこめて本書を
父ウィルバー・T・リンドホルムにささぐ。

訳者まえがき

本書は Charles Lindholm, *Charisma*, Basil Blackwell/Oxford and Cambridge, 1990 の全訳である。

著者チャールズ・リンドホルムは一九四六年生まれのアメリカの人類学者。学部・大学院とコロンビア大学で学んで博士号を取得したのち、一九八三年まで同大学やバーナード大学、また一九九〇年までハーバード大学で教鞭を取り、本書が刊行された一九九〇年にはハーバード大学の助教授であった。その後、ボストン大学へと移籍し、長らくその人類学教授を務めた。現在は同大学の名誉教授である。

本書以外に、共著を含め以下の八冊の著書がある。著書はスペイン語、トルコ語、中国語、アラビア語、ポルトガル語に翻訳されているとのことであるが、邦訳されたのは本書以外にないようである。

Generosity and Jealousy: The Swat Pukhtun of Northern Pakistan, Columbia University Press/New York, 1982
Frontier Perspectives: Essays in Comparative Anthropology, Oxford University Press/Karachi, 1996
Is America Breaking Apart? (With John A. Hall), Princeton University Press/Princeton, 1999
The Islamic Middle East: Tradition and Change, Basil Blackwell/Oxford, 2002
Culture and Identity: The History, Theory, and Practice of Psychological Anthropology, Oneworld Publishers/Oxford, 2007
Culture and Authenticity, Basil Blackwell/Oxford, 2007
The Struggle for the World: Liberation Movements for the 21st Century (with José Pedro Zúquete), Stanford University Press/Stanford, 2010
The Anthropology of Religious Charisma: Ecstasies and Institutions (edited volume), Palgrave-Macmillan/New York, 2013

『カリスマ』という表題から察せられるように、本書の主題は、集団の狂気という人類の古くて新しい問題である。最低最悪の野蛮の解放によって近代合理主義は完成するとしたホルクハイマーとアドルノの言葉どおり、二十世紀において集団の狂気は官僚制国家やテクノロジーの飛躍的な発展と結びつき、史上最大規模の蛮行を次々に産みだしてきた。たとえば、ナチズム、スターリニズム、文化大革命、クメール・ルージュ、オウム真理教事件……。そして何より忌まわしいのは、人類はその災厄になお長らくのあいだ苦しみ続けなければならない、ということである。たとえば、二〇〇一年九月に起きたイスラム過激派集団アルカイダによるアメリカ同時多発テロ事件は、そのことを雄弁に物語っていよう。いったいどうすれば人類はこの野蛮から解放されうるのか？　いや、そもそも解放されることなどありうるのか？　本書のなかで著者が挑戦しようとしているのは、まさにこの第一級の重く困難な問題である。

多くの理論家が自己の思想的生命を賭けて——場合によっては文字通り命がけで——立ちむかってきたこの問題に、著者は思想史、社会学、心理学、精神医学、宗教学、人類学など多方面の文献やフィールドワークを広く渉猟し、先達の知見を吸収しながら、「カリスマの総合理論」とよぶにふさわしい大胆かつ精彩にとんだ考察と主張を展開している。老婆心ながら、読者の便宜のために本書の要点を列挙しておこう。

(1)「カリスマ=自己喪失欲望」論……カリスマ現象の最も奥深い源泉は、自己喪失の願望、すなわち初期幼児期における自他未分化の溶融状態へ回帰しようとする、人間の終生変わることのない根源的かつ普遍的な欲望にある。その欲望を満たすものであるという点で、宗教的・政治的カリスマ集団への参加は、祝祭における集合的沸騰、恋愛、アイドルやスターへの傾倒、国家的シンボルへの同一化、アルコールや麻薬への耽溺などと、基本的に等価である。

(2)「カリスマ＝現代のシャーマン」論……カリスマ的指導者は多くの場合、境界的パーソナリティあるいは深刻な自己愛障害の持ち主であり、そうしたパーソナリティは、〈自我構造の徹底的な破壊──→自明な世界の完全な崩壊──→誇大妄想をともなった啓示の経験──→新しい人格としての再生〉という、シャーマンの成巫過程とほぼ同一のプロセスをたどって形成される。

(3)「カリスマ＝ナルシシズム」論……複雑な社会構造と社会変動の恒常化のため、アイデンティティがつねに崩壊の危機に瀕している現代の社会には、大なり小なりのカリスマ的パーソナリティ、またそれに近いナルシシズム障害を病んだ人格が、たえず大量につくり出される条件がそなわっている。

(4)カリスマ集団の深層相互作用論……ナルシシズム障害を病んだ大衆は、彼らのいわば先達であるカリスマ的人物の啓示を人格的再生の核とし、彼あるいは彼女を自己喪失願望の対象として集合することによって、カリスマ集団が成立する。一方、追随者集団の存在はカリスマ的人物にとって、自己の誇大妄想を維持し、人格の解体をくいとめるための絶対条件である。軽度の患者たちが重病患者のもとに惹《ひ》きよせられてでき上がる信奉者と指導者の関係は、こうして相似した欲求の相互作用・相互充足をその本質とする。

(5)カリスマ集団のラベリング理論……カリスマやカリスマ集団それ自体は善でも悪でもない。それが危険な性格を帯びるのは、何らかの危機的社会状況によって集団の構成員が極度の妄想に取り憑かれる場合、また「異常」というレッテルを貼られて孤立させられ、それぞれの集団に固有な反社会的病理性や、集団そのものに潜在的にそなわっている暴力性が肥大し顕在化していく場合のみである。

(6)カリスマのコンティンジェンシー理論……「ナルシシズムの時代」である現代にあっても、社会秩序が相対的に安定し、自己喪失欲望を充足する他の選択肢が機能しつづけるかぎりにおいては、カリスマ集団という選択肢は採られることが少ないし、カリスマ集団もそれに偏見をもって排除するというかたちで接しないかぎりは、危険な性格を帯びることがないであろう。だが、現代は自己喪失の欲望を満たすべき人間のエロス的接触がますます乏しくなりつつある時代であり、もしそうした条件が満たされない場合には、集団の狂気という亡霊が何度でもあらわれてくるにちがいない。

以上、本書の主張を箇条書きに列挙してみたわけであるが、こうした多岐にわたる内容を、諸理論・諸現象の比較対照という手続きを通じて紡ぎだし、それをひとつの総合理論にまとめ上げてゆく手ぎわのよさは、まことに鮮やかである。自己の主張を説得力あるものとするために著者が練り上げた道筋を、次に見ておこう。

本書は、第Ⅰ部序説、第Ⅱ部理論編、第Ⅲ部実例編、第Ⅳ部結論、という四つのパートから成り立っている。序説では本書のイントロダクションとして、おもに著者の青年時代の実体験に即しながら、本書のめざすところ、理論的抱負が語られる。第Ⅱ部にはいって、まず第2章は非合理的なものをめぐる近代の思想史。聖なるものとの結びつきを切断されることによって、功利主義に代表されるような、物質主義的利己心の充足を人間の第一義的関心事と見る手段的合理主義と、ニーチェの超人崇拝に代表されるような、感情の横溢に第一義性をおく非合理主義の二方向に分極化していった近代思想の歴史がたどられる。第3章では後論の伏線として、ニーチェの思想を継承しつつ、硬直した社会を突破してゆく歴史的役割をカリスマ的指導者に見たウェーバーの理論と、集合的沸騰による個我の救済こそ社会そのものの形成力としたデュルケムの理論とを比較対照しながら論じ、カリスマと自己喪失に対する積極的な価値づけが古典的な社会学理論の共通した見解であることを描き出す。

第4章では、カリスマの総合理論のベースとなる精神分析理論の前史として、メスマー、ル・ボン、タルドが取り上げられ、催眠、退行、群集心理といった中心的概念が検討される。第5章は精神分析の提唱者フロイトの深層心理学的な群集理論を取り上げ、そのなかにエディプス理論と自己喪失理論という方向性を異にする二つの考えが共存していることを指摘する。第6章では、あらゆるカリスマ現象を病的なものとみなす心理学的な理論と、それとは逆にカリスマ現象を現代版の通過儀礼とみなそうとする社会学的な理論とが対比され、それぞれの理論的利点と弱点が浮き彫りにされる。そして第7章では、実験心理学、精神医学、神経生理学、現代社会論など、多分野にわたる最前線の知見を駆使しながら、「カリスマの総合理論」が展開されている。

第Ⅲ部実例編は、第Ⅱ部で得られた「総合理論」を踏まえつつ、ナチズム（第8章）、マンソン・ファミリー（第9章）、人民寺院（第10章）、シャーマニズム（第11章）という四つの、歴史的背景・集団規模・集団特性を異にするカリスマ現象を、具体的な事例として分析している。いずれも興味のつきない素材であるが、カリスマ現象に対するわれわれの先入見を打ち砕いて特に興味深いのは、現代的カリスマ集団とシャーマニズムの構造的な類似性と異質性を論じた第11章であろう。第Ⅱ部を難解と感じられる方には、まず第Ⅲ部からお読みになることをおすすめする。本書の醍醐味は、第Ⅲ部だけでも十分に堪能できるはずである。

そして最後に結論。ここでは、カリスマのコンティンジェンシー理論に依拠しながら、将来におけるカリスマの可能性が検討されている。集団の狂気に身を委ねることなく、また逆に無機的なシステムに埋没することなく、自己を維持しつつ自己喪失の欲望を満たすための社会的条件とはいかなるものか、というきわめて困難な問いかけをわれわれはそこに読みとることができよう。全編を通じて本書は、ネオ・ナチズム、新新宗教、オカルティズムといった現代の「気になる」現象を深層から理解するための絶好の手がかりとなるにちがいない。

議論が多方面にわたって展開されているために、浅学非才の私では力およばず、見識ある読者から見て意に満たない訳文となっている箇所や、誤訳・迷訳も多々あろうかと思う。もしそのようなことがあれば、どんどん指摘していただき、今後、本書がよりよく発展していくためのご助力をたまわることができれば幸いである。

一九九二年三月（二〇二一年七月加筆修正）

森下伸也

謝辞

カリスマ現象に関するこの研究において、私は多くの専門領域の多くの方々から助言や援助をたまわった。本書はその性質上多くの領域にまたがるものであるから、それぞれの道の専門家である同僚たちなら、もっとはるかに複雑なニュアンスをこめながら細密に描いたであろう事柄を、私はごく大まかな筆致で表現してしまっている。願わくはそうした同僚たちには、その結果として生じた単純化を恕し、彼らの援助に対する私の感謝の気持ちを受け容れていただきたい。最も大きな影響をこうむったのは次の方々である。私の友人であり、コロンビア大学大学院時代の指導教官でもあったアブラハム・ロスマン。彼はつねに私の知的関心を刺激してくださった。そしてカリスマに関する私の最初の論考を提出したリチャード・クリスティー。変性意識状態について助言をあたえてくださったリチャード・カステロ。心理学的な題材のいくつかについて考える手助けをしてくださったパトリス・ビレンバーグとルイス・ワーガフト。以上である。それからまた、この原稿を書くようにすすめ、終始よき助言を頂戴したバージル・ブラックウェル社の独創性豊かな編集者、ピーター・ダガティ。特にカルトの研究に関して大変お世話になったハーバード大学の研究助手、ローリー・ハート・マクグラスとクリストフ・コワルスキー。事実確認と参考文献表の作成にその卓越した能力を発揮していただいた編集者のブライス・ホーマン。また、本書執筆の初期段階にあってナチに関する資料を精力的に集めていただいたジョン・ボーネマンとニキル・シン。これらの方々には、たんにそのお骨折りだけでなく、その着想に対しても感謝したい。また研究費の援助という点ではクラーク・ミルトン基金に感謝しなければならない。そしてまた、本書の初期の草案をこころよくお読みくださり、忌憚のない重要な批判を頂戴したジョン・A・ホールにもおなじように大いに感謝したい。その批判は資料を圧縮し再加工するさいにこのうえなく有益であった。また私の属するハーバード大学の二つの学部、人類学部と社会科学部の同僚と学生諸君にも特別の感謝の気持ちをあらわしておきたいと思う。私はここで学究生活を価値あるものたらしめてくれるような勇気づけと知的刺激に出会ったからである。最後に妻チェリー・リンドホルムに感謝しておきたい。彼女は私と議論し、励まし、私がより明確かつ論理的に書けるようにうながし、ぶざまなオリジナル原稿を形よく刈りこむ方法を見出すのを助け、さらには最終校正刷りのチェックを一緒にやってくれた。もし彼女がいなかったなら、本書は決して完成していなかったであろう。

カリスマ【目次】

凡例

一、原文のイタリック体は傍点で示した。

一、引用文献は巻末参考文献の番号によって示した。コロンの後の数字は引用されたページを表す。

第I部 序説

第1章 序説

一九六九年、南カリフォルニアでチャールズ・マンソンの信奉者たちがひきおこした残忍な殺人事件(訳注1)がアメリカ社会の注目を集めた。メディアは、一見したところ狂気の沙汰としか思えない十人の人間に対する殺害を、自分がキリストの生まれかわりであると弟子たちに信じこませていたマンソンが、その奇妙な催眠術を行使した結果である、と説明した。一方マンソンは、自分は社会そのものがもつ暗い幻想を映しだす鏡以上のものではないと主張した。

それから十年ほどして、ジョーンズタウンという、ガイアナのジャングルで孤立した生活をおくるコミューンの住人たちが、当地を訪問したアメリカ合衆国下院議員団一行の一人と彼の側近の数人を殺害した(訳注2)。そしてそのあと、人民寺院の何百という数の男女、そして子供たちは、そのほとんど全員が、コミューンの指導者たるジム・ジョーンズの求めに応じて、毒入りの粉末ジュースを飲み、近代史上最大の集団自殺をおこなったのである。

この自殺ははじめ強制によって生じたものと考えられたが、事実はそうではなく、この人々は自分たちが地上に下りた神とあがめる最愛のリーダーについて行くため、みずから進んで自殺し、自分の子供たちを殺したことをしめしていた。

こうしたぞっとするような突発的事件の背後には、自分の支持者たちを同様の暴力行為へと鼓舞し、またみずからを生ける神と称したアドルフ・ヒトラーの亡霊が見えかくれしている。だが、マンソンが接触しえたのはたかだか数十人であり、ジム・ジョーンズにしても千人以下であったのに対して、ヒトラーはそのパラノイア的妄想で一国の国民全体を燃えあがらせ、二〇世紀における最大の戦争、そして最も恐るべき残虐行為へ突き落としたのであった。

このような恐ろしい出来事には、カルト、カリスマ、魔性の悪といった概念が分かちがたく結びついているように思われる。宗教的ファナティシズムがひとつの統治様式として国際情勢のうちに登場してくることで、われわれはこうしたヒトラー的運動に対する恐怖心を再度目覚めさせられたわけだが、その一方では国内でも、明らかに非合理的なカルト熱の高まりや暴徒となった群集の憎悪にみちた暴力事件が、理性の力に対するわれわれの信頼を損わしめている。西洋社会のメインストリームにおいてさえ、テレビのスクリーンから会衆に訓戒する伝導師たちの情熱的な姿が、民衆を理性あるものと考えることへの懸念、カルティズムが復活するのではないかという懸念をかき立てる。このような運動は、人間——少なくとも熱狂にとらわれた集団のうちにある人間——は理性的な存在であると信じることをむずかしくするものなのである。

実際、ヒトラーやジョーンズやマンソンといった指導者たちが、その信奉者に通常の論理あるいは利己心をはるかに超える影響をおよぼしたことは明らかである。それ固有のダイナミズムをもっているらしい群集なるものに巻きこまれることによって、信奉者たちは指導者に完全にその身をゆだね、彼が命じることなら何でも——たとえ人殺しであろうと自殺であろうと——進んでやるようになる。一方、一般社会の人間には、このような信じがたい忠誠心をかき立てる人間たちが、狂暴な激怒と恐怖に駆られる、半ば頭のおかしくなった異常な人物と見えるから、彼らに惹きつけられるどころか反撥を感じてしまうようだ。また彼らの発するメッセージも、部外者の目には、不可解な思想、個人的な幻想、パラノイア的妄想の不条理なごった煮と映るのである。

それにしてもこのような異常な事件は、いったいどうすれば理解できるのだろうか。これは長いあいだ私の興味をそそり続けてきた問題である。なぜかと言えば、ひとつの理由として現代史におけるカリスマ的人間関係の重要性、またもうひとつにはそうした運動が提起する社会理論への知的挑戦があげられる。だがカリスマや集団心理の理解という問題は、ひとりの個人としての私を惹きつけるものでもある。なぜなら私は、自分自身の経験——それは少なくともある程度まで私と同世代の人間にとっては共通の経験なのだが——

から、カリスマや集団心理の何たるかについて多少のことを知っているからである。

集団というものが粗野な非人間的力をもっていることに私がはじめて気づいたのは、六〇年代後半の学園紛争のさなかであった。私は暴力的群集がつくり出す興奮のなかで一瞬われを忘れ、気がつけば、あちらはあちらで同じように暴徒と化した武装警官と向かいあっていた。そのあとで生じた大混乱は恐るべきものではあったが、同時にひとを酔わせるものでもあった。そのときその場にいた人間たちはみな、たがいに対峙する状況のなかで、自己保存の「本能」のおもむくまま暴力への自己抑制を喪失してしまったのである。

またそれと同時期に、一見したところごく普通の理性ある人々が、滑稽なユニフォームを着て奇妙な儀礼に励み、自分たちの風変りなリーダーを地上に下りた神の化身とほめたたえる侍者に変身していくところを、私は目撃した。この帰依者たちは顔を輝かせながら、この生ける神に触れることで自分は意味と大いなる幸福とを見出したのだ、と私に語るのであった。彼らの回心によって私は、人間はたんに騒擾状態のなかで一時的にみずからを失いがちだというばかりでなく、突如として、新しい、今までとはまったく異なる人生に、根こそぎ飲みこまれていく傾向をもっていることを認識した。現実とは私が想像していたよりもはるかに可塑性に富んだものであり、私は自分が理性的なもの、合理的なものと見てきた事柄について、もう一度考えなおしてみなければならなくなった。

カリスマや集団心理に私が関心をいだくようになった第三の要因は、大学卒業後に行った南アジア旅行にある。異なった社会で自分のアイデンティティという荷物なしに生きぬくことによって、もっと密度の濃い生き方が可能になり、またアメリカ文化に感じている疎外感から脱出することもできるだろう、というのが私の考えであった。だが私がそれ以上に痛切に思い知らされたのは、自分の世界観がどんなに狭苦しいものであるか、また自分が人間の行動の源泉についていかに知らなさすぎるかということであった。

このような啓示を得た私は、異なった世界や文化規範に関する自分の経験を社会的・歴史的視野におさめる方法を学ぶため、人類学の研究に進んだ。そしてその努力はある程度まで成功した。だが北パキスタンでフィールドワークをしていたとき、私は次のことを発見した。それは、そこの部族民はほとんど狂信的なまでに平等主義的であるにもかかわらず、歴史上周期的にカリスマ運動がくり返されてきたこと、そして運動が高まる時期には、ほとんどすべての住民が立ち上がってエクスタシー的な呪医につき従うのが常である、ということであった。このことを知って私は、平等主義とカリスマ的な関わりとの逆説的な結合、より一般的に言えば、特殊な文化的文脈のなかで集合運動を喚起する情念の役割を、不思議に思わずにはいられなかった。

以上のような個人的体験の結果、私は感情にもとづく行動の源泉としてのカリスマを研究することに興味をいだくようになった。六十年代の紛争のなかで私が感じた集合的エネルギーと無私無欲のコミューン的情熱は、カリスマ集団のダイナミズムという観点から最もよく理解できるように思われたし、間違いなくカリスマ的リーダーシップこそが私の何人かの友人を駆り立ててカルトに巻きこんだのだ。また、革命や社会変革に必要とされるような高いレベルの自己犠牲に人々が達するのは、理性的な議論によってではなく、何と言っても種々のカリスマへの関与によってである、というのが私の信念でもあった。

だがいったい、このように言うことにどんな意味があるのだろうか。「カリスマ」という言葉はただたんに、ほんとうはまったく説明不可能な感情的経験をカテゴライズし、それで分かったふりをするための方法ではなかったのだろうか。実はそれが現実であるということ——すなわち、カリスマという言葉が実際には無意味な言葉であり、何ごとかを分析するにはまったく役立たずの言葉であるということ——を、多くの解説者が論じてきた。だが残念なことに、彼らはそれを別の言葉に置きかえることをしないため、われわれはそれを記述する言葉さえまったく奪われたまま、ナマの現実のもとに置き去りにされてしまうのだ。そこで問題となるのは次のこと、すなわち狂気の沙汰と見える事柄をわれわれが理解していくうえで役に立つような理論的枠組の輪郭が、カリスマをめぐる論議のうちに見出しうるかどうか、ということである。通俗的なカリスマの定義にはまさにどんな事柄が含まれているのかを問うことによって、われわれはそうした作業に着手することができるであろう。

ひと昔まえにはほとんど知られていなかった「カリスマ」という言葉が、いまや一般社会のボキャブラリーの一部となり、さきに言及したようなカルト的運動や異常な群集現象を厳密に概念化・カテゴリー化したいという欲求に応えていることは、明らかである。しかしながらその言葉の意味は拡大されて、カルト崇拝者や狂信家の驚くべき犯罪や暴徒の白熱状態にとどまらず、グラマラスな映画スターやひとを熱狂させるスポーツのヒーロー、そしてケネディ流の政治家たちへの心酔――これはたんに特殊な専門的能力をもった人間へのたんなる賛嘆の感情をはるかに超えた心酔である――といった事柄まで説明するものとなっている(1)。

だがカリスマという言葉の通俗的語法は、そこでとどまるものではない。社会理論家ベルトラン・ドゥ・ジュヴネルが、インフォーマルな人間関係とはどんな集団にあっても、一個人の「そうする権限をあたえられてもいないのに人々の服従をとりつけることができる能力」、すなわち地位や権力や優位な立場といったものとはいっさい関係なく、ただもって生まれた個人的磁力からのみ生じてくる能力の産物であると説明するとき(122: 163)、それは一般大衆の意見のくり返しにすぎない。このような人物が部屋にはいってくると、頭がそちらへ向って動き、そうした磁力的特性を欠いた人々はそれがそなわった人物に近づこうと努力する。つまり彼らは、その人物に気にいられ、その注意をひき、接触したいと思うのだ。その魅力的な人物が近づいてくるとき、それを見つめる人々の心臓は高鳴るであろう。こうした能力は、したがってひとに賞讃され羨《うらや》まれる特性であり、またおそらく間違いのないことだが、恋愛や仕事での成功にひとを導くものと想像される特性でもある。西欧では磁石のように他者を惹きつけるこうした力を、「カリスマ」とよぶことで定義し「説明」するわけである。

最も親密な人間関係にあってもカリスマという概念が用いられる。なぜなら西欧の大衆文化においては、最初にロマンティックな恋愛感情が高まってくるときに恋人が発散する強烈な魅力も、「カリスマ的」と表現されるからである。恋する人間はロマンティックな想像力のなかで、その恋人を、さきほどと同種の、通常の思念や論理の領域を超えた固有の磁力的特性をもつものとして理解し、またあらゆる点で特別で、非凡で、例外的な人間と信じるわけだ。恋する人間は、みずから相手に帰せしめたこうした特性ゆえに、ちょうど信奉者が指導者に服従することを望むように、恋人に服従することを望むのである。恋愛とカリスマの相似性は深いものであり、その点については結論で立ち帰ることにしよう。

だがさしあたり今のところは、ただ次のことだけを論じておきたい。つまりそれは、西欧文化にあってはカリスマ的魅力という概念が、大衆運動と小規模の日常的社会生活、両レベルでの社会的相互作用のうち、感情的負荷のかかった一定の側面について語る一方法となっている、ということである。個人のレベルと公的なレベル、いずれにも強迫的な説明しがたい感情的きずなが存在し、後者においてはそれが指導者への心酔のうちに信奉者の集団をつなぎあわせ、前者においてはそれが恋人を恋する人間へと結びつけるのだという観念があって、それがカリスマという共通のイメージのうちにシンボライズされるわけだ。

私はこの分析において、こうしたモーメントの主観的妥当性を受け容れることにしたい——つまり私は、カリスマ的魅力を幻想として「説明」したり、何かもっと根源的なものの反映にすぎぬものとして否定することを望まないのである。私がここでやろうと思っているのは、そうではなくて、指導者と信奉者双方にとって、カリスマ運動への関わりがどのような感情的・心理的意味をもっているかを理解することなのだ。

だが何ごとにも限界がある。私は人類学者であり、比較のためのベースラインとして非常に単純な非西欧社会から得られた素材を用いはするが、それでもなお本書においては主として西欧という文脈のなかにとどまることになろう。より完全なカリスマ理論を発展させるうえで、より複雑な社会構造についての比較文化論的研究が有益であることは間違いない。だがさしあたって必要なのは、われわれにとって最も身近かで最も容易に手に入れることのできる素材から構成されたモデルである、と私は感じたのである。

第二に、残念なことではあるが、本研究はきわめて男性中心的である。これは、ひとつには民族誌的記述というものがほとんどいつでも男性の指導者についてしか語ることがないということ、そして理論的なものであれ通俗的なものであれ、カリスマのモデルには男性中心的なバイアスがかかっていることの帰結である。カリスマ的女性の研究は私がこれまでやることができなかった仕事であるが、この著作が今後の調査の基礎となることを願う次第である。

そういうわけで私は、カリスマの主観的経験に関する通俗的な論議は、真剣に考えなければならないある現実を反映しているという仮定から出発することにしたい。こうしたカリスマの通俗的なイメージにとって決定的に重要なのは、明らかに、もって生まれた資質で他者を惹きつけるきわだったカリスマ的個人の存在である。カリスマの本質をなすこの磁石のような資質は、ごくわずかな人間しか自分の基本的性格の一部として「所有する」ことのできないもの、と考えられている資質である。カリスマは学習されるのではない——それはちょうど背丈や目の色のように存在しているのだ。

だがカリスマは、身体的な特徴とちがって、それを欠いた他者との相互作用のなかでのみ出現する。換言すれば、カリスマは個人に内在する何かと考えられるけれども、ひとはその資質を他者から隔離された状態で発揮することはできない。それが露《あら》わになるのは、ただその影響を受ける人々との相互作用のうちにおいてのみである。カリスマとは、何よりもまず、ひとつの関係、指導者と信奉者両方の内的自我が関与する相互交流なのである。

したがって、もしカリスマ的な人間がひとを服従せしめる力をもっているとしても、その信奉者は服従させられることにピッタリ合うような能力をもっていなければならないわけで、もしカリスマを理解しようと思うなら、われわれは指導者ばかりでなく信奉者のパーソナリティ形態をつくり上げているのは何なのかを考えてみる必要があろう。指導者のまわりだが、指導者と信奉者の相互作用とは別な、もうひとつの側面がある。非利己性、感情に集まる群集（あるいは恋人に惹きよせられる人間）は、興奮しやすさ、非利己性、感情的激しさといった一定の特徴を、彼らが一人の個人でいるときの通常の意識よりも強くしめすために、また魅惑されている人間はカリスマ的他者への崇拝のうちに個人としてのアイデンティティをうしなってしまうために、カリスマは西欧社会において、物理学者が言うような意味での「強い力」として感じられるのだ。そしてそれは、信奉者がそれぞれ各自の自我を――そしておそらくは指導者の自我をも――超越し変形させるようなやり方で、人々をたばね上げるのである。

したがってカリスマというものを理解するためには、カリスマ的人物の性格や、そのカリスマ的魅力を個々の人間に受け容れやすくさせている諸属性を研究しなければならないばかりでなく、同時に、指導者と信奉者が相互作用をおこなっているカリスマ集団そのもののダイナミズムをも分析してみなければならない。最初からこう言っておいてよいと思うのだが、このダイナミズムは途方もなく強力で、かつ著しく両義的な、つまり激しく願望されるものでありながら、同時に激しく恐怖されるダイナミズムであり、また道徳的には、利他愛の頂点でありながら同時に残忍なファナティシズムの深淵であるものと想像される。

最後にまた次のように言うこともできよう。すなわちカリスマは、その関与者が多少なりともそれにコミットし、愛着をもち、そして離れ去っていくとき、ある一定の条件のもと、時を超えて生起するひとつのプロセスとしての潜在的な構造形態を有しているのではないか、と。同様にまた、カリスマへの関与の度合いは個々の指導者や支持者によってまちまちであるばかりでなく、その強度が歴史的時期によって異なり、そのあらわれ方が集団ごとに異なっていることも明らかであるから、カリスマを研究するさいには、いかなる場合でもその研究のコンテクストを確定し、環境的要因相互の関連やカリスマ的人間関係の展望をしめす必要がある。

カリスマという概念には、いまだ不定形のままにとどまっているとはいえ、より進んだ研究のための媒介をあたえてくれるような内容がそなわっていること、これは明らかである。そしてこのような基本的考えのもと、私はまず諸々の理論的パラダイムを検討することから、カリスマの主観的経験を理解する作業をはじめようと思う。そのなかには、指導者の魅力を理解しようとする試み、集団のダイナミズムに焦点をあてるもの、さらにはカリスマ的興奮に関する総合的・文脈的モデルを発展させようとする試みが含まれている。そしてのちに見るように、そうした理論にはみな、通俗的な概念化と同様、カリスマのうちに救済または呪いを見出すある種の道徳的含意が存在しているのである。

カリスマの理論的研究をこのように概観してみる目的は、たんに思想史の論文を書くことだけではなく、もっと実践的なものでもある。つまりそれは、人間の基本的な欲求の階層構造をはっきりさせるための基礎的なパラダイムを提供してくれるとともに、「カリスマ」という言葉で意味される非利己性や超越といった非日常的な経験の、複雑な歴史的・社会的・心理的諸側面を概念化するのに役立つような感情のモデルを抽出することである。

こうしてカリスマ的経験についての考え方を定式化したあと、第三部では具体的事例を用いて、そのモデルがどのくらい有効であるかを検証してみたい。民族誌的実例として現代におけるカリスマの最も極端な例をいくつか選んだうえで、それらをたがいに比較し、またそれらと小規模な社会におけるカリスマ的啓示の最も単純な形態とを比較してみることにしよう。チャールズ・マンソンやジム・ジョーンズやアドルフ・ヒトラーのまわりに蝟集した運動が、シャーマニズムや!クング・ブッシュマン(訳注3)の集団トランスに見られるカリスマの諸例と対比されるであろう。こうした多様な素材を分析することによって、また「ファースト・パーソン」による説明を用いることによって、私は、指導者と集団を結びつけている内的なダイナミズムを発見することにつとめるとともに、そうした相互作用が社会的文脈によってどのように構成されているかを発見することにつとめるであろう。

最終章では、現代社会にあって、自己喪失への衝動とカリスマ運動への参加が、国家への同一化、ヒーロー崇拝、宗教といった代替物、とりわけ親密な人間関係によってどのように拡散し、飼いならされているかを、考察してみることにしよう。また、もし自我という牢獄から一時的に脱出するためのそうした代替様式がその正当性を否定されるならば、カリスマ的人間関係は将来において、より大きな影響力を行使し、より中心的な位置をしめることになるであろうという可能性についても、論じてみたい。もしそうだとすると、その経験に含まれるものを理解することは格別な重要性を帯びてこよう。

というわけで、まずは最初の部分に立ち帰り、カリスマのモデルを構成するうえで手助けになる考えを、読者にいくつか紹介することから始めることにしよう。

第Ⅱ部　理論編

第2章　「あるがままの人間」——情念の社会理論

カリスマ的魅力に関して説得力のあるモデルがつくれるかどうかは、人間の行為の源泉に関して同じように説得力のあるモデルがつくれるかどうかにかかっている。そうしたモデルを発展させようとする試みは西洋思想の第一の関心事であったばかりでなく、あらゆる人間社会の思想家や夢想家に霊感をあたえ、また苛立《いらだ》たせるものでもあった。どんな宗教や神話にもその核心にはこうした実存の問いを解決しようとする努力が存在しており、そこでは人生は、ありうべき人間となるために、あるがままの人間性を脱出してより高い目標に到達するための闘いとしてイメージされる。

しかしながら、近代の西洋社会では、伝統が腐食し、それまで受け容れられてきた宗教的信仰が瓦解することによって、われわれはテロス、すなわち人間の聖なる潜在的可能性をしめす概念をうしなうこととなった。神聖な企図を奪われることによって、われわれのもとにはただ、神的な存在となる可能性をまったく欠いた、無力で過ち多き人間という脱神秘化されたイメージが残るのみとなったのである。君主となるはずのパトロンに、自分はあるべき人間、望ましい人間ではなく、「現にあるがままの人間」を書くのだと約束したとき、ニッコロ・マキャヴェリはこうした新しい、脱魔術化された、プラグマティックな見方を明確に表現したおそらく最初の人間であった。彼の野心はまた実践的なものでもあった。醜悪で苦渋にみちた人間存在の現実を見さだめ、あやつることによってのみ、君主は支配することができ、社会は安定することができるのだ、と彼は言った。人間の臆病さや貪欲さについての彼の仮借ない記述に、異議をさしはさむことはできよう。だがそれでもなお、「あるがまま」の人間についてのより現実主義的なイメージを、聖なる目的という理想と置きかえるためにマキャヴェリが支払った努力こそ、これまでずっと西洋社会思想の普遍的な推進力であったのである。

しかしながらこうした「自然主義的」人間観は、カリスマ的人間関係という現象によって窮地に立たされる。なぜならそこではその信奉者たちが、まさに近代の社会思想が否定する主張、つまり指導者は神的な存在であり、指導者を取りまくカリスマ集団の一員であることそれ自体が生気にみちたテロスをあたえるのだという主張を掲げるからである。だが近代の合理的な観察者たるわれわれは、指導者が信奉者にとって神聖な存在であるという主観的現実は信頼しなければならないとはいえ、カリスマ状態を説明するものとして運動の参加者たちがその指導者に帰せしめる超自然的オーラについては、これを認めるわけにはいかない。研究対象の神聖視(あるいは悪魔視)におちいりたくないのであれば、人間の性格についての脱神秘化され脱魔術化されたマキャヴェリ的前提から、われわれは出発しなければならないのである。

理性に対する情念の勝利――デイヴィッド・ヒューム

だが、この自然主義的な人間モデルはいったい何から成り立っているのだろうか。少なくとも古代ギリシアの時代から、西洋の思想は人間を、情念と理性の闘争によって引き裂かれる二重の存在として描いてきた。だから人間について「現実主義的」イメージを描こうとすれば、二つの選択肢があることになる。第一のアプローチは人間の理性能力を前面に出すやり方である。プラトンからキリスト教的伝統を経て啓蒙主義にいたるまで、それが一般的な戦略であった。情念は、無秩序な内的衝動、知られるというよりむしろ感じられるもの、しばしば自分自身のよりよい判断に逆らうかたちで人間に無理やり行動させていくものと見なされた(1)。そのとき理性は、情念を手なづけ、より高い目標にあわせてそれを変えていく力をもった上位の機能として呼び出されてくる。このような見方からすれば、理性は聖なるものという属性を付与されることになる。つまり人間は、獣的な欲望によって引きずり倒されはするが、神的な合理性との一体化を求める知的な探究によってそれを贖《あがな》うことができるというわけである。

しかし、伝統的世界観がそれまで認められてきた妥当性と一貫性とを喪失したとき、理性の支配はみずからに加えられる攻撃から身を守るすべもなく、日常的経験の自明な基盤に対する不穏な懐疑の台頭を許す結果となった。ルネ・デカルトはすでに十七世紀初頭、このように書いていた。

明らかに間違いと思われるものはもちろんのこと、百％確実で疑う余地がないのでないかぎり、どんなことでもそれを信じることは注意深く避けなければならないということを理性がすでに私に確信させている以上、どんな些細なものであれ、あらゆる事柄に疑うべき理由があるとすれば、それは私にとってそのすべてを否定するに十分であろう……。基礎の破壊は、その建造物の残りの部分を必然的に倒壊させるのだ。(46: 95)

これと同時期ブレーズ・パスカルは、自然と慣習と習慣とがあらゆる人間の信仰の基礎であるという認識こそ理性にできる最善の事柄である、と主張した。デカルトやパスカルが論じるところでは、理性とは第一に計算機能であり、それはただ手段について語ることができるだけで目的について語ることはまったくできず、また環境によって容易に左右されるものである。理性を王位から追放することによって、より高次の超越的な宗教的真理への信仰を復活させることが彼らの望みであったのだが、結局そうはならず、彼らはただ個々人の感覚と感情の存在のみを認める新しい見方の土台を築く結果となったのである。人間存在を理解するためのこの第二の戦略は、とくにデイヴィッド・ヒュームと結びついている。(2) なぜなら、彼のくわだてはただたんに理性の伝統的な支配権を破壊することではなく、感情の第一義性とそれとを置きかえることだったからである。彼は一七三七年こう書いた。「私はまず、理性だけでは決していかなる意志の活動の動因ともなりえないことを証明し、そして第二に、意志の方向づけにあたって理性は決して情念に対立しえないことを証明するよう努力しよう」(116: 413) と。そして彼はその数頁あとで、さらにラディカルにこう主張する。「理性は情念の奴隷であり、またそうあるべきである。理性はまた、情念に奉仕し服従すること以外のいかなる権限も要求することができないのである」(116: 415) と。

ヒュームは人間性に対する断固とした経験主義的見解に立つことによって、自分の立場を正当化した。彼の言うところでは、人間の意識は「目にもとまらぬ速さで次から次へと生起し、永遠の生成流転と運動のうちにある多様な感覚の束あるいは集合」以上の何ものでもない(ヒューム、116: 252)。合理的思考の核心をなす世界の外見上の継続性や首尾一貫性は幻想であり、外的な原因あるいは身体の内部作用が個人のうちにひき起こす感覚に反応して生じる、無数のバラバラな反映的印象の帰結にすぎない。したがってひとは、いかなるものであれ、信頼に足る規則性や自明な体系的一貫性が存在することを説得的に論じることができないのである。

理性が情念の支配を受けるものであること、個々の情念は多様な感覚の反映としてみな同等の妥当性を有していること、さらにはまた経験や人生史の違いに応じて人間はひとりひとり異なった情念をもつことを、ヒュームはしめした。そうすることでヒュームの哲学は、一般に受け容れられた知識や超越的霊感にもとづいていると主張するすべての信念体系を、事実上解体してしまった。このようにしてヒュームは、伝統と宗教と脱神秘化が正当なものであることを立証すると同時に、科学的方法の特徴をなすプラグマティックなデータ収集と暴露的精神に哲学的基礎をあたえたのである。

だがヒューム自身が目的としていたのは、極端な道徳的主張や抑えがたい感情をつくり出すレトリックへの懐疑を生じさせ、寛容と中庸の重要性を擁護することであった。そうすることによって彼は、自分自身もその薫陶を受けたスコットランドの偏狭なカルヴィニズム的教育がもつ偏見や厳格な道徳主義に反抗しているばかりでなく、前世紀のより一般的な風潮、すなわち自分の個人的な栄光を軍事力で獲得しようとする情念に取り憑かれた王たち、また各派各様の神聖な真理への熱烈な信仰に取り憑かれた宗教的狂信家どうしの内戦によって、ヨーロッパ社会がズタズタに切り裂かれた時代の風潮に対しても反抗していた。

ヒュームはそうした行き過ぎを気質的に受けつけなかった。彼は自分を「生まれつき穏和で、感情の抑制がよくきき、あけっぴろげで社交的で快活なユーモアを好み、人なつっこいが他人を憎むことはほとんどできない、あらゆる情念における偉大な中庸の人」と評していた（レットウィン、158: 17 からの引用）。彼は、ユグノー[訳注1]の預言者たちの心のなかで燃えさかっていた火のような熱情も、前世代のレヴェラーズ[訳注2]の群集が心にいだいた献身的感情も認めなかった。またジャンセニスト[訳注3]の乱（ヒュームがフランスにいた一七三四年彼らはパリで盛んに活動していた）や、それと同じくらい異常なものであったイングランドにおけるメソディスト[訳注4]の反乱（これは一七三九年に始まった）に、彼が心を傷めていたことも確かである。

このような熱狂の激発の背後にある動機づけにまったく共感することができなかったヒュームは、それを偽善にもとづくものと考えた。「ひとはこのような事柄についていだく疑問を、たとえ心のなかではそう思っても、率直に口に出して言おうとはしないものである。心のうちにぐっと秘めておくのを善しとするのだ。そして、いちばん声高に主張し、いちばん積極的に頑なになることによって、自分がほんとうは不信心者であることを自分の目からおおい隠そうとするのである」（ヒューム、115: vol. 2, 348）。彼の見方からすれば、強度の感情状態はすべて危険なものへの誘い水となる。

最も活発な状態の意識は狂気と境を接している。最も高度な喜悦のほとばしりは最も深いメランコリーを生みだす。最高にうっとりするような快楽には最高に激しい気だるさと嫌悪感がともなう。いちばんに心はずむ希望がいちばん深刻な幻滅感へ道をひらく。そして一般に、節度と中庸ということ以上に安全な人生径路はない（ここで安全と言って幸福と言わないのは、幸福など夢みるべきではないからである）。なぜならそれは、あらゆる事柄において可能なかぎりの月並みさ、一種の鈍感さを維持してくれるものだからである。（レットウィン、158: 77 からの引用）

だが、強い情念がたとえ危険性をはらんだものであるとしても、それは比較的容易に、しかもほとんど社会的分裂を引きおこすことなしにコントロールできるだろう、とヒュームは考えた。たいていの人間の欲望は自分の場合と同様もともと比較的無害なものだ、と彼は想定したのだ。アーネスト・ゲルナーが問いかけているように、「たとえそのような情念があるとしても、だれが好きこのんでその奴隷になろうとするだろうか」（J・A・ホール、101: 72 からの引用）というわけだ。どんな破壊的・暴力的感情も、金銭欲――これにはしぶとい入念さと社会秩序への貢献という美徳がそなわっている――のような、本来的に冷静さを好む情念をやしなうことによってバランスを取ることができる（ハーシュマン、109）、というのである。

結果としてヒュームは、その哲学の外見上のラディカリズムとは裏腹に、実際にはむしろ保守的なハノーバー朝のジェントルマンとなる。つまりそれは、寛容を説き、よき人のまじわりの喜びを愛するがゆえにあらゆる熱狂に反対し、人間の相互干渉を最小限におさえつつ個々人がその穏健な欲望を享受できるためには、社会のルールに従い、礼儀を守る必要があることを一般民衆がよくわきまえていて当然だと信じるジェントルマンである。彼にとって、「あるがままの人間」を理解するということは、多様性、環境への適応、欲望のバランス、すすんで妥協を受け容れることであった。

情念と目的論――功利主義者たち

ヒュームの同時代人や継承者たちは、それ以降、彼の経験主義の論理的帰結が何であるかをはっきりさせようと努力してきたが、それはまた同時に、聖なる合理性に支配される首尾一貫した世界のかわりになるものとして彼が提出した、純粋に感覚のみの雑然たる領域から何がしかの道徳的な秩序をつくり出そうとする試みでもあった。一方ドイツではイマヌエル・カントが、どんな人間存在もそれを理解し、またそれにもとづいて行動せざるをえないようなカテゴリー上の要件が存在している、と主張することで理性の力を復活させようとする試みによって、これに応えた。この必須条件は、「ひとは自己と他者とを、手段としてではなく、目的として遇さねばならない」という有名な格率のうちに表現されている。それが意味しているのは、ひとは他者が理性ある自由な存在であることを信頼し、合理的な理由の説明によって行動に影響をあたえるべきだということ、また他者の理性や主体性を否定して非合理なやり方で影響をあたえることをさし控えるべきだということである。

だがカントの努力は、論理的にも実際的にも、挫折せざるをえない運命にあった。それは論理的に次のような難点をはらんでいるからである。すなわち、「他人はみな手段として遇し、私は目的として遇せよ」とひとが言うことも完全に可能だということである。そして実際問題からいえば、本書のなかでおいおい見ていくように、しばしばひとは理性的な議論よりも非合理的な議論の方にすすんで説得されたがるものであり、理性的な討論は往々にしてまったく何のコンセンサスにも達しないでただ砂をかむような味気ない結果に終わることも、明らかである。(3)

一方イギリスでは、ヒュームの諸前提がより大きな支持を獲得した。とくに、感覚の第一義性を説くヒュームの議論から出発したジェレミー・ベンサムは、いまや見棄てられてしまった聖なる枠組に取ってかわるべき新しい目的論を情念のうちに発見した、と主張した。ヒュームはただ多様なる欲望だけを見たのだが、ベンサムの貢献はそれを二つのものに還元したところにある。すなわち、苦痛を回避しようとする欲望と快楽を得ようとする欲望とがそれである。すると次のステップは、いかなる法や政策が最大の快楽と最小の苦痛とをもたらすかという計算になるわけだが、そのためにベンサムは次のような心理学を発見することに驚くべきエネルギーをそそぎこんだ。すなわちそれは、自分が生みだした功利主義という新しい科学の原理にもとづいて、すべての人間の快楽が科学的に最大化されるような社会システムを構築するため、第一義性をもった感覚の持続時間と強度と総量とを計測することができるような心理学である。

功利主義の理論が発展するにつれて、個々人の感情は多様で宥和しがたいものとするヒュームの前提は、だんだんと希釈され変形されるようになった。ヒュームが描きだす人間像に内在する混乱にうろたえた思想家たちは、そのかわりとして、人間の自然な欲望や情念に関する自分の視野に次第に限定を加えることによって、より秩序立った社会モデルを構築しようと試みたのである。富の追求は人間存在の最も深いすべての欲求を満たすとアダム・スミスが論じたとき、この傾向は頂点に達した(4)。

このような限定はきわめて重要な結果をもたらした。なぜならそれは、功利主義者たちが人間の性格を、利己心という本質的な情念に由来するもの、しぶとく、入念で、予見可能で、自己拡大的なものとして、つまり、たとえば情熱的な愛への非利己的で、炎のような、しかし儚いのめりこみとは似ても似つかぬものとして描きだした、ということを意味しているからである。

このような視野狭窄におちいった心理学の帰結として、いまや社会的相互作用は、他者と相剋しあう世界で自己の欲望（効用関数）の最大化のために個々人がおこなう、合理的計算の連鎖によって構成されるものとしてイメージされるようになった。情念を利己心へとこのように徹底的に還元していくことの利点は、いまや理論家たちにとって、人間生活を経済交換として、すなわち市場に登場する他のすべてのものと同種の法則的数学的定式をあてはめることができるものとして想定することが可能になった、ということである。

人間性をこのようにイメージする場合、ひとりひとりの人間はそれぞれ固有の欲求と願望と欲望とをもった小島の帝国、あるいはその統治者ということになる。だがそのさい、それぞれ一国一城の主たる個々人は、人間関係の価値を含むあらゆる対象の価値のトレード・オフを計算できるだろうということが仮定されているし、また同様にして、人間相互の関係や交換には何らかの一致点が存在しているだろうということも仮定されている。利己的で合理的な計算家というこの人間観はまた、機能主義的信念ともよく符合している。すなわち、個々人の闘争にもかかわらず、市場という規則正しい「見えざる手」が社会的均衡と道徳的世界とを維持していくように、あらゆる部分がそれぞれ全体のなかで固有の位置をしめている、という信念がそれである。

だが困ったことに、一見したところ簡潔なものと見えるこの哲学は、これまで見てきたように、疑わしい基盤のうえに成り立っている。効用といえば十分に具体的なものであるように聞こえるが、効用に関する常識的前提は実際には次の事実、すなわちひとりひとり本質的に異なる情動的欲望から生じる快楽は、多形的で複雑でしばしば矛盾にみちたものであるという事実から目をそらしているのだ。経験論がもたらした原子論的思考様式のうちには、快楽を序列化したり、ヒエラルヒーのなかにそれを位置づけたりする方法などまったく存在しないし、ある快楽の追求を他の快楽の追求によって置きかえることが論理的な妥当性を認められたり正当化されることもまったくない。さらにまた日常の世界は、たとえ聖性をうばわれて市場という枠のうちに置かれようとも、俗流功利主義者たちが想像するよりも機能的でなく、一貫性を欠き、目的－手段の合理的計算に還元しにくいものだと分かってくるのである。(5)

彼の論理からすればその効用をよく理解していてくれるはずだった貴族階級が、ベンサムの改良主義的な社会計画を拒否したとき、功利主義は深刻な論理的難点のほかに、実際面でもかなりの敗北を喫することになった。そうこうするうちにフランス革命が勃発して、利己心と計算とが人間性のうち第一のものであるという功利主義イメージを粉砕してしまった。大革命のレトリックの燃えさかる影響力のもとでは、もはや人々の感覚や情念は若きヒュームが描いたような穏健で柔軟なものであるとはとても見えなかったし、またそうした情念はスミスが論じたような合理的計算に還元できるものとも見えなかったからである。

このような雰囲気のなかでは、功利主義的な道徳理論家ヘンリー・シジウィックが、信念というものは実際には功利主義的な論拠から合理的に論じうるものではなく、ただ個々人の「直観」のみに依拠するものであるに違いないと、意気消沈しながら認めたとしても、何ら驚くべきことではない。「彼はコスモスをさがし求めたのだが、実際にはそこにただカオスのみを見出した」(マッキンタイアの著作からの引用、177: 63)とは、彼のわびしげな慨嘆の声である。だが実際にはカオスこそが、ヒューム的なパラダイムの核心にある考え、すなわち人間の欲望とは根源的に宥和不可能で同時に強迫的な激しさをもった雑然としたものだという考えからの、唯一可能な帰結なのである。

だが「所有的個人主義」のイメージは、哲学的な難点や実際上の難点にもかかわらず、経済構造と相関し、またその正当性を擁護するものであるがゆえに、西洋社会の思想の深部に入りこんだ。そしてそれは現在も、経済学者たちが人間の性格をとらえようとするさい職業上心にいだかざるをえないパラダイムであり、またすべての行動を自分のために「何かを手に入れよう」とする努力として「説明」し暴露する、人間行為についての民衆に広く受け容れられたモデルでありつづけている。

超人の哲学――ミルとニーチェ

しかしながら、人間の性格についてはまた別なモデルがあって、われわれはその柔らかい表現をジョン・スチュアート・ミルの哲学に、またそれよりはるかに明確な表現をフリードリッヒ・ニーチェの激烈な著作に見出すことができる。十九世紀の大半の期間を通じてイギリスの社会思想を支配したミルは、功利主義というカオスのなかから哲学的な秩序を取り出そうとして、必死の努力を試みた。彼は、厳密な快楽計算というものが人間生活の複雑さをとらえるうえで不適切であることを、いちはやく悟った複雑な思想家であった。だがそうした懸念にもかかわらず、ミルは、人間の欲求を科学的に理解することからよき社会を築きあげようとしたベンサムの抱負を保持しつづけた。いかなる個人にあってもインプットや感覚があまりに複雑すぎることは、そのような科学が決して完璧なものたりえないことを意味していたが、それでもミルの心のなかでは、そのためのモデルは完全に個人主義的な、具体的な、またプラグマティックなものでありつづけたのである。とはいえ、ミルの考えた人間性の科学はついに書かれることがなかったし、彼の描いたよき社会像は、他の功利主義者たちのそれと同様、「存在論的根拠づけを欠いた」(J・A・ホール、101:30)ままにとまどった。

だがミルにはもうひとつの側面があり、それは人間性の理解から出発して道徳的世界を発展させる問題への、まったく非功利主義的な解決に近づいていくものであった。そうした側面は彼の天才概念にあらわれている。彼の考えによれば、天才とは一種の魔法の篝火、独特の不可解な現象として、普通人の領域の外部に立つものである。他のだれよりも激しいが、しかし欲望を「美徳への最も情熱的な愛と最も厳しい自己抑制」(ミル、183:

57）へ変えることのできる強靭な意志をもっている超人は、能動的で、厳格で、通常の人間から孤立した、特異な、エネルギッシュな人間、そして完全性という内面の理想にあわせて世界を変革すべく己れを棄てて闘う人間として描かれる。ミルが描く天才は、実のところミル自身にあまりによく似ているように見える。彼の言うところによれば、こうした人間は「ナイアガラ川」のようなもので、「オランダ運河」のような通常の規則や規範では拘束することができない（183: 61）[6]。逆に彼らこそ、他の人類のために「道を指ししめす自由」をもっているのである（ミル、183: 63）。

ミルによると、超越せる人間はもうひとつの重要な特徴をもっている。彼らには生まれつき、普通の人間よりも高度な快楽の受容能力がそなわっているのだ。ミルは彼が生きた時代と階級の知恵にしたがって、この「より高度な」快楽を、詩的な、芸術的な、また霊感にみちたものと考えた。そのような快楽を感じる人間は、たんなる動物的な感覚によって動かされる普通人よりも上位にある、というわけである。こうしてミルは、快楽のうちには内在的なヒエラルヒーが存在すると論じることによって、また、天才は「生まれつき」そなわった力でそうしたより高度な快楽を促進して、他の劣った人間たちもそれを経験できるよう導いていくであろう、そして享楽の質と社会的有用性を高めることで社会のレベルを向上させるのだと主張することによって、道徳や社会秩序の進化という問題を解決しようとした。

天才という概念にくわえて、このような快楽の道徳的ヒエラルヒーを導入することで、ミルは、人間は情念において平等であるというヒュームの寛容な見方から、また功利主義者の平等主義から、そしてあらゆる情念を利己的な「利害関心」に還元してしまうスミス的な思考から離脱することになった。それにかわるものとして彼は、新しい目的論――より高い感情の存在を激しいかたちで明示する人々の理想化にもとづく目的論――を主張したのである。

ミルの天才讃美は明らかに現代的なカリスマ概念の先駆をなすものであり、サミュエル・コールリッジやミルの往年の友人にして恩師たるトーマス・カーライルがイギリスにおける指導者となった、機械論や経験主義へのロマン主義的批判を想わせる。しかしながらそれ以上に印象的なのは、はるかに激越な口調においてではあるが、おなじく天才――超人 Übermensch――を礼讃したフリードリッヒ・ニーチェとミルとの類似性である。

だが、天才に生まれつきそなわっている詩的な魂という曖昧な概念によって、天才と道徳的向上とを結びつけたミルに対して、ニーチェはそのようなイメージを退ける。ミルや他の功利主義者とは違って、ニーチェは聖なるテロスや規範的秩序がまったく存在しない近代の状況に真っ向から立ち向かい、そしてそれを完全に受け容れる。そのような秩序が存在しない以上、「より高度な」情念について語ることも、人間存在の自然な性格から道徳を構成する論理的な方法もまったく不可能である、と彼は言った。

あらゆる体系への絶対的な懐疑という点で、ニーチェは他のどのイギリスの哲学者よりもヒュームに似ている。だがニーチェは、ハノーバー朝の温厚なジェントルマンなどでは到底ありえない。彼の精神状態はヒュームのそれとはちがってラディカルであり、同時代の革命的激情、ドイツの伝統へのロマンティックなイメージ、そしてとりわけ彼自身の熱をおびた激しい論争的性格によって鮮烈に彩られ、形づくられている。その結果、学問研究ではなく内省によって見出されたニーチェの人間性に対する見方は、冷静沈着なヒュームやカルヴァン主義者ミルが提起したものよりも、はるかにバランスと穏健さとを欠いており――またそれゆえに彼らよりも現代という時代の経験によく合致している。

彼自身生涯にわたって病気がちだったニーチェにとって、人類とは「病める動物」であり、人類史とは、激しく無慈悲な主人の意志と奴隷の鬱屈したルサンチマンとの闘争の物語にほかならなかった。人類の二つのカテゴリーの違いはたんに、主人が自己の本来的傾向を受け容れて歓迎し、全力をあげて快楽を追求するのに対し、奴隷は自分の弱さを正当化し、道徳なるものを発明することによって強者への復讐をはかるということだけである。したがってニーチェは、衝動の第一義性というヒュームの定式には諸手をあげて賛成するのだが、そうした衝動から道徳をつくり上げようとする努力については、奴隷根性におかされた人間がくわだてる偽善的なペテンにすぎぬものとして、それを拒否するのである。

ミルは天才を詩人にして審美家と描いたのだが、ニーチェにとって天才とはこうして本来戦士である。つまり、ごく単純に、むきだしの圧倒的な暴力性がその美徳となるのである。「偉大な人間とは、偉大な時代とおなじく、そのなかに途方もないエネルギーが蓄積されている爆薬である」（ニーチェ、198: 97）というわけだ。ここで爆発とは、ニーチェが「権力への意志」とよぶものの表現である。「権力への意志」の内容は、「何よりもまず感情、とりわけ支配の感情」（ニーチェ、197: 25）と定義される。この原始的な、価値転倒的な、爆発的な支配力を表現する人間は、弱い人間を支配するように生まれつきできている。彼らはしきたりなどおかまいなく、みずからの個人的な欲望が生みだす真の衝動をもとにして、自分で法をつくっていく英雄である。そしてこのような生まれつきの支配能力が、他のあらゆる価値を喪失した世界の究極の価値として描かれる。


善とは何か？――力の感情を高めるすべてのもの、権力への意志、人間のうちにある力そのもの。

悪とは何か？――弱さからやって来るすべてのもの。

幸福とは何か？――力の高まりくる感情――抵抗を制圧したという感情。

（ニーチェ、198: 115）


ニーチェは自由主義的道徳を否定し、強者の支配する権利を肯定するばかりでなく、快楽と苦痛は反比例の関係にあるというベンサム流の会計士的見解も否定し、情念は温和なものでありうるというヒューム的信念を嘲笑する。快楽の増大が同時に苦痛の増大を含んでいることは彼にとって明らかなことであり、彼は狂躁状態を自己のパラダイムとする。彼の考えによればそれは、そのなかでは苦痛さえもがよい刺激となる生とエネルギーの横溢感情なのだ（ニーチェ、198：110）。超人の権力への意志が解き放たれて露わになるのは、まさに狂躁状態によって引きおこされる強烈な感覚の噴出においてである、とニーチェは言う。超人の感情は他の人間の感情よりも強い。超人を超人たらしめるのは、まさに感情のバイタリティなのである。

金髪の野獣と合理的計算家

貪欲で獰猛、他者に命令を下す「熱帯の怪物」「金髪の野獣」へのニーチェの崇拝は、彼の真正性の哲学や感情表現のきっといちばん悪名高い側面であるが、それは合理的計算家という功利主義者の仮定する人間生活のパラダイムからへだたること遠く、またデイヴィッド・ヒュームの寛容なよき交わりやプラグマティックな政治学からはさらに遠い。だがこれらの哲学者たちのあいだには、ある隠れた結びつきが存在している。それは、理性が王位から追放され、慣習がその正統性をうしなった時代において、人間の欲望を第一義的なものとする彼らに共通の前提から来る結びつきである。

すでに見たように功利主義者たちは、その合理主義的な理論の方向づけにもかかわらず、個々人の情念に関するヒュームの原子論的分析という疑わしい土台のうえに、人間的善に関わる全モデルをつくり上げる。その根底にある不定形な個人的感情への準拠は、マッキンタイアが「情動主義」と定義したものを論理必然的にともなっている。情動主義とはすなわち、「すべての価値評価的判断は、またとりわけすべての道徳的判断はそれ以上に、嗜好の表現、感じ方あるいは感情の表現にほかならない、なぜなら本性上それらは道徳的あるいは価値評価的なものだからである、とするような信条」(177: 11) のことである。

十八・十九世紀のイギリス哲学は、行為の感情的基盤に関するこうした考え方を利用して、それを人間性の合理的パラダイムにつくりかえようと試みた。このパラダイムは、快楽の計算可能性、感情の柔和さと可塑性、利己心の中心性といった仮定にもとづくものであり、そのさい利己心は、「利害関心」という言葉に置きかえられ、社会的調和に貢献できるような冷静で周到な情念と見なされている。このようなパラダイムは表面上の秩序をあたえはするが、それは一方で人間関係に関する機械論的な市場モデルを支持しつつ、同時に人間的欲望の範囲と複雑性を縮減するという痛ましい犠牲を支払ってのことである。そのとき人間存在は、手段は計算するが、いかなる目的が追求にあたいするものかを判断するどんな方途ももたない原価計算機となったのである。

ニーチェはもう一歩進んで、情動主義の論理的帰結をすべて受け容れ、自分が確実だと感じる唯一の原理、すなわち超人のもつ急迫した感情の強烈さを讃美する。この強烈さは「合理的人間」モデルに欠けているテロスをもたらすものであって、ニーチェの闘いは自分自身がそうした力強い人物になろうとする闘いであった。とはいえ、個人的な情念の力こそまさに真の問題のすべてであると論じることによって、ニーチェは功利主義思想の根底にある嗜好と感情の第一義性というヒュームの前提を、その論理的帰結にまで導こうとしているのだ、と見ることができる（微温的な、予防線を張りめぐらしたかたちにおいてではあるが、ミルもこの帰結に達している）。

ニーチェの主張とは、もし存在するのが欲望だけだとするならば、そして欲望がガルガンチュアのようなものだとするならば、より強力な情念をそなえた人間が、その飽くことを知らぬ食欲を満たそうとして世界を呑みこんでしまうだろう、ということにすぎない。またそのときには、その結果として、功利主義思想のなかでは密かに仮定されていたこと、つまり他者を快楽のための道具とすることがきわめて公然とおこなわれることになる。「偉大な人間は、……同情心など必要としない。必要なのは従者と道具である。彼が人間と接するとき、その唯一の目的は彼らから何かを、つくり出すことである」（ニーチェ、196: 366-7）というわけだ。

根源的な非合理な生命力の顕現たる偉大な指導者へのニーチェの渇仰と、合理的な計算家という人間モデルとは、かくしていずれも、相対主義的な個人の選好こそすべての聖なる人間の使命に取ってかわるものとした、ヒュームの腐食性をもった主張への応答として生じてくる。マッキンタイアが書いているように、「偉大な人間」は個人主義がみずからの帰結から脱出しようとする最後の試みを象徴している（177: 241）。人間性に対する周到で洗練された見解をもち、デマゴーグを憎んだヒュームが、深みのない「合理的人間」と激情的な超人の両方にその土台を用意したことは、この上もないアイロニーであろう。

かくして二つの人間モデルがある。ひとつは、自己の欲望を満たすために相互に交換し相互作用する人々のあり方にもとづいて築かれたモデルで、これは手段の秤《はか》りかたは知っているが目的を評価する方法はまったくもたない、合理的計算家という人間概念を帰結する。そしてもうひとつは、欲望の激しさと他者に命令を下したいという根源的な意志感情とを、それ自体絶対的な価値をもつものとして強調するモデルであり、それは強烈な生命力を身におびた「偉大な人間」への讃美に導く。

だが二つのモデルは、そうした方向性の違いにもかかわらず、基本的な前提において深く結びついている。すなわちそれは、聖なるものの脱神秘化と個人的感情的な選好の第一義性という点である。また、もしこのような前提を受け容れるならば、ニーチェ的な「偉大な人間」の激越さのみが、情念を「利害関心」、愛を「効用関数」に還元してしまうような世界観の論理的呪縛を突破する希望を、あたえてくれることになるであろう。

第3章　非合理なものの社会学
——マックス・ウェーバーとエミール・デュルケム

前章でわれわれは、情念に依拠する人間性理論がどのようにして十八・十九世紀に発展してきたか、またそれが矛盾し対立する二つの方向へどのように進んでいったかを見た。ひとつの方向は制約された功利主義的パラダイム、すなわち合理的行為者の観点から「利益」と取引計算とを第一の関心事とするパラダイムであり、そしてもうひとつは感情の強烈さと超人の権力への意志というニーチェ的モデルであった。このようなモデルの論理からすれば、人類は理性を働かせて自己の利益を最大化しようとする人間たちのつくりなす法人団体か、途方もない「熱帯の怪物」の支配を受けるルサンチマンにみちた奴隷たちか、そのどちらかだということになる。

功利主義者たち、そしてそれ以上に彼らの経済主義的な後継者たちは、ますます機械論的なものとなった自分たちのモデルに合わない度はずれた情念や人間の存在を、認知する必要を感じなかった。なぜなら合理的計算家という人間のイメージは、時代を支配する資本主義的生産様式とよく調和していたからである。彼らとその後継者たちは次第に、よき良識に外見上かなう選好と交換の見取図を世界のうちに描きだすという技術的課題に専念するようになった――とはいえ、そこには何の超越的な人間的目標も存在せず、人間性についての貧弱なイメージがあっただけである。すでに見たように、ミルだけが情念と天才の重要性をいささかなりとも論じたのだが、彼の思想のそうした側面は人間性に関する彼の中心的な理論に決して統合されておらず、したがってその理論はいまだ歴然としてベンサム流のままにとどまっている。

しかしながら、ニーチェの理論は資本主義の合理化運動に逆らおうとするものであり、彼は、自分があれほど讃美する偉大な天才や戦士がもはや世界を支配していないのはなぜなのかを、どうしても言わなければならなかった。そうした問題に答えるためニーチェは、自分の言う激情的人間とは人類の原初形態であるが、それは文明の運動によって飼いならされ理性化されてしまったのだ、と論じるようになった。だからニーチェは文明を人間的力能の衰弱と見て、あらゆる価値の革命的・超越的な転倒を要求した。そして晩年には、狂気とすれすれのところで、自分は人類を近代の矮小化から救済すべくつかわされたメシアであると信じるにいたるのである。

凡庸な常識的世界にニーチェがつきつけた挑戦は、強い侵食力をもった彼の洞察を何とか自分の世界観へ取りこもうとする試みへ社会学者たちを導いた。本章で私はそうした努力を二つばかり取りあげてみたい。ひとつはマックス・ウェーバーが鮮やかに論じたもので、超人の概念を保持し、さらには展開させようとするものであるが、同時にそれは世界の高まりゆく合理化というプロセスと対置させることによって、超人がもつ力を拡散してしまう。もうひとつはエミール・デュルケムに関わるもので、それはニーチェ的な、生気にあふれた権力への衝動を超人から移しかえて、共同社会そのもののうちにそれを置こうとする。これら二つの見方を合わせれば、それはカリスマ的モーメントの現実の性格について、より完璧な理解を得るための新しい土台となりうるであろう。

マックス・ウェーバーと発作性のカリスマ

最初に取りあげるマックス・ウェーバーは、意欲にみちた天才こそが人間的な感情や創造力の源泉であるとするニーチェの基本的な主張を、ほとんどそのまま受け容れている。またウェーバーは、天才と文明の圧力との対立という論点も同様に受け容れている。だがニーチェとちがってウェーバーは、文明の圧力がおよそ一切の輝かしいもの、生き生きとしたもの、人の感情をかき立てるものに対して破壊的であると信じつつも、その著作の全般的な志向としては、この圧力のがわに立つ。ニーチェがその志において激しく英雄的であり、その挫折において悲劇的であるのに対して、ウェーバーは、自分が生気にみちた生の源泉から切断されていると感じる人間の情熱とノスタルジーによって特徴づけられている。彼がその恋人に語ったところによれば、「運命が自分と事物の現実との間にベールをかけてしまった」のであり、そのために彼は、自分は「何度でも芽をふくことはできるが、一本の樹木という役割を決して演じることのない切株のようなもの」（グリーン、94: 164, 114 からの引用）であると嘆かなければならない。

ウェーバーの著作においては、彼の生の核心にある自己疎隔感や内面の死の感覚が、絶望的な感情状態の厳しい抑制を可能にする鍛えあげられた知性の力によって補償され、また巧みにおおわれている。その研究のなかで彼は自己自身から脱出する創造的力能を手に入れ、すさまじい学識の帰結である人間の動機づけの合理性に関する詳細な知識と洞察力をもって、あらゆる事例や文化を「客観的」に提示する。ウェーバーの仕事は他のどの著作家にもまして、実存からすべての神秘を取り去り、合理性のために世界を征服しようとする試みであった。

その結果ウェーバーの社会学は、何よりもまず周到に計画された、首尾一貫した、目標志向的で目的意識的な社会的行為の研究となることになったが、彼の偉大な業績は、功利主義のモデルをその本来の枠組を超えて拡大したところにある。彼の方法は、歴史上の、また他の社会の一見したところ非合理なものは、多くの場合、特殊な価値と信念をそなえた特定の文化的布置連関のうちに織りこまれている行為者の観点からの状況理解によって把握できることを証明することであった。(1) 貴族が衒示的なもてなしのために世襲財産を蕩尽するのに対し、企業家は投資するために金銭を貯蓄する。前者の場合にはより大きな身分的名誉、後者の場合にはより多くの預金残高が帰結するが、いずれの場合もその根底にある動機は同じである。すなわち、どちらも支配階級にある人間として、文化によって構造化された自己の個人的選好に従いながら、評価の高い財を最大化しようとしているわけである。かくしてウェーバーは、手段的経済的合理性だけが唯一の合理的思考形態であるわけではなく、別なタイプの合理性も存在しうることをしめした。(2) このようにして彼は、理性という領域の外部にあると見える行為を功利主義的モデルで説明する可能性を大いに高めたのである。

しかしながらウェーバーは周知のように、まさに合理性概念を拡大して人間的行為のいっそう広範囲な領域を包摂しようとくわだてることによって、自己の欲する目的を追求する人間の計画された有意味な行為という主要領域からすればまったくその外側にある他の二タイプの権力および行動志向を、その体系内に入りこませることになった。非合理的行動の第一のタイプ、すなわち伝統を、ウェーバーははてしなく反復される循環として描いた。つまり、純粋なタイプの伝統社会にあっては、行為者は自己の行為の意味を意識することなく、ただそれまでずっとそうしてきたからという理由でそれを強迫的にくり返す思惟なきロボットとして機能する、とされるのである。伝統の非合理性とは、情念の非合理性ではなく、惰性と無気力の非合理性である。それは保守的であり、予見可能であり、自己自身の機械的再生産を志向するものなのだ[3]。

しかしながら第二の、われわれにとって興味深い行為志向のタイプがある。カリスマによって組織化される行為がそれだ。じっさいマックス・ウェーバーは、「カリスマ」という用語を社会学に導入した最初の人物であり、カリスマ的なものの性格に内在する内容を分析しようと試みた最初の人物であり、カリスマとは偉大な人間とその信奉者との関係であると論じた最初の人物であり、また社会的文脈のなかにカリスマ的なものを置いた最初の人物であった。

だがウェーバーの著作におけるカリスマの定義は簡単なものではない[4]。彼はとくに、カリスマには相互に深く対立しあう、事実上二つの異なった形態があることを書いている。ひとつは制度カリスマであるが、これは世襲したり、官職への就任とともに継承したり、制度に賦与したりすることが可能である。実際の個人的特徴とはかかわりなく、司教衣を身にまとったり、玉座にすわったりすることができる権利をもつすべての人間に聖なる権力というオーラをあたえるのは、このカリスマである。この場合カリスマとは、強力な制度や個人を正当化するための力である。そうした特定の制度や個人は、聖なるものとの結びつきを、それゆえカリスマを有していると主張し、また一般社会によってそう信じられている[5]。

ウェーバーはこうした形態のカリスマを論じることに大半の時間を費やしているのだが、

だからといって彼はそれが主要な形態であると考えているわけではない。それはただ、そうしたカリスマの方が相対的に合理的であり、それゆえ彼のようなタイプの社会学的分析になじみやすい、というだけのことである。じじつ彼は、カリスマと既存のものの保持との結合はまったく二次的な現象であると主張している。純粋な第一次的タイプのカリスマは、それとは逆に、否定的な、強度の感情性をおびた掘削力であり、「すべての制度的ルーティンや伝統的ルーティン、また合理的に操作することが可能なすべてのルーティンに対立する」ものである(M・ウェーバー、265: 52)。

原初形態におけるカリスマには、固定した権限系統など存在しない。つまり、それに関与する人々は整然たる規約のことなど斟酌しないのだ。彼らは経済上の取引や利潤といったものを軽蔑し、すべての構造の転覆、あらゆる慣習の鎖の解体をめざす。このようなタイプのカリスマは革命的かつ創造的であり、社会的危機の時代にあらわれ、新しい未来への道を切りひらく。カリスマ運動にあっては、人々はもはや慣習や法に従うことをしない。そのかわりに信奉者たちは、英雄的人物の尊大な要求に服すのだ。そしてその命令は論理によって正当化されるのではなく、また前もって承認されたヒエラルヒーにしめる英雄の位置によって正当化されるのでもなく、ただカリスマ的人間にそなわった個人的な「命令を下す力」によってのみ正当化される。

「カリスマ」とは、そうした資質が現実のものであるか、みずからそう称しているだけのものであるか、それともただ思いこみによるものであるかといったこととは関わりなしに、ともかくある人物にそなわっている非日常的な資質のことである、と理解することにしよう。したがって「カリスマ的権威」は、その特定の人物が非日常的な資質をもっているという信念のために、支配される人々がそれに服従していくような、人間に対する内的または外的な支配、とすることにしよう。(M・ウェーバー、265: 295)

「それは書かれたものである。……しかし私はあなた方にむかって言う」というイエスの言葉は、ウェーバーにとってカリスマ的人間関係の核心をなすものであった。指導者が言うこと、また指導者が要求することは、たとえ自己矛盾するものであっても、すべて正しい。指導者がそう言ったのだから、それは正しいのだ。指導者の正当性基盤は彼の奇跡的な資質に対する直接的な「認知」にある。そしてその弟子は、そうした資質の所有者に対する完全な人格的献身、「苦難と熱狂から生まれる献身」(M・ウェーバー、265: 249) に没頭する。自己犠牲はカリスマ信奉者の最も重要な美徳であり、利己主義は最大の悪徳なのだ。

ウェーバーはカリスマの輪郭を、超自然的資質の所有者と考えられている指導者が行使する非常に特殊なタイプの個人的権威として描くわけだが、彼はその点でニーチェと意見を異にする。ニーチェはしばしばミルと同様、天才をアウトサイダーとして、おそらくは他者とその人間とを区別する卓越せる性格のために群集によって拒否される者として描いた。だが社会学者たるウェーバーが関心をもつのは、ただ社会的存在として共同社会のうちにある人間だけである。彼にとって、カリスマ的なものは、それを賞讃する支持者たちとの関係のなかでしか存在することができない。かくしてウェーバーは、ニーチェとちがって、なぜカリスマ的性格が弟子たちを惹きつけるのかを考えなければならなくなる。そしてウェーバーの最も重要な貢献は、まさにこの点にあるのである。

カリスマがもつ磁力の源泉についてウェーバーがどう考えていたかは、彼がどのような人間たちをカリスマ的指導者の原型とよんでいるかを見れば明らかになる。それはシャーマン、てんかん患者、凶暴な戦士、海賊、デマゴーグ、預言者であった。ウェーバーによればこのような人物たちは、いかなる種類のものであれ、強烈な色調をおびた感情を露わにしめすことができる独特な生得的能力においてきわだっている点で、カリスマ的である。ニーチェの場合と同様、ウェーバーがイメージするカリスマ的人物は、平凡な人間たちよりも生気にとんでいる。つまり彼らは、世俗のあり方からはずれた、しかも通常の感情生活よりも大きな潜在的可能性をもった、変異せる強烈な意識状態のうちに存在しているとみなされるのである。

信奉者に訴えかけるのは、まさにてんかん患者のぎょろぎょろした目、戦士の逆上せる激怒、デマゴーグの絶叫、垂範的預言者の並みはずれた静けさといったもののうちにあらわれるカリスマ性の高揚した表現である、とウェーバーは信じているように思われる。(6) カリスマ的人間の強度の感情状態はまわりを取りまく人間たちに自動的に伝導し、彼らを熱狂と生命感情に感染させる。リア・グリーンフェルドが言うように、「したがって純粋カリスマとは、極端な興奮を内面から喚起し外面に表現することのできる能力、ひとを他人の強い関心と非反省的な模倣の対象にすることのできる能力を意味する」(95: 122)。

このような目標に到達するために、カリスマ的呪医は種々のエクスタシー技術の助けをかりることができる。狂熱の舞踏や歌、難行苦行や自己不具化、雄弁といったものがそれである。これらはすべてニーチェにしたがって、カリスマ的モーメントを刺激するための範例的技術、すなわちエロティックな狂躁の微弱化された形態とみなされる(M・ウェーバー、268: 401)。身体の劇的変容のなかで、信仰篤く、酩酊し、エクスタシー状態におちいった人間は、分離の感情を「対象のない無差別主義的な愛」(M・ウェーバー、265: 330)へと溶解させることによって、日常の悲惨さから脱出することができる、というわけである。(7)

カリスマ的指導者がさし出す参加型の交感状態を、ウェーバーは、人間存在にとって絶対的価値を有するものと理解した。

その心霊的非日常性のため、またそれらによって条件づけられる状態それぞれの固有な価値のため、こうした技術は特別な聖別を受けた神的なものとみなされてきた。……信仰篤き者にとって聖なる価値とは、何よりもまず、すぐその場で得られる心理状態のことであった。この状態は本質的に感情状態そのものから成り立っている。(265: 278)

このようなカリスマ的モーメントは、身体内部から湧きおこるひとつの真理として、宗教的体験の感情的核心に位置するものであり、また「前例のない、絶対的な独自性をもった、それゆえ神的なものへの内的服従を強化する」(268: 1, 117) ものでもある。

だがこうした非日常的状態への関心にもかかわらず、それに関するウェーバーの理論は端緒的なものにとどまり、それ以上のことはいまだ隠れたままになっている。彼の言う行為する人間の社会心理学は、無限の多様性をもった信条やライフスタイルを精緻に調べあげ、文化的な意味の織物を紡ぎあげようとするものであるが、そのなかで個人はつねにその皮膚の内側に閉じこめられ、自己の利得を慎重に計算する存在のままにとどまる。いやしくも社会が理解可能なものであるかぎりでは、社会を説明するのは、まさにこうした能動的意味主体の闘争なのである。そこではカリスマ的人物やそのまわりの群集は、いずれもてんかん患者の痙攣と同様、社会学的理解のこのような合理主義的モデルからはるかに遠いところにある。

エロティックなもの、あるいはカリスマ的なものを、エクスタシー的に放出したいという渇望は論じることが不可能であるというばかりではなく、近代世界にあっては、そのような渇望のすべてが不可避的に餓死せざるをえない運命にある。そのような強烈な欲望は、ウェーバーにとって、官僚的行為の世界や経済的な最大利潤の追求者の手段的合理性と闘争状態におちいらざるをえない。この闘争においては、二つの敵のうち官僚制の方がはるかに強力である。なぜなら官僚制的に合理化された諸制度は、より大きな生産力やより効率のよい経済に好意的であり、高度の技術水準をそなえた社会秩序に必要な、冷静で、計算された、手段合理的な人間関係のために、すべての自然発生的な魅力、生き生きとした感情的きずなの直接性を無慈悲に圧しつぶしていくものだからである。

したがって、政治的・経済的欲求が合理化されるにつれて、ますます大きな領域を学問が引き受けるようになる。この普遍的現象は、カリスマや個人ごとに異なる行為の重要性をますますそこなわせていく。(M．ウェーバー、268: 1,156)

ルーティン化された経済的コスモス、したがってまたすべての現世的文化に欠くことのできない物質的な財の供給の最高に合理的な形態は、愛の欠如が根元からしっかりとくっついた構造であった。(M・ウェーバー、265: 355)

したがって、人間に何が生じるのかといえば、それはたんにカリスマや伝統が消滅せざるをえないということだけではなく、経済的計算家という最も制約された功利主義的な人間モデルのうちに没した他のあらゆる合理的行為形態もそうならざるをえないことを、ウェーバーは描く。そのような未来を彼は期待しているわけではない――だがそれは唯一の不可避的な未来なのだ。彼はこう予言する。「われわれの行く手には夏の花が横たわっているわけではない。待っているのはむしろ、暗くかたく凍りついた北極の夜なのだ」(265: 128)。そこから逃れうる唯一の希望は、社会学的分析をアプリオリにゆるさない人間たちの手にゆだねられている。すなわちそれは「まったく新しい預言者」(267: 182) の出現である。最も洗練され、最も脱魔術化された合理的思想家であるウェーバーは、かくして結局、思わず知らず、カリスマ的英雄に対する重度の崇拝の餌食となってしまうのである。

エミール・デュルケムと集合的カリスマ

ウェーバーが機械化された未来という脱神秘化された構図を定式化し、英雄的救済者への憧憬を深めつつあったのとおなじころ、フランスの偉大な社会学者エミール・デュルケムは、人間の条件に関するまったく異なったパラダイムを発展させつつあった——そしてそれはウェーバーとは対極的な、しかし相互補完的なカリスマ概念に導くものであった。フランス革命という変革的な世俗宗教、それにコントの漸進主義的な社会科学の伝統から大きな影響をこうむった理想主義的人間デュルケムは、その著作をすでにうしなわれてしまった生命力へのノスタルジーからはじめるのではなく、社会集団を結びつける力強い平等主義的な情緒的結合という永遠の力と美徳への強い信頼、また人間は社会的文脈のうちに置かれてはいるが、つねに個人主義的な動機づけをもって行為するというウェーバー的視点への深い不信から出発する。デュルケムの関心は独自の実在たる集団のダイナミズムそのものにあり、彼にとって社会学者の仕事とは、集団生活の一般規則に関する理論を構築することであって、それはまったく「個人心理の規則とは異なったものである」(デュルケム、59: 312)。

集団生活一般の諸特徴に関して、デュルケムは数多くの研究や洞察を残している。彼は、個人を社会にきちんと埋めこむことのできない共同社会は、疎外やアノミーにさいなまれなければならないということを証明するような統計的尺度を開発した。彼はまた、分業の拡大が社会生活のあらゆる側面を変容させるような効果をもっていることを証明した。そして彼は、シンボルは社会構造の形態にもとづいてパターン化されると主張することによって、現代の多くの言語論的・構造論的分析を先取りしてみせた(8)。だがここでの私の関心は、集合的なものそれ自体の性質や起源についての、彼の決定的に重要な、しかしさほど詳しくは展開されていない議論にある。

デュルケムによれば、集合的なものとは聖なるものの典型例である。彼は集合的なものを、それをつくりなす人々のうえに、また人々を超えて実在するものとしてイメージした。つまりそれは超時間的な、あらゆるものを包括する、生き生きとした、感情的な強制力をもつものであり、その構成員に深い感情をともなう参加を喚起し、また彼らに超越的価値の感覚をあたえる。事実、個我の状態にとどまるとき人間は独我論的で反社会的な存在たらざるをえないと考えたデュルケムにとって、人間はそうした状態から脱け出て超個人的集団という道徳的実在のうちに吸収されるとき、はじめて現実に人間になることができる。「人間は社会に属するかぎりにおいて、思考と行動の両方で自分自身を超越する」(デュルケム、56: 29) というわけだ。[9] したがってひとは、基本的に二種類の意識をもっている。つまり、「われわれの内面生活はとうてい単純なものではなく、二つの重心のようなものをもっている。一方には個人性――より詳しく言えば、それが依拠する身体――があり、他方にはわれわれのうちにあって自分自身以外の何かを表現するもののすべてがある。……そして両者は相互に矛盾し、また相互に否定しあうのである」(58: 152)。

個人的自我と集団的自我の対立という事柄のうちには、個人という行為主体は還元不可能な社会的事実ではないという驚くべき意味あいが含まれている。「われわれは、そこで個人が終わり、そこから社会的領域がはじまる、というような明確な地点が存在するとは考えない。……一方の事実次元から他方の事実次元へと、われわれは間断なく移動しているのである」(57: 313)。これが意味しているのは次のこと、すなわち、自我の優先性を認め、個々の行為者が意識的に社会的な意味の織物を操作したり、自己の衝動や個人的欲望にもとづいて行為したりしていると仮定するような個人中心的社会学のかわりに、デュルケムは、利己的な単独性と共同社会への没入とのあいだには絶え間ない河水の出入りがある、とするような社会心理学を提起しているということである。

したがってデュルケムは、人間の条件に関するその構図において、われわれがこれまでのべてきた他のすべての理論家を敵にまわすことになる。ウェーバー、ニーチェ、功利主義者たち、そしてヒューム、彼らはみな、たとえ一定の解釈と評価を加えられたものであるにせよ、個人の情念や選好の第一義性という情動主義的原則を所与のものとしていた。ところがデュルケムは、ラディカルな代案を提示する。彼の言うところによれば、個々人の情念や欲望はしばしば集団のそれよりも下位のものであるし、集団を動かす動因は、集団をつくりあげている個々人を動かす動因とは、そのタイプや特性においてきわめて異質なものである。それはより高次元のものであり、また小心翼々たる利害関心や個人的な好みをはるかに超えたところにあるものだ、というわけである。

かくしてデュルケムは、のちにフロイトが超自我という概念のなかで精緻に仕上げた、集団の道徳的世界と個人の欲望との葛藤という原理を創始する。彼はまた社会的行為が無意識のうちにおこなわれる可能性を提示する――これは新しい考えであった。だがもっと重要なのは、集団の内部でおこなわれる人間の選択や行為を支配する普遍的で抵抗しがたい法則が現実に存在しているという前提を置くことによって、彼は情動主義の論理的ディレンマを回避する方法を提案しているということである。デュルケムの見るところ、そうした超個人的な法則を科学的に理解し、その妥当性を立証することが社会学の第一の仕事であった。そのさい第二の仕事とは、コントと啓蒙主義の伝統にしたがって、各人各様の動物的個我の状態から人間が脱出できるよう――また各人各様の状態にある人間の欲望からひとつの道徳的世界をひき出すという不毛な作業から思惟が脱出できるよう、うまく組織された健康な共同社会へと導いていく条件を促進することであった。

デュルケムは超個人的共同社会の第一義性を第一前提としているため、ミルの天才にも、ニーチェ的な超人にも、またウェーバーが理解した意味でのカリスマ、つまり特定の一個人のうちで生じ、次にその人物を取りまく集団を奮い立たせていくような感情的噴出にも興味をしめさない。事実、デュルケムはその議論のなかで、カリスマという言葉をまったく使っていないし、あらゆる形態のリーダーシップと個人的愛着を終始一貫軽視している。彼にとっての創造原理は、聖なるものをめぐる、非常な熱気をおびた没個人的儀礼への共同参加である。そうした儀礼はすべての共同参加者を、ひとつのかたまりに統合していくのだ。ウェーバーは祭司の先駆者として扇動的な呪術師を仮想したが、デュルケムは教会の原型たる儀礼集団から出発するわけである。

一見したところデュルケムは、こうした原初的な儀礼共同体に関する理解を、最も「原始的」であるがゆえに信仰の原形式をしめしている、と彼が感じた諸文化の民族誌から得ているように見える。それはたとえば、オーストラリアのアボリジニーに関するスペンサーとギレンの記述、古代セム族に関するロバートソン・スミスの傑出した著作、植民地アルジェリアに住んでいた同時代のカビール人に関するフランスの研究といったものであった。だがデュルケムの脳裏にはフランス革命があり、彼は近代における没個人的かつ精神の昂揚をもたらす儀礼の原型として、何度もそれに言及している。彼の語るところによれば、宗教の感情的本質は神や教義に関係するものではなく、自然発生的な大衆の祝祭や、それが生みだす集合感情から生じてくることを、フランス革命は証明しているのである。

この点において彼は、最も有名なところでは偉大なロマン主義の歴史家ジュール・ミシュレによって提出された革命的熱狂のイメージに従っている。彼は非常にデュルケム的な流儀で（ただしデュルケムの生まれる五年前に）、革命的情熱が個々の人間を圧倒し、彼らが自分自身を超えて共同体という超越的領域へと運ばれていく姿を描いた。「人間と人間のあいだには、もはや山も川も、また垣根もまったく存在しない。彼らの言語《ランゲージ》はいまだ異なっているが、彼らの発する言葉《ワード》はあまりにもよく一致するため、彼らはみな同一の場所――同一のふところから生じてきたように見える。あらゆるものが一地点に引きよせられ、その地点がいまや未来を語る。それはフランスという精神の奥底から全員一致でなされる祈りなのだ。愛の力もまさにそうしたものである。そこでは何ものも一体感に達するための障害となることはできなかったし、いかなる犠牲も高価すぎるものとみなされることはなかった」（ミシュレ、181: 444）[10]。

デュルケムの著作は、ミシュレの場合と同様、平等主義的であると同時に人々にエネルギーを賦活していくような共同体経験への秘められた信仰が、その原動力となっている。だがデュルケムは、その先行者とは違って、交感というモーメントの源泉と形態について何かを語ろうと試みる。彼の理論は、民族誌的な資料にもとづきながら、「より濃密で能動的な相互関係」（デュルケム、56: 241）のなかに人々が置かれるときには、そうした無私無欲の感情的ほとばしりがいつでも自動的に生じてくる、とするものである。一定程度の密度で人々が集合するとき、そこに現実に生じる群集の身体的な接触や接近が、人々をして不可避的に、孤独よりも共同感情、競争よりも協同、弱さよりも力、差異よりも類似性を感じさせるのだ、とデュルケムは論じた。群集を構成するメンバーの類似性が身体的な接近によって強化される。そして彼らは、自分のまわりに蝟集した群集の影響力のもと、自己の個人的アイデンティティが解体していくのを感じはじめる。こうした状況のもとでは、「基本的なプロセスはいつでもおなじであり、状況はただそれに異なった色づけをほどこすだけである」（デュルケム、56: 460）から、いかなる文化的差異にもかかわらず、かならず集合的エクスタシーが発生してくる、とデュルケムは考えたのであった。

デュルケムはまた、原初的群集の物理的エネルギーは自然発生的な運動や、集合することによって感情的刺激を受ける参加者たちの喧躁から自然に生じてくるものである、と信じた。こうした衝動の噴出は、集団全体のなかでそれが直接に模倣され、拡大され、共振作用を引きおこすにつれ、伝染病のように広がっていく。彼の理論によれば、このような共鳴や高められた反応から生じる参加者の一体感は、強度の感情状態を機械的に刺激し、われわれのまわりに有機的・心理的現象の巨大な竜巻をまきおこす力をつくり出す（デュルケム、60: 53）。昂揚、陶酔、自己喪失といったこのような自動的な身体的経験を、デュルケムは「集合的沸騰」とよび、それこそまさに「聖なるものの原型そのもの」（デュルケム、56: 140）、あらゆる宗教的儀礼の原型、あらゆる形態の人間共同体の核心である、とした。(11)

たとえデュルケムがこうしたプロセスの自動的で没思惟的な性格を強調しようとも、同時にまた人間は、この経験にみずからを従わせ、さらにそれを能動的に追求していくべき実際的な理由をもっている。というのも参加者は、エクスタシー的集団というより大きな身体に崩れ落ちていくとき、復活した生命力の大波が迫りくるのを感じるからである。このとき彼らが力をあたえられ拡大されていくのは、デュルケムによれば、白熱した集合的祝祭のなかで「各人が他の人間たちと一緒にならんで生まれる」とき、彼らはみな自分を、道徳、利己心、人間的な弱さといった個人的な限界をこえたところにある超時間的な力強い共同社会という、より大きな真理の一部として感じるからである（デュルケム、59: 56）。「人間は自分が強くなったと感じるから自信が湧いてくる。彼らは現実に強くなっている。なぜならそれまで衰弱しつつあった諸力が、ここでふたたび意識のなかに目覚めることになるからである」（デュルケム、56: 387）。

デュルケムによれば、儀礼によって点火された超個人的な生命力の爆発は、日常生活のしきたりや自己と他者を区別する日常的な境界の破壊に表現される。

放出される情念はきわめて激烈なものであって、何ものによっても押しとどめることができない。それは通常の生活条件からあまりにも遠くへだたっており、また徹底的に意識してそうであろうとするので、ひとは通常の道徳の外側また上位にみずからを置かなければならないと感じる。……性的関係を支配する諸規則とは逆のかたちで男女が結びつく。男たちはめいめいの妻を交換する。通常時には忌まわしいものと考えられ、厳罰をもって処せられる近親相姦的結合さえ、いまや公然と、また刑罰を受けることなしになされるのである。（デュルケム、56: 247）

このイメージのなかでは、集団行動が引きおこす巨大な感情の渦巻は、性的規制にかかわる最も根深いタブーを含む、すべての個人的な差異を克服できるものとされている。(12) アイデンティティの喪失や多形倒錯的なセクシュアリティを描きだすことによって、ここでもデュルケムはのちの精神分析理論を先取りしているわけである。

しかしながら、デュルケムの断固たる集団中心的理論においてさえ、カリスマ的個人は一定の場をしめているということができる。なんとなれば、「ひとは自分が何かの作用をこうむっていることはよく知っているが、それは誰によってなのかを知らない」(デュルケム、56: 239) ため、集合体の全員が関与する感情のほとばしりはそれ自体では象徴化することができないからである。そのかわりをするものとして人間の表象能力がよび出され、それは集合的儀礼を活気づける焦点となるべき象徴形式をつくり出す役割をになわされるのである。

実際の形態がどのようなものであれ、このようなシンボルとなる事物は、集団的経験の感情的衝迫力を拡大していく機能を有している。なぜなら、デュルケムの信じるところによれば、「共通な意識経験をもつことの効果は、もはや拡散したかたちであたえられるのではなく、何らかのはっきりと規定された器官の媒介をとおしてあたえられる場合の方が、より強力だ」(デュルケム、60: 131) からである。このようにシンボルは、共同体がもつ力に焦点をあたえ増幅していくレンズという役割をはたすものであるがゆえに、特別な、超自然的な特性を賦与される。しかしながらシンボルは、このような特質をそれ自体が有しているわけではない。それは太陽ではなくて月、光を反射してかがやく月である。デュルケムの見解によれば、真のエネルギー源はいつでも社会なのだ。だが社会は、みずからの輝きを概念化することができないために、自分を映しだす鏡を光源と勘違いしてしまうのである。

時として、偶然のきっかけでひとりの個人が聖なるシンボルとなることがある。どんな資質の人間がそうなるのかを問題にしても意味がない。そのような人物はただ、他のすべての聖なるトーテムと何の違いもない記号として存在しているにすぎないからである。それゆえデュルケムにとって、崇拝される指導者とは一人の個人ではなくて、むしろ「受肉し、人格化された集団」（デュルケム、56: 241）にすぎない。またデュルケムは指導者を集団の放射物と考えるから、「独裁支配とは……変形された共産主義にほかならない」（デュルケム、60: 144）と主張する。

かくしてデュルケムにとっても、ある種の人々が大いなる高みに持ちあげられ、聖なるものの具体化として崇拝されることがたしかにある。彼によれば、なるほどそのような属性は実際に正しい。なぜなら、彼らは神的なものの本質である共同体的興奮を刺激し、また象徴するからである。だが彼らは、革新的人間でもなければ、革命的人間でもない。実のところ彼らは、ウェーバーの定式化における伝統的指導者が慣習の奴隷であるのとおなじように、自分が置かれた社会的な布置連関を象徴するかぎりにおいてしか成功しえないからである。「もしも〔社会が〕たまたまある人間を愛し、自己を動かしていく第一目標やそれを達成すべき手段をその人間のうちに見出したと考えるようなことがあるならば、その人間は他の人間よりも高いところに持ちあげられ、いわば神としてあがめられることになるであろう」（デュルケム、56: 243）。したがってここでは、個人としていかに抗弁しようとも、大衆の雰囲気と「感情的に共振」してその願望（デュルケムによれば、それはみずからをひとつの共同体としてエクスタシー的に経験することへの欲求である）を満たすことに失敗する指導者は拒絶をうけるであろう、ということが暗黙のうちに示唆されている。このような見方からすれば、ミシュレがフランス革命の英雄をそう呼んだように、指導者とは共同体の衝動を「伝えるというよりはむしろ背負わされた」「野心をもつあやつり人形」でしかありえない（ミシュレ、181: 12）。

しかしながら、集合体が現実に一個人のうちに自己を表象するとき、集団の集合的沸騰に合体してそれを強化していく指導者という、デュルケム描くところの結晶化作用をもった人物像は、指導者の光輝の源泉を指導者個人の人格にではなく、集団のまなざしのうちにのみ求めるという違いはあるけれども、多くの点でマックス・ウェーバーの原初的カリスマ像とよく類似している。

このような神格化された個人が生命を欠いた聖なる事物とおなじでないことを、デュルケムはよく知っている。そのような人間は個人的な欲望と行動する力能とをもっており、また崇拝を受けるかぎりにおいて、集団をたんに反映するのではなくてみずから集団を方向づけていく可能性を有している。このような意味で、ウェーバーの場合と同様デュルケムにあっても、崇拝を受ける指導者は創造的な文化英雄の原型であった。しかしデュルケムにおいては、明確なかたちでカリスマ的行為者が論じられることは決してない。なぜなら彼にとって、いかなるかたちであれ個人に言及することは、個人的な選好と道徳的な理解不可能性という妖怪を呼びだすものであったからである――これはまさにウェーバーが「価値自由」な社会学という概念や、英雄へのノスタルジーで対処しようとした妖怪であった。

すでに見たように、そのかわりになるものとしてデュルケムが定式化するのは、集合感情の洪水で孤立せる個人を圧倒する、強い情動性をおびた集団儀礼のもたらす自己超越によって、個々人の欲望を包摂し、経験にもとづく倫理的基盤をあらゆる領域の全社会生活にあたえるような説明方法であった。このひとつの強力な感情、またその儀礼的表現は、あらゆる社会を生起させ、また理性によって構成される道徳的、論理的、さらには物理的なカテゴリーさえも生起させる。ヒュームの破壊的な哲学によって提起された難問が、孤独な自我の否定、集団に固有な道徳性の理想化、また集団的参加の絶対的・超時間的価値の主張によって解決されるわけである。

だが、デュルケムは集合的沸騰を永遠の社会現象とみなすけれども、一方ではウェーバーと同様、カリスマの経験は近代という時代によって剝奪されてしまうと考える。とはいえデュルケムからすれば、そのようになってしまう理由は、技術合理的官僚制という、魂にとって破壊的な世界が個人というものを腐食させるからではない。状況はむしろその逆なのだ。単純な「機械的」社会構造にあっては、個人がそれほど分化していないために、ひとは集合的発作のなかで比較的容易に自己をうしなうことができる。一方、近代社会においては、分業の複雑化や経済的エートスの支配が、社会的結合や相互依存性の意識がますますうしなわれていくこととあいまって、人間的なへだたりのイデオロギーや役割分化の高次化を生じさせる。これらの要因は近代人に、より個人主義的な、より自己本位的な、同胞からより隔絶された感情、したがって集合的沸騰を刺激する本質的な一体感や類似性といった身体の内部から湧きおこる経験に、よりなじみにくい感情をいだかせるのである。

だがカリスマ的交感に対するこうした近代の障害にもかかわらず、あらゆる人間の共同社会は、カリスマ的経験の潜在的可能性を維持しつづけなければならないことを、デュルケムは断言する。なぜなら共同社会は、それなしでは、高度の知性をもった、しかしたがいに略奪し殺しあう肉食獣のたんなる寄せ集めと化してしまうからである。儀礼におけるコミュニタスの共有だけがより高次の目的という内面的感覚をあたえることができるのであり、だからこそそれは、社会の基礎にとってばかりでなく、絶望や孤独から脱出するという超越的な目標を必要とする個人にとっても不可欠なのである。

じっさいデュルケムには、あとで見るように後の理論でますます重要なものとなっていくひとつの観念が、暗黙のうちに存在している。すなわちそれは、現代人にあっては集合的沸騰の機会そのものが欠如している――これは今日という「過渡期」の特徴である――ために、カリスマ的交感の熱気のなかで自我から脱出したいという、点火される日を求めて社会の表面下にくすぶりつづけている欲望が、ますます大きくなるということであった。デュルケムはこう書いた。「問題なのはただひとつのこと、われわれの集合生活の表面を支配している道徳的冷たさの下に、われわれの社会そのものが生みだしてくる温かさの源泉を感じとることである」(ベラー、15: xlvii からの引用)[13]。

非合理的魅力のモデル

私は本章で、ヒュームによって提起され、その功利主義的な後継者たちやニーチェによって応用しつくされた人間観への、非常に異なった、また複雑な二つの反応の概略を描いた。ウェーバーのモデルでは、手段的理性が意志と感情とをゆっくりと掘り崩していくだろうという歴史理論のなかに、合理的行為者と英雄的超人という対立する二つのパラダイムが隣りあわせに置かれている。カリスマは、機械化され脱魔術化された世界における行為する創造的個人の最後の隠れ家、愛しいひとに抱かれて自分というものをなくしてしまいたいという人間の説明不可能な欲望とおなじく、とらえがたい、魅力にみちた、また儚いものとされている。そしてそれは、権力のヒエラルヒーや合理化という致命的な力を生じさせざるをえないために、死を運命づけられたものともされている。

デュルケムのモデルにおいても、「利害」と情念の二元性はあいかわらず中心的な位置をしめているのであるが、この問題はしかし、合理的で貪欲な個人と、いまや強烈な感情の唯一の源泉となった道徳的で非合理的な、そして感情に対する強制力をもった共同体との区別という公準によって解決される。カリスマを、力あふれ、みずから意志する個人に固有のものとするニーチェ的な信念は、あまりに抽象的・理想的すぎて（社会学者をのぞけば）想像することもできないような関係の実体化から必然的に生じる幻想として却下される。この見方からすれば、カリスマはヒエラルヒー的なものではなく、むしろ逆に、集団という心地よい子宮のなかでの平等主義的な類似性を確約することへつながるものなのである。

さらにまた、ウェーバーは自分の個人主義的・合理主義的な枠組に合致しない行為を説明するためのよりどころとしてカリスマ的なものの権威という概念を用いるのだが、そのような行為はデュルケムからすれば自然なものである。なぜなら人間は、たいてい無意識に行動している存在であり、まさにウェーバーがまったく説明不可能なものと見た自己喪失への傾向をもつ存在であり、また個々人の意志や知性を超えた誘引力や集団力学の一定の法則に従う存在だからである。

とはいえ、カリスマ的人間関係に関するウェーバー的なイメージとデュルケム的なイメージとのあいだには、本質的な類似性がある。さきほども述べたように、カリスマ的魅力には主体における個人的な意志とアイデンティティの喪失が含まれているとする点で、両者は一致するからである。それは「大規模な略奪と全面的な合意形成」(グラスマン、91:624)を結合する関係であり、そこでは参加者たちが自分らを包摂するカリスマ的対象との直接的、即時的な接触という内的感覚をもつことができるために、自己犠牲が促進されていく。さらにまた、どちらのカリスマ像においても、純粋にカリスマ的な対象を経験することは、深い感情と抵抗しがたい力をもつものとみなされている。カリスマの伝えるいかなるメッセージよりも、身体に湧きおこる経験が優先するというわけである。

またウェーバーとデュルケムは、いずれも人間性に関する一定の前提から出発している。とりわけそれは、人間は力強い自己超越的経験へむかう傾向性を有しているという仮定である。集合的儀礼への参加や強烈な感情の刺激はエクスタシー的な自己喪失へ到達するための方法とみなされ、それはカリスマ的経験の創始者(ウェーバーの場合)やシンボル(デュルケムの場合)となる人物のまわりにしばしば収斂していくものとされる。

カリスマ的人間関係はその非日常的な性格のために日常的な利己心の外部に位置する、

と考える点でも両者は一致する。それは、断片化してしまった社会構造をカリスマの関与によって再度活気づける必要が特に生じてくる社会不安や社会的受難の時代には、とりわけ好まれる傾向をもった創造的・再生的な力だというわけである。両者はまた、次のようなロマン主義的信念においても意見をおなじくする。すなわち、カリスマ的魅力と自己喪失のこうした関係はつかの間のものであり、過度のエロティシズムと同様の疲労をもたらさずにはおかないものであるけれども、それでもなおそれは希望と忠誠心の水源であり、恐怖や敵意、またきびしく孤独な社会的世界で生きのびていくための闘いに必要な条件によって引き裂かれた人類に、よりよき世界という感情的な真理をあたえるものである、という信念がそれである。

第4章　催眠と群集心理学
――メスマー、ル・ボン、タルド

前章でわれわれは、カリスマの影響力に関する二つの非常に異なったモデルがどのように発展したかを見た。ひとつは、ニーチェの洞察にもとづいて、カリスマ的個人および合理的秩序や歴史に対するその対立的関係に焦点をあてるもの。そしてもうひとつは、フランス革命という集合的情念のロマン主義的イメージに淵源し、カリスマ集団のダイナミズムにわれわれの関心を向けさせるものであった。二つの理論はいずれも、カリスマへの没入には原初的な自己喪失の衝動が脈打っているという考えを基本前提としており、またカリスマ状態における感情的高揚の重要性を強調する。だがどちらも、なぜカリスマがひとに訴えかける力をもっているのかということについて、また指導者と信奉者の関係の性質について、多くのことを語っていない。

次に本章では、カリスマ的人間関係に対するもうひとつのアプローチを検討してみたい。それは、当初カリスマ的きずなの現実的経験から直接に出発し、のちの理論家によって群集心理学という「科学」、すなわちウェーバーの個人中心的理論とデュルケムの集合体志向とを退行という枠組のなかに統合し、そのことでフロイトとその弟子たちの集団心理学へ直接つながっていく科学へと仕上げられたアプローチである。

しかしながら、一般的に言ってこの「科学」はまさにカリスマ的人物――今日では知識人というよりむしろペテン師とみなされている男――によるカリスマの説明として創始されたために、学問に対してごく小さな影響をあたえるにとどまった。その人物はメスメリズム――今日では催眠術という名で知られているもの――の創始者、フランツ・アントン・メスマー（訳注1）である。彼は十八世紀後半、フランス革命という大変動の直前にパリで自分の教義を普及させ、大きな成功をおさめた。

自己意識するカリスマ

メスマー自身、尋常でない人物――預言者とペテン師の混血――であった（のちに見るようにこの取り合わせはカリスマ的人間の典型である）。彼自身の経験も原型的な意味を有するものであり、催眠的トランス状態を理解し、操作可能なものとするために彼とその弟子たちがおこなった努力は、カリスマ的な関わりに関して、百年後にウェーバーやデュルケムが試みた外在的な分析よりももっと総合的なモデルを構築するための手がかりをあたえてくれる。

メスマーはドイツ語を母国語とする人間であり、彼の話すフランス語はほとんど理解不可能であった——それは彼の魅力である神秘的雰囲気に何がしかのものをつけ加えたであろうが。彼は一七七八年にパリに到着し、自分は宇宙全体にうねっている（と彼が信じる）不可視のエネルギー体の流れをコントロールし、方向づけることのできる特殊な能力をもっていると主張した。彼は旧約聖書の預言者のように、森のなかを三カ月間もあてどもなく忘我状態でさまよったあと、はじめてこの能力を獲得した。「おお自然よ、私はあの発作のなかでさけんだ。汝は私に何を望むのか？」自然はこれに応えて「社会から得たすべての観念を心から消去し、言葉なしで（言葉が社会のつくり出す計略であることをルソーが証明していた）考えよ」（メスマーの言葉、ダーントン、42: 117からの引用）という霊感を彼にふきこんだ。彼はこのうっとりするような無意識状態のなかで、不可視のエネルギー流体が存在することを直観的につかみとり、それを自己の哲学の基礎としたのであった。

彼が信じるところでは、この不可視のエネルギーこそ、森羅万象をダイナミックな統一のうちに結びつけるきずなであった。この統一的なエネルギーは彼とその仲間にとって、新しい科学の専門家となる資格を有する人間たちが、強められた生命感覚として主観的に経験する事実であった。そのうえこの不可視のエネルギーは、操作可能なものであると同時に、わざの対象となる人間のほとばしるような痙攣的トランス状態のなかで客観的に測定できるものでもあった。そうした忘我的トランス状態をひき起こすことによって、操作主体は個人や集団のなかにせきとめられていたエネルギーを解放し、病気を治し、社会の病を根絶し、全人類がみずからと自然とに調和して生きられる新しい楽園を到来させることに貢献できる、というわけである。

経験主義者ヒュームの革命が成功することによって、また資本主義の個人主義的エートスによって活気づけられた近代思想は、メスマー理論の超個人的前提を受け容れることができない。そうした見方からすれば、人間は利害以外の何ものによっても結びつくことができないはずだし、また実際にそうなっている。そして利害とはつねに、個々人の情緒的な偏愛や選好の所産なのだ。だとすればメスマーが約束した道徳的共同体は、ひとつの幻想であるか、あるいは彼個人の欲望をみたすためにおこなわれる意識的操作の仮面でなければならないのである。

だが彼を信じた人々からすれば、メスマーの教義ははるかにそれ以上の何かをあたえるものと見えた。それは世界を説明するだけでなく、治療家が生命の力そのものに触れ、またそれをつくり上げていく関係状態への参加をあたえるものでもあった。科学的な素養にもかかわらず、いやおそらくは科学的素養のためにメスメリズムへの改宗者となったフランソワ・モンロジェ伯によれば、「彼はより深い、より満足のいく科学を発見した。その科学は哲学への共感を排除することなしに、宗教的衝動への余地を残しておく科学であった。……モンロジェ伯にはメスメリズムが〈世界の相貌を変化させるもの〉と見えたのである」（ダーントン、42: 59）。

メシア的内容と啓蒙主義的約束とをそなえた新しい科学は、革命前夜のフランスを席捲《せっけん》した。ダーントンによれば、フランス革命前の十年間、メスメリズムは他の何よりも最も書かれることの多いトピックであったという。治療に関連する公的な展示物とならんで、洪水のように出されたパンフレットや推薦状がすさまじい関心をよび、ラファイエット、ジャン゠ルイ・カラ、ジャック゠ピエール・ブリソといった後の革命的啓蒙主義者をふくむ大量の改宗者を惹きつけた。

メスマーの受けた啓示が真実のものであったことを物語る主たる証拠は、彼が盲目から倦怠感まで種々の病気の治療にあたり、その独特の手法で治癒を得たことである。そのように病気が治癒したのは、メスマーの「磁力」のおかげ、つまり彼が生命エネルギー流の結節点や水路となる能力をもっているからだとされた。この磁力は、彼個人の激しさや快活さ、電撃のような視線、けばけばしいライラック色をしたタフタのローブという異国趣味の衣装にあらわれていた。彼の芝居じみた外見をいっそう印象鮮烈なものにしたのは、彼が室内でおこなった臨床行為の雰囲気である。それは患者に、自分はいま世俗の世界から特殊な、修道院的な、いわば聖なる環境へ引きこもっているのだという感覚をあたえるようにしつらえられていた。甘美な音楽がかなでられ、灯火は消されていた。室内の装飾には、たらい何杯分もの鉄のヤスリ屑、メスマー独特の加工をほどこされた水、エネルギー流を運ぶのに用いられる鉄の竿といった神秘的なしかけのほかに、奇妙な天体模様や秘儀的記号が取りいれられていた。

このような熱気にみちたセッティングのなかで、メスマーは患者の両膝を自分の両膝のあいだにはさみ、猛烈ないきおいで噴出する「流体エネルギー」を自分の眼から患者の眼に発射しつつ、「磁気を帯びた」自分の手で患者の身体、とくに上腹部を集中的に打った。メスマーとその弟子たちは、こうした技法を用いることによって、クライエントに夢遊病的トランスやてんかん発作を誘発することができた。そして彼らは、そうした状態から目覚めたとき、新しい生命力の復活を感じ、またしばしば自分は病気をうまい具合に治してもらったと考えたのである。(1)

自分の成功に寄与しているのは、たんに自分のカリスマ的な生命力や磁気を帯びた接触、また劇的な状況だけでないことを、メスマーはきわめてよく認識していた。集団の増幅的ダイナミズムも中心的な役割をはたしていると彼は信じた。というのも、集団が関与する場合には、しばしば治療がいっそう効果的になったからである。集団は「電気回路にも似たメスマー的〈連鎖〉」(ダーントン、42: 8)をつくり出すことによって、エネルギー流を強化・拡大する。親密な身体的接触はこのような循環的連鎖となって、階級や個人的性格といったあらゆる差異にかかわりなく、すべての参加者を集団の熱気にみちた霊的交感の

なかに一体化させていくのである。(2)

メスメリズムの実践は屋外——とくに広大な開放的空間——でもおこなわれた。いくつもの人間集団が一本の巨大な樹木をとり囲み、彼らは「メスマー的磁気を帯びた」ロープによってそれにつながれるのだが、これはそののちフランス革命期に自由の木のまわりでおこなわれた民衆の集会を予想させるものであった。このような背景のもと、メスマーの二人の弟子、ピュイゼギュール兄弟が、集団催眠をもっと直接的に誘発する方法を発見し、伝染性をもった暗示力で膨大な数の見物人を同時にトランス状態に追いこんだ。人々はひとたびこうした夢遊病状態に巻きこまれると、自分たちは自己の、また他人の内面を透視したり、精霊と交流したり、病気からの治癒を予見したり、思念を送信したりすることができるようになったと信じ、またその他もろもろの呪術的主張を掲げた。(3)

メスマー自身、このような大規模な集まりは個々の人間の健康にとってばかりでなく、社会の健康にとっても決定的な重要性をもっていると信じた。集合的トランスを世俗宗教の一形態としてとらえるメスマーの考えは、革命前に彼が書いた文章のなかに見ることができる。

頻繁に大きな集会へ参集することが、人間の身体的・道徳的な調和にとって非常に重要なものであることは、影響力あるいは動物磁気の体系を形成する諸原理によって説明されるであろう。……そうした集会のなかでは、すべての意図と意志が、ひとつのおなじ対象、とくに自然の秩序へと向けられざるをえない。そして幾人かの人間のなかで損なわれはじめていた調和が再構築され、健康が強化されるのは、このような状況のうちにおいてなのである。（メスマーの言葉、ダーントン、42: 147からの引用）

個人の意志や生気にみちた情緒的影響力といった主張に強調を置いている点は、ウェーバーやニーチェがよび出そうとしたカリスマ的預言者と彼とを結びつけるものであるが、われわれはここに、革命的熱狂やデュルケムの集合的沸騰の概念について、メスマーがどれほど多くのものを先取りしているかを見ることができよう。ロバート・ダーントンはメスメリズムに関するその著作のなかで、フーリエやサン＝シモンやロバート・オーウェンにふれながら、メスマーがフランス文学や社会思想一般にどれほど深い影響をあたえたかを描いている。ゴーチエはロマンティックな恋愛を、恋人のかわすまなざしを通りぬけていく幾筋ものメスマー的流体によってになわれるものとして描き、バルザックの描くランベールは、メスマー的なやり方で夢遊化された人々と同様なエクスタシー状態にはいりこんでいく。そしてもちろん、メスマーの交霊会は後の心霊主義のモデルとなるものであった。

だがわれわれにとってとくに興味深いのは、ギュスタヴ・ル・ボンとガブリエル・ドゥ・タルドという二人のフランス人に対するメスメリズムの影響である。彼らはいずれも二十世紀の初頭に著作活動をおこない、催眠という経験を人間の動機づけに関する理論の枠組として活用することによって、デュルケムの集団志向とウェーバーの個人主義とのギャップを架橋しようと試みた。

二人のうちよく知られているのはル・ボンの方であるが、彼は自由主義的なジャーナリストであると同時に人種理論家でもあった。彼の著作『群集――民衆精神の研究』は出版されるとすぐに古典となって、現代の社会心理学の多くを活気づける一方、シカゴ学派の社会学に大きな影響をあたえた。しかしもっと驚くべきことは、現実の政治的実践に対する彼の指導者理論の重要性であろう。ルーズヴェルトは彼と会見し、ド・ゴールは彼を引用し、そしてヒトラーはル・ボンを自分の師匠と認めることを誇りとしたのである。

タルドはル・ボンより知られることの少ない人物ではあるが、その影響力では決して彼に劣るものではない。彼は統計学と刑罰学を専門とするアカデミックな学者であり、社会学的研究における世論調査の意義を他に先立って主唱した人間のひとりである。彼は、現代の政治生活の重要な一部となっているあの膨大な専門家集団やメディア・コンサルタントの、真の意味における先駆者であった。

ル・ボンとタルドの著作は、デュルケムの著作と同様、革命という経験に対する反作用と見ることができるし、二人はいずれもデュルケムと同様、人間とは何よりもまず集団的存在であるという前提から出発している。彼らはまた、群集は日常生活のルールにしたがわない固有のメンタリティを有し、そのなかに引き寄せられるすべての人間たちに固有のダイナミズムを自動的におしつけていく、とする点でも一致する。したがって、個人心理を超越する集団のダイナミズムを理解することが社会科学者の仕事になる。

だがル・ボンやタルドにとって、原初的な社会集団は道徳的実在でもなければ、いかなる自発的形態を有するものでもない。逆にそれは、すべての秩序に先立って存在し、知性もなければ定まった形態もない、目標のない情念にみちた、創造性に対して敵対的な、そしてまったく意味を欠いた、一個の自然現象にすぎない。群集メンバーの思考は比喩的で凝縮されており、誇張的かつ単純である。つまりそれは、いまだ未熟なままにとどまっている衝動に好都合なように、あらゆる多義性または曖昧さを拒否するものである。人間はもともと群集的存在であるから、避けがたいものとして生じてくる群集は、それに接触するすべての人間に対して、品位を堕落せしめるような影響力を行使する。集団心理のうちへ抵抗しがたい力で引きずりこまれるときには、最も知性ある人間でさえ、その道徳的水準を喪失してしまう。こうしてル・ボンとタルドによってデュルケム的見解はひっくり返され、集合体への没入は価値の究極的源泉ではなく、避けることのできない悲劇としてとらえられるわけである。

群集心理学者たちはデュルケムと同様、集団は一定の自然傾向に服すものと仮定した。だがそうした傾向は、自発的な創造へと向かうのではなく、知性を欠いた反復行為へと向かうものであった。彼らの信じるところによれば、原初的群集は受動的でカオス的ではあるけれども、先天的な模倣性という特徴を有している。どんな刺激であろうと、すべての群集メンバーがそれに自動的に反応するとき、従順な群集は一定の形態をもちはじめるのだ。この見解を説明するため、タルドは群集を、石が投じられるまえの池になぞらえる。その場合、歴史の動きは波紋の広がりと最終的な消滅に該当するのである。

かくして、ひとがともに集まり、集合的沸騰という互恵的興奮を盛り上げることは、アイデンティティ、儀礼、信念——言いかえれば社会そのもの——を自然発生的に生じさせるとデュルケムが信じたのに対して、群集心理学者たちにとって原初的群集とは、エネルギッシュではあるが不定形で受動的な、またみずからに一定の形をあたえてくれるような影響を待つだけの存在であった。人間はそこでは、何であれ、自分のおちいっている無感覚状態から目覚めさせてくれるものを機械的に模倣するだけの「無意識のあやつり人形」として描かれる（タルド、251: 77）。そして文明の複雑さは、たんに多様な影響力が重なりあった結果とされるのである。知識人がつくり出す知識も、こうした実存状況に何ら変化を生じさせるものではない。タルドが問うところでは、「あるとき写真の感光板が自分の身に何が生じつつあるかを知ったとして、それで現象の性質が本質的に変化したりするだろうか?」(251: xiv) というわけである。

群集の性質に関するその理解において、タルドとル・ボンは催眠のイメージに非常に多くの部分を依拠しており、それを集団状態の最も単純な例と見た。彼らはメスマーにしたがって、催眠はたんに舞台や個人と個人とのあいだにだけ出現する魔法じみた特殊なトリックではなく、日常生活のなかでも、また集団的状況にあっても作動しているものだと主張した。彼らからすれば、普通の人間も、それが集団のメンバーであるかぎりにおいては、「催眠をかけられた人間が催眠術師の掌中にあるときの眩惑された状態と非常によく似た特殊な状態」(ル・ボン、155: 31) に置かれている、と言わなければならない。「社会的なものとは、催眠状態とおなじく、たんなる夢の一形式、自己統御の夢、自分で行為しているという夢にすぎない」(タルド、251: 77) のである。[4]

催眠状態にある人間の経験から、社会を夢遊病者の集団としてながめることへと、推論を進めていくのに必要な想像力の飛躍は、群集心理学者たちにとってむずかしいことではなかった。催眠的トランスという心地よい興奮はたやすく広がっていくものであること、また全集団が伝染によって自然発生的かつ不随意的なかたちでトランス状態におちいっていくことを、彼らはメスマーやその弟子たちを通じて知っていた。そしてこのような傾向性は、デュルケム的なやり方で、つまりひとがともに集うときはいつでも自動的に発生する感情的な喚起と批判的機能の衰弱の自然な帰結であると説明されたのである。

群集心理学者たちは、群集は夢遊状態にあるという特徴づけの正当性を立証するため、催眠関係と集団心理の類似性を引き合いに出す。両者はいずれも次のような特徴をもっている、と彼らは言うのだ。つまりそれは、軽信性と被暗示性、歴然たる受動性とその底にひそむ未熟な情動の激しさ、アイデンティティの変転、陶酔状態、人格的境界の朦朧化といったことである。どちらの状態にあっても、主体の意識にはごく少数の曖昧模糊としたイメージが入ってくるだけなのだが、こうしたイメージは、その非論理性にもかかわらず鮮烈な情緒的色彩を帯びており、その結果人々はそれを信じることができる。催眠をかけられた人間と群集のメンバーはまた、どちらもひとしく、並みはずれた強さ、暴力性、残虐性、没利己性、それに通常の意識では我慢できないような苦痛に対する忍耐力といった能力をもっている、と考えられた。

群集心理学者たちはまた、催眠状態にある人間は、まことに逆説的なことだが、自分では自発的に行動していると信じているにもかかわらず、たいていの場合すべての意志性を放棄してしまっているという事実を強調した。彼らの言うところによれば、これこそまさに社会のなかで生じていることなのであって、ひとは社会のなかにあるとき、自分を自由な行為主体としてイメージしているにもかかわらず、実際には模倣の奴隷となってしまっているのである。

「自己統御の夢」

最後に、そしてこれが最も重要なことであるが、群集と夢遊病者はいずれも、自分を行動に駆り立ててくれる霊感にみちた中心人物の存在を必要としている。一石が投じられ、組織性をつくり上げる身振りがなされなければならないのだ。多くの人間を動員していく発端となる手本は、最大限かつ直接的に、また可能なかぎりエネルギッシュに複写される。なぜなら、形式性と固定性は模倣のなかで獲得されるものだからである。群集心理学によれば、人間というあやつり人形が存在感覚――すなわち「意志という幻想」を手に入れることができるのは、ただこうした痙攣的模倣行為においてのみである。

群集心理学者たちはこの点に関して、刺激と反応という機械的な法則に従うような、模倣と喚起という永遠の弁証法が存在することを仮定する。(5) 刺激が強くなればなるほど、またその焦点が鮮明になればなるほど、そして他の競合しあう刺激によってぼやかされることが少なくなればなるほど、その刺激は強力になり、また自動的な正確な模倣をひとに強いる力が増してくるであろう。なぜなら原初の未分化な集団状態にある人間たちは、どのような形でもいい、とにかくはっきりとした形式を自分たちにあたえてくれるものに、不随意的に反応するものだからである。さらにまた、すべてのこうした強迫的刺激は、鮮明度を高めることによってみずからの普遍性を主張するに至るから、模倣が消滅するのは、競合する発明や観念、あるいは何らかの自然的制約によって反撃されるときだけである。したがって力あふれるカリスマ的人間関係は、膨張や不寛容へ向かう圧力をともなう。そしてカリスマ運動に対する信奉者の関与の度合いは、霊感を喚起する指導者がさし出す刺激の強度に直接比例するのである。

すべての社会は魔術的で強制力をもった、このような意志の主張からはじまるものであり、それはその強さを、他者を覚醒させる人物の表現力にとんだ感情性や、興奮と力と絶対的信念とを伝達するその能力から引き出している、と言われる。「感情や確信と一体になった意欲があらゆる心理状態のなかで最も伝染性の強いものであることを、否定できるであろうか。エネルギッシュで高圧的な人間は、か弱き人間たちに抵抗しがたい力をふるう。彼は彼らに欠けている方向性をあたえてやるのだ」(タルド、251: 198)。

民衆は支配されることを必要としているという、この中心的前提から出発するル・ボンは、そうした欲求にどうやって応えるかを指導者に教える新しいマキャヴェリとして有名になった。受動的群集は、だれでもいい、強烈な信念を表現する人間に本能的に従うものである。なぜならそのことによって群集は一定の形式をもつことができるからだ、と彼は論じた。それゆえ指導者は、実像よりも大人物と見せるため、いかにも楽しげに自分の役割を演じなければならない。指導者は高い情動性を帯びて見え、大げさな身振り、劇的な幻想を活用しなければならない。このようなメカニズムによって、指導者は自分の熱狂ぶりを示威的にしめし、群集の関心の焦点をしぼり、自分の弟子たちの模倣や奴隷的崇拝を刺激する。メスマー自身がそうした人物の典型的事例であったことは明らかである。

こうした劇的な表現力を行使する指導者そのものは、生まれつきそうした能力をもっているとされるのであるが、このカリスマ的火花を記述するためにル・ボンが用いたイメージはおなじみのものである。

それは、どんな肩書、どんな権限からも独立して存在する能力であり、社会的には平等であり、通常の支配手段はまったく欠いているにもかかわらず、周囲の人間たちに対して真の磁気的魅力を行使することをそれによって許された少数の人間だけが所有する能力である。彼らは自分の思想や感情を受け容れるよう周囲の人間たちに強要し、人々はそれにつき従う。あたかもそれは、飲みこもうと思えばたやすくそうすることができるのに、動物たちが猛獣つかいに服従するようなものである。(ル・ボン、155:132)

だが、その魅力の源泉は神秘的であるとはいえ、カリスマ的指導者は特定のタイプのパーソナリティである。ウェーバーが原初のカリスマと見たてんかん患者の預言者と同様、カリスマ的指導者は「狂気と境を接するような、病的に神経質な、興奮しやすい、半ば頭のおかしくなった人々の列から補充される」（ル・ボン、155: 118）。しかしながら、熱病のように感情的というだけでは十分ではない。指導者はまた、自分の空想に狂信的に取り憑かれており、その空想は彼に「それ以外のものがすべて消えうせ、あらゆる反対意見が誤謬あるいは迷信と見えるほどに憑依している」（ル・ボン、155: 118）。憑依というイメージは重要である。なぜなら指導者はそのことによって、より高次の力をもった言葉が自分のなかを貫いていると感じとることができるからである。指導者はこのような自己神格化という条件のもとで、大衆を無感覚状態から行動へ駆り立てていくのに必要なひたむきさと完璧な自信とを獲得するのだ。

群集心理学者たちによれば、指導者の空想の内容はどんなものであろうとかまわない。理性的に討論することが不可能なものでなければならない、という以外は。理性は超越の希望をまったくあたえない。むしろそれは、ひとを元気づける過去の夢を破壊し、ただ「弱き者に過酷で憐みなど知らぬ自然の盲目で寡黙な諸力」（ル・ボン、155: 110）を露わにするだけである。演説者はその反対に、比喩や神話といった凝縮された感情喚起的な言語を語り、群集の低下した意識に訴えかけなければならない。彼は「誇張し、断言し、反復に訴え、決して何ごとも理性的な理由づけによって証明しようとはしないこと」（ル・ボン、155: 51）を、その技法としなければならないのである。

だが演説者は、自分だけが住む世界を創造することはできない。彼はいつでも群集メンバーの志気を讃え、感情を共有し、聴衆の反応にあわせて話の内容を変え、とくに「自分の話がどのような感情を生みだしつつあるのかを瞬時に見抜く」(ル・ボン、155: 113) 才能をしめしてみせることによって、群集の非合理な感情を反映し具現しなければならない。言いかえれば、指導者たるものは神話的―文化的な「天才」という倍音を大衆のうちに響かせなければならないのである。

したがって、群集心理学によって措定された指導者と信奉者の弁証法においては、指導者はまず、群集の模倣の対象となるために、信奉者の最も深い欲望の鏡となって、それを拡大してみせなければならない。そこにまえもって何がしかの影響が存在したとすれば、それは指導者が、思想や信仰に関するあらかじめ調節された濃密な象徴的枠組のなかで行動しなければならないことを意味している(6)。だが指導者は、メッセージ、外見、感情のいずれにおいても、一定の文化的枠組の範囲内に自分の訴えの根拠を置かなければならないとはいえ、デュルケムが論じたような、そうした枠組のたんなる無内容なシンボルになってしまうわけではない。

これはなぜかといえば、指導者は社会そのものに対して社会を代表し表現するものではあるけれども、それでもなお特殊な資質や信念や欲望や習慣をもった、唯一無二の置きかえ不可能な特定の個人だからである。もちろんそうした個々の特徴は、大衆の欲求と両立することが可能なもの、彼らになじみやすく、また彼らの感情に対する強制力をもったイメージを喚起するものでなければならない。だが集団の心理は、本質的に曖昧で流動的で散漫なもの、いかようにでも無限に形態を変えていくことが可能な容器として理解される。無限に多様でありうるイメージのなかからひとつの衝撃的なイメージをさし出す指導者に集合体が固着するとき、集合体の諸々の欲望がはじめて融合し、具体的な形姿をとりはじめる。群集心理学やのちのマス・メディアの操縦者たちが、英雄的指導者のカリスマ的魅力が形成されるさい、奇抜さや容易に見分けのつく性格的特徴が非常に重要だ、としたのはまさにこのためである。指導者のこうした個人的な、しかし複写可能な側面が、信奉者が模倣し同一化していくための特定の、また明確な場所をさし出すわけである。

このような観点からすれば、指導者は、普遍的な人間性と自分のもつ（文化的に受け容れられる）個性の両方を力強くひたむきにしめすことによって、不定形で感情移入的な群集を強迫的な模倣や服従へと奮い立たせていくことができる。所与の文化的マトリックスのなかで群集の奥深い欲望の鏡とならなければならないという点で、彼は群集の産物であり、また同時に、自己のあらゆる個人的な身振りで群集を生成させ、特有の形態をそれにあたえるという点では、群集の創造主でもある。かくしてデュルケムの集団志向的モデルのうちに、創造的・個人的なカリスマ性が根源的な組織原理として再度投げいれられる。だがこうした創造的エネルギーの源泉は、ひとつの謎、その情熱的な幻想で自分に従う者たちに形をあたえつつ彼らを鼓舞していく力をもった指導者、何ものかに取り憑かれた指導者の磁石のような性格につなぎとめられたひとつの謎のままにとどまっている。

群集心理学における退行と愛情

群集心理学者たちは、カリスマ的人物に内在する炎の源泉について、従来よりも深いところまできわめたというわけではない。彼らはニーチェやウェーバーと同様、そのような人間たちは探究の埒外に属すもの、つまり記述することはできても理解することはできないものとみなしたのである。彼らがカリスマ研究を真に前進させた点があるとすれば、それはカリスマ性を退行とのアナロジーでとらえるパラダイムと、集団と指導者をつないでいるのは不可視のエネルギーの光線や集合的沸騰ではなく、また伝染性をもった興奮でもなく、愛情であるという考えであった。

その論拠は、催眠状態にある人間は催眠術師から刺激を受けることによって、かつての、より原始的な意識状態に退行してしまっている、ということであった。そこでアナロジーが用いられて、群集もそれと同様の原始的な意識状態にあると特徴づけられ、未開人や子供や女性といった別種の退行せる人間たちの精神状態と同等視される。ちなみにこれらは、当時広く受け容れられた知識からすれば、みな未発達の、過度に感情的な性質を有する人間たちであった。

たとえばタルドは、フロイトを先取りするような定式で次のように書いている。すなわち、トランス状態にあるということ、あるいは大衆社会の反復強迫に巻きこまれてしまうということは、親の支配、とくに「男の子の最初の主人かつ司祭かつ手本であり、またつねにそうであり続けるだろう」父親の圧倒的な影響力に服従する子供のような状態にあるということであって、「すべての社会は、たとえ現在でも、このようにして始まるのだ」（タルド、251: 78）と。親を模倣する行為は時をへて、タルド言うところの「無為の蓄積」（251: 83）のうちに、仲間や他の役割モデルへの同一化へと成長するが、社会をつくり上げるのはまさにこうした「行動しているという夢」の増殖なのである。

したがって群集心理学は、カリスマ的魅力という経験を人間の成長過程という粗野な心理学的マトリックスで概念化し、子供と大人、女性と男性、原始人と文明人の発達度の違いは、群集メンバーと理性的個人とのギャップとおなじものであると仮定する。だから、群集やカリスマ的経験は、他のよく知られた人間経験とのアナロジーによって理解することができる。子供や原始人の内面生活、あるいは女性の非合理な心性のダイナミズムが理解できれば、群集も理解できるようになる、というわけである。

このような退行した、あるいは未進化のメンタリティを直観的に把握するには、綿密な研究などやる必要はない、と群集心理学者たちは感じていた。だから非合理なものや無意識的なものに関する彼らのモデルは、それとは逆に、当時自明視されていた世界観から引き出されたものになっている。幼児、未開人、女性、催眠的トランス状態にある人間、群集メンバーは、生まれつき道徳観念を欠き、前論理的で、感情的で、暗示に弱く、勝手気ままで、きわめて激しいが未熟な衝動を帯びた存在である、と彼らは考えた。こうして衝動は、レベルこそ違え類似した影響をあたえることによって水路づけられなければならない。子供は家族のなかで父親の啓発的感化によって拘束される。野蛮人は社会のなかで慣習や伝統という手かせ足かせによって、女性は求愛や結婚のなかで恋人の影響によって、催眠状態にある被験者は催眠者にそなわっているとされる魔術的な力によって、そしてまた群集は偉大な指導者のカリスマ的力によって拘束されるのである。

とはいえ、他人をこのように鼓舞する人間はみな、アンビヴァレントな性格をもっている。すなわち、家父長的な父親は自分の個人的な意志を主張することによって、家族の外部にある世界に対抗するアイデンティティを子供にあたえる。また野蛮人の慣習は、もともと偉大な指導者の霊感にもとづく発明であった。恋人は規則に支配された世俗の宇宙を超越する夢をさし出す。催眠術師の身振りが強制力をもっているのは、まさに自分の最も深い反社会的衝動を行動に移すよう、彼らが夢遊病者を勇気づけるからである。そしてカリスマ的人物は、その信奉者に、あるがままの世界に反逆する機会をさし出す。じっさいタルドが唱えたダイナミズム——それにはどこかウェーバー的な響きがあるのだが——によると、規則的に構造を生みだしている経験そのものも、もともとそれが出現したときには、反体制的、変革的なものだったのである。

群集心理学者たちによれば、どのレベルであっても、他人を鼓舞する人物たちは表面では原始的な衝動に秩序と水路をあたえているが、こうして彼らは同時に、猿真似じみた反復的行為や慣習の境界の外側、社会的な互酬性や尊敬への要求を超えたところに立って行動し、生活し、存在し、創造することのできる人間の手本ともなっている。能動的な他者への関わりや同一化は受動的な自我に、創造性にみちた生命力へ自分が参加しているという幻想をあたえる。だからこそ能動的人間は受動的人間に愛されるのであり、社会をひとつにたばね上げるのはまさにこうした愛情のきずななのである。

多くの人間が恐怖だけでコントロールされるなどと言うことは大きな誤まりである。事実はその反対であって、あらゆる偉大な文明、いやむしろ近代のそれを含めたすべての宗教的・政治的制度の出発点には、前代未聞の愛の蕩尽が、しかも満たされざる愛の蕩尽が存在したことを、あらゆる事柄がさししめしている。(タルド、251: 202)[7]

群集への参加やカリスマ運動への没入は、当事者にとって対《つい》関係的でかつ非常に個人的なものと感じられているということを、これは意味している。「多元的なものは基本的に決して二元的なもの以上のものではありえない。そして団体あるいは群集の規模がどれほど大きくなろうと、それはやはり一種の対関係なのであって、そのなかではいまやあらゆる個人が一緒になって他のすべての人間たちの暗示に服従する。……（そして）集団の全体が指導者の暗示に服従するのだ」（タルドの言葉、モスコヴィッシ、188: 286からの引用）。かくして群集のなかでは、すべての人間が自分と指導者との関係を直接的で抵抗しがたいものとして経験し、また指導者の視線をとくに自分に向けられているものとしてイメージする。たとえば、ナチ支持者の「かなりの部分は……ヒトラーにじっと見つめられた（あるいはそう自分で感じた）ときの〈忘れがたい〉、魔法のような瞬間を強調する」（ディックス、51: 79）という。

だが指導者と信奉者との愛情という構図は暗い色調を帯びている。群集の力が偉大ではあるが人間を低落させるものであるのとちょうどおなじように、指導者に対する信奉者の愛情も強烈かつ下劣である。タルドの言うところによれば、それは「満たされざる愛情」、ひとの品性を下落させる痛ましい愛情なのだ。それは、厳格な家父長的父親に対する子供の畏怖や恐怖にみちた愛情や、恐ろしい呪医に対する原始人の卑屈なへつらい、いばりちらす夫に対するヴィクトリア期の妻の忍従愛や、催眠術師に対する夢遊病者の無言の崇敬の念といったものとよく類似したものである。

実際もし群集心理学を信じることができるとするならば、ひとは「決してとっつきやすい主人にではなく、自分たちを厳しく抑圧する暴君に」（ル・ボン、155: 54）献身しつづけてきたことになる。なぜかといえば、他人を鼓舞する人物とはつねに、ひとから離れたところに立ち、他から独立した自己の霊的ヴィジョンにひたすら集中する人間――すなわち一石を投じ、身振りをつくり出していく人間だからである。天才の内的側面は彼を社会から孤立させるであろうとニーチェは信じた。だが群集心理学者は、指導者を魅力ある人物たらしめるのはまさにその自己陶酔であると主張する。なぜならそれは彼に、模倣から脱出し、運命的な、有無を言わせぬ栄光のうちに「自己統御の夢」を具現してみせる強迫的な力をあたえるものだからである。

厄介なことに、このようなイメージは「退行した」「めめしい」群集のがわの、能動的な人間の支配に服し、自分を抑圧する人間たちにこびへつらいたいという深い願望を追認していくことになる。(8) 支配とへつらいは「もともと」一体をなすものであり、受動的人間が能動的人間に従うばかりか、それを崇拝するようになることは消滅させるのが不可能な法則である。なぜなら弱く空虚な人間は、服従することによって、ひとつのアイデンティティを、また力と意志という不可欠な幻想を手に入れることができるからである。したがって、現代の群集心理学者がのべているように、群集のメンバーはまことに逆説的なことに「たとえ何らかの教義や命令に徹底的に忠実でなければならないような雰囲気のなかで生活し呼吸していても、自分は解放されているという強い感覚をもっている」(ホッファー、III: 31)。また彼らは、奴隷のいとなみに夢中になっているのに、自分では愛にひたされていると感じているのである。

大衆社会──群集の時代

群集心理学者が描きだす人間社会の像は、かくして次のように主張する。すなわち、人間たちは愛というきずなでひとつにつながれているが、それは形をつけてくれる人間に対する形なき人々のみじめったらしい愛であり、またそれは群集において、半ば頭の狂った暴君に対する愚かしいへつらいとなって表現されるのだ、と。このようなイメージには、人間は何としても集合生活に参加しなければならないというデュルケムの理論がそのまま形として残っているが、しかし社会の「あたたかさ」の復活が逆に何もかも飲みつくす大火となってしまったとき、それは危険な様相を呈することになる。

もっと驚くべきことは、ウェーバーが否定し、デュルケムがごく控え目にほのめかしたことを、群集心理学者たちは積極的に主張している点である。近代という時代はまさに大衆行動やカリスマ的リーダーシップをおさえつけるがゆえに、実際には指導者の出現や群集への没入に対する民衆の欲望を強めていくという主張がそれである。そこでル・ボンはこう予言する。「われわれがいままさに突入しようとしている時代は事実上群集の時代となるであろう」(155: 14) と。

なぜそうなるのかといえば、ル・ボンやタルドによれば、近代人は古いきずなを断ち切られ、根なし草となり、原子化され、信仰心をはぎ取られてしまうからである。かつての共同体は四散させられ、孤立した個人は、重要な意味や一貫性をまったく欠いたつかの間の「公衆」のなかで結びあわされるにすぎない。権威の失墜、伝統的な階級的・身分的カテゴリーの腐食、自明性をもった世界理解の解体、こういったものの帰結として、人類は不定形の原初的な実体へと退化していく――「ひとつの国民、一体感、ひとつの全体をつくりあげてきたものが、ついに凝集力を欠いた個の集塊と化すのである」(ル・ボン、155: 206)。

だが原初的群集との類似を言うのは正確さを欠いている。なぜなら、近代の集団はタルドが言うところの「第二段階」の群集、すなわち人間同士の接触ではなく、広範囲のメディア・ネットワークによってのみ結びつけられた群集であるということが、近代という時代の条件となっているからである。それゆえ現代の大衆社会は、身体的な距離の近接から自動的に発生してくる情動の増幅をもはや経験することがないために、原初的群集ほど激情的になることがない。影響力はより遠方からやって来るために緩慢になり、いくつもの暗示が重複するケースが増加してくるために、個々の暗示はもはや感情への強制力をうしなってくる。デュルケムとおなじく群集心理学者たちも、分業や複雑さの増大をともなう社会の成長を、群集の感情的一体感を減じさせるものとするのである。

近代社会に流通する影響力や価値の多元化はまた、どのような単一の信念または人物への情熱的な関与をも生じにくくさせていくものと思われるであろう。移り気が利害関心に取ってかわり、ファナティシズムよりもむしろ流行が近代人の感性を支配する。近代人の感性は感覚への刺激を追求するが、それは拡散しており、虚弱であり、すぐに飽きてしまうのだ。方向性と強度の完全な欠如は、次のことを意味している。すなわちそれは、群集はいまや自分の気まぐれをすぐに満足させてくれるつかの間の喜びにその関心を集中させるようになったということ、そして一方「指導者」自身は、むら気の多い消費者の嗜好の奴隷となって、タルドがその時その時の一時的流行を発見するために発明した世論調査を利用し、それにあわせて自分を調節していくようになっていくということである。

さらにまた、次々と移り変わっていく価値の多元性や民主主義・資本主義といった平準化の力は、無関心やシニシズムの増大に助力し、個人あるいは信念の威信はすべて失墜させられる。近代の大衆メンバーは「共同社会の最も尊敬され、理路整然とした代表的なメンバーは実はバカであり、ありとあらゆる権力は、悪であるというよりむしろ愚かで不正直なだけだ……という漠然たる理解」(8: 315)で結びついていると書くとき、ハンナ・アレントは群集心理学の立場をはっきりとのべている。

よるべなさ、複雑性、個人主義、シニシズム、他者からの分離といったこれらの要因はいずれも、われわれがこれまでに取りあげた社会理論家によって指摘され、カリスマに対して不利にはたらく要因としてあげられてきたものである。しかし群集心理学は逆に、カリスマ運動を起こりにくくさせる近代社会の状況そのものが、カリスマへ没入することに対する人々の欲望を増大させ、ひとたびカリスマが出現したときにはそれを高めたり強化したりするのだ、と論じる。近代社会の諸条件は、デュルケムが前近代社会の核心をなすものと見た定期的集団儀礼のような生気あふれる共同体行為に参加する可能性をすべて最小化することによって、群集メンバーの受動性や孤独感を最大化する、というのがその論拠である。

その帰結として生じてくる内面の空虚さ、倦怠感、生命感情の欠如は、物的消費の増大によっても、また麻薬やアルコールへの引きこもりによっても脱出することができない。だからこそ逆に、原子化され、孤立し、受動的になった近代の大衆人は、最高に情熱的な関わり、最高の生命感、最も絶対的な信仰を刺激してくれるような力との同一化を、いままでよりもいっそう強く望むのである。言いかえればこれは、近代の大衆社会にはカリスマ運動に熱狂する素地ができあがっているということである。そしてもしそのようなことになれば、世界は根底から変化することになるであろう。「群集が現在もっている力があるひとつの意見にあたえられ、それが一般に受け容れられるよう人々に強制できるほどの威信を獲得するならば、それは、その前にすべてのものが跪き、自由な討論の時代が長期にわたって封殺されるほどの専制的強権を、即座にあたえられることになるであろう」（ル・ボン、155: 153-4）。

かくして群集心理学は、近代の人類はウェーバーが想定したような合理化した世界に没してしまうわけではない、と主張する。計算の勝利という彼の構図は否定されるのだ。だが社会は、デュルケムの考えたような、新しい道徳的世界を創造する自発的な集合儀礼のなかで再生されるわけでもない。なぜなら、たしかに群集心理学は、群集は強制力をもち、超個人的で、情動的な性格をもっているというデュルケム的前提を肯定しはするけれども、その性格は決して道徳的なものではないからである。逆に、「怒りにみちた個人がつくりなす組織性・構造を欠いたひとつのかたまり」(アレント、8: 315) が近代において登場してきたことは、鶴のひと声によって、それを無感動状態から熱気あふれるトランス的活動へと導いてほしいという無制限の未熟な欲望によってのみ結合した実在をもたらすであろう。その声が響くとき、それを聴く群集は、思慮分別を欠く愛の力で、「優越者とされる存在への崇拝、その存在に仮託された権力への恐れ、その命令に対する盲目的な服従、その教えを討論する能力の欠如、そうした教えを広めたいという欲望、それを受け容れない人間のすべてを敵とみなす傾向」(ル・ボン、155: 73) といった特徴をもつ暴力と極端主義の宇宙に閉じこめられてしまうのである。

群集心理学の予見のなかで、より説得力のある理論的基礎をもって、しかしまた同時に、自分が奴隷化し軽蔑する大衆そのものによって愛され、自分の強迫観念を信じないすべての人間の撲滅を宣言する存在という、いっそう不吉ないでたちをもって、ニーチェの超人がよみがえる。

第5章　エディプスとナルシス

——フロイトの群集心理学

私はここまで、指導者の強烈な感情が集団メンバーのうちに反響的反応を目覚めさせ、彼らを超個人的な交感のうちに統合していくカリスマ的な関わりの構図を描いてきた。だが群集心理学者たちでさえも、ウェーバーやデュルケムからまったく進歩の見られない自動的な刺激‐反応という機械的モデルを、こうしたプロセスを理解するためのよりどころとしている。指導者は神秘にみちた生得的な意志の力でひとを惹きつける「熱帯の怪物」のままであり、一方信奉者はと言えば、自分たちに形と方向をあたえてくれる能力をもったエネルギッシュな力をただ受動的に待つだけの存在なのだ。

このようなイメージでは、カリスマ的な関わりはわれわれの内的な経験から遠くへだたったままである。それは金髪の野獣と知性を欠いたロボットが住みついた風景なのだ。陰影にとんだ色彩でこのような風景に人物を描きこみ、彼らがわれわれ自身と非常によく似た人間であることを見分けられるようにしてくれたこと、これがジークムント・フロイトの貢献であった。

フロイトの人間性モデル

フロイトの理論はおそらく、本書で取り上げるすべての理論のうち異議をとなえられることの最も多い理論である。異議の大半はリビドー——催眠術《メスメリズム》における「不可視の流体」ときわめてよく似た活気あふれる生命力——に関する彼の主張、また彼が内省と精神障害の治療とを自己の理論の正当性を立証するためのよりどころとしていることに向けられている。フロイトは事実上、多くの点で現代のメスマーであった。なぜなら彼は、患者を治癒させるために個人的な影響力を利用し、メスマーと同様、病気は心的エネルギーの妨害によって引きおこされると論じた革命家であったからである。また両者はいずれも熱心な支持者たちから宗教的な崇拝を集め、科学のかわりに宗教的な信仰をつくり出そうとしているといって正統派の人々から非難された。メスマーに負うところ大であることをフロイト自身が承認しており、じっさい彼は、患者を催眠的トランス状態においておこなう「談話療法」から、みずからの実験を開始した。そしてのちに見るように、指導者と集団の関係に関する彼のモデルは催眠家と被験者の関係を基礎とするものである。

だがフロイトはまた、情動主義的伝統のなかに何らかの道徳の基礎づけを見つけだそうとした奥深い哲学者でもある。ピーター・ゲイ（87）がのべているように、彼はそれを、感情の構造に関して近代西洋思想のなかで手に入れられるもののうち、ずば抜けた首尾一貫性をもった理論を構築することによっておこなおうとした。彼はヒュームと同様、人間の「批判的機能は、敬意をこめてそう思われているような孤立した機能ではなく、感情的態度の道具にすぎない」(フロイト、79: 293)という前提からその作業をはじめる。

しかしながら、フロイトが理性を動かしていくものとして理解する情念は、その潜在力において、ヒューム的な「感覚の束」の平静さや功利主義者の冷静な計算よりも、ニーチェ的な人間をつき動かす激怒や情欲に近いものである。だが、フロイトが仮定する情念はたしかに力強いものであるけれども、それはニーチェが描いたような単なる純粋かつ単一な意志の表現ではない。そのかわりになるものとして彼が提起するのは、本能間の均衡的かつダイナミックな対立を基礎とする理論である。このような弁証法に関するフロイトの概念は、性と自己保存の対立から出発して、エロスとタナトス、愛と死、緊張と平安、統合と解体といった形而上学的な二極性に関する最終的な理論へと進んでいった。(1)

人間の経験はすべてこの根本的な対立という枠組のなかで発展していく、とフロイトは主張する。つまり彼は、合一化と分離へ向かうこうした衝動はあらゆる社会環境に表現されるはずだ、と仮定するわけである。だが表現の形態は、個々のケースに応じて、文化によって、家族構造や、生物学的組成や、社会の構造・環境が課す限界と方向の違いによって異なってこよう。

そこでフロイトは、普遍的な感情構造と無限の多様性とをともに許容しうるモデル、人間の衝動と文化を相関させてとらえる弁証法的なモデルを設定する。このモデルは、ヒュームの理論に見られるような個人的選好のカオスを、社会的枠組の内部に構造化されたヒエラルヒーで置きかえようとするものである。結合と分離が本質的な価値となり、他の欲望形態はそれの単なる昇華され抑圧された表現、さかのぼればこうした深い衝動に行きつくものとされるのである。

したがって、精神は社会によって完全に造形されうるというウェーバーの仮定は、欲望と必要不可欠な文化的束縛との永遠の制御不可能な闘争という理論を支持するフロイトによって否定される。フロイトの弁証法的理論はまた、情動を物欲へ還元する功利主義にも、権力衝動を第一義的なものとするニーチェ的仮説にも対立する。他方またフロイトのパラダイムは、自己喪失願望の優位というデュルケム的な主張をもしりぞける。そうではなくて、人間は権力への意志と無我性への衝動とに実存的に引き裂かれたものとしてイメージされる――こうした衝動がいかに変装し歪曲されようとも。

人間性に関するこうした弁証法的モデルにおいては、人間はこのような内的緊張を克服し解決するため、たえまなく闘いつづけなければならない――人間の条件に対してはどのような解決も根本的な見当違いであるとしても。フロイトの人間イメージの核心にあると同時に、カリスマを信奉する人々の自己卑下的な関与への衝動や、それと対をなすカリスマ的指導者による意志の肯定についての彼の理解をささえているのは、この永遠の闘争、そしてその精神的帰結である。私がいま目を向けてみようとしているのは、彼の理論のまさにこうした側面なのである。

フロイトの群集心理学——自己卑下としての愛情

著作の大半において、フロイトは自己の道徳的見解を患者と分析家との関係についてのべるにとどまっており、また社会に対して最も大きな影響をおよぼしたのも、精神疾患の発展やその治癒に関する彼の治療上の技法と着想であった。だが彼の思想の射程は、さきほども見たように、それよりもはるかに大きいものである。彼にとって、精神の病の研究は社会そのものの研究に至る王道であり、社会の病を解決する方法を提供する潜在的可能性をもつものであった。彼は晩年、集団心理とカリスマ的リーダーシップに関する理論を発展させることに着手したが、私はそれを以下何頁かにわたって検討してみることにしよう。

文明と情念に対するフロイトの態度は極度に多義的であった。フロイトは文明を、人間生活が動物の純粋に本能的な生活を超え出ることを可能にするものと見た。しかしながらフロイトは同時に、師ニーチェと同様、自然人の生気あふれる力を損なわせ、昇華された第二次的な水路へ転送していくものとして文明を描く。ニーチェと同様フロイトにとっても、文明化された人間は病気にかかった動物であるわけだが、しかしフロイトはこの抑圧から生じる病気は必要不可欠なものであると信じた。もしそれがなければ、束縛を解かれた本能的衝動がただひたすら破壊だけを生じさせていくであろう。

フロイトがとくに恐れていたのは、群集への没入は原初的情念の爆発へと不可避的に通じるものであり、その結果その参加者は、「無意識の本能的衝動に対する抑圧を投げ捨て」、「人間精神のうちにある悪なるもの」で反逆するようになるのではないか、ということであった（フロイト、77: 6）。集団心理とはもともと、原始人や催眠状態にある被験者、また子供の心理状態とよく似た、いやいちばんピッタリくるのは精神病者の心理状態とおなじ「退行」した意識状態であるとする点で、彼はル・ボンやタルドと一致する。

フロイトはさらに、群集は夢遊病者と非常によく似た「原始的」意識状態にあるため、一点の絶対的権威を自分たちにあたえてくれるであろう催眠力をもったカリスマ的指導者を渇望する、という群集心理学者の考えを受け容れる。彼は信奉者のメンタリティを分析することに精力の大半をそそぎこんでおり、指導者の性格の内的ダイナミズムについてはほとんど何も言うべきものをもたないけれども、カリスマ的人物とは無慈悲で尊大なエゴイストであり、自分の思い上がりそのものによって卑屈な群れのメンバーから賞讃を集める人間であるという、群集心理学者のイメージも同様に受け容れている[(2)]。

だがフロイトは、群集心理学が提起した集団の一般モデルにはたしかに賛成したけれども、指導者と信奉者のきずなは、ただ指導者の勝手気ままな自己主張と信奉者の自動的な拝まんばかりの模倣的反応だけで成り立っているという、彼らの過度に単純な前提は受け容れることができなかった。人間性の「退行」形態に関する彼の理解——これは彼が実際におこなった精神障害者の臨床的研究にもとづくものであった——は、それよりもはるかに精緻なものだったのだ。

カリスマ的群集の性質に関するフロイトの理論は、事実上、彼のパイオニア的な治療技術の副産物であった——これは群集心理学者たちの理論が催眠的トランスの誘導というメスマーの現実的な経験に由来するものであったこととよく似ている。いずれの場合においても、「治癒」は外傷の源泉に関する理知的な理解によって達せられるのではなく、治療環境のなかで得られる感情の流出によって達せられる。とはいえ、自分はエネルギーにみちた流体が流れる通路を機械的にあけ放っているだけだとメスマーが信じたのに対して、フロイトの作業は別な目的を有するものであった。彼のクライエントはその主観のなかで、神経症的障害を生じさせていたもとの状況を追体験した。そのような感情を帯びた追体験が発生するのは、幼児期の抑圧された欲望を分析家に投影することによって、被分析者がそれを再度経験するときであった。そのとき患者は、性的リビドーの治癒的なほとばしり——除反応——を味わうのである。

フロイトがこのプロセスを発見したのは、偶然にも彼の最初の女性患者が、催眠的トランスの影響のもと、突然彼への「恋に落ち」、性的な申し出をしたときであった。彼はこのショックから立ち直ると、患者は自分のことを、拒否された、あるいは喪われてしまった昔の愛の対象の象徴的な代理とみなしているのではないか、という仮説を立てた。そのような場合に、セラピストは敬慕されたり崇拝されたりするのであろう。患者は想像にもとづく、このようないわゆる「転移」を乗り切ることによって、はじめ精神障害のもとになっていた外傷を再度経験し、そしてそれを取りのぞくのである。

フロイトはこれを敷衍して、指導者に対する信奉者の崇拝は治療中に生じる転移と同類のものであると推論した。治癒をめざす分析家が患者に一定の距離を置くのに対して、指導者は一般に信奉者を自分に惹きつけている退行的固着を増幅していくという違いはあるけれども、想像にもとづく追従の両形態はいずれも普遍的な家族のダイナミズムにその基礎を置くものであり、指導者やセラピストはそれを再現してみせるのだ、というわけである。

だがいったい、転移の核心をなす家族のダイナミズムとは、厳密にいえば何なのだろうか。すでに見たように、タルドやル・ボンにとって人間とは、生まれつき弱く、不定形で、模倣的であるがゆえに権威に黙従していく存在であった。そして激情的な、強迫観念に駆られる指導者、人々を狂喜させ、自分のイメージに合わせて造形すべく、神秘にみちて立ちあらわれる指導者だけが、唯一の能動的な行為者なのであった。タルドは父－子的なきずなをもった支配関係にとくに言及しているわけではないが、そうしたつながりは彼にとって、無力な子供に避けがたく生まれてくる力強い父親への憧憬と強迫的な模倣という、単純なつながりであった。

一方フロイトは、家族やカリスマの核心にあるきずなについて、まったく異なった見方をもっていた。彼はその叙述を、幼い息子とその父親は母親／妻の愛をめぐって性的ライバル関係にあるという、有名なエディプス的三角形の仮説ではじめる（同様なライバル関係は父親／夫の愛をめぐって幼い娘と母親とのあいだにも生じると考えられたが、フロイトの強調は男性の問題に置かれていた）。人間の心理的発達は、少年が父という全能の自立せるライバルに感じる罪深い攻撃性の抑圧と一対になった、母親に対する息子の挫折せる性的欲望をその基礎とするものであるということ、これがフロイトの基本的な主張であった。

性的欲望、攻撃性、親の怒りへの恐怖、親の愛情をうしなう危険といったエディプス的葛藤のなかでつくり上げられる葛藤にみちたダイナミズムは、家族のなかで課せられるさまざまな拘束を内面化するよう、子供を導いていく。子供が親の規準を自分自身のものとして確立し、それに違背するいかなる失敗に対しても自己懲罰を加えるようになるにつれて、攻撃性の矛先は去勢する力をもった父親から自分自身へと向けられていく。フロイトの表現によれば、「外部から脅迫とともにおしつけられた不幸――外的な権威による愛情の撤回や処罰――が、永遠の内的な不幸、緊張にみちた罪悪感と交換される」(78: 75)。このようにして子供は、親と葛藤状態にあることの苦痛を自分を罰することによって回避し、親のイメージを内面化することによって親密感を保持し、それを内部へ向けることによって親に対する危険な怒りを隠すのであるが、それでもなお、マゾヒスティックなやり方においてであるとはいえ攻撃性を表現する。

子供がエディプス的葛藤の結果として取りいれていく懲罰的拘束を、フロイトはその後の著作で超自我と名づけた。精神構造のこの部分は社会規範の内的代理機関という役割をはたす。そしてこれこそ、子供の本能的欲望に対する親――とりわけ父親――の抑圧的影響力を介して社会の慣習や家族が確立され、内面化されていくメカニズムである(3)。懲罰的超自我の形成と理想化された価値規範の内面化によるこうした緊張の解決には、それ相応の犠牲がともなう。自我の厳格な規制、たえまない警戒、失敗に対する処罰の自己執行といったことを、それは必要とするからである。

そこでフロイトは、偶像化された家父長的指導者に自分の自由をあけ渡せば、自己拘束や自己懲罰といったこうした苦痛にみちた努力はなしですますことができる、と論じる。支配する人間の権威に黙従することによって、信奉者たちは幼児期の依存状態――彼らがカリスマ的人物に付与する権力に保護された状態――に回帰するわけだ。彼らはもはや自分をコントロールしようとしてもがく必要はない。家族のなかで力強い父親が子供に規準と避難所の両方をあたえるのとちょうど同じように、いまや途方もない力をもった指導者が規制者の役割をひき継ぎ、弟子たちは自分らの攻撃的・性的な衝動をコントロールし水路づけていく負担を引き受けてくれる外的な全能の権威の、心慰む保護のもとに置かれるのである（フロイト、78：88）。

そうすると、フロイトにとって指導者とは、「恐ろしい原初の父」（フロイト、77：59）という子供の経験を具現する人物、すなわち超人的で、性的エネルギーにあふれ、絶対的権力を賦与されていると信じられる存在ということになる。フロイトの理論からすれば、どうでも従わなければならない懲罰的な権威に満ちた声を発することによって、自己規制という恐るべき責任から信奉者を解放してくれるこのような人物は、群集メンバーにとって、まったく文字通り、外的な超自我の役割をはたすわけである。

だが原初の父は、依存欲求の満足と責任を放棄する機会以上のものをあたえる。すでに見たようにフロイトは、人間は、父親を無きものとし、それに取って代わろうとする息子の攻撃的欲望のせいでエディプス的葛藤の時期に生みだされる深い罪悪感に苦しんでいる、と信じた。指導者への絶対的服従によって信奉者はライバルにつぐないをする。つまり彼は、指導者の命令に深く頭を垂れ、這いつくばることによって、自分の攻撃性、自立への欲望をおし隠すのだ。

しかしながら、自己否定があたえる快楽にもかかわらず、信奉者の深い怒りの感覚が消え去るわけでもなければ、服従の背後にある攻撃性やルサンチマンが完全に取りのぞかれるわけでもない。フロイトはニーチェにしたがって、分析家に対する過度の陽性転移がつねに深いアンビヴァレンツをおし隠しているのとまったく同じように、群集の阿諛追従《あゆついしょう》の卑屈さは、それ自体がその底にある敵意の仮面である、と論じる。(4) 卑下という表面の背後にはかならず反逆精神が煮えたぎっており、それは最後、父親という暴君への反抗、「兄弟の群れ」の平等と団結の誓約で終わるものである。だがこのデュルケム的集合体は短命に終わらざるをえない。なぜなら、父親殺しの罪悪感は歴史を永遠に循環する新しい暴君への拝跪へ不可避的に通じるものだからである。

とはいえ指導者は、集団内に蓄積された敵意を外部へ、つまり自分以外のところ、誰にも罰せられることなしに罵ったり傷つけたりすることができるような蔑視されている人間へ水路づけることによって、信奉者の奥底にある攻撃性にみちたルサンチマンから少なくとも一時的には身を守ることができる、とフロイトは論じる。そうすることで指導者は、信奉者の、日ごろは昇華された状態、自己自身に向けられた状態にしておかなければならない深い攻撃的欲望を満足させることができるのである。そのとき信奉者は、愛と憎悪、欲望と罪悪、合一化と分離の困難な調整をおこなうかわりに、外的世界を善悪ふたつの具体的イメージに区分するよううながされる――そのさい善とは指導者の媒介をとおして愛し合一化することができる集団のことであり、悪とは、外在化して憎み排除することができるもの、そして至福千年の到来を告げ知らせるもののことである。かくしてフロイトは、群集心理学が集団意識を記述するさいその中心部においた不寛容と暴力――このことは現代のカリスマ集団の歴史を見れば痛々しいほど歴然としている――を理解するための理論的枠組を、われわれにあたえてくれるのである。

しかしながら、スケープゴートによって集団の統一を達成するためには、高い犠牲を払わなければならない。フロイトの場合いつでもそうであるが、内的緊張の否定は否定されたものの歪められた幻想的な表出にいたるのだ。集団内の差異や攻撃性に対する抑圧をいくら強化しても、また怒りの感情を他方向へいくら放出しても、共同体メンバーのあいだに存在する敵対感情やライバル関係や暴力を消滅させることはできない。そうした抑圧された敵対関係は、消滅するのではなくて、貫入、裏切り、解体、包囲といった妄想パラノイア的空想に変質させられ、それがカリスマ集団の心理をおかすのである。

しかしながら、指導者への服従によって生じる諸問題にもかかわらず、「それでもなお集団は制約されることのない力によって支配されたいと望む。それは権威というものに対して極端な情熱をいだいているのだ」(77: 59) とフロイトは主張する。どんな集団であろうと、連帯というものが成り立ちうるのはただカリスマ的人物、「原初の父」の影響下においてのみであり、そのような人物こそが兄弟間の敵意を鎮めるのに必要な権威をあたえ、彼らに対して嫉妬をもたらすであろう性の自治を拒否するのである。(5) そこでフロイトは、集団の本質的性格を「おたがいに同一視しあえるような、そしてひとりの人間を自分たちのすべてに優越する存在と認めあえるような多数の同等者」(フロイト、77: 53)と定義する。

かくしてわれわれは、人間とは複雑で多義的な存在であるというわれわれの直観が面目をほどこすことができるような、人間の動機づけと集団のダイナミズムに関する描写をフロイトのうちに見出す。いまや信奉者は、エディプス的三角形の罪悪感と愛で結びつけられた父－子間の、高い情緒性を帯びた、また高度にアンビヴァレントなきずなを再現してくれるイメージと関係を追い求める存在とされる。このパラダイムからすれば、人々は自分が無であるから暴君に服従するのではなく、あるがままの自分が耐えがたいほどの苦痛に満ちているために服従する。彼らはもはやあやつり人形ではなく、悔悟者なのだ。しかしながら、こうしたフロイトの見方は深刻な問題をはらんでいる――それは、カリスマの内的経験について他の理論家たちが言っていることとそれを調和させようとすれば、彼の理論にある程度の手直しを加えなければならないような問題である。

ナルシシズム的魅力――合一化としての愛

指導者と信奉者の関係に関するイメージにおいて、フロイトは超人と虚弱化した大衆というニーチェのラディカルな対置に従っている。こうした見方によれば、ただ指導者だけが生命力にみちあふれており、それに対して信奉者は、罪悪感にとらわれた子供のように、歓喜するためではなく身を隠すために結合する存在とされる。したがって、もしフロイトがカリスマに関してより複雑な見方をあたえてくれるとするならば、それが同時に、文字通り指導者の陶酔は信奉者のエネルギーをみずからの肥やしとするものであり、また熱狂の炎を燃え上がらせるというよりむしろそれを鈍らせるものであるというカリスマ像をともなっている点である。

問題が生じてくるのは次の事実、つまり群集心理学者と同様フロイトにとっても、指導者はたんに恐れられ尊敬され畏敬の念をもたれる存在であるばかりでなく、同時に、その暴虐にもかかわらず、分析家に対する転移のなかで感じられるような愛情、あるいは恋する人間の恋人への憧憬とおなじような、情熱的かつ盲従的な愛情の対象でもあるという逆説的な事実においてである。群集心理学者にとっては、これもやはり強者に対する弱者の愛情のあらわれであった。人間の心理がアンビヴァレントなものであることをよく分かっているから、愛情に関するフロイトの理解はもっと陰影にとんでいるが、一般的に言えば、彼もまた指導者に対する信奉者の愛情を、自己に対して圧倒的に優位しているとみなされる他者への屈従的な献身関係として描いている。彼が書くところによれば、「恋する人間はへりくだっている。恋する人間は、いわば自分のナルシシズムの一部を没収されてしまっているのである」(76: 98)。

フロイトによれば、あらゆる経験レベルにおける愛情は、いずれもひとしく人間の品位を損なわせ、ひとを衰弱させる性質をもっている。たとえば女性に対する男性の愛情は男性のエディプス的罪悪感をつぐなうための一方法とみなされる。だから男性はいつも、自分の熱情に報いることのないナルシシズム的な、自己中心的な女性に恋をするのだ、というわけである（フロイト、76: 88-9）。

愛情を自我の衰弱とみるこのようなイメージは、現代のフロイディアンが書くところによれば「自分は彼らにほとんど愛情を支払うことがないくせに、自分の満足を最大化してくれるという理由から他者をさがし求め、また彼らを利用し無慈悲に搾取しようとする」（スレーター、242: 121-2）酷薄で利己的な指導者に、その信奉者が感じる卑屈なへつらいの感情に関するフロイトの理解と、ぴったり一致する。恋する人間とおなじく信奉者は、自己陶酔的で圧倒的に優越するその恋人に、崇拝感情にみちた態度で卑屈なへつらいをささげるのだ。ミヒェルスが偉大な指導者を「冷酷な男たらし」（182: 126）と特徴づけることができたのも、中世の宮廷の伝統とよく似た、このような愛の一般的モデルによってであった。

しかし、服従としての愛というこのイメージは、デュルケムが提起したカリスマ運動へのエクスタシーにみちた関わりという構図や、さらにはウェーバーで見たような感情的興奮というイメージから遠くへだたっている。だがフロイトは、愛情についてもうひとつ別な見方をもっており、それはカリスマに典型的に見られる気分の高揚や膨張を理解するうえで役に立つものである。とはいえ、それは群集と指導者に関する彼の議論のなかに表現されているわけではなく、それを見ることができるのは彼がロマンティックな恋愛について語るとき、とりわけ愛する人間との性交を「圧倒的な快楽の感覚というわれわれの最も強烈な経験」（フロイト、78: 29）、生きた幸福のモデルを人類にあたえる感覚として称揚するときだけである。

フロイトにとって、こうした超越的なセクシュアリティの形態が重要なのは、それがたんなる身体の痙攣、本能的な欲求の即時的な満足ではなく、エクスタシーにみちた自我境界の喪失でもあるからである――彼はそれを、デュルケムが集団への没入についてそう書いたのと同じように、差異と分離という人間の不可避的な経験からの脱出として書く。

> 愛情の絶頂においては、自我と対象の境界がいまにも溶けてなくなろうとする。恋している人間は感覚のしめすあらゆる証拠に抗しつつ、「我」と「汝」はひとつであると宣言するし、またそのことがあたかも事実であるかのようにふるまう用意ができている。（フロイト、78: 13）

対象リビドーが達しうる最高の発達局面は、ひとを愛している状態に見ることができる。そのとき愛の主体は、対象に充当するために、自己の人格のすべてを放棄してしまうものと思われる。(フロイト、76: 76)

フロイトはこのように、男女間の愛情における膨張的・陶酔的な自己喪失を大いに喜んでいるけれども、集団に関する議論においては、なお罪悪感や不安や抑圧された攻撃性を強調する。フロイトはたしかに、同一の心理的母胎から、他者に尽くすことで生じる人格的自律性の喪失という特徴を催眠トランスと共有する二つの経験が発生してくることを、はっきり認めてはいる(フロイト、77: 47)。だがフロイトの群集心理学における原初の残酷な父は、彼がそれをとくにロマンティックな愛着関係における愛の対象とおなじ意義をもった存在として描いているにもかかわらず、限りない愛情というエクスタシー的状態を喚起するものを何かもった存在であるようにはとうてい思えない。両者をおなじ意義をもつ存在とする見方が有効であるのは、愛情がひとにエクスタシーと力をあたえる歓喜の状態として認識され経験されるときではなくて、いずれの場合にあっても愛情が卑屈な自己卑下としてイメージされるときだけなのである。

こうした外見上の矛盾を解決するためには、人間存在の内面生活は、変装させられたり歪曲されたりした形態においてではあるが、そうしたもののなかにその表現を見出すことができるにちがいない愛着と分離という二つの、錯綜してはいるが根源的な心理的欲求の弁証法的な緊張関係から成り立っているとイメージする、フロイト後期の人間性理解に立ち帰ってみる必要がある。この弁証法をつくりなす両エレメントはつねに相互作用の状態にあるが、愛着への欲求の方が優先権を有するものであるように思われる。なぜかといえば、すべての人間存在には、自分を愛し自分にすぐに応答してくれる母親との、共感にもとづく完全な合一化の状態から離れて、より大きな自律と人格的固有性へ向かおうとする発達的運動が存在するからである。母親に対する幼児の原初的な融合は、フロイトにとって、唯一アンビヴァレントでない人間関係であり、人間の想像力が生みだすあらゆる楽園のモデルをなすものであった(フロイト、77: 33)。

だが人間は通常、アンビヴァレンツを含まないこうした初発の一体感を喪失せざるをえない。なぜなら、母親はいつでも幼児の欲求に完璧に応答してくれる存在であるわけではないし、また身体を成熟させ筋肉を動かす快楽、自立した存在であることの快楽を味わうためには、分離と分化が必要だからである。しかしながら、フロイトが描きだす性愛にもとづくエクスタシー的結合においては、それがノスタルジックに想起され、つかの間ではあるが奪還される。アナロジーを用いるならば、集団のダイナミズムに関するフロイトのエディプス理論では説明できないカリスマ的な関わりのエクスタシー的構成要素が、これと同一の原初的・陶酔的・没我的交感の再現として説明できるであろう。

フロイトの著作、また彼の弟子たちの著作は、こうした主張、すなわちカリスマ的な関わりは、そのエクスタシー的側面から見れば、エディプス的父への服従というよりむしろ幼児的合一状態の奪還であるという主張に、理論的基礎をあたえるものである。フロイトによれば、子供の自我と母親が融合している幼児期の「ナルシシズム的」な発達段階での障害がもとになって生じる、ある種の精神疾患が存在する（彼はそれをパラフレニーとよぶ）。現代のカテゴリーでいえば統合失調症とパラノイアを含むこの精神疾患は、エディプス期のライバル関係にその根をもつ転移神経症とははっきり区別することが可能であり、自我がぼやけたり断片化する、はるかに深刻な退行をともなうものである。この場合、超自我の発達やエディプス的葛藤を含め、人格的同一性の意識を必要とするあらゆる事柄が実現不可能になる。「対象愛」――これは他の人間に対する成熟した愛をあらわすフロイトの言葉である――など論外である。なぜならその場合、すべての他者は自我から分離した独立の実在として経験されず、自我との合一状態にあるとされるか、内面に存在する攻撃性にみちた憤激の外在化された投影として軽蔑されるかの、どちらかだからである。

フロイトはこのような深刻な障害を病む人々を臨床的に経験することがほとんどなかった。彼らは自我を発達させていないために、転移を経験することができず、したがって彼の技法では治癒させることができなかったからである。しかしながら理論としては、フロイトはナルシシズム的症状の大きな重要性を認識していたし、その研究は通常の合理的意識の背後に存在している一次思考過程の諸特徴を発見することに通じると信じていた。その研究のなかで彼が発見したもの――そしてのちの研究家によって彫琢されたもの――は、時間が意味をもたず、空間が相互貫入可能で、思考が傍受され、世界が生きた諸力でみちあふれ、通常の論理規則など通用しない、奇妙な主観的宇宙であった。つまりそれは、強力な感情的衝動が支配し、全能的誇大感がパラノイア的な恐怖や激怒、また分割や投影といった認知プロセスによって増幅された内的世界であった。(6)

言いかえれば、フロイトとその弟子たちはパラフレニー患者たちのなかに、これまでに見た他の社会理論家たちがカリスマ状態の特徴として描いた非合理な信念や自己喪失・自他融合への欲望と大きな共通性をもった、無意識という精神宇宙を発見したわけである。世界を善と悪に分ける二極化や外部への敵意の投影は、フロイトの陰影にとんだノイローゼ論の中心をなすものであるが、アナロジーから言えばそれは彼の集団理解にとって、ナルシシズム障害を病む人々のメンタリティのうちでよりいっそう中心的な位置をしめるものであった。そしてこの場合それは、アンビヴァレンツや抑圧された罪悪感ではなく、合一化を通じて自己喪失する可能性に制限を加えられ否定されたフラストレーションへの、終わることのない破壊的憤激を原動力とする暴力的諸形態のうちに、表現され再現されるのである。

われわれはカリスマ的群集とパラフレニー状態の平行関係をおし進めることによって、理想化された対象――この場合には愛される指導者――に投入することであふれかえるエネルギーを消尽してしまった集団という、フロイトのイメージをくつがえすことができる。そのかわりになるのは、ナルシシズム障害においては——恋愛や催眠トランスとおなじように——主体の自我が、事実上、力あふれる対象の自我のうちに巻きこまれ消失してしまうということである。フロイトの用語法で言えば、この過程は同一化の過程——すなわち、そのなかでは自我境界がぼやけて対象と自我が融合してしまっているような、人生最初期における結合形態の反芻である(77: 37)[7]。このようなイメージからすれば、愛の対象は「それの言いなりになりさえすれば、われわれ自身の生の意義にわれわれが夢中になれる」(E・ベッカー、12: 157)ものである。したがってカリスマの信奉者は、虚弱化された卑屈な人間であるどころか、実際には、その自我がまさに同一化にもとづく融合によってカリスマ的指導者と合一化しているために、活気づけられ、みずからを誇大な存在と感じるのである[8]。

このような多幸症は、デュルケムや群集心理学者がカリスマ的な関わりの本質と特徴づけたのと同一の作用である。すなわち、まことに逆説的ではあるが、指導者への崇拝のうちに自己をうしなうとき、カリスマ集団のメンバーは高揚してくる自分を感じるのだ。またそれは、後期著作におけるフロイトの考えによれば、ロマンティックな恋愛に陶酔して自己を喪失する歓喜のイメージでもある。個人間の愛情に関する彼の論述は、かくして新しい理論的な集団理解にひとつの基礎をあたえてくれる。エネルギーの枯渇した不安な転移神経症とのアナロジーで恋愛をとらえるのではなく、フロイトは恋人たちのエクスタシーを、第一次的ナルシシズムの経験に関連する境界の喪失、融合、アイデンティティ変容といった観点から解釈しはじめる(9)。そしてそれを敷衍することで、カリスマの信奉者たちもおなじようにして、指導者への融合的同一化のうちに喜びにみちた自己膨張を感じるのだ、とするわけである。

だがフロイトは、一方ではカリスマと類似した経験であるロマンティックな恋愛のエクスタシー的性格を喜んで承認しようとする、いやそれどころか賞讃しようとさえするのに、他方、群集への没入に対してはそれと同様な価値をどうしても認めようとしなかった。群集現象に関する自分自身の説明の論理をさらにたどり続けること、またエロティシズムに胚胎するエクスタシー的要素と群集現象との類似性を彼は拒否し、そのかわりに抑圧とエディプス的罪悪感に基礎を置く大衆行動というモデル――カリスマ的指導者の信奉者になることはひとの生命力を活気づけるものではなく、むしろ虚弱化させ輝きをうしなわしめるものだというモデル――に固執したのである。

フロイトはまた、人間ひとりひとりが個人史のなかで母親との幼児的な合一状態から、より大きな自立と分化した他者への愛へ、そして最後には文化にそなわる抽象的な価値や規範との同一化へと進歩していくのとちょうど同じように、社会が合理化するにつれて、集団へ没入することの魅力は抑止されていくであろうと論じることによって、自分の論理から生じてくる帰結を回避しようと試みた。

だがフロイトは知的に廉直であるあまり、この問題をそこでやめておくことができなかった。デュルケムや群集心理学者たちと同様、彼はみずからの前提に導かれて、人々はナルシシズム的融合の経験によって分離という実存の苦痛を回避することをいつでも望んでいるのだから、自己喪失への原初的な欲望は心の奥底に強力に存在しつづけるであろうと、認めざるをえなかったのである。通常時においては、こうした自己破壊的な衝動は、防衛や抑圧といった内心のメカニズム、また社会的環境が課すさまざまな限界によって、抑制されたり受容可能な形態へ水路づけられたりしている。

しかし危機の時代にあっては、安全かつ強靭な社会的世界に参加することで生じるアイデンティティ感覚が疑問をつきつけられ、ひとは一方で社会状況の不公正さに対して憤激を感じるとともに、恥や無力感といった気の萎えるような感覚に苦しめられる。フロイトとその弟子たちは、このような条件のもとでは、大衆は、権力と支配の幻想世界をみずからの手でつくり出し、自己の内面の状態が社会全体の状態の鏡となり、憤激をそちらにふり向けることができる外的対象を提供し、また自分自身を絶対的な愛と合一化の対象としてしめすことができるような、大仰なカリスマ的人物に合一化しようとする傾向をもっている、と信じた。

フロイトはまたタルドやル・ボンと同様、社会の合理化は実際には、カリスマ的人物のまわりに参集した情熱的な群集のなかで自己を喪失したいという人間の願望を強めていく可能性をもっていると信じた。これはなぜかといえば、文明生活や官僚制機構がもたらすさまざまな拘束が大きくなればなるほど、本能的欲求——とりわけ合一化というエクスタシー的経験への欲求——のフラストレーションは必然的に高まっていくからである。抑圧の高まりは、自己喪失の欲望を満足させるカリスマが、極端かつ過激にその姿をあらわすであろうことを意味する。なぜなら、フロイト理論からすれば、「抑圧されているものは幼児的で反社会的なものとなるし、そうでありつづける／あるいはまた、そのどちらかだ（become and/or remain）」（イーグル、61: 208）からである。したがって文明の抑圧的状況は、カリスマに対する社会的制裁への反動としてカリスマへの欲望が増大していくこと、また近代という時代環境のなかでは、ひとたび出現すればカリスマはラディカルな形態をとるであろうことを、意味しているのである。

こうしてフロイトは、近代の合理化や個人主義がはらむ危険性を、彼の多くの弟子よりもよく見越していた。彼は、そうしたプロセスのうちには人間の衰弱や疎外がひそんでいることを知っていたし、生気みなぎる群集の大渦のなかで自己を喪失したいという人間の深い欲望は、もしあまりに永いあいだ抑圧されつづけるならば——そしてとくにシステムそれ自体がその正統性をうしない、規則や規範といった脆弱な強制力が崩壊するときには——、極限的な形態をとるにいたるであろうと危惧していたのであった。

第6章　カリスマは精神の病か、それとも再社会化か

　われわれはこれまでのところで、カリスマ的な関わりの特性に関する重要性の高い概念のいくつかを概観してきた。そのうちあるものはカリスマを肯定的に評価する。たとえばニーチェは熱情的な超人を讃美し、ウェーバーはてんかん病質の預言者を創造性の源泉と見た。またデュルケムは、集合的沸騰があらゆる道徳の源であると信じた。一方、トランス状態にある大衆を催眠術師が支配しているという群集心理学者のイメージは、暴力的な前理性的力への隷従というイメージであり、フロイトは集団のリーダーシップの核心に、性的欲望や投影された憤激といった危険な原始的情動を見た。本章ではカリスマ的経験に関する二つのイデオロギー、このような道徳的立場に由来する二つの現代的イデオロギーを比較してみたい――すなわち、カリスマ的リーダーシップの病理性を強調する心理学的見解と、カリスマ的集団に積極的な価値を付与する社会学的言説との対比がそれである。

精神の病とカリスマ的指導者

前章でわれわれは、幼児期におけるアイデンティティや合一化の問題と群集の心理学とを、フロイトが決して結びつけようとしなかったことを見た。彼は生涯を通じて、群集は懲罰的・家父長的・超自我的な人物の支配のもと、何よりもまずエディプス的な罪悪感や抑圧によって結合しているのだと信じつづけた。このような見方は、カリスマ的人物を神経症の一類型として描く多くの精神分析学者によって主張されてきた。[1] 彼らはとくに、カリスマ的人物は感情の疎遠な、しかし権威主義的な父親をもち、また母親に対して緊密な関係をもつ傾向があると仮定する——理論的に言えばこれは、父親に取って代わり、母親を獲得したいという非常に強い欲望ばかりでなく、父親的人物の非現実的で誇大なイメージを子供にあたえるとされるエディプス的状況(ウォルフェンスタイン、277. 278)である。このようなパラダイムのおそらく最もよく知られたスポークスマンであるエリック・エリクソンによれば、これは、偉大な人間は「困難を乗り越え、どんな犠牲をはらってでも事を始めなければならないという(罪悪感に縁どられた)ほとんど義務感のようなものをもって成長する」(エリクソン、67: 64)ことを意味している。

この理論によれば、自分の衝動性や父親に関する空想的なイメージのために、その息子は、父親的人物との闘争を政治的領域に置きかえる。そしてそこで彼が演じる家父長への反抗の象徴的再現や、それに続く自己自身の家父長への変容は、「恐れおののいていた聴衆の個々のメンバーにとって自己解放の事件となる」(エリクソン、67: 64、またウォルフェンスタイン、277を参照)。なぜかと言えば、強度という点では劣るものの、聴衆もまた同様なエディプス的葛藤に責めさいなまれているからである。指導者がみずから玉座につこうとして、公然と家父長をやっつけるとき、彼は、安全な距離をおいてではあるが反抗に参加することのできる傍観者たちの賞讃を浴びることになるのだ。

支配という焦点から支配が生み出す反逆という焦点へと強調点が変化しているとはいえ、このパラダイムにしめされているカリスマ的リーダーシップについての考えは、明らかにフロイトが発見したのと同じエディプス的原基に由来するものである。エリクソンとその弟子たちは、フロイトと同様、家父長的指導者とそれに反抗する息子たちを、自分の個人的な神経症的葛藤を演じる独立した力強い人間たちとして想定している。彼らが指導者となったのは、彼らの幻想がたまたま集団の幻想と一致したからである。研究者は指導者の性格をつくりあげた幼児期の外傷をあばき出し、聴衆から賛同や参加を引き出すかたちでどのようにその外傷が公然と表現されているのかを明らかにする。

だが、エリクソン派の人々によってなされた輝かしい仕事にもかかわらず、また指導者が民衆に向けて外傷を呈示する方法の文化的な差異に対するエリクソン自身の鋭い自覚にもかかわらず、エリクソン学派は指導者の自律性をあまりに強調しすぎるため、信奉者との相互作用によって指導者の性格が実際には随分と変容することを十分に説明できない。

とくに重要なのは、カリスマ的経験の非常に中心的な部分と思われる指導者と信奉者のエクスタシー的合一化という事実が、このような見方には入りこむ余地がなくなってしまうことである（マズリッシュ、180）。

すでに見たように、指導者の本質的性格は攻撃性でもなければ性的欲望でもなく、他者の固有性や独立性を受け容れたがらないことだと書くとき、フロイトはごく表面的にではあるが、もうひとつのカリスマのイメージを表現している。このようなタイプの指導者は、幼児的ナルシシズムとされるものときわめてよく似た「ナルシシズム的自己満足」の状態にある、とフロイトは言う。こうしたアプローチの系譜を受け継ぐ理論家たち（彼らはメラニー・クラインや幼児心理に関する対象関係論的パラダイムか、原初的なナルシシズムやアイデンティティに関するハインツ・コフートのモデルの影響下にある）は、もはや指導者を、性的な制覇を攻撃的に求める闘争心にみちた筋肉隆々の人間としてではなく、合一化やナルシシズム的一体感といった幼児的経験を反芻する者として描く。

集団と指導者は原始的なアイデンティティ構造のレベルで機能しあっていると想像されるために、この学派のうち最も影響力の大きい理論家の一人であるウィルフレッド・ビオンは「フロイトの見解によれば集団は神経症的行動パターンに近いものとされる（けれども）……私の見解によればそれは精神病者の行動パターンに近いものである」（23: 181）と書く。したがってこのような見地からすれば、カリスマ的人物はもはやエディプス期に固着した神経症者などではなく、はるかに深刻な病的人間であることになる。つまりそれは、共感的反応をまったく欠いた母親や、気の抜けた、あるいは受動的な父親との、強烈でアンビヴァレントな関係によって傷ついたパラノイア患者または統合失調症患者なのだ。[2] このような人間は自律的な自我を決して発展させることなく、ただ怒りと恐怖にみち、いかなる人間的差異や人間相互の距離も受け容れることができないその不能性によって特徴づけられ、またおもに自分が全能であるとかすべてを支配しているといった誇大妄想によって支えられているだけの、断片的で虚弱なアイデンティティの持ち主にすぎない。こういうタイプの指導者は前エディプス的人物であって、そのセクシュアリティはいまだ男根期に達することなく、幼児のセクシュアリティと同様、「多形倒錯を……ある意味で思わせるものであることが例証されている」（リトル、171: 113、シファー、226）。[3]

カリスマ的人間は、現実が課すさまざまな制約や自我と環世界の不可避的な分離を否定し、そのかわりとして自分が完璧に包みこむことのできる全体的世界を構築することによって、内面的な解体からの逃げ場を見出し、幼児期に体験した外傷を補償する。「ひとたび最初の前提が受け容れられたからには、あらゆるものが理解をしめしながら、またたとえ無理やりにでもつき従うのだ」（アレント、8: 457-8）という、彼らが想像する体系の極端な論理は、これで説明できる。こうした魔術的世界にあっては、愛が努力なしに、また相手に何ら報いることなしにあたえられる一方、カリスマ的人物のパーソナリティの表面下ごく近いところで沸きたっているイドの怒り狂ったエネルギーが、宇宙そのものに負荷される。小説家のリチャード・ヒューズが書いているように、このような人間にとって、「〈人間〉とは、他の道具や石と同一のカテゴリーに属し、たんに自分を模倣するだけの〈モノ〉にすぎない」。空虚さへの恐怖や孤独に対する憤激が外部へ、つまりますます肥大するパラノイア的妄想のうちに投影されるとき、「そのような人物の〈自我〉は、つねに変わることなく、隅から隅までその空間のすべてをまっ暗にしなければならない」（ヒューズ、112: 266-7、なお指導者の性格に関するこれと似たイメージについては、ビオン、23、ドゥヴルー、49、ハルパリン、102、シャスゲ゠スマーゲル、33、コフート、138を参照）。

だが指導者は、自分の信奉者に対してまったく自律性を許容しないにもかかわらず、一方では彼らに対して、自分の想像する世界の現実に合わせていくこと、「（指導者の）自尊心の調節装置として」行動することを要求する（コフート、138: 202）。カリスマ的指導者は自己の内的な虚脱感覚と闘うその努力において聴衆に手をさしのべなければならず、彼らを自分の熱情で燃え上がらせなければならず、また自分の想像する絶対的権力の世界に彼らを引きずりこまなければならない。彼がこのことをなしとげることができるのは、まさに彼がそこから脱出しようとしている外傷によってである――つまり彼は、自分の個人的なアイデンティティの流動性や不安定性のおかげで、他者の動機づけを共感的に認識することができるのだ。ハインツ・コフートがのべているように、「ナルシシズム的な指導者は、……自分をとりまく社会的環境を自己の一部として経験する」。そのために彼らは、権力やナルシシズム的な自己拡張へと向かう自分自身の深い欲求に呼応する「小さな、あるいは未発動の動機が他者のうちに存在していることを……発見」することができる。カリスマ的人物は、他者のうちにナルシシスティックな欲望のニュアンスをかぎ出すこの人並みはずれた能力を、自己の幻想との共謀という方向へ聴衆を導いていくために利用する。「彼はいわば自分のパーソナリティのなかに彼らを溶けこませ、あたかも彼らが自分の手足、自分の思考、自分の行動であるかのごとく、彼らやその行為を自分の支配下におくのである」(コフート、138: 54)。

こうして、指導者と信奉者の関係は葛藤や心理的な退行をともなうものの、少なくとも転移をとおしての働きかけやエディプス的葛藤状況に置かれた性的エネルギーの解放ということで分析できるとしたフロイトに対して、その後のこうした理論家たちは、集団についてもっと陰鬱な構図をいだくにいたっている――すなわちそれは、集合的沸騰や情動的喚起力にみちたカリスマ的人物は最も極端な精神障害の形態(パラノイア患者の異常妄想や統合失調症患者の断片化した世界)に匹敵するという構図である。

カリスマ的人物は実際には完全な精神病者であるというビオンや彼の同僚たちの主張は、表面的にはこじつけのように――つまり実験上のモデルという人工物のように見える。[4] パラノイア的統合失調症患者の妄想的世界はあまりにもはっきりと混乱しきっており、極度にカオス的な状況以外の日常生活と張り合っていくことができないのだから、ほんとうの臨床上の精神病者が自分に従えと訴えることなどほとんどありえないからである（ただしあとで見るように、指導権を維持しつづけようとする緊張状態に置かれるとほんとうに臨床上の精神病者になってしまう傾向を、現代のカリスマ的人物が強くもっているのは事実である）。

だがビオンの先駆的な仕事以来、他の人々もナルシシズム障害の研究に取り組み、カリスマ的指導者の役割を演じようとする傾向をより多く有する、だが人格的解体度のより低いパーソナリティ類型という領域を発見してきた。ナルシシズム障害のあるカテゴリーがカリスマ的指導者ときわだった類似性を有することを、ロバート・ウェイト（260）は実際にしめした。つぎつぎと自己表現を変化させていく驚くべき能力をその特徴としているため、きっちりと定義することが困難なナルシシズム的人格障害、すなわち「境界」的パーソナリティがそれである。

われわれは、精神病、境界状態、転移神経症、そして能力が葛藤に妨げられることのない状態へと連続する軸として自我の中心的役割を用いる、ひとつの図式を案出することができる。たとえば精神療法の成功や人生の有為転変、身体の状態などのために生じるであろう退行的あるいは前進的な移行は、この軸に沿っての運動である。境界

> 状況にある患者の驚くべき能力とは、自我軸に沿って途方もなく広範囲に、また融通無碍に運動できるということである。（チェシック、34: 534――強調は原文）

言いかえるならば、境界状況にある人間は、深い退行的除反応や精神病に近い記憶喪失状態と結びついた異常な感情的表現から、比較的正常な状態へ急速に移動することができる。感情の強度や表現のこうした変化は部分的にはたしかに不随意的なものであるが、ウェーバーがカリスマの原型としたてんかん的シャーマンと同様、境界状況にある人間もまた自分の気まぐれな感情をコントロールするすべをある程度心得ている。したがってこのような性格類型に属す人々は、たえまない役割演技やアイデンティティの流動的な変化など、オットー・カーンバーグ言うところの「カメレオン的特質」をしめす。自分は何でもでき、どんな人間にもなれるんだというところを演じてみせることによって、境界状況にある人間は自分と観衆に自分の力と安定性を説得しようとつとめる。そしてその目的とは、自分が完全無欠の自信をいだいているという印象をあたえることなのである（カーンバーグ、127: 677）。

こうして境界状況にある人間は、世界と自己自身に対して、誇大な、しかし自己の内部に充満する人格の解体への内的な恐怖を食いとめてくれるような、非常に柔軟で極度に虚弱な自己呈示をしめす。さらにまたそうした人間は、境界症状において、強度の感情状態を演じながらなおかつ超然としていられる人並みはずれた才能をもっている。それというのも、その根底にあってそうした感情状態の発生源となっているアイデンティティがただ暫定的にしか統合されていないために、パフォーマーは自分がしめしている感情に対して決して完全にはコミットしていないからである。

境界状況にある人間はまた、同時に一方で自分のまわりの人々の権利に対する同情や敬意のまったき不在を露わにしながらも、他者との共感的合一化への大きな欲望や能力によって特徴づけることができる。これはまったく逆説的な状況であるが、こういうことが可能なのは、境界状況にある人間にあっては、他者が自分の幻想を支持してくれるかぎりにおいて他者を自分の流出として感じ、したがってまた他者の感情的ニュアンスに極度に敏感に応答することができるのに対して、もし他者が自分との差異や自律性を主張する場合にはそうはいかないからである。境界状況にある人間はまた、パラノイア、一次思考過程、二極論的道徳観、制御不能な憤激への傾向を見せるが、これらはナルシシズム的外傷の存在をしめすものである。

退行せる信奉者

自分を崇拝し模倣する群集と支配的な関係を取りむすぶことが、権力をもち合一化したいという境界パーソナリティの欲望によく合致するものであろうことは容易に理解できるが、指導者の権威を受け容れて喜ぶように自分たちを導いていくそうした関係を、信奉者たちはどう考えているのであろうか。フロイトの基本的なモデルにおいては、懲罰的な家父長的超自我としての指導者は、信奉者に自己への鞭打ちや罪悪感といった修道士的快楽をあたえるものでしかないことが明らかであり、エリクソンにおいては反権威主義的な反抗は実際には新しい家父長の登場にすぎないとされた。どちらもたしかに敬意や畏怖の念、または罪悪感にみちた自己否定を呼びおこしはするであろうが、いずれの性格も愛を喚起するものではない。

しかしながら、私がこの数頁にわたって定式化しようと努めてきた新しいパラダイムは、カリスマ的指導者と信奉者はたがいに相手を自分のなかに巻きこんでおり、いずれも孤独という人間的ディレンマから脱出しようと相手に誘いかけているのだ、ということを意味している。クリストファー・ラッシュが書いているように、信奉者は「母親との没我的で苦痛のない再融合を想像することによって……、融合への欲望と分離という事実のあいだの緊張を消滅させようと」試みている。カリスマ的指導者によってなされる絶対的な独立という防衛的な主張がめざしているのもこれと同一の実存的問題の解決なのだが、彼らは信奉者とは正反対に「完璧な自給自足状態を想像しつつ外的対象に対する欲求を完全に否定する」道を取ろうとする（ラッシュ、153: 177）。信奉者と指導者が集団のなかで溶融するとき、この二つの道はカリスマ的経験において収斂し、両者はたがいに相手の幻想を満足させるのである。

このような見方からすれば、指導者の精神は群集の心理状態にぴったり合った、またそれを増幅するように作用する精神であると想像される。なぜなら指導者は、群集メンバーが熱望する前エディプス的融合の経験を正確に再現してみせる傾向をもっているからである。合一化という幼児期の幻想を保持しつづけようとする努力によって、指導者が、彼のまわりで合体し、自分自身の「ナルシシズム的自己満足」を奪還しようとする集団の対象となるとき、こうして指導者と信奉者は相互的強化の輪のなかに閉じこめられる。ひとたびそのようなことが生ずれば、群集の阿諛追従によって自分の幻想が正当化され、感情的激しやすさが拡大されるために、指導者は渦巻のなかに引きずりこまれてしまうのである。

このような理論からすれば、指導者はニーチェ的な自律的個人ではなくて、むしろ他のだれよりも「自分のアイデンティティを群れのなかに沈めこむことのできる」(ビオン、23: 89) 人間であることになる。自己の解体幻想を演じてみせることによって、指導者はそれを自分のまわりの人々に感染させ、自分が触媒となってつくり出した集団に合一化するよう彼らに誘いかけるわけである。信奉者もまた、指導者との同一化を通じて個性や上品な道徳といった制約から脱出し、指導者が変幻自在にあらわすきわめて多様な感情や強烈な心理状態をともにすることができる。このような同一化的経験こそが指導者に対する信奉者の愛、すなわちそこにおいて自我の境界が消失する超越的な愛の源泉なのだ。

こうしてわれわれは、カリスマに関するこのような心理学的説明によって、集団のために人間がみずから進んで死のうとすることは自己犠牲ではないということを理解できる。なぜならそこには、群集のメンバーと指導者が独立した自我の発展に先立つ状態へ退行しているものとして描かれているからである。指導者と信奉者が集合体のなかで共感的交感状態のうちに絡まりあっているために、肉体の死は突きさすような苦痛をもはやもつことがないのである。

これは、集団が陶酔をもたらすものとするデュルケムの見方に近いイメージである。だがデュルケムの提起した集団参加のリズムは、いまやたんに集団内の自然発生的な沸騰によって増幅されるのではなく、カリスマ的指導者の燃え上がりながらぐんぐん自己拡大していく力によって増幅される。すなわち彼は、精神分析学的なモデルによる理解からすれば、その断片化した自我のおかげで無意識的なものがもつむき出しの感情的電流に接近することができるのであり、そしてその電流は集団を興奮させて溶融状態に導き、信奉者のなかに類似した感情的強烈さを喚起することができるのである。

このようなパラダイムから見た場合、指導者のバイタリティや非利己性は他者に対してやさしいものではない。それは彼が受けたダメージの帰結であり、彼は大衆を自己のうちに映し出し、組み入れることによって、ダメージからの回復と復讐をなしとげようとしている——そしてそれは彼を取りまく群集に引き継がれることによって際限のない危険な仕事になるのだ。カリスマ的人間関係に付随する死の超越や無我の愛という没我的感情に加えて、暴力、強制、妄想、パラノイアといったプロセスがあらわれてくる。それゆえ集団と指導者は、健康なものではなく、根源的な病の状態にあるものとして描かれるのである。

このような精神力動的視点からすれば、こうしてカリスマ的人物は多かれ少なかれ精神病的だというばかりでなく、カリスマ的人物の甘言に屈服する人々もまた合理的な、文明化された精神性からほど遠い幼児的な、依存的な心理状態へ逆戻りしてしまっていることになる。多くの心理学者がそう主張しているように、カリスマ集団に加わるような人々はすでに精神的なバランスを欠いているためにそうなりやすいのだ、と主張するところまではそこからほんの一歩である。たとえば、断片化した、あるいは歪んだアイデンティティをもっているひとがカリスマ集団を格別な魅力をもったものとして見るのは、分離不安のために、「自己凝縮への憧憬をみたすであろう合一化の経験と自己対象を求道者のうちに」(クリーグマン&ソロモン、142: 254、またオルソン、203も参照)見出したいという欲求が非常に強くなっているからであると論じられる。また一方では、「エディプス的闘争と前エディプス的闘争の両方、また攻撃的衝動ばかりでなく性的衝動もふくめた多様な葛藤を解決するために、回心や神秘的状態を利用することができる」(ドイッチュ、48: 120)と論じるひともいる。[5]

フロイトや群集心理学者と同様、このようなアプローチは正気と道徳的行動に関するそのパラダイムを、ブルジョア社会の合理主義的な基準から引き出している。精神科医の仕事は、そうした環境に置かれた日常生活の（フロイトの言葉で言えば）「どこにでもある悲惨」に患者を適応させることである。エクスタシー的な集合経験をあたえてくれる集団に加わる人々は、自律性や損なわれることのない自我、また進取の気性にとんだ自己拡張的個人主義――功利主義的人間モデルとよく一致する道徳的かまえ――をはっきりとしめす「大人」と比較すれば、精神病的であるとは言わないまでも、「抑圧」され、「幼児的」である。だが、情念を計算に還元することによってこうしたモデルに到達した功利主義者たちに対して、心理学はまったく正反対の方向からそこへ到達する。すなわち、情念のカオス的強烈さを認めながら、しかし一方では、人間心理の表面下にひそむ欲望の洪水を水路づけ抑圧する唯一可能な方法として、弱々しいものと決まっている合理性の力に呼びかけることによって到達するのである。

合理化や文明化のための感情抑制がもたらすコストについて、フロイト自身はいつでも深く両価的であり、彼はそれを人間的快楽の不可避的な減少や神経症的抑圧の増大を意味するものと感じていた。しかし彼の後継者の多くは、カリスマ集団に対してははるかに否定的な見解、合理化に対してはより肯定的な見解をとっている。こうした評価はおそらくヒトラー主義の経験から生じてきたものであろうが、それは疑いもなく多くの理論家に、集合的文脈のなかで制御不可能な情動が爆発することへの深い恐れを喚起するものであった。

たとえばビオンは、手段的目標をねばり強く追求していく「実務集団」の絶対的価値を力強く論じている。彼はそうしたプラグマティックな手段性を好むわけであるが、その理由は功利主義者とは対照的に、技術的理性がそれ自体では何の積極的な価値をも有していないからではなく、それこそが集団が精神病的大衆へ危険なかたちで解体していくことを防ぐ唯一の方法だとみなすからである。手段的理性——これはウェーバーにおいてはたいへんな苦痛にみちた両価的感情の、またニーチェにあってはたいへんな憎悪の対象となるものであった——は、かくしてビオンによって、まさにデュルケムが究極の人間的価値と考えた集合的沸騰に対する必要不可欠な予防法として賞讃されるわけである。

実用的理性はしかしながら、集合的なものがもつ強烈な情動への予防策としては、さほど効果的であるようには思われない。というのも、その代わりになるものとしてそれがさし出すものは、苦痛や孤立といった実存状況から脱出したいという欲望にとり憑かれた人々にとって、心ときめくものではありそうもないからである。また、たとえ究極的な価値としてプラグマティズムを受け容れるとしても、実用的なものとは何なのかということを厳密に決定しなければならないという問題が、われわれにはなお残ることになる。この問題は一般に、自分が欲する目標を獲得するうえでの有効性いかんを根拠として実用性を判断することで解決される。だが、意味のあるテロスが存在しなければ、この目標は個人的選好の満足以上のものでは決してありえないし、ヒュームの仮借ない論理からすれば、こうした選好そのものが感情に由来するものなのである。

そうなるとわれわれは、文明化された手段的合理性にあってさえその妥当性根拠となっている快楽というものに、ふたたび立ち帰らざるをえなくなる。また精神分析学者たちが提出するデータや論理からしても、興奮と生気にみちた集団への没入は、恋人の抱擁を別にすれば、あらゆるものにまさる快楽であるように思われる。そうした理論家たちがカリスマに対していだく道徳的非難は、したがって自分たちの資料にもとづいたものではなく、それを正当化するすべをまったくもたないまま、文明化した世界とその諸価値を支えたいという欲望のなせるわざなのである。

社会学的視点——カリスマの合理性

ウェーバーがカリスマに対するセラピストたちの否定的な評価を知ったら、それを合理化の帰結として理解し、カリスマ的なものへの関わりがはるかに大きな一般的評価を受け、またはるかに危険性や専制性の少ないものと見えていたであろう、より単純な社会的世界との対照を描いたであろう。言いかえればウェーバーは、カリスマがどう経験され、どう評価されるかを決定するのは、カリスマそのものではなく、それが出現するときの社会的状況であると論じたであろう。

たいていの社会学的分析者はこうしたもうひとつの見方をとっており、カリスマの描き方を特徴づけるのはまず第一に社会的環境であるとする点で一致している。彼らはカリスマ的な関わりについて、ほとんどあらゆる点で心理学とは対照的な構図を描く。現代の心理学者たちが指導者に焦点をあて、彼らの障害をもったパーソナリティを強調しがちであるのに対し、社会学者たちは指導者の性格についてほとんど論じることなく、信奉者や彼らを取りまく環境に関心をもつ。また、心理学が信奉者のうちに病理性を見ようとするのに対し、社会学者は信奉者がふつうの人間よりも深い心理学的な障害を病んでいるわけではないことを証明することに関心をもっている。「社会的に孤立した人間たちは教派のなかに仲間意識と安心感を見出し、教派の説教師たちは深刻な情緒的ストレスのもとにおかれている人々を時として精神異常におとしいれるかもしれないが、だからといって、教派の構成員であることがそのまま精神的健康の貧困をしめすものであるという証拠は何もない」（インガー、282: 88）というわけである。

そして実際、研究者の反心理学的バイアスからくる資料のゆがみは存在するであろうけれども、さまざまなカルト的カリスマ集団の構成員に関する多くの研究から得られたデータは、このような言葉を支持している。そのうえ、人民寺院のような極端な集団においても、その参加者は一般社会からランダムに得られたサンプルよりも人格的なバランスを欠いているとか、より強く外傷的な家族史をもっているように思われなかったことは一般に認められている。またカリスマ集団への新規加入者は、彼らの正気を衰弱させたであろう明白な剝奪や秩序解体過程の所産である、というわけではかならずしもない(ハイン、108)。

思春期において家族から社会への移行をしるしづける儀礼がまったく存在しない現在の環境にあっては、カリスマ集団のメンバーとなることがしばしば有益かつきわめて正常な過渡期の間奏曲となる、と主張した理論家さえ何人かいる。そのさいこうした集団は、「分離のためのリハーサル、成長のための訓練」(レヴァイン、159: 26)という役割をはたすものと考えられている。そして実際、圧倒的に多くのメンバーは、集団に参加することで得られるあたたかさや安心感をひきのばされた愛着の念とともに思い出しながらも、集団の行き過ぎを非難し、コミューンの全体主義的な環境をひとりでに「卒業」していく(6)。したがって、集団のメンバーが彼らの属する文化によって逸脱と定義されているやり方で行動するということだけでは、その集団に参加する人々が精神的に錯乱しているという理由にはかならずしもならないことになる。逸脱はただ、そのメンバーが一般に承認された文化的諸価値と抵触するような信念体系に従って動いているということを意味するにすぎない。彼らが社会の本流によって非難されるのは、その集団が自明視された世界観に対する脅威となっているからである。したがって社会学者は、カルト信者に投げつけられる「狂気」の汚名を、社会的批判に対峙することを回避しようとする社会の努力として説明するわけである。

かくして、カリスマ集団のメンバーとなることの背後に病理性を発見しようとする心理学的な議論に対して、相互作用論的な社会学的理論はカリスマ的人物とその帰依者についていかなる否定的な価値判断も下すことを避け、集団そのものの構造、集団が新規に会員を補充するときのパターン、集団のイデオロギーとその矛盾、積極的な参加を調達するために用いられるメカニズム、一定の社会的文脈における集団の維持と進化といった事柄に焦点をあてる。その志向はプラグマティックであり、あまたの宗教がひしめく「市場」で集団の利益を推進するために用いられる戦略を強調する。

メンバーの内的生活に関する一般的な理解はと言えば、集合体はその参加者を数多くの技術的手段によって再社会化するというものである（カンター、123）。このような見方からすれば、内容はどうあれ、集団という全包括的な個人的ネットワークの内部で新しい生き方が次第に学習される。この過程のなかで、みずからが属す集団的文脈という鋳型に合わせるために従順な人間たちがアイデンティティを変化させるとき、個々人の現実が定義しなおされる。したがってカリスマ集団に属すメンバーの行動と精神状態は、より大きな支配的文化がその全体的な枠組のうちにある役割に人々を合致させていくのとおなじように、隔離され、また人間を補強する環境のなかでおこなわれる教育の所産として、社会学的に叙述される。社会学的に言えば、カリスマ集団のメンバーはその思考が変化させられてしまっているために病的であるなどというかなる主張もまちがっている。なぜなら、集合体とはすべて、その参加者の思惟と行動とを形づくり、変えていくものだからである。

以上のことを前提とした場合、表面上の非合理性はすべて、集団の内部で作動している了解事項に観察者が気づいていなかったことの帰結であると考えなければならない。通常こうした了解事項は、きわめて意識的なものであり、価値ある財の最大化を含むものと考えられるから、カリスマ的な精神状態を理解するむずかしさは、原則的には、現代の銀行家がルネサンス貴族の「不経済な」気前のよさを理解するときに感じるであろう困難さと何ら異なるものではない。貴族は銀行家と同様、自分にとって価値あるものを最大化することを求めている——違うのは、貴族にとっての価値ある財貨とは身分的名誉であって貨幣ではないということである。同様にして、カリスマ集団にあっても、人々は「自分が欲しいもの」を手に入れるために行動しているのだと言える。ウェーベリアンからすれば、「人々が欲しがっているもの」とは首尾一貫した意味であり、分析家の仕事は集団の意味体系を発見することである。このことがなされれば、コミューン内部の行為が意味あるものとして理解できるようになるだろうというわけである。

他の社会学者たちは、よりデュルケム的な流儀で、意味——病理性だけでなく——を軽視し、「社会的な内破」がメンバーを、いままでよりも報われることの多い、親密な、包容力のある人間関係に引き入れるとき、集団は「人々が欲しがっているもの」を共同体という形であたえてくれるから、というそれだけの理由から、理性ある人々がカリスマ集団に参加するのだと主張する（ベインブリッジ、11）。そうした親密さが集団のメンバーの外的影響からの引きこもりをうながし、共同体経験を追求するあまりに生じる社会規範からのより大きな逸脱を可能にするのだ（このような見方の古典的な叙述についてはロフランド&スターク、172を参照）。

カリスマ集団への積極的関与に関するこのようなモデルの根底にあるのは、人々は共同生活に参加したいという願望を生まれつきもっている、というデュルケム的発想である。さらにまた社会学は、孤立を好み、意味喪失とアノミーという問題にさいなまれていることを特徴とする現代社会にあっては、こうした共同体を見つけるのが困難であることをしばしば示唆する。このような疎外状況にあっては、イデオロギーの外見上明らかな非合理性にもかかわらず、集合体へ参加する感覚をあたえてくれる通常とは異なった集団にひき寄せられる傾向を人々はもつだろう、というわけである。こうした社会学的モデルはかくして、条件さえととのえば、現代社会の諸状況にさいなまれている人間ならだれしもがカリスマ集団に加わるだろうと論じ、カリスマ経験をわれわれにとってより身近なものにする役目をはたしてくれるのである。

こうしたパラダイムはまた、カリスマ共同体の一部をなしているアクチュアルな事実を理論の中心に置くことによって、過度に指導者中心主義的な心理学的観点にバランスをとる。またそれに加えて、そこではこうした共同体経験が本質的に健康なものであること、共同体を否定するかぎりにおいて現代社会は病んでいること――これもまた心理学的なカリスマ概念とは逆である――が仮定されている。

だがもし、カリスマ的人物とその信奉者は狂気を病んでいるにちがいないと仮定する過ちを心理学的な説明がおかしているとするならば、以上のような社会学的アプローチは、凡庸な合理性の方向へあまりに強くかたよりすぎていると言えはすまいか。ウェーバーやニーチェにとってあれほど重要なものであった指導者の没我的・情熱的性格が、そうした説明ではほとんどまったくわきへ葬り去られている。リーダーシップについての議論はすべてただ指導者のメッセージやその矛盾に焦点をあてるだけであって、その人格そのものに焦点があてられることはない。われわれはまた没我的集団に参加することから生じる興奮の感覚を手にすることもできない。むしろ、組織構造や会員の集め方をのぞけば、仲間感覚や忠誠心を発達させるフットボール・チームや経営者団体とカリスマ集団とが分析的に区別できなくなってしまうのだ。またカリスマ集団に参加することの情緒的内容さえも活気のとぼしいイメージ――「共同集団の安心感と結びついた教育的雰囲気」(ブロムリー&シュープ、28: 123)――になってしまう。これは明らかに、集合体のうちにはうっとりするようなエロティックな交感が存在するというデュルケムの力強い想像から実にかけ離れたイメージである。

古典的な社会理論とわれわれの常識的なカリスマ理解は次のことを明らかな事実と見て

いる。すなわち、ひとびとはそれが促進する心慰む雰囲気を好むがゆえに集団への参加を「選択」するのだと主張する社会学的理論が描くような、心なごむ良識的な構図からはむしろ遠いところにある何かを、カリスマ集団やその指導者はあたえる、ということがそれである。そのメンバーが全身的な愛のうちに没入し、集団のためなら死ぬことも殺すこともできるといったカリスマ集団に現実に存在する主観的経験のことを考えるなら、これは合理的選択という概念をその限界を超えて不当に拡大するものであることが理解されよう。

カリスマがもつこのような側面は、精神分析学的な集団像によってはるかにうまく把握できる。すなわち、自己喪失へ向かう無意識の衝動という強迫的な動機づけ、共有された集団的退行、また強力な感情的衝動の満足といったものによって結びついている集団が、それである。そしてこれらはみな、自分を取りまく人々の心に溶融という深い同一化状態を喚起することのできる指導者の高度の感情的能力によって覚醒されるものなのである。

かくして現在、カリスマには二つの対立的なアプローチ方法がある。すなわち、ひとつは精神分析学に由来するもので、カリスマの感情的強烈さや超越的性格を認めはするが、それに対する価値判断を含み、指導者の個人的特徴を過度に強調する。そしてもう一方は、集団の重要性、共同体への参加が人々の願望の対象となりうることをよく認識しているが、しかし経験から情念を剝離させ、リーダーシップを閑却し、カリスマ的紐帯の根底にある無意識の衝動を軽視する。どちらのアプローチもカリスマ的経験の一部をわれわれに教えてくれはする――だがそれは全体ではないのだ。

実のところこうした努力は、情動主義の基本的前提からくるおなじみの道徳的緊張を反復するものである。心理学者たちにおいては、カリスマ的人物の情熱的特徴に対するニーチェの理想化が、ウェーバーやフロイトやル・ボンやタルドの介在によって、カリスマの出現に対するはっきりとした恐怖や、制約されることのない欲望の渦へ沈みこんでいくことに対する唯一の防衛方法として、周章狼狽しながら手段的でプラグマティックな理性にしがみつくことへと変形されてしまっている。心理学者たちは、感情こそ価値の最終的な裁決をくだすものという前提に導かれながらも、抑圧を支持して感情を否定しようと試みているわけである。

一方、社会学的な志向は、共同体の経験が道徳的に善なるものであるというデュルケム的信念を保持している。あるいは少なくとも、社会的世界への主体的参加こそ身をもって感じられる意義を生にあたえる唯一のものであるという、ウェーバーのより主知主義的な思想への同意を保持している。だが、心理学が集団生活の感情的根源に関するみずからの洞察から引きさがってきたとするならば、社会学もそれとはちがう意味で逆戻りしてきた。すなわちそれは、感情を否認するのではなく、集合的感情を飼いならされたものとすることによってである。カリスマ集団に属す人々はそのとき、定理を構成しようとする数学者とおなじように、首尾一貫性を意識的に求めている人間たち、あるいはまた温かいクラブハウス的雰囲気をさがし求める人間たちとしてイメージされる。明らかにこれはビオンがしめした集団意識の精神病的イメージからへだたっているばかりか、デュルケムやウェーバーがイメージしたカリスマのエロティックな熱狂ともへだたっている。かくしてカリスマ的な関わりは、たいへんに重要視され恐怖心をもって否認されるか、その亡骸を安心して抱擁できるよう骨抜きにされるか、どちらかなのである。

第7章　カリスマの総合理論

前章では、カリスマ的な関わりについて、何人かの現代の社会学者と心理学者が典型的な形でおこなっている二つの異なった道徳的評価を、濃淡を強調しつつスケッチした。本章では、より総合的なカリスマのモデルを発展させようとするいくつかの試みを考察してみることにしよう。そうした理論は、自律的な人格的アイデンティティの発達と、合一化状態のなかで自己を喪失しようとする――心理学的あるいは生理学的な――それとは対立的な傾向とのあいだに、実存的な緊張が存在することを受け容れることから出発する。そうした理論は、たしかにある種の外的圧力は人格的アイデンティティをけずり落とし朦朧《もうろう》とさせるよう働くかもしれないが、同時にカリスマ集団に参入する可能性を高めもすると論じる。だが、現代の心理学的理論や社会学的理論に見られない方法で外的なダイナミズムと内的なダイナミズムを結びつけようとしているとはいえ、道徳的な強調点ということで言えば、そうした理論はすべて群集心理学の系譜を受け継ぎ、カリスマ的な関わりをきびしい否定的な観点から見るものである。

「思想改造」

ロバート・J・リフトンは、大きな影響をあたえた中国の思想改造に関するその著作(165)のなかで、ひとつのそうした総合理論を展開している。そのなかで彼は、全体主義的な共同体構造のなかでおこなわれる人格的アイデンティティを破壊する技法の体系的使用は、カリスマ集団への合一化に先立ち、またそれを促進する、と主張する。そしてこの合一化は、少なくともインプットがなされつづけるあいだ、また場合によってはそれ以上持続する。

リフトンは自分の命題を証明しようとして、思想改造(一般には洗脳という言葉で知られている)を分析した。それは中国の共産主義体制に対する反抗分子から忠誠心をとりつけるため、彼らのアイデンティティに挑戦する多数の強制的な技法を用いるものであった。その手順のうちには、組織的な拷問や屈辱と慈悲や友情の申し出とをかわるがわるあたえること、日常的ルーティンをくり返し中断すること、自分の過去および現在の内的状態を告白したり人前で暴露したりすることへのたえまない要求、罪悪感の刺激、仲間集団による協同し参加せよという強い圧力といったものがふくまれていた。途切れることなしにおこなわれるこのような爆撃はしばしば、屈強な捕虜たちを内的なアイデンティティ崩壊の

「集合的」感覚、幼児的な依存状態への退行、それまでの個人主義的な自我の死と新しい自己としての再生と言いあらわされるような劇的な人格変容へ導くものであった。

リフトンによれば、たくみな思想改造の犠牲者は、ル・ボンやタルドが想像した群集のメンバーとほとんど選ぶところがなくなってしまう。そうした人間は夢遊病患者とおなじく、カリスマ的指導者に阿諛追従することにわれを忘れ、善と悪の極端な区別に特徴づけられるような道徳的見解を絶対視する傾向をもつ。そしてその思考は萎縮し神話的になる。また集団への依存性や集団内での合一化は深いが、告白し、自己粛清や絶対的忠誠を語るなかで個人的なプライバシーや差異が否定される。この場合、最終的な帰結とはしばしば中国政府や毛沢東への強い忠誠心であった。

だがこの過程は、たんに苦痛を回避しようとする過程ではない。リフトンによれば、思想改造という壊滅的経験が同時に「強烈な絶頂経験を人間にもたらす」こともありうる。「すなわちそれは、日常的な平凡な事柄をすべて超越する感覚、人間的アンビヴァレンツという重荷から自分を解放する感覚、自分がいままでまったく知らなかった。いや想像さえしなかったような真理と真実と信頼と真摯さの領域へ入っていく感覚」(165: 435) である。その強制的な性格にもかかわらず、こうしたエクスタシー的要素は思想改造に強烈な魅力をあたえる。逆説的なことだが、拷問吏がかける容赦ない圧力のもとでその人格を解体させられるときでも、犠牲者はカリスマ的な関わりの本質とわれわれが見てきた非日常的な交感を感じているのである。

リフトンはこのような状態にあるときの心理を、精神分析学的な理論家たちが仮定するナルシシズム的合一化のモデルとたいへんよく似たかたちで描き出す。リフトンはそれを親との融合状態にあった子供時代の快適な経験と類似したものとみなし、「あらゆる人間との究極の連帯をもたらし、死と虚無の恐怖を取りのぞいてくれるであろう……全能の導き手へのつねに変わらぬ人間の希求」（リフトン、165: 436）と結びつけるのだ。つまりリフトンの主張は、人間の精神は融合と依存という幼児的欲望の帰結である一定の特質をそなえており、それが自我の死と、カリスマ的人物に指導される超越的集合体のメンバーとしての再生という神話的なかたちでイメージされるということである。

しかしながらリフトンは、このような状態を純粋に精神病的な退行として理解しているわけではない。彼はむしろそれを「幼児期からもちこされた安全性追求のパターンに起源を発しながらも、成人特有のものである思想とか野心といった特徴をもった、新しい大人らしさの形式が挿入されたもの」（リフトン、165: 437）として描いた。人間はだれしも、このような形式で挿入される大人らしさのなかで自己を喪失する潜在的可能性を、生まれつきそなえている——そしてその可能性は閉ざされた集団環境のなかでおこなわれる強制や訓戒といったアイデンティティ変容の特殊なメカニズムによって活性化することができる、というわけである。

多くの論者は、メンバーとなることを強制される集団と自発的な集団とを比較することは妥当ではないと主張して、リフトンの所説を批判しているけれども、それは彼の論点をつかみそこなっている。カリスマへの没入がもたらす報酬は、日常的な相互作用というおだやかでアイデンティティ維持的なファサードの背後にいつもは隠れている、人間性の深く抜き去りがたい部分に触れるものであると、リフトンは考えているのだ。強制はただそうしたファサードをはぎ取り、孤立せる自我の状態から、自分を喜んで迎え入れてくれるカリスマ共同体の腕のなかへ脱出したいという欲望を強化させるだけである。自我に対する客観的な脅威が捕虜収容所という人格解体的な環境に酷似してくる「文化危機や急激な歴史的変動の時期」(リフトン、165: 437)においては、同様な状況が発生する。そうした緊張に満ちた時期には、新しい超越的な集団アイデンティティのなかに混乱からの隠れ家を提供してくれる全体主義的な集団に、多くのひとがきわめて自発的に参加するようになるのだ。

ナチの強制収容所における捕虜の特徴を論じたベッテルハイム(21)は、これと同様な主張を展開している。収容所では、恣意的に加えられる処罰、無意味な規則の厳格な執行、度はずれた拷問と屈辱、連帯責任制、収容者を子供のように取りあつかうこと、あらゆる自律的な行為の禁止といった、アイデンティティを崩壊させるための手法が体系的に使用された。不幸にも人格的アイデンティティに対するこうした恐るべき圧力の犠牲となった人々は、しばしば明々白々たる事実に逆らって、収容所のトップの役人はほんとうは善良で親切な人間なのだと言いはった。そして時には、古くなって捨てられたゲシュタポの制服を身につけることで、自分たちの迫害者に対する忠誠心や同一化を証明してみせることもあった。幼児的な依存性、道徳観念の極端化、感情の激化、ゲシュタポ的価値観への同一化、ゲシュタポ指導者の理想化。これらすべてのことが痛めつけられた人々の心に生じた——それはよく知られた、しかし恐ろしい結びつきである。

ベッテルハイムはリフトン同様、このような反応はたんに一般的に存在する事実の極端な一例にすぎない、と論じる。国家システムにおいても、もし市民が恐怖、不確定性、身体的・精神的苦痛といった、これと類似した自己破壊的状況に置かれるならば、こうした卑屈な反応が生じてくるだろう、と彼は警告するのだ(1)。権威あるモデルとなる人物は自我を破壊した張本人であってもかまわない。こなごなに破壊されたアイデンティティは、それがどんな人間であろうと、愛着の対象としてさし出された人間、カリスマ的交感に参加せよという号令と申し出の身振りによって、その信奉者になお最小限の「意志の幻想」を許容してくれる人間すべてに、愛情をもってつき従うのである。

トランスとカリスマ的な関わりの生理学的理論

精神分析学とは異なった視点からではあるが、他の理論家たちもリフトンと非常によく似たカリスマのモデルを構築してきた。彼らは次のように主張する。すなわち、カリスマ集団への参入とは何よりもまず、服従者のうちに自動的にトランス的分裂や高度の被暗示性を生ぜしめ、指導者の命令に完全に従属するようにさせる身体的・精神的入力の機械的所産である、と。このような視点が信頼するに足る理由は、群集心理学者たちがカリスマ的没入のパラダイムとみなしたトランス状態の内容に関する事実を体系的に収集し、それを脳神経学にもとづいて科学的に説明しているからである。

もちろん、異常な意識状態に関する科学的研究には大きな困難がともなう。ウィリアム・ジェイムズはそうした現象の最初の研究者であったが、その難しさを明確にのべている。

覚醒時の通常の意識は、……意識のただたんなる一特殊形態にすぎない。一方その周囲の、いちばん薄いスクリーンによってそれから隔てられているところには、まったく異なった形態の意識ばかりが存在している可能性がある……。全体としての宇宙の説明は決して終わることがない。このような他の意識形態はまったく等閑に付されたままなのである。それをどのように考えるかは困難な問題である――というのは、それらは通常の意識との連続性をあまりにも欠いているからである（120: 378-9）。

このような困難さにもかかわらず、アーノルド・ルドウィッグたちは意識の変性状態（ＡＳＣ——altered state of consciousness）に関する類型論を発展させてきた。それがまず着目するのは、そうした変性状態が共有する性質とはどのようなものかということ、またどのようにしてそれは生じるかということである。こうした研究は、実験状況あるいは自然な状況のなかで変性状態に入っていった人々に関する客観的テストや個人的レポートを活用し、それを体系的な比較論的枠組のなかに置いてみようとする。(2)

こうした努力によって発見されたもののなかには、フロイトにおける「一次過程」の思考のイメージと非常によく似たもの、つまり原因と結果の関係が判然とせず、矛盾や曖昧さが支配し、混沌とした無意識の欲望が強烈な情念となって前景化しているような思考がふくまれている。強い感情を負荷されたメタファーや幻想のおかげで、日常的な合理性はわきに置かれる。また同時に、統合失調症的な精神の解体や自我と環境の境界の消滅をともなった主観的な無時間感覚も存在する。Ｓ・Ａ・リュリアが書いているように、このような状況のもとでは、強力で人格性を欠いた「それ」（It）が個としての「自分」（I）を圧しつぶしてしまったという感覚が存在する。

逆説的なことだが、合理的な意識や個としてのアイデンティティの境界が破壊されていくとき、トランス状態にある人間は、カリスマの信奉者とおなじように、自分は力に満ちているとか、自分は救われたといった感情をもつことができるようになる。オリバー・サックスが「仮面多幸症」とよんだこの状態においては、突如として、宇宙が直観的に把握可能なものとして見えはじめる。そして自我は、溶解していきながら、全能感を経験するのである。たとえばマヤ・デレンはみずからのトランス経験について、それは「上へ向かって、また外へ向かって爆発する感覚をともなっており……、憑依とは自己超越の地点にまで達する究極の自己実現である」(45: 321) と記述している。

だが、トランス状態に入った人々は荘厳な自己膨張を感じはするけれども、一方ではまた同時に被暗示性が異常に高まる傾向をもっており、権威的人物の指図や合図に無批判的に反応する。アーノルド・ルドウィッグその他の理論家たちは、このようなきわだった被暗示性と変性意識状態(ＡＳＣ)における強い情動を帯びた一次思考過程の優位とを結びつける。このような状態にあっては、ひとは強烈な感情の氾濫に満たされるが、また同時に日常的な思考の構造が侵食される。アーサー・ダイクマンはそれを次のように表現する。「習慣的な知覚や認識の諸構造が消滅することによって、抽象的なカテゴリー化や弁別の能力が犠牲になる一方、強烈で豊かな感覚を手に入れることができる」(43: 36)。精神の構造変容というこうした状況のもとでは、ウィリアム・ジェイムズが言うように、現実はより「完全に完全」なものとして突如見えはじめ、またひとはエネルギッシュな生命力にゆらめく世界との合一化のうちに自己を喪失するのである。

しかしながら多幸症的自己膨張は、個人的アイデンティティの境界の解体や日常的な思考カテゴリーの消滅をともなうから、自我と環境にはまとまった形や目的が欠けてくる。自我が永遠に消失してしまうおぞましい空虚へ崩れ落ちていく潜在的可能性を膨張的無限感覚がおおい隠しているとき、トランス状態という表層からさほど遠くないところには恐慌的状況がひそんでいるのだ。指導者は、意志力にあふれた絶対的な断言でカオス的世界に密度と方向性をあたえることによって、このような危険から夢遊病者たちを救い出す。権威的人物がその命令によってひとつのアイデンティティ、ひとつの世界をつくり上げていくとき、溶融状態のなかでうしなわれていた自我が回復され更新される。そしてそうした命令は、存在の新しい超越的な中心から湧出するものとして経験されるから、価値志向の根源的な転換が可能になる、というわけである。このような視点は明らかに群集心理学者たちの視点と完璧に一致するものである。(3)

こうした変性意識状態への長期間にわたる没入が一貫した人格変容と相互に相関関係にあることも、研究はしめしている。ある研究者はこう書いている。「意識的なコントロールあるいは抑制が弱まると、しばしば感情表現にきわだった変化が生じる……覚醒時の正常な意識よりも原始的で強烈な感情の突発的で不意の表出があらわれてくるであろう」(ルドウィッグ、175: 16)。換言するならば、その原因となったものが病気であれ、(4)精神異常であれ、催眠であれ、カルトへの加入儀礼であれ、他の訓練であれ、ひとたび変性状態に慣れ親しんだ人々は、いちじるしく生き生きとした、また表情ゆたかな感情的気質を獲得するであろう。そして「このような変化は行動に明確な症状群が出現してくることをしめすものであり、そのなかには知的機能を保持しながらの情動的反応の深まりといったものもふくまれている」(ウィンケルマン、275: 185)。

本質的には記述的なものであるこうした研究が過去の理論のイメージと多くの点で重なっていることに、読者はお気づきであろう。強烈な感情性というウェーバーが描き出した指導者像は、変性意識状態(ASC)に長期間関わっている人々の感情表出能力によって確証される。また変性意識状態は、タルドやル・ボンが範例的意義をもつものとして理解した催眠トランス状態と同様、受動的主体が自分たちにある形をあたえてくれる神託めいた声を待ちかまえる初期的な興奮状態であると思われる。さらにまた、デュルケムやアイデンティティ論者たちが描き出す集団心理のありようはASCの経験と符合する。というのは、いずれにおいてもひとは人格の境界を喪失し、同時に生命力の高まりに湧き立つような感覚を覚えるからである。

だがこの場合、いったいなぜこのようなことが生じるのかということについての理論は、社会の所産あるいは心理学的存在としての人間ではなくて、身体的存在としての人間という概念を軸に展開されている。ひとがASCに没入するようになる原因は、(太鼓の音、ダンス、歌唱、感情の過剰な表出、拷問といった)過多の刺激、あるいは(孤独、暗闇、静止といった)過少な刺激によって、心のなかへ流れこむ通常の入力の流れが遮断されることの機械的な結果であるとされる。受動的状態の醸成と同様、極端な精神集中もＡＳＣ経験のひきがねとなる。また身体的疲労、飢餓、喉の渇き、病気などと同様に、向精神薬によって変性状態がひき起こされることもある。

このようにトランスに入っていくプロセスを、アーサー・ダイクマンは「脱自動化」とよぶ。というのもそれは、われわれの知覚に一定のパターンをあたえている通常の秩序だった意識構造の衰弱を必要とするものだからである。彼が言うところによれば、普通われわれの意識は、高度にステレオタイプ化された「自動的な」理解と行為の様式から成り立っている。有効な行為を可能にするためには、感覚や感情の入力を大脳によって制限し組織化しなければならない。自分がいま行こうとしている場所へ注意を集中せざるをえないように、してくれるブラインダーでわれわれは生きているわけである。だがさきにあげたように「自我がもはや独立した対象として経験されることがないところまで、また知覚や認識上の習慣的な弁別がもはや応用できないようになるところまで」（ダイクマン、43: 34）[5] このような水路づけを崩壊させる潜在的可能性をもっている。その結果として生じるのは、側頭葉のてんかんにおいて生じるのとほぼ同様の状態、すなわち大脳のより原始的で「非論理的」な部分が支配する「副交感神経優位の状態」であって、そのときには側頭葉の抑制がきかなくなるために、より古い情動的な部位における大脳の活動が優勢になってくるのである（ウィンケルマン、

275: 174)。

このような見方によれば、人格解体の諸技法は「精神の諸部分――すなわち中枢神経組織内部の諸結合――を、機能や行為、また外界との結合関係において分裂した状態にすることに貢献するものであり、……それを長く続ければ続けるほど、分裂は一層ひどくなって――ついには慢性の統合失調症のような状態に到達する」(クラークの言葉、アペル、7: 134 からの引用)。カリスマ信奉者の精神状態は、統合失調症と同様にひとつの身体現象とみなされ、脳科学の研究によって理解できるものとされるのである。

だが、特殊な技法によって誘発される大脳の生理学的変化をこのように強調してはいるけれども、こうしたアプローチ方法も、リフトンやベッテルハイムのそれとおなじく、外的な社会心理学的影響と信奉者の主観的状態との関係に注意を喚起している。いずれの見方においても、「正常な」意識の体系的破壊は、ナルシシズム的な人格障害あるいは長期の催眠トランスと類似した高度に退行的な状況へと自動的に導く。そしてそこではひとはカリスマ集団のうちに自己を喪失しようとする傾向をもつことになる。生理学的な事実はより心理学的、またより社会的なパラダイムと矛盾するものではない。むしろそれは、強度のコミットメントを生じさせる身体的メカニズムを明らかにすることによって、それらの正しさを裏づけるのである。

以上にあげた理論家たちはみな、人間に可能な最高の価値を人格的自律性にあたえつつ、恐怖をともなう自己喪失状態を非人間化の本質とみなしている。彼らが例証として用いている極端な事例——強制収容所、カルト、牢獄——を考えると、カリスマや集団への合一化に対する否定的見解も分からぬわけではない。だが、カリスマ集団に自発的に参加していく人々——社会状況がアイデンティティを脅かすときにそうしたことが発生しやすいとリフトンやベッテルハイムは言うのだが——を目にすると、それをそのまま正しいものと認めることが困難になってくる。

現代と「他者志向性」

カリスマの絶好の土壌たるアイデンティティを脅かすような環境は、通常、民衆をして指導者の登場を渇望させるような、ある種の破局的危機あるいは文化的崩壊の結果である、と考えられている。だが最近の多くの思想家たちは、現代の社会機構は、たとえ「通常どおりに」動いている場合であっても、実際には個々の人間たちをカリスマ的な関わりへ強く押しやっているのではないかという可能性を、提起するようになってきた。

そうした思想伝統の最も初期の例は、主としてドイツのヒトラー経験を理解しようとする苦闘から生まれたものであり、以下のようなものが含まれる。カオス的かつアイデンティティ破壊的な環境におけるナチ信奉者たちの「自由からの逃走」に関するエーリッヒ・フロムの分析(82)。性的抑圧とファシズムの心理を結びつけようとするヴィルヘルム・

ライヒの先駆的労作（210）。アレクサンダー・ミッチャーリッヒの「父親なき社会」の概念（186）。テオドール・アドルノとその同僚たちによる「権威主義的パーソナリティ」の詳細な分析（4）。ドイツの家族構造とナチ運動への参加とを結びつけようとするベルトラム・シャフナーの労作（225）。こうした資料のいくつかは、のちにヒトラーを論じるさい用いることになるであろう。

とはいえ、ドイツの経験をあまりに特異なもの、まさにカリスマの登場に先行して存在するとされるような異常な文化的危機の所産として片づけてしまうことも可能である。しかしまた、現代社会にはつねにこれと同様なカリスマ的な関わりへの傾向が存在するのではないかということを暗示する理論的視角を、そこに見出すこともできよう。そうした理論は、急進的個人主義という現代のイデオロギー――これは功利主義に由来するものである――、つまり人間は他のすべての社会的宇宙から独立した島であると主張するイデオロギー（たとえば、ベラー他、16）から出発する。このようなエートスにおいては、共同体の積極的価値について道徳的言明をすることが不可能である。なぜならその場合、ひとは利己的な行為、個人的選好にもとづく行為についてしか語りえないからである。これはもちろん、情動主義的立場の最も純粋な形態である。

多くの社会理論家によれば、情動主義的な前提は、労働力における技術的多様性の増大、統合された地域コミュニティのたえまない解体、断片化した役割の拡散にわれわれを見失った人々の深まりゆく孤立化と疎外といったものを含む現代的社会機構の一般的状況に照応している。こうした環境においては、労働はいっそう特殊化され、世界全体との結びつきをますます喪失し、人間的充足感のますます乏しいものになっていく。人々は、より大きな構図のなかに自分がどのようにおさまっているか知ることなく、意味を見きわめることが困難で安全確実なコミットメントなど思いもよらない不確実で危険な世界を自分が漂っていると感じる。社会そのものが「ほんとうの制度的あるいは象徴的な形式を欠いた」(リフトン、166: 52) ものとして知覚される。そしてこうした不定形かつ不安な状態は、すべての自明な信念を掘り崩し、それを儚《はかな》い流行と置きかえるメディア・イメージの拡散によって強化される。シニシズム、退屈、疎外が確信に取ってかわるのである。

疑問の余地のない道徳的指針をまったく欠いているとき、この流動的で高度に競争主義的な社会が許容する選択の自由は、いったい自分には「正しい」意思決定ができるのだろうかという途方もない不安へひとを導く。そして人々は、他人がどのような選択をするか注意深く見つめなければならなくなる。なぜなら、他者の意思決定に適応し模倣することで、ひとは自分の意思決定の価値を保証し、はっきりとした境界または状況指標を欠く混乱した危険な世界のうちにある自分の位置を認めることができるからである。価値ヒエラルヒーの不在という状況における個人的選好への依拠は、かくして他者の選好への神経質な同調――デービッド・リースマンと彼の仲間が「他者志向性」(215) という有名な概念で特徴づけた「社会的レーダー」の一種――を意味するものでもある。

このような議論によれば、同調性と環境に即座に適応していく心構えとを構成員に要求する巨大な協働組織が優位するようになるにつれて、自己の欲望の妥当性に対する不安にみちた自信の欠如はますます強まっていく。この場合、適応とはすなわち、たちどころに外見を変え、その場にふさわしい防衛色を身につけなければならないということ、また身軽で、いつでもすぐに新しい場所に移動できる準備ができており、たとえ底の浅いものであろうと、新しい情緒的きずなを即座に確立できなければならないということである。最も重要なのは、状況次第で道徳律を変えられるほどに内的生活が柔軟でなければならないということだ。ひとは微妙な差異に油断なく気をくばり、そのときそのときの風向きに合わせて方向転換できる準備がいつでもできていなければならないのだ。このような視点からすれば、現代社会にあっては、イデオロギーの摂政たる自我がますます意識して柔軟に、（リフトンの言葉をつかうならば）ますます「変幻自在」になりつつある。

こうした流動的かつ競争主義的な状況においても「変幻自在の人間は……、自分の行動、さらには自分の衝動さえもが自分の知覚する〈外部〉とある種の〈適合関係〉をもちうるような、自己と世界に関する有意味な内的定式への欲求をいつでも有している」（リフトン、166: 54-5）[6]。内部感覚がどれほど快適であろうと、情動主義的な倫理にしたがっておこなわれる行為や判断への最終的な動機づけにはなお問題が残る。なぜならそれらは、他人が獲得したものとの関係でおし測られる不安な比較の問題でもあるからである。彼らはもっと速い自動車やもっと見ばえのする指輪をもち、あるいはもっと多くのもっとよいオーガズムを経験しているかもしれないのだ。

個々人が生を経験する方法の核心にまで不確実感がおよぶとき、現代の「他者志向」型人間は、現代の多くの社会理論において、内面の自我というものをまったく欠いた下手な役者として描き出されることになる。この薄っぺらな人物はおそらく、すべてがその人間を取りまく世界によって生産され、多数の役割を担わなければならない混乱した社会的文脈に巻きこまれ、観客の目に超過敏になりながらも彼らに不信の念をいだき、心もとない社会的体裁を維持するためその場その場に似つかわしい感情をもっているかのような外見を意識的につくり出す一方、現実には間違ったことを言いはしないかという胸いっぱいに広がった不安のために内面を麻痺させてしまっている。「演じ手は多くの仮面や役柄の背後に、ただひとつの顔、社会化されざる素顔、神経を一点に集中させている顔、困難で油断のならない仕事にひそかに取り組んでいるひとの顔をつけていることが多い」(ゴフマン、92: 235)。

このようにして強いられる圧迫感や緊張をつぐなってくれるのは、所有的個人主義という物質主義的イデオロギーである。というのもそれは、たえまなく量的に拡大していく物質的な財やサービスを競争によって獲得し、誇示し、そして無制限に消費することによってのみ、幸福を約束し、人間の価値を保証するものだからである。だがこの報酬はそれ自体が緊張を増大させる。なぜなら財の蓄積にはここという終わりが存在せず、したがって不安に満ちた他者との比較は永続するものだからである。

かくして、このような視点からすれば、現代の文化は一目瞭然たる逆説によって特徴づけられている。すなわち「絶対的に自律していながら、同時に社会状況によって完璧に決定されている自我」（ベラー他、16: 80）という逆説がそれである。しかしながらこの逆説は表面上のものにすぎない。なぜなら、選好を順位づけるいかなる基盤ももたない絶対的な自律は、こうした理論家たちが論じているように、自我が係留設備を欠いたまま漂流し、高度に不確定なアイデンティティをつなぎとめるべき道徳上の杭として、身体的な官能性や物質的所有しか見つけだすことができないような時代にあっては、絶対的同調にひとを導くものだからである。

だが、伝統の消滅、分業、意味喪失、アイデンティティを大地に根づかせることの不可能性、こういったものがもたらす解体作用は、カリスマ的交感への希求の消滅を意味しない。むしろその逆であって、デュルケム的な視点からすれば、現代の独我論的状況はひとをカリスマ集団への没入へと押しやるように作用する。心理学的に言えばこれは、「人間は自己を超越し、自己よりも永続性をもった何らかの対象への愛着なしに生きることはできない」（デュルケム、57: 210）からである。また構造論的に言えばそれは、「官僚制的な政治機構は、それに随伴するものとして、官僚制そのものの構造によって疎外された人々のうちにカリスマ的指導者への待望感をよび起こす」からであり、また不毛感や疎外感や不安によってズタズタに引き裂かれた現代世界にあっては、「人間どうしの結合が……はなはだ錯綜した問題となるため、もしアノミーや社会的葛藤を制御可能なレベルまで引き下げようとするならば、ある種の非合理な、一体性をあらわす人物あるいは象徴へ向かう圧力がほとんど不可欠になってくる」（グラスマン、91: 633, 636）からである。

これよりもアンビヴァレントな立場をとる精神分析学的視点も、「一体化に先立つ分離の根源的パターン（不安、攻撃）」（ローハイム、218: 43）の表出を認めない社会構造においては、抑圧された側面が何らかのかたちで噴出するであろうという信念に依拠している。もし現代社会が交感を禁圧するものと見えるならば、疎外された人間たちはその反動として、内面の空虚さを満たすべき感情的経験への「癒しがたい渇望」に取り憑かれざるをえない（ラッシュ、152: 72）。かくして、カリスマ運動あるいはその等価物はこのような飢えを満たすものであるように思われる、というわけである。

これを前提に推論していくと、次のような主張にたどりつく。すなわち、ひとをよりどころのない孤独な存在にする現代の諸条件によって、一体化や接触の快楽がますます制限されるようになればなるほど、そうした経験への欲望は現実に高まってくるであろう、という主張がそれである。自我がその価値を減ぜられ、アイデンティティの標識や他者とのきずなを剥奪されながら、それでもなお同時にすべての行為の唯一の正当化根拠とされるとき、カリスマの啓示や帰依者の共同体的集団への没入によってあたえられる激しさや内的確実感は高度に魅力的である。このようにして高められた相互作用の形式は、まさに現実の社会構造に欠けているもの――交感の感情、エクスタシー的自己喪失、超越、信念――をあたえるのである。

「ナルシシズムの文化」

精神分析学の影響を受けながら、現代という時代を特徴づけるにさいして、「ナルシシズムの文化」をその標準的な略記法としたクリストファー・ラッシュ(152)の諸理論には、現代におけるカリスマ的自己喪失への欲望に対して好意的な、より特殊な主張がふくまれている。彼の主張は私がさきに素描したような現代生活に関する社会学的イメージ――つまり競争主義、複雑性、人間的孤立、社会的流動性といったイメージ――を出発点としている。ラッシュはこうしたコンテクストのなかで発展させられるであろう性格類型を、ナルシシズム的なアイデンティティ障害をもった患者のそれと類似したものとして描き出す。すなわち、生気や意味のうしなわれた感覚を埋めあわせようとして、快楽や刺激の痙攣的な追求に精を出す、断片化した、また怒りにうちふるえる自我がそれである。

このような定式化はしかし、ラッシュひとりではない。専門用語の細目や分析技法の違いを別にすれば、他の多くの理論家――そのなかには精神分析学の専門家もいればそうでない者もいるが、いずれも現代の社会構造と基本的なアイデンティティ欲求との矛盾に満ちた関係というフロイト以後のモデルから出発する――からも内容的には同一の主張がなされてきている。たとえばシンコックス＝レイナー（237）は、現代社会における支持ネットワークの不在が、アイデンティティに対する不安や、溶融的人間関係に救いを求めようとする境界的・ナルシシズム的パーソナリティへひとを導くと主張する。またハインツ・コフート（137）は、おなじような調子で、現代における核家族の孤立は、家庭生活への市場の侵入やその結果として生じる家族の情緒的きずなの腐食と対になって、家族内部での共感的共同性の欠如から発生するナルシシズム的病理の数を増大させる傾向がある、と論じる。現代という時代と中核的アイデンティティの障害とを結びつけるこれらの理論は、実際問題として、ナルシシズム病理に苦しむ人間たちを患者とすることがますます多くなりつつあるという点で、多くの心理セラピストが一致するようになって生み出された。[7]

このような視点からすると、今日における心理学の問題はエディプス葛藤のそれではなくて、アイデンティティ欠如の問題、適切さを欠いた両親の保護や情緒的支持の欠落から来る内的空虚さを満たすことを希《ねが》ってやまない人々の問題である、ということになる。こうした現代的なパーソナリティ類型は、一般には、疎外や倦怠やアノミーが横溢する社会的世界の心理的表現とみなされているものである。

麻薬やセックス、あるいは物質的な財の消費によってこの衰弱した状況を脱出しようとする人々の試みは、真の満足をもたらすことがない。なぜなら彼らの基本的な欲望は、原初的溶融の瞬間にあった安心とエクスタシーを取り戻したいということだからである。ある心理学者は、ナルシシズム的パーソナリティ類型に関する論文のなかで、その点を次のように書いている。「他の人間と部分的に溶融あるいは合一化した関係に自分が置かれていないとき、彼らは自分を空虚な、断片的な、孤独な存在として感じ、自分がだれなのか、また相手がだれなのかということさえも、はっきりとは分からなくなる」(アドラー、3:644-5)。このような人間たちは、自分が同一化することのできる人間、またその人間ならば完全な人格解体の恐れなしに自他境界喪失の力強い感情を見出すことができる、というような人間をたえず探し求めるであろう。

かならずしも社会運動の理解という方向で議論が進められているわけではないが、論理から言えば「ナルシシズムの文化」の主張が次のことを意味しているのは明らかである。すなわちそれは、ナルシシズムの傷を負った人々は、力強いエクスタシー的な合一化を集団のなかで促進してくれるであろうカリスマ的指導者に服属する傾向をもっているということ、これである。このグループの心理学的理論から理解されるところでは、カリスマ信奉者の性格は、ラッシュやコフートが描く厳密な意味でのパーソナリティ障害をもった人間よりも、むしろ現代人の典型的な性格によく似ている。また、そうした人々にとって最も魅力的な指導者とは、融合、激しさ、憤激といった自分たちのまさに最も深い幻想を体現し、また再現してくれるような、激しやすい境界性精神病者である。したがってこのパラダイムによれば、現代社会は、内的死化の感情によってカリスマ的人間関係へと駆り立てられるようなパーソナリティ類型の広範な出現によって特徴づけられていることになる、あるいはそのように見えるのである。

これとは別の、もっとオーソドックスなフロイト的視点から出発しながら、これと同じところにたどりついたのがガットマン(98)である。彼は現代という時代とカリスマ的指導者の出現とを明確に結びつけた。伝統的価値観の正しさに対する現代の挑戦というところから彼は出発する。外的な規準が掘り崩されるにつれて、どんな形態の権威もその正当性を剝奪される。場合によっては、そのことが権威を体現する人物そのものによってなされることさえある。親が子供に愛情や意味を期待するのは、自分の信奉する価値、ひいては自分自身に確信がもてないからなのだ。子供の攻撃性はそのために、道徳主義的かつ厳罰主義的な超自我の内的統制力へ転形されるのではなく、外的な要因によって水路づけられなければならない。

この過程は神話的思考の復活や、攻撃性を外部へふり向けることのできる代理的超自我として自己をさし出すカリスマ的指導者への崇拝のうちに、自他境界を喪失させようとする傾向と同時進行する。「超自我という内面の専制君主が姿を消すとき、それは外部によみがえる……それは聖職者の、君主の、呪術師の、――はたまた〈集団〉の強制力となってあらわれるのだ」(ガットマン、98: 615)。かくしてアイデンティティ論者と伝統的な精神分析学者は、いずれも同一の地点にたどりつく――すなわち、現代の社会生活とカリスマへ没入する傾向を強く帯びたパーソナリティ構造とのあいだには、選択的親和性が存在するという主張がそれである。

こうしてわれわれは、ひとをカリスマ的な関わりへ導いていく諸条件について、二つの総合的図式を有することになった――ひとつは、疎外された現代社会と「ナルシシズムの文化」が結合して人々にカリスマへの没入を受容させやすくしているというもの。そしてもうひとつは、人格的アイデンティティを遮断することによって人々に自己喪失を用意させる「思想改造」である。いずれも、心理学的モデルのように、カリスマ集団のメンバーは病的外傷をかならずこうむっているなどと前提しているわけではないし、また社会学的モデルのように、カリスマ崇拝をたんに合理的行為の別形態とみなしているわけでもない。そうではなくて、人格的アイデンティティを脅かし、集団による個人の吸収を促進し、集団形成の指導者に対するエクスタシー的心酔を偏愛するように作用する、ある種の技法や社会状況がもつ人格解体的作用に対してまことに弱い存在として、人間を描くのである。

これらの暗い物語はたがいに排除しあう性質のものではない。実際にはむしろピッタリとかみ合うのだ。人間を疎外する現代の社会状況が不安でよるべないナルシシズム的パーソナリティを生み出している、というラッシュほかの理論家の主張が正しいとするならば、また自分の傷を和らげ、憤激を発散させるために、ナルシシストたちは自己喪失や合一化を希求しているということが本当であるならば、この従順な人々が、リフトンやベッテルハイム、またトランスの心理学者たちが発見した「洗脳」の技法によるカリスマ集団への自発的教化をきわだって受け容れやすいのは、けだし当然であろう。そして事実、自我の根拠地に対する根源的な挑戦という点において、現代という時代そのものを、「思想改造」のなかで注がれる圧力と類似した存在とみなすことも可能なのだ。

現代からの逃走

現代に関するこのような時代像を真摯に受けとめるならば、未来は個人としての人間に対するますます大きな圧力、増大するばかりの孤独感や独我論的イデオロギー、なおも高まる競争と不安、こういったものから成り立つものであるように思われる。この不幸な状況からの、多かれ少なかれユートピア的な脱出法が提案されてきてはいる。だがそうした脱出法は、感情構造に関する説明をまったく欠いているし、想像されるユートピアにカリスマ的指導者が登場するであろう可能性を認識していない。むしろユートピアは、人間心理の合理主義的かつ個人主義的な理解の枠内でのみ、動いているのだ。

たとえばマルクス主義者たちがイメージする革命は、個人主義や利己的な欲望に対抗し、共同体を愛し、あらゆる人間の平等を確約する。だが平等のイデオロギーやその実現が個人崇拝に対し不利に作用するわけではないことを、歴史はしめしている。事実、平等主義的な革命運動は、人間個々人に対して全体集団に合一化するように命じる一方、集団の革命的熱狂を体現するカリスマ的中心人物への崇拝を同時に要求する。個人崇拝に異議を唱えたレーニンでさえ、なおそうした崇拝の対象となったし、いまだに聖なる霊廟のなかでそうした状態のままでいる（トゥマーキン、255参照）。

その代わりになるものとして、現代の道徳的空白を憂うべきものとする多くの新保守主義者たちが主張しているように、伝統的な規範的価値を復興することはおそらく可能であり、そうすれば人々は、相対主義の無秩序な泥沼から救い出されて、信仰や信頼といった昔なじみの光がふたたび輝きはじめるのを見ることができるであろう（たとえば、サンデル、223）。だがそうした理論家たちにとって、伝統的紐帯の確立は倫理的合意の再建にもとづくものであるのに、実際には、競争主義的個人主義という道徳の解体した現実が、そうした復興を支持しようとするいかなるイデオロギー武装も許さないのだ。

さらにまた、学者たちが訴える伝統的価値の再確立は、そうした価値がまず第一に教育や人間どうしのきずなの問題であることを前提としている。知識人からすればそのとおりなのかもしれないが（実はその場合でもおそらくこれは正しくないのだが）、広範な信仰復興運動がその力を観念やノスタルジーではなく、カリスマ的人物が発散する感情的激しさから引き出していることを、事実はしめしている。また至福千年の過去への回帰を要求する預言者は、生まれ変わった未来の姿を思い描く預言者と同じくらい過激でもある。なぜなら、両者はいずれも現状の死滅を必要とし、新保守主義者たちがあれほど大切にする宥和的価値や知的合意の転覆を要求するからである。

あるいはまた、サルトル流の実存主義的立場をとって、社会的条件づけの裏側に真実の存在論的同一性を探究しようとすることも可能であろう。その場合には自我の内部に交感状態を発見し、そのことによって集団への合一をよびかける訴えを否定するわけである。だが主観的な真率さの探究は、それが真摯におこなわれた場合、そこからアイデンティティに形をあたえようとすればただ個々人の生得的な選好しか頼ることができないような窮地に、その信奉者を追いやってしまう傾向をもっている。この立場からすると、カリスマ的人物や集団のやみがたい感情的激しさが抗しがたい魅力をもつことになる。なぜならこのような関係は、独我論的空虚さからの脱出を可能にする意志の幻想や感情の主観的激しさをあたえるものだからである。かくして真実の自我の追求は、のちに取り上げるいくつかの事例に見るように、より個人化されたかたちの専制へとひとを導きうるのである。

もうひとつの可能性は、現代という時代に新しい解釈を加えようとする最近の「ポストモダニスト」の努力に見られる。その主張は、伝統的価値の腐食や現代社会の流動性と規範的相対主義は、われわれが自分固有の価値体系を意識的・個人的に創造しうる潜在的可能性をもつにいたったことを意味している、というものである。社会構造はわれわれに力を付与するメカニズムとなって、他の等しく革新的で陽気な行為者との相互作用のなかで新しい自我を創造的に構成していくためのモデルでもあり、保護カバーでもあるような多数の役割をあたえてくれる、というわけである。

ポストモダンの人間を創造的行為者と見るこうした楽観的な見解には、いくつもの問題がある。たとえばそれは、役割は自由に選択されるとか、役割と情緒的欲求のあいだにはいかなる内在的緊張も存在しないといった、はなはだ疑問の多い仮定にもとづいている。だが私がここで注意しておきたいと思うのはただひとつ、暗黙のうちになされている次のような主張、つまり試しに役割を演じてみたり、それを脱ぎすてたりする自分の能力に魅せられた自由な個人は、仮面をもてあそぶ子供と同様、いつでも面白いように自我が変容していく生活を自然と好むようになるであろう、という主張である。

だがこれまで引き合いに出してきたパラダイムはいずれも、感情に対して距離を取ることを必要とする現代生活の役割演技的な特質は、実際にはカリスマ的人間関係に対して有利に作用することをしめしている。なぜならそのなかには、自我の人格的標識となる誠実さや安定性の価値貶下が含まれているからである。そうした標識を取りのぞかれてしまえば、人間はじっさい誰にでも(anyone)になれる。だがそれは、ただたんに、すでに人間が誰でもない者(no one)になっているからであり、そのとき彼らは変幻自在の無定形な人間に新しい超個人的なアイデンティティをあたえてくれる集団や指導者への同一化を受け容れやすくなってもいるのである。こうして、ポストモダニストたちが主張する演技倫理は、カリスマ的な関わりに対する防御というより、むしろカリスマ運動の前提条件にすぎないもののように思われる。実際われわれは、まさにこうした演技倫理が、集団への自己喪失へ人々をうながしていく手法として現代のカリスマ的人物たちに活用されていることを、のちに見るであろう。

こうして見てくると、現代の疎外状況から脱出しようとするあらゆる方法が同一の方向へ向かっているように思われる——すなわち、所有的個人主義の倫理に対する弁証法的対位法たるカリスマ的な関わりへ向かう方向である。かくしてわれわれに残された最後の道はまさに、すでに引き合いに出した情緒的欲望とカリスマ的な関わりのパラダイム、カリスマ的指導者の感情的激しさに価値を見出し、カリスマを、彼なしでは形も特性もない暗闇のなかの単なる空虚な影にすぎない活気を欠いた大衆を燃え上がらせる篝り火とみなすパラダイムにもとづく道徳体系の構築である。すでに見たように、これこそフリードリッヒ・ニーチェのとった悪名高き立場であった。

集団と指導者に関するこのようなイメージには、群集心理学者やフロイト、またリフトン、ベッテルハイム、ビオン、コフート、そして本章で検討した他の総合理論家たちの描き出したイメージが共鳴している。カリスマ的人物がもつ力や、自分たちに何らかの形をあたえてくれる力を望む大衆の欲望に関するニーチェの見解を、みな受け容れざるをえなかったわけだ。だが彼らは、こうして不可避的に生じてくるカリスマの神格化をニーチェの手引に従って賞讃することを拒否するのである。

しかしながら、こうした理論家たちが受け容れている現代という時代や人間の性格に関するイメージは、現代社会の構成員にあっては、カリスマ的人間関係に没入しようとする衝動がやみがたい訴求力をもたざるをえないことを意味している。現代という時代の諸条件から脱出できる方法を提供すると喧伝するユートピア的イデオロギーは、カリスマ的なものがもつ訴求力からの出口を決して提供しないし、カリスマの不死性を非難してみたところで、崇拝者の群れに巻きこまれることを逃れる方法が手に入るわけではない。しかしまた同時にカリスマからは、経験そのものによってウェーバーやデュルケムが付与したような積極的価値が剝奪されてしまっており、集団の退行した意識を体現するカリスマ的指導者の魅力を目の前にしたときの個々人の無力さという悲劇的な光景のもとに、われわれは置き去りにされるのである。

要約

本書の第Ⅱ部でのべたのは、感情を理性より上位に位置づけようとするヒュームの最初の試みからはじまって、そのラディカルな主張から何らかの道徳理論を構築しようとしたそれ以降の試みを貫く、ひとつの理論上の運動である。すでに見たように、ヒュームの脱神秘化された「あるがままの人間」像は、体系的思考の妥当性を否定することによって、あらゆる形態の煽動を打破しようとするものであった。だがしかし、同時にヒュームは、どんな構造もヒエラルヒーも欠いた個人的選好というまことに揺らぎやすい根拠をのぞけば、何らかの行為を他のすべての行為よりも上位に置くことを正当化するのは不可能であるという見解を、われわれにあたえた。

ヒュームの挑戦に対するさまざまな解答を、われわれは素描してきた。利己心という計算高い「おだやかな情念」に欲望を還元することによって、感情の道徳的秩序を確立しようとした功利主義者たちの努力。情念がすべてだというなら、強烈な情念こそ崇拝されるべきである——嫉妬深い虚弱な連中のめそめそした泣き声など論外だ——というニーチェの反論。歴史の始源に自己表出するカリスマ的超人を置くけれども、現代の合理化した官僚制社会においては彼らを辺境へ追放するウェーバーの悲劇的な進化論的視点。個々人の感情から離脱して、道徳の起源としての社会的に生み出される情動へとおもむくデュルケムの輝かしい変成理論。そして、デュルケムの基本的前提を受け容れるが、その価値観を転倒させて群集を魔性のものととらえ、暴徒の怒り狂った力に対する堡塁という新しい位置をふたたび理性にあたえようとする群集心理学者たち。

そして最後に私は、ヒュームその他のすべての理論家に欠けていたもの、すなわち人間の欲望の弁証法的構造を確かめようとする、フロイト以来の精神分析学的パラダイムを検討した。人間には愛着と分離という相互に矛盾する深い衝動があって、それが実存的緊張を生み出すというフロイトの仮定のおかげで、われわれは通分不可能な個人的情念の散乱状態からではなく、根源的な欲望の表現と社会的世界の制約との結合から出発する新しい道徳理論を組み立てることができるのだ。このような視点からすると、人間は自己のうちにある相矛盾する願望を表出できる方法を見つけださなければならないのだが、そうした欲望がとる形式は社会的圧力によって形をあたえられ、また時としてまことに暗いかたちで露呈することもある。このような表出方法のひとつがカリスマ的関わりであり、そこでは合一化へ向かう諸々の衝動が、表現力豊かなカリスマ的人物によって喚起される沸騰的集合感情のなかで満たされるのである。

フロイト自身は群集を嫌悪し、カリスマ的指導者や彼がもたらす溶融状態を恐れた。だがその一方で彼は、愛するものと抱き合うときの合一化――これはカリスマ運動の参加者が集団のうちに見出す自己喪失と類似した自我超越の瞬間である――が積極的な価値をもつことを信じてもいた。かくして群集やカリスマに対する彼の見解は、他の理論家には見られない両義的性格をもつことになった。自己喪失の経験は深いところからひとに訴えかけて力をみなぎらせもするが、同時に危険であり、潜在的な破壊力ももっている、という見解がそれである。

だが、フロイトにあっては水面下に隠れ、デュルケムやウェーバーやニーチェにあっては表面に現れているカリスマの積極的側面が、現代の社会心理学の理論においてはすべて見失われてしまった。それは現代という時代のなかで大衆運動がたどった方向に深く傷つき、カリスマは悪魔と同義語になってしまったのである。その理論家たちはわれわれに対して、カリスマ的な関わりのなかで、自己を喪失することに技術的手段や社会的状況がどれほど関与しているかを、おののきながら指摘する。しかしながらわれわれは、群集心理学においてと同様、ぞっとするような主張のもとに置き去りにされるだけである。すなわち、集団感情は根絶しがたい力であり、それから逃れるすべはない。なぜなら現代人の実存状況という根本的な条件そのものがそうした感情に好都合だから、という主張である。ヒュームが期待したように煽動家は滅び去るのではなく、むしろいまやどのようにしても出現してくるものとして見えてくる。アラスデア・マッキンタイアによれば、こうだ。「ニーチェ的なかまえは、結局のところ、自由主義的・個人主義的近代という概念図式からの脱出の様式、あるいはそれに取って代わりうるものではなく、むしろその内的展開を代表するもうひとつのモーメントにすぎない。したがってわれわれは、自由主義的・個人主義的社会はそのときどきに〈偉大な人間〉を生み出していくと予想してよかろう。だがそれは何ということなのだ！」(177: 241)。人間の未来はほんとうにこうなのだろうか。だがそれはいったいいかなるものであり、それに取って代わりうる道があるとすれば、それはどのようなものなのだろうか。

そうした問いに答えるためには、個々の事件を歴史的文脈のなかに置きすえ、理論的抽象ではなく、実際の参加者の説明に注意深く耳を傾けることによってその世界に分け入り、カリスマ的な関わりの過程が現実にはどのようなものであるかを見ることから出発しなければならない。それが本書第Ⅲ部の仕事である。

第Ⅲ部　実例編

第8章 「取り憑かれた従者」
——アドルフ・ヒトラーとナチ党

しっかりと繫ぎとめられているものはもはや何もないし、われわれの精神生活のなかで大地に根をはっているものはもはや何もない。すべてが皮相で、われわれのもとを逃げ去っていく。安らぎのなさと憎悪、これがわれわれ現代人の思考の目じるしだ。生の全体はまったくバラバラに切り裂かれつつあるのだ。

ヒトラー（ウェイト、260からの引用）

ドイツにおけるカリスマ的環境

カリスマが登場する文脈や過程に対する否定的なイメージは、現代社会理論の大半を特徴づけるものであるが、そのもとになっているのはほとんどの場合、ヒトラーとナチ党の歴史である。(1) ヒトラー以前のドイツは、群集心理学者やその継承者たちがあれほど恐れていた近代化がもたらす解体作用のテスト・ケースであった。世紀転換期のドイツは伝統的なきずなの崩壊にとりわけ苦しんでいた。なぜなら、それに取って代わるべき強力な国家アイデンティティがまったく存在していなかったからである。他のヨーロッパ諸国と違って、ドイツは比較的遅く封建主義から抜け出たところであり、文化上の地方割拠主義と反目感情がまだ相当程度に残存していた。農村社会が内側へこもろうとしていたのに対し、都市の洗練された人々はドイツの外に目を向け、自分たちがとるべき態度や行為の範をヨーロッパ文化に仰ごうとしたから、ドイツには文化的統一性の感覚が欠如していた。プロテスタントとカトリックはともに何世紀にもわたる敵対関係の記憶を忘れずにいたので、宗教上の相違が都市と農村の地域的分裂状況をなお一層悪化させた。そしてドイツの急速な工業化にともなう階級対立がこれに加わることによって、こうした分裂的特質はますます強化されたのである。

ドイツにおける社会的凝集性の欠如から生じた不安は、権威主義的独裁者が社会を一つに束ねてくれるであろうという大衆的信念に人々を導くものであった、とエリック・エリクソン(68)は論じている。また、絶対の指導者に対するこうしたドイツ人の根深い願望は、他の多くの要因、たとえば文化的・イデオロギー的・構造的諸要因とも関係づけられてきた。それには、ドイツの権威主義的な家族構造という遺産、封建制的な前史に加えて領主と封土のロマン主義的に美化された結合、ドイツにおける多元的民主主義の経験の欠如、福音伝道的な宗教の伝統、村落ゲマインシャフトをいまだに理想の共同体として期待するような社会的エートスと呼応する政治的諸関係の人格化、といったものが含まれている。(2)原因となった要因が何であれ、世紀転換期ドイツにおける分裂状態の拡大や内部抗争が、国に精神的な統合と一貫性をあたえてくれる独裁者への大衆的願望を高めたことは明らかである。このような状況のもと、ドイツにおいては、民主主義的多元主義という自由主義的な観念は、イギリス、さらにはフランスと同様な中心的位置を占めることができなかった。

そのうえ、主としてその不器用な政策のために、どのようにも植民地獲得競争に加わることができない国家の無能さからくるドイツの不安というものが存在した。結果として多くのドイツ人は、自分たちは敵に取りかこまれ、世界という舞台でみずからが占めるべき立場から排除されていると考えた。ヒトラーが権力を獲得するはるか以前から、自分たちは包囲されているのだという恐怖が、一般的なルサンチマンの感情やパラノイアをともないながら、ドイツ人の意識に満ち満ちていたのである。

第一次大戦後、ドイツの国内状況はさらに悪化した。すなわち、社会的分裂状態と国内の敵対関係が伝統的な役割と地位のあり方を掘り崩し、ストライキが国中に吹き荒れ、各地を放浪する略奪者の群れがカオスを蔓延させた。そうこうしているうちに海軍が暴動を起こし、ミュンヘンは共産主義者によって、ついで右翼によって支配されたが、すさまじいインフレというかたちで残った慢性的な経済危機という気の滅入るような雰囲気は、ドイツ以外のヨーロッパでは実利的・反カリスマ的な自由主義的価値観を根づかせるための基盤となった中産階級をほとんど一掃してしまった。

おそらくドイツ人にとってさらに大きな悩みの種だったのは、予期せぬような壊滅的な国の敗北によって残った屈辱と裏切りの感覚であった。「背後の一突き」(訳注1)説が国の悲運を説明する方法として、たちまちのうちに大衆に受け容れられた。ある帰還兵はこう回想している。「恥ずかしさがわれわれの頰を赤く染め、怒りが喉を締めつけた。事にあたったのは、明らかに一切合切をひっくり返してやろうと決意した人々であった。だがヒロイズムは臆病へ、真実はウソへと変わり、忠誠心には卑劣さが報いとなった」(アーベル、1:27)と。

そのうえさらに、ワイマール共和国は政治的失敗であり、それはドイツ全体の利益を考えて統治することに関心をもたない特殊な利害関心によって動かされている、という広く認められた合意があった。また事実、完全比例代表制というワイマールの選挙手続きがもつ国民投票的性格は、立法行為の遅滞や意思統一のためのはてしない調整作業を助長し、その結果、議会はしばしば停止し、その役目を果たせなくなった。

この試練の時代、多くのドイツ人のあいだに絶望感が広がっていった。ある運動家は一九二三年にこう書いている。「われわれの歴史は道に迷ってしまった。この世でうまくいっているものなど、われわれにはまったく何もありはしない。昨日も、そして今日も……。

あらゆるものがどこかで調子が狂ってしまっているのだ。そして何かをきちんとしようとすると、それはわれわれの手のなかで砕け散ってしまうのだ」(ウェイト、258: 263からの引用)。

圧倒的多数のドイツ人にとって、社会の亀裂は超えがたいものとして目に映り、伝統的世界はすでに崩壊したものとして見え、政府はもはや統治能力を失い、すべての希望は虚しいものとなってしまった。このようにしてすべてが崩れ落ちる不幸な瞬間は、明らかにひとつの雰囲気――カルト的環境――を用意する。すなわちそれは、群集に新しい形と強さをあたえ、社会や人格的統一性の徴標が解体することによって生じる激しい怒りや欲求不満に表現の道筋をあたえてくれるカリスマ的人物の登場に好適な雰囲気である。

ナチ以前のカリスマ集団

だが第一次大戦直後のドイツには、こうした好条件にもかかわらず、ドイツを征服するに足るだけの信奉者を獲得できた特定の指導者は一人もいなかった。とはいえ、このことはカリスマの不在を意味するものではない。むしろ事実はその逆で、ライバル、すなわち人々に活を入れんとして群生する宗教的・軍事的・政治的・神秘主義的組織の指揮にあたるカリスマ的人物の乱立こそ、まさにカリスマの隘路であった。事実そこには、カリスマ的集合体のある種の沸騰――すなわち最後は国民社会主義で最高潮に達するカルトの結晶

――が存在したのである。

ヒトラーの先駆者として重要なのは、大戦の前夜、ドイツ中で雨後の竹の子のように簇《そう》生《せい》した青年組織である。彼らは、同性愛から菜食主義まで、また社会主義的無神論から民族ナショナリズムにいたるまで、およそ想像しうるかぎりのありとあらゆる形態の信念と実践を擁護した。とはいえわれわれは、こうした一見多様性と見えるものの背後に、すべての伝統的価値の絶対的否定を起点とするカリスマへの傾倒の、いくつかの典型的な側面を見てとることができる。

彼らはこう考えていた。親たちが信じている宗教はたいがいまやかしものであり、政治はひとに自慢するためにおこなわれる取るに足らぬ些事であり、経済は良心を欠いた詐欺的行為であり、教育はステレオタイプで生気に欠け、芸術はごくつぶしの感傷であり、文学はまがいもので商業主義化されており、演劇はけばけばしく機械的であり、……家庭生活は抑圧的で不誠実であり、男女の関係は結婚していようといまいと欺瞞に満ちている、と。(H・ベッカー、13:51)

伝統がさし出すすでに没落した価値のかわりとして疎外された青年たちが提起したのは、感情的神秘主義、自然への崇拝、身体が感じる真実さへの回帰、そして特に行動の神聖化、すなわち「ただ行動そのもののためにおこなわれる行動」（ウェイト、258：19）の神聖化であった。感情の色合いということで言えば、こうした集団は初期共同体に関するデュルケム的モデルからさほどかけ離れているわけではない。彼らは、他の価値がまったく存在しない状況のなかで、青年たちが信じられる唯一のものとして残っていたもの、すなわち集団儀礼がかもし出す交感性への共同参加によって結ばれていたからである。

現実に不満をいだく青年たちの集まりには、集合的儀礼の熱狂的共有ということのほか、さらにもうひとつの特徴があった。それは、集団においても国家においても、個人による指導が必要だとすることで、広く意見が一致していたということである。ただ偉大な指導者のみが時代の要求する秩序と政治参加をもたらしうるであろう、と彼らは感じていた。だがそうした政治参加は、イデオロギーがその腐敗ぶりを露呈していたために、自己の激しい感情によって支持者の魂をつき動かし、鼓舞することのできる指導者の表現能力以外からは生じてこなかったのである。

理想からすれば、指導者はそうした生気に満ちた力が自己の内部に開花してくるのを感じ、それを自然に表現することによって、支持者たちの行動を燃え上がらせるべきであろう。支持者たちを奮い立たせるであろう神秘的な初発的行為への希求は、もちろん、未発動の群衆を自分の身振りによって模倣へといざなう創造的代弁者という、群集心理学者の理論的な指導者理解と厳密な意味でパラレルである。

だが、集団における交感性や魔術的な行為、また感情をかき立ててくれるカリスマ的リーダーシップを待ち望んでいたのは、青年組織だけではなかった。フライ・コール、すなわち独自の軍隊としてバルト地方のみならずドイツ国内でも左翼と戦った退役軍人たちのメンバーも、同じような願望に動機づけられていた。彼らはそののちヒトラー政権初期に、ナチ突撃隊すなわちSAの大黒柱となった人々である。青年たちと同様、「真空から生まれた放浪者」とみずからを称したこの略奪者たち（ヒトラーも自分を表現するのにこの言葉をつかった）は、大戦後の世界を空虚なもの、伝統的な価値を堕落したものとみなした。また彼らは自分たちのことを、青年たちと同様に、自分たちが戦いのなかでめざしていたものがはっきりとすべてひっくり返されてしまったドイツでは、よるべない疎外された存在にすぎないと感じていた。

だが、フライ・コールの兵士たちには、青年たちよりも明確な共同体の理念があった。それは、彼らがいまや徹底的に拒否する腐敗した市民的世界に取って代わるべきものであった。一人はこう書いている。「われわれ前線の兵士はすばらしく快適な道など初めから知らなかったし、そんなものを望む気持ちもなかった。戦いこそわれわれの生活の目的であり目標だったのである」（アーベル、I: 45からの引用）。実際この男たちは、塹壕のなかで突撃兵として経験した、人格を変容させるような「前線体験」を奪回せんとする深い願望でたがいに結びついていた。(3)

多くの突撃兵は、とぎれることのない死の脅威のもとで作業し、攻撃と暴力という高揚した感情体験をくり返し経験することによって、戦闘のさいの高まった心理状態に神秘的なエクスタシーを見出していた。（訳注2）戦後まもなく出版されて爆発的な人気を呼んだ書物に、退役突撃兵エルンスト・ユンガーが書いた前線の讃美には、このような感情が明確にあらわれている。

神聖な人間、偉大な詩人、そして偉大な愛の証しとなる条件は、偉大な勇気をもった人々にも具わっている……。〔戦闘への参加は〕あらゆる陶酔にまさる陶酔であり、あらゆる束縛を断ち切る解放である。それはただ自然の諸力のみが比肩しうるような、お咎めなし制限なしの狂乱である。ひとはまるで、そこでは猛り狂う嵐、激しく泡立つ海、轟く雷鳴である。彼はあらゆるもののなかに溶け入っていく。彼はまるで標的に命中した弾丸のように、死の暗い扉にのめりこんでいる。深紅の波が彼に打ちかかる。彼はもうずっと前から、時の移ろいを知らないでいる。あたかもそれは、満ち潮の海へ波がすべり落ちていくようなものだ。（ハーフ、107: 74からの引用）

青年たちが探し求めた交感状態は、かくして突撃隊員たちによって、デュルケムが思いもしなかったような、しかし集合的沸騰という彼のイメージと類似したかたちで、一時的に、また非日常的な恐るべき状況のもとで実現されていた。

この「戦友隊」はまた、絶対的指導者への服従を切望していた。なぜなら突撃隊員たちにとって、「唯一あてになるのは自分たちの指導者（フューラー）の意志だけだった」（ウェイト、258: 111）からである。そうした上官の権威は、正規軍で占めていた公式の位階によるものではなかった。事実はその逆であって、将校とはまず第一に、彼らの苦難と歓びのすべてに個人として加わるまったくの一兵卒にすぎなかった。つまり、自分の兵たちと一緒になって戦場で戦い、危険をわかちあい、食事をともにし、彼らに親しく「ドゥ」（きみ）と呼ばれる男であった。彼はまた他の兵士たちと社会的背景を共有していた。というのも、ふつう突撃隊の将校は、正規軍の将校と違い、兵卒のなかから募集されたからである。軍隊に対する将校たちの没入ぶりがどれほどのものであったかは、彼らが結婚していなかったという事実から推測できよう。なぜかといえば、自分の忠誠心のすべては自分の兵たちにだけ向けられるべきだ、と考えていたからである。(4)

こうしてここにあるのは、人格を変容せしめるような力をもった戦闘体験によってたがいに結ばれ、畏敬の念をもたれる指導者、つまり半ば公式的とも言えるある話によれば「それはあらゆる精神性を超えたところにある畏敬の念であった。……兵士たちにとって彼は命令する上官ではなかった。彼らは指導者だった。そしてまた彼らの戦友だったのだ」（ウェイト、258: 27からの引用）と評されるような指導者にその身を捧げる兵士たちの集団である。戦闘という非日常的な状況のもと、男たちにあがめられる命令者は戦場という人格解体的なカオスのうちにある男たちに、安定と同一化の集約点を提供した。そしてそこで彼らは、秩序に従い、集団に参加することによって、隠れ家ばかりか、新しい、超越的な、共同的アイデンティティをもあたえられたのである。聖なる共同体における犠牲と再生というカリスマ的ドラマを生き抜くことによって、兵士たちは指導者に鼓舞され、あえて死に立ち向かったが、その結果は悲惨な死をとげるか、奇跡的に賭けに勝って生きのび、人格を変容させたか、いずれかであった。そのうえ彼らには、殺すべき敵と愛すべき戦友とがあたえられていた。何をなすべきかということについて兵士たちにはいかなる選択の余地も存在しなかったのは事実であるが、だからといって彼らが自分たちの経験に意義と力を感じていたことには何ら変わりがない。

戦場で戦った兵士はみな、その強度こそちがえ、これと同様な超越の瞬間を経験しており、それは多くの退役戦闘員が戦争にノスタルジーを感じる原因となっている。だがドイツにおいては、ヨーロッパの他の諸国と違い、戦後の不安定な状況のために、前線の兵士たちは家族や友人や仕事という心あたたまる環境のもとに帰って行くことができなかった。それどころか、彼らは職をうしない、心のなかは不当に思える敗北へのルサンチマンでいっぱいになっていた。そうした彼らにとって、軍隊生活がもたらす高揚した感覚と神秘的交感は、腐敗した市民生活よりもはるかに望ましいものであるように思われた。そして、社会的崩壊の間隙をぬって登場したのがフライ・コールである。そのイデオロギーを、フライ・コールの活動家エルンスト・フォン・ザロモンは次のような言葉で要約している。

「何を信ずるのか」と諸君は問う。行動以外の何ものも信じない。行動の可能性以外の何ものも信じない。行動の実現可能性、それ以外の何ものも信じない。……われわれは市民的規範の世界からしめ出されてしまった。……きずなが断ち切られ、われわれは自由になったのだ。……われわれはこの世のありとあらゆる情念に酔い痴れる一団の戦士であった。つまりわれわれは、欲望に満ちあふれ、行動に狂喜した。われわれが望むもの、それが何であるのかわれわれは知らなかった。そしてわれわれが知っているもの、それはわれわれが望まぬものだったのだ！（ウェイト、258：269からの引用）

だがナチ党に加わったとき、この「真空の放浪者たち」の多くは、自分が望んでいるとは知らなかったものを現実に見出した。彼らは集団の仲間意識のなかに、戦場で経験したのと同じ、規律、絶対的カリスマ的リーダーシップ、高揚した感情的激しさ、直接行動、男らしい戦友意識を発見したのである。ある心酔者はこう書いている。「妻も家族も親も棄て、生計の手段よりも鉤十字という聖なるしるしを愛した兵士たちのあいだには、なんと素晴らしい仲間意識があったことだろう！……そんな戦友たちとともに身を寄せあって闘うことを許されるとは、なんと素晴らしい歓びと名誉であったろう！」（アーベル、1:145-6からの引用）と。

ヒトラーの権力への登場

だがすでに見たように、ヒトラーやナチ党は、カリスマ的性格をもった忠誠心をたちまちのうちに得たわけではない。二〇年代の錯綜したカルト的環境においては、対立する無数のカリスマ的行動集団やその他の政治党派が相互につぶし合いを演じていたから、国民投票にもとづきながらしっかりと機能する民主主義へ向かって、ワイマール共和国がゆっくりと発展しているかのように見える余地が残されていた。

一九二四年以降、経済的繁栄や政治的安定性がある程度回復し、反乱の時代が終わりをつげると、この過程は加速された。この新しい安定性は権力分配の変化をうながした。一九二八年の選挙における社会民主党の成功や、自由主義的改革の表面上の勝利はそのあらわれである。こうした流れが続いていたから、この時期ヒトラーが、ただたんに暗闇で遠吠えする無数の泡沫的右翼の一人たるにとどまっていたのは、無理からぬことである。

とはいえ、こうした相対的安定と自由主義的民主主義の勝利の時期にあっても、ヒトラーはその権力基盤を築きつつあった。一九二三年の失敗に終わったビアホール一揆（訳注3）のあと、多くの不満分子が彼に魅力を感じるようになっていたのである。その理由は、挫折したクーデターに彼が参加していたからというよりは、むしろ苦難の時期に広く報道された彼の威勢のいい演説のためであった。獄中から釈放されたあと、彼はクーデターという考えを棄て、党組織の絶対的支配権を掌握すること、そしてより大きな、一般社会からの承認を獲得することに関心を集中させた。力点をこのように移動させることによって、ヒトラーはその地位を不動のものとし、次項で論じるような手法を用いて聴衆たる大衆を鼓舞するその驚くべき能力を思うままに発揮したのである。

だが、演説家あるいは扇動家としてヒトラーが成功をおさめつつあったとはいえ、ワイマール共和国の生命に事実上の終止符を打ち、ヒトラーが登場するにふさわしい土壌を用意したのは、一九二九年の世界大恐慌であった。ドイツはふたたびカオス状態に落ちこんだ。多くの人々が突然解雇され、インフレーションが荒れ狂い、それまでになされたすべての進歩が一瞬のうちに潰え去った。その結果として残ったのは、あるドイツ人が日記のなかで書いているように、「不安、圧迫感、孤立感といったぞっとするような感情——ぞっとするような無力感、実存そのものを冒していくぞっとするような不安」(ヴァインシュタイン、270: 64からの引用)であった。

大恐慌の発生によって議会内の分裂がぶり返し、政府は左右両極に挟撃されて暗礁に乗りあげた。共産主義に対する広範な恐怖感に乗じて議会組織を分解させようとする保守勢力は、ヒンデンブルク(訳注4)という象徴的人物を隠れみのにして結集した。だがヒンデンブルクも行動において無能であり、自暴自棄になった彼は、保守的な助言者たちの意見に屈してヒトラーを首相に指名した。ヒトラーはめぐってきた絶好のチャンスを素早くつかまえ、まず首相、ついでだれの指図も受けない支配者として次第に巨大な権力を握り、ついにはSS(親衛隊)やゲシュタポといった私的軍隊の創設によって、すべての対抗勢力に対する絶対的支配権を獲得した。そしてドイツは、彼を救済者として迎えたのである。

ナチの宣伝機関はヒトラー登場の必然性を強調したが、彼がなぜ突如として成功をおさめたのか、またなぜドイツを完全に支配しえたのかということの理由として、彼らの自分勝手な評価を信頼しすぎることは、もちろん危険である。一九三三年における彼の権力掌握は、現実には、思われているほど突然のことでもなければ、完璧なものでもなかったことが、いまでは歴史的研究によって明らかにされている。もし左翼が力強い活動をしていたならば、またユンカーたちが自分らのあやつり人形にはなりえない存在としてヒトラーを理解していたならば、また軍人たちが彼に敵対していたならば、ドイツを破局におとしいれる以前にヒトラーは阻止されていたであろう、と多くのひとが考えているわけである。それに権力の絶頂期にあってさえ、ヒトラー(訳注5)は完全に自律的に行動できたわけではなかった。たとえば彼の考えた安楽死プログラムは、プロテスタント教会に対する攻撃と同様、民衆の抗議によって縮小されたのであった。

ヒトラーという恐るべき事実に直面した歴史家や政治学者は、当然のことながら、彼や彼の運動からその神秘的な要素を取りのぞこうとするから、その結果として、諸々の偶然の変数が結びつくことで彼に政権の掌握と維持が可能になったという事実を強調することになる。研究者たちは、自分自身の理論的見地にもとづきながら、経済、政治、イデオロギー、文化といった影響をあげるのである。そうしてナチ時代は、ひとつの過渡期、ドイツにおける社会変容や近代化という苦痛に満ちた過程のなかのヤコブ時代として説明されてきた（ダーレンドルフ、41）。あるいはまたナチは、一九四五年が「0年」ともなるような、ドイツ思想におけるニヒリズムの旋律がその最高潮に達した悲劇として描かれてきた。ヒトラー運動に関する私の見方は、こうした見地のどれも否定するものではない。だが私の目的にとって重要なのは、「もし……だったら」というような話でもなければ、ヒトラーの地位を不動のものとした地位をめぐる内部の権謀術数でもなく、さらにいえばナチズムの原因と結果でもない。歴史的・イデオロギー的な背景、階級闘争、国家構造の諸矛盾、さまざまな利害集団による権力闘争、国民社会主義へとつながった偶然的あるいは必然的な出来事の複雑な連鎖、これらのことは非常に多くの著作家によってすでに十分に分析されてきた。だがそれらはいずれも、運動のまっただなかにいた経験そのものにとどくものではない。カリスマの本質であるそうした非日常的な経験に到達するためには、参加した人々、ヒトラーのカリスマを信じた人々の主観的状態を見てみる必要がある。われわれはそのような方法によってのみ、歴史のなかでそうしたモーメントがはたす役割への洞察をいささかなりとも手に入れることができるのであって、どれほど頻繁に、どれほど説得力のあるかたちで先行する諸条件から論理的に導き出されようとも、それはなおわれわれの合理的な理解からははるかに遠いところに位置しているように思われる。

国民社会主義の内面的現実を把握するためには、次の事実、すなわちヒトラーが権力の座にたどりつき、それを維持しつづけることができたのは、さまざまな階級や身分に属する人々が彼を心から支持したからだという事実を認識することから出発しなければならない。とくに一九三三年以降、「ヒトラーに順応しようとするうねりが地をおおい、……何百万という人々があらわす阿諛追従が規範となり」、この流れに押し流されぬ人々は孤立した(カーショー、131: 57)[5]。ヒトラー信仰のほとばしりは、ドイツのいたるところから自発的に贈られた詩や感謝状に表現された。それらは、総統を奇跡のメシア的人物としてほめ讃えるものであった。忠実な支持者のひとりはこう言っている。「ヒトラーは暗闇に光明をもたらす救世の主として、運命によってドイツ国民に贈られたのだ」と(アーベル、1: 244 からの引用)。

救世主としてヒトラーを崇拝する感情はまた、一般の国民にかぎられたものではなかった。イアン・カーショーによれば、「まじりけなしの〈ヒトラー神話〉——全面的な美化によって隙間なく飾り立てられた〈超人〉指導者に対する崇拝——が、ナチ・エリートのほとんどすべてに行きわたっていた」(131: 263)。たとえばヒムラーの侍医(訳注6)が伝えているところによれば、彼の主人は「ヒトラーの命令を、この世を超えたある世界からやってくる……絶対に服従すべき決断とみなしていた。それは神的とも言えるような力をもっていた」(ケルステン、132: 298)。

この信仰はカリスマのパターンにしたがうものであった。つまり、それは一個人としてのヒトラーに集中し、ナチ党におけるすべての関係と権威は彼から発するものと考えられた。ナチ党の理論家ローゼンベルク(訳注7)によれば、「われわれにとって、総統と思想とは同一のものである……彼は理想を体現しており、彼だけがその究極の目標を知っている」(フェスト、71: 279からの引用)。いわゆる「指導者原理」においては、党と国家とイデオロギーと未来がひとつに混じりあい、ヒトラーがその化身となるのであった。こうしてナチ運動はヒトラー運動になった。ナチ式の敬礼、「ハイル・ヒトラー」が国民の挨拶になったのである。一九三四年のナチ党大会でヘス(訳注8)が「ヒトラーはドイツであり、ドイツはヒトラーである」と断言したとき、そしてヒトラーがその返礼として「諸君のすべてを私は知っており、諸君の存在は私の力にかかっている。また私は私のすべてを知っており、私の存在は諸君の力のみにかかっている」(フェスト、71: 445, 159からの引用)と宣言したとき、その過程は最高潮に達した。

ヒトラーは明らかに、党と国家の精神の神格化された体現者として畏怖の念をもって受け容れられたが、その畏怖は憧憬や同一化と混じりあっていた。たとえばゲッベルス[訳注9]は、一九二六年ヒトラーと不和になったとき、秘密の日記にこう書いている。「心がひどく傷む……私は内面の自我を奪われてしまった。いまの私は半分だけの私だ」と。そしてのちにこうも書いている。「アドルフ・ヒトラー、私はあなたを愛する。あなたは偉大であり、同時に純粋だから」(ニョマーケイ、201: 13からの引用)。愛の対象としてのヒトラーというイメージは、とくに彼が権力の座にあった初期の時代、民衆にも伝達され信仰された。この時期、彼の奇跡的と見える成功はあらゆる懐疑を凌駕し、ドイツ人たちに新しい力と目的の感情をあたえたのである。かくして一九三五年、ゲッベルスは正確にこう書くことができた。「全民衆が彼を愛している。彼の手に抱かれるときには、母の腕に抱かれているときのように安心していられるからである」(カーショー、131: 73からの引用)[6]。

ヒトラーを取りまく憧憬的崇拝の感情は、党の儀礼的大集会で象徴的に表現された。そこでは何万という数の参加者が行進し、共通の信仰で連帯し、大集会のパフォーマンスやヒトラーへの祈りによって結合した。そうした儀礼をいつおこなうかは、デュルケム主義的な流儀で取りきめられて新しい典礼暦ができあがったが、そのなかには春の祭典としてヒトラーの誕生日を祝う大々的な祝典が含まれていたし、ビアホール一揆の記念日が万聖節に取って代わったりした。聖なる物もあった。とくに重要なのは崇拝の対象となった旗で、これはビアホール一揆の殉死者の血によって染めあげられたものとされた。そこから流れ出す神秘的な力にあずかるため、ナチの新しい旗はすべてこの聖なる旗との接触を受けた。同時にまた、パレードがおこなわれた場所は聖なる空間となり、集会は宗教的な祈禱式となり、聖地や巡礼地の荘厳な装飾はすべて、総統という触媒的人物を中心とするナチ世界を聖化する役を演じた(7)。

ヒトラーがおこなった政治の美学化に宗教的な性格がそなわっていることは、儀礼のみならず、ナチのイデオロギーにおいてもはっきりしている。それがめざしたのは新しい生命力をふきこまれた宇宙の創造であり、そこではヒトラーの神秘的な霊気のもと、悪の諸力が永遠に根絶され、人間は神へと高められるのだ、とされた。こうした善悪二極論的終末論のなかで、ヒトラーが撲滅さるべきものの具体的象徴としたのが、ユダヤ人である。「二つの世界――神の子供たちとサタンの子供たち――が向かい合っているのだ！　ユダヤ人は反-人間であり、別な神の被造物である」。ヒトラーが言うところによれば、この二つの勢力の凄まじい戦いこそ、「世界の運命を決する真に決定的に重要な戦いなのだ」(ラウシュニング、208; 241, 238からの引用)(8)。戦争終結時点において、どん底状態のドイツ軍が万策尽きてもなお憎悪するユダヤ人撲滅に狂奔していたように、宇宙観的な戦いが軍事上の論理よりも優先したことを思うと、こうした幻想がナチ運動にとって中心的な位置をしめていたことは明らかである。

したがって、ロバート・ウェイトが書いているように、ナチズムが「メシア、聖典、十字架、宗教的儀式という粉飾、黒服をまとった聖職者や聖別されたエリート、異端に対する破門と死、至福千年的な千年王国の約束」(260: 343)を完備した新しい宗教であったと論じることは至当である。

熱狂のテクニック

ナチ信仰はその合理化やイデオロギーの背後に生ける神を有しており、それこそまさにナチの本質であった。ヒトラーにとっては、不調和な世界についての終末論的な説明を自分の支持者にあたえるだけでは十分でなく、現にある世界をあるべき世界に変えていく解決策を告知することも十分ではなかった。ヒトラーの訴えの核心にあるのは問題提出、思想、信仰といったものではなかったし、彼の演説も決して独創的なものではなく、多くの急進的な国家主義的集団が宣伝していた陳腐なステレオタイプの在庫——たとえば「背後の一突き」、強力な指導者の必要性、ユダヤ人の裏切りといった——から取り出しているだけのことであった。

彼がさし出すものはそうした通常の文化形式を超えたところにあった。すなわちそれは、総統の指導のもとで集合体と一体化する感覚、したがってまた現在すでに約束の地にいるのだという気分を支持者にあたえる経験であり、それが聴衆にナチ信仰への改宗を喚起した。そうした非日常的なモーメントは、ヒトラーがすべての政治的なキャンペーンの中心部分においた大集会で達成されたのである。

あらゆる階層の支持者たちが語る報告は、ナチズムへの回心は何よりもまず実際にヒトラーの話を聞くことによって生じたものであることを、くり返し証明している。群集のメンバーはそこで、心浮き立つような雑踏のなかで押し合いへし合いしながら、幾度も活字で読み耳にしたことのある男の、超越的な霊気と情熱とを感じた。幾人かの献身的な支持者がのべた言葉からは、そうした参加者としての経験がもつ雰囲気を味わうことができる。

私はあたかも彼が私に向かって個人的に話しかけているかのように感じた。私の心は明るくなり、胸の奥の何かが目覚めはじめた。私はあたかも私のなかの何かがいま少しずつ再構築されつつあるかのように感じた。(アーベル、1: 212に引用されたある改宗者の言葉)

その男の強烈な意志、真摯さあふれるその情熱が、あたかも彼から私のなかへ流れこんでくるかのように思えた。私は宗教的な回心と言う以外にたとえようもないような精神的高揚を経験した。(ルデッケ、174: 14)

ヒトラーと聴衆とのあいだに形成される情緒的交感には、改宗しなかった人々でさえ心動かされた。パーシー・シュラムはこう書いている。ヒトラーの人格的衝迫力は、「まるで磁場のように彼から放散する一種の心理的力であった。ほとんど肉体でも感じとられるほど、それは強烈なものであった」(227: 35)と。

そうした効果はどんな緻密な手法で達成されたのだろうか。ヒトラー自身は、自分がもつ強制力はほとんど自分のまわりに集めた群集の雰囲気から生じる、と考えていた。「大集会においては思考は消去される……。群集のうちにある人々、狂信的献身という受動的状態にある人々に向かって語られる言葉は、催眠術の影響下で受け取られる言葉と同様、心のなかに、抜きがたいもの、合理的な説明を寄せつけぬものとして残るものだ」(ラウシュニング、208: 212に引用されたヒトラーの言葉)。ヒトラー――彼はル・ボンの熱心な支持者であった――はこう考えていた。大集会の混乱と熱狂においては、人々のすでに弱体化した個人的信念は、自分が演説で喚起する圧倒的な集合力によって水面下に没する。この力は「小さくてみじめな個人に、自分は取るに足りない虫けらのようなものであるけれども、それでもなお巨大な竜の一部なのだという、誇りに満ちた確信を焼きつけるのだ」(フェスト、71: 326に引用されたヒトラーの言葉)と。

ここで必須条件となる個性を剝奪する力をもった群集意識をつくり出すために、ヒトラーは非常に多くの手法を用いたが、それらは群集心理学の原則を念頭におきながら、群集心理の出現に好適な個人的アイデンティティの喪失と感情の高まりを促進するように計画されていた。

私は集会に参加するようすべての者に命令する。そこでは、好むと好まざるとにかかわらず、また「知識人」であろうがブルジョアであろうが労働者であろうが、みな大衆の一部となるのだ……。そしてこれをよく覚えておくといい。群集というものは、大きくなればなるほど動かされやすくなってくること。また、いろいろな階級の人間——貧農とか労働者とか下級事務労働者とか——と交わることが多くなればなるほど、まちがいなく典型的な大衆的性格をもつことになるであろうことを。(ラウシュニング、208: 212 に引用されたヒトラーの言葉)

集会には、個人を不定形の集団へ溶解させるというその目的に合わせて、あらかじめあらゆる策が講じてあった。公式の党綱領には、人々が押し合いへし合いすることによって高次の密度と興奮の感覚を得るために、集会がおこなわれる部屋はつねに小さすぎるようでなければならないという、指令があった。聴衆のうち少なくとも三分の一は党員でなければならなかった。なぜなら、彼らはその熱狂を残りの聴衆に感染させることができるからである。彼らは労働者階級との連帯をしめすためネクタイをつけてはならず、自分が党に加入していることを新参者に洩らしてはならなかった。ヒトラーは女性こそ自分に対する最も熱心で情動的な支持者であると見たが、彼女たちは最前列にいなければならなかった。そうすることによって、彼女たちは最も容易に感情的にのめりこみ、感情伝播のメカニズムをとおして他の人々にその熱気をおよぼしていけるからである。

ヒトラー自身、非常に多くの時間をさいて自分のパフォーマンスを練り上げ、個々の客席にとどく音の質がよくなるよう配慮し、照明効果を検査したりした。彼にとって、「政治家の最大の関心事はどのようなステージをつくり上げるかという問題であった」（フェスト、71: 51）から、スペクタクルな効果を盛り上げるために劇的な環境が入念に構成された。ヒトラーは夜にしか演説しなかった。そして大集会では、赤旗に取りまかれ、秩序正しい観衆の列を直視し、途方もなく大きなスポットライトの天蓋の下で、ヒトラーは荘厳なる群集操作の傑作を次々にものにした。そこでは聴衆は、宇宙的な魔術劇場の支援者であると同時に、演者となったのである。(9)

パフォーマンスの決定的に重要な局面はもちろん演説そのものであったが、これも同じように儀礼的かつ劇的に表現された。ヒトラーが到着するまで何時間も、演説者がかわるがわる偉大な人間をほめ讃えているあいだ、マーチ音楽が緊張感を高めた。そして突然、何の前ぶれもなく彼があらわれ、駆け足でステージに上がって喧騒きわまりない聴衆に顔を向けると、そこからは目的とエネルギーが発散するのであった。彼の演説はありきたりな様式によるもので、初期には、現在の腐敗状況に対する力強い攻撃からはじまった。

しかしながら、演説に入って十五分もたつと、魔術的な何ものかが頭をもたげてくるのを常とした。それは「語り言葉の太古の姿においてしか表現することのできないものであり、そうした霊が彼のうちに入りこんでくるのであった」（フェスト、71: 327）。このような白熱した状態のなかで、ヒトラーは自分と聴衆との互恵的弁証法を演じてみせた。「彼の姿は演壇のうえで激しい勢いで伸び縮みした。たえまない身振りのため、彼の両腕はいつも宙にあった。身振りはマイムとしては貧弱で、しゃべっている内容の説明にもなっていなかったが、それでも演説者の感情をすばらしく巧みに伝え、聞く者をそれに感染させた」（ハイデン、105: 79）。

嫌悪や敵意や侮辱を激烈に表現することによって、ヒトラーは「聞く者に興奮を伝達し、その興奮がまた彼の声を新たに勢いよくはずませるのだった」（フェスト、71: 328）。群集と演説者が歓喜のうちに一体となるよううながしあい、クライマックスに到達するとき、パフォーマンスは「言葉のオーガズム」（ハンフシュテングル、104: 72）にまで高まった。ヒトラー自身、このような関係を性的な観点から理解しており、「聴衆の反応を感じとることによって、群集に火を放つ炎の槍をついに投げこむべき瞬間がきたかどうかを正確に知らなければならない」（ウェイト、260: 53からの引用）とのべている。(10)

このような集会において生じる情念が、劇場効果に対する周到な準備や認識にぴったり一致するものであったことに、注意しておく必要がある。ヒトラーは自分のことを自慢げに「ヨーロッパ随一の役者」とよんだ（フェスト、71: 517）が、これは疑いの余地なく正しかった。彼の演技ぶりは日常生活のあらゆる側面におよんだ。なぜなら彼は、鞭をもち、革のコートを身につけ、シェパード犬を手に引きつれたワーグナー的な半神という自分のイメージを、つねに維持しつづけなければならなかったからである。自分が置かれた立場を非常によく意識し、嘲笑の的にされる可能性に鋭く気づいていたヒトラーは、自己意識にさいなまれる人間であった。ヨアヒム・フェストはこう書いている。彼は「率直な感情表現を……ひどく恐れていたので、笑うときにはいつも顔を手で隠した」（71: 517）と。

しかしながら、ヒトラーがたんなるペテン師であったなどと勘違いしてはならない[11]。意識された演技性の背後で、ヒトラーは自分のことを、より高いところにある水源から感情と思想を得ている預言者なのだと感じていた。「神のさししめす道を夢遊病者の信念で」（ヒトラーの言葉、ブロック、30: 375から引用）歩む[訳注10]「取り憑かれた従者」（E・ウェーバー、264: 27）が彼であった。彼がオットー・ヴァーグナーに語ったところによると、「私が折にふれて感ずるのは、演説をしているのは私ではなく、何かが私をとおして語っているのだということである」（H・ターナー、256: 150からの引用）。会衆に霊感をあたえるためにトランス状態に入らなければならないシャーマンと同様、ヒトラー――ナチ党に取り憑こうとする力――は自分自身が何ものかに取り憑かれた夢遊病者であると感じていた[12]。

憑依した状態を劇的に演出するとき、ヒトラーは瞠目すべき感情移入能力をしめした。

彼が言うところによれば、それによって彼は「大衆の活力ある律法と感情」に波長を合わせることができ、彼らの願望を映し出す能力をさずかることができた。オットー・シュトラッサー（訳注11）はこう書いている。

> ヒトラーはひとの心の脈動に、地震観測器、いやおそらく無線受信装置の繊細さで反応した。そのおかげで彼は、いかなる理性的天分もさずけることができないような確実さで、押し殺された欲望の数々、めったに容認されることのなかった本能、苦悩、そして個人的な反抗心を声高に叫ぶラウドスピーカーとしての役割をはたすことができたのである。（ブロック、30: 373からの引用）

ヒトラーはまた、群集を相手にしない場合でも自分を聴き手に印象づけることができた。支持者たちの報告から察するに、潜在的な改宗者を獲得しようと努力するとき、ヒトラーが聴き手の秘められた願望に対してこれと同じような鋭い直観で反応できたことは明らかだからである。「ごく短い時間のうちに、彼は自分の相手の密かな思いや感情について明確なイメージをつかみ取ることができた。すると会話の振り子が速く打ちはじめ、相手の人間は催眠状態になってこう信じた。ヒトラーのなかにはとてつもなく深い共感と理解がひそんでいるのだ、と」（ハンフシュテングル、104: 282）。

他者とのあいだに親密な関係をうちたてるヒトラーの並みはずれた能力は、瞠目すべき深さと広がりをもった感情表現をともなっていた。そのため彼は、その性癖であったぼんやりとした意識状態から目覚めて話しはじめるとき、瞬時のうちに微妙に容貌を変化させていくわざをしばしば見せるのであった。のちに見るように、これは他のカリスマ的人物の特徴でもある。

会話をしている彼は、そのパーソナリティの最も多彩な側面を見せることが非常に多かった……。数分きざみで、超然とした顔を見せ、まじめになり、苦しみ、勝ち誇った表情になる、という風だった。(フェスト、71: 519)

ある気分からある気分への移行のすばやさは驚くべきものであった。涙と哀願で満ちていた目が、次の瞬間には憤激で燃え立ったり、夢想家のような遥かかなたをながめるまなざしでどんよりと曇ったりした。(ブロック、30: 377)

とくに重要なのは、彼が激怒を爆発させる達人だったことである。そのとき彼は、突如として「いっさいの自制力をうしなった」ようになり、怒りのためにぶるぶる震え、文字通り膨れあがり、壁をドンドンたたきながら金切り声で罵った。そして、これまたまったく不意に、普通の状態に帰り、髪を静かになでつけながら会話を再開するのであった(ブロック、30: 376)。こうした狂熱のパフォーマンスは、部下の心のうちに恐怖と「畏怖の身ぶるい」とを呼びおこした。

怒りや感情的変わりやすさに対するこうした能力もまた、たしかに劇場的な性格を帯びているから、「そうした状況においても彼は自制力を失っておらず、他人の感情に対してと同様、彼は目的意識的に自分自身の感情さえも利用していた、と考えることができる」(フェスト、71: 518-19)。だがこの場合も、ヒトラーの発作の虚偽性を強調しすぎることは誤りであろう。大衆を鼓舞するヒトラーの能力を、巧みなプロパガンダや劇的な照明に還元してしまうことが間違っているように。

そうではなく、明らかにヒトラーは、計算力と信念との並みはずれた結合をその特徴としていたのであって、のちに見るように、それはカリスマ的なパフォーマンス一般に典型的なものである。強烈な感情の外見を役者のように擬態することが、内面の真の興奮に到達するための技法という役割をはたし、――つぎにその興奮は演技者と観衆の両方を圧倒していくわけである。(13) あきらかにヒトラーは、自己の人格解体的な、しかしよくコントロールされた除反応的狂熱への参加を支持者に提供することによって、恐怖を吹きこみ、しかし同時に愛情をも喚起するエクスタシーのヴィルトゥオーゾであった。

ヒトラーの性格

近代の世界にあってこうした才能をもつのは、どのような種類の人間であろうか。エクスタシー的な陶酔境を出たり入ったりする能力の一部は、演技者の個人的な背景とも関係があるはずである。ヒトラーの家庭生活について、またそうした家庭的背景が彼のパーソナリティにどのような影響をおよぼしたかということについて、多くのことが書かれてきたが、まだ結論を見るにはいたっていない。(14)

その根っこにある家族内部のダイナミズムがどのようなものであったにせよ、極端さ、感情の非常な激しさ、深い矛盾といったところにヒトラーのパーソナリティの特徴があることは明らかである。たとえばヒトラーの性欲は、ナチのプロパガンダや彼自身の言によれば、党のために完全に昇華されてしまったとのことであるが、密かに観淫症的な、またサド・マゾ的な関係をもっていた可能性がある。ヒトラーが自分の倒錯的な性行為に加わらせようとしたことが原因となって、愛する姪ゲリ・ラウベルをはじめ、幾人もの女性が自殺に追いこまれてしまった、と推測する理論家も何人かいる。

性生活がどうであったにせよ、ヒトラーが断片化に対するすさまじい不安や恐怖に責めさいなまれていたことは確かである。たとえば、「拷問のような自己幻滅」を病み、「ぞっとするほど神経質な不安にとり憑かれている」ことは、彼自身認めるところであった（ウェイト、260：38, 47に引用されたヒトラーの言葉）。彼は権力を握りながらも、自分は脅かされ、孤立し、哀れな状態にある――「誰か私のことを気づかってくれる人間がいてくれさえすれば！」（ウェイト、260：48に引用されたヒトラーの言葉）――と感じ、悪魔的亡霊の幻影に脅えていた、と伝えられている。[15]

ヒトラーは、のちに検討する他のカリスマたちと同様、自分が死すべき存在であるということに恐れを感じつつ、また同時に惹かれてもいた。彼は同僚たちに向って、たえず「自分には「あまり時間が残されていない」とか、自分は「もうじきここを去ることになるだろう」とか、自分は「あと二、三年しか生きられないだろう」」（フェスト、71：535）といった警告を発していた。凶暴さとなって表出された深い激怒、戦争への愛着、敵を拷問にかける快楽、血や断首への強迫的なこだわり、狼という自画像、絶滅をはかったユダヤ人への非人間化と憎悪、これらは気の萎えるような恐怖と自己憐憫をともないつつあらわれたものである。

すべてをあわせて考えると、ヒトラーは極度に激烈で把握するのが困難な、また数々の矛盾を内部におしとどめることができない「変幻自在の」人物であった。たとえば彼は、ロブスターに安楽死を得させるための法律を制定したり、子供や動物にはやさしかったりしたが、しかし同時に、およそ人間とは思えぬほど残酷になったり、怒ってひとを心底ふるえあがらせたりすることができた。また、無気力の時間とすさまじく活発な時間とがかわるがわるあらわれた。彼はまた、絶滅の幻想によって創造の夢が粉砕された自称芸術家であり、非現実的な妄想のえじきとなったプラグマティストであり、倒錯的な恐怖によって去勢された真に勇気ある兵士であった。そして、惚れ惚れするような盟友であると同時にまったく粗野な人間であり、放蕩な習慣をもつ禁欲的人間であった。——以上のことは、精神分析学的に見ると、彼が深刻な、精神病に近い状態にあったことをしめしているのである。

しかしながら、ヒトラーが内面にいだく不安、破滅への恐れ、疎外感は、前面にあらわれた絶対的な自信や誇大感や完璧な抑制によっておおい隠されていた。「私は絶対に間違うことがない。私の言葉のひとつひとつがすべて歴史的である」（フェスト、71: 285 に引用されたヒトラーの言葉）というわけだ。より高いところにある源から湧き出してくる氷のような論理によってのみ自分は動かされている、と断言することを彼は好んだ。彼の日常のルーティンは「不自然な厳格さというべきところまできちんと守られて」いた（フェスト、71: 518）。一方、彼の個人的習慣の特徴は、強迫的な清潔好き、自分のにおいや腸の調子に対する偏執、病気をうつされはすまいかという恐怖、完璧な菜食主義といったものであったが、こうした取り合わせは、自分をおしつぶすような本能的衝動の圧力に抗しつつ首尾一貫した自我境界を維持しようとする努力が、どれほどすさまじいものであったかを明確に物語っている。

彼がとくによく似ているのは「境界」パーソナリティである。すでにのべたようにそれは、まさにこうしたアイデンティティの深い矛盾やおなじような内面の憤激、表面の尊大さと内面の空虚さや自己幻滅というかたちでの世界の偏執症的分裂を、その特徴とするものだからである。ヒトラーは、非常に多くの役割を確信をもって演じながらもなお役割からの距離を保持しつづけるという境界パーソナリティ的能力をもっていたこと、また同様に彼は他者の感情的ニュアンスを看破し、感情移入によってそれを彼ら自身に反射しかえすという境界パーソナリティの不思議な能力をしめしたこと、これらのことに注目するとき、この仮説は十分に首肯しうるものである（このような議論のより詳細な展開はウェイト、260を参照）。また、ヒトラーの幼児期が典型的なナルシシズム障害者のそれと非常によく類似したものであったこと、すなわち家族内部のダイナミズムが子供のアイデンティティの核心を歪めてしまうような強烈なストレスと問題の多い親子関係で満ちあふれていたことも分かっている。

だがこのようなレッテルはりは、それ自体では真の意味での説明になるものではない。それはただ、このカリスマ的人物がどのような性格の持ち主であるかを概念化するための、早分かり的な方法をあたえてくれるだけである。なぜ説明にならないのかと言えば、多くのひとは彼と同じように不幸で葛藤の多い幼児期を背負いながらも、さまざまな逸脱と病理でそれに対応するし、また彼らは――そしてそこで生じる病理も、カリスマ的リーダーシップという方向へ必ずしも進むわけではないからである。だがそれでも、ヒトラーがカリスマとして開花できるような条件づくりには、おそらく個人的な背景があずかって力あっただろう、とは言うことができる。

しかし、たとえそのような心理的気質を前提として考える場合でも、ヒトラーのパーソナリティ（いや誰のでもいいが）をたんなる幼児期の外傷の反映として仮定することは、明らかに還元論的である。むしろわれわれは、他のカリスマ的人物たちが経験したのと同じような、もっと長期的なプロセスに注目してみたいと思う。それは、とうの昔からぐらついていた心理構造がストレスのために崩壊し、ヒトラーが長期にわたる不随意的な知覚の「脱自動化」を体験したときに始まった。それに続いて生じたのが、自分には使命があたえられているという啓示と、新しいカリスマ的パーソナリティの漸進的な再構築であり、まっさかさまに落ちていく状況の感情的な再現がこれをもたらした。このとき、外傷のもとになった出来事は、公的な場面でのカタルシス的パフォーマンスによってコントロールされ表出されていくことになったのである。

こうした変性過程は、彼が青年となって家を出、(16)芸術家として身を立てることを望みながら数年間ウィーンに住んだころに始動しはじめた。だがウィーン芸術アカデミーから拒否されたことは、すでに家庭背景によってかき乱されていたヒトラーのアイデンティティに壊滅的な打撃をあたえた。幼なじみによれば、この時期、彼はこのようであったらしい。「アドルフはおかしくなってしまっていた。どんな些細なことにでも癇癪をおこした……。

何が原因でこんなに深く鬱屈した気分が生じてくるのか、私には分からなかった……。彼は世界と争っていたのだ」（アウグスト・クビツェックの言葉、ウェイト、260：190からの引用）。

ヒトラーは屈辱感のために自分より幸運な友人たちから引きこもり、スラムの下宿屋という匿名の世界に隠れ家をもとめた。そこで彼はひどい貧困を経験し、また孤独で、あてもなく、怒りに満ちた日々を過ごした。すべての期待を託した芸術アカデミーに拒絶された孤児、アウトサイダーには、家族も職業も友だちもなかった。恥ずかしがり屋で、優柔不断で、どもりがちで、おそらくは性的逸脱者であり、憎悪や嫉妬やルサンチマンといった内面の感情につき動かされているヒトラーは、完全な精神的崩壊の危機に瀕していた。彼は悲惨さと誇大な夢想が同居する末梢的な生を生きていたが、反ユダヤ主義という毒を含んだ哲学を通じて、しだいに自分の内的な葛藤にひとつの形をあたえるようになっていった。それは、神秘に満ちたゲルマン民族のオーディン(訳注12)や、その時代の知的地下世界に簇生した他の幻想的カルトにうながされてのことであった。

引きこもりと自己再生というこの時代は、第一次大戦中、もしヒトラーが前線での英雄的な服務のさなかで心理的によみがえることがなかったならば、ついには精神病的な衰弱か、変わり者の人種差別主義者でカルトの信奉者という新しいアイデンティティの獲得によって、終止符を打っていたであろう。ヒトラーは文字どおり無人の地に自分の住みかを見出した（フェスト、71: 70）。そこで彼は、共同体と政治参加、そしてそれまで自分をはぐらかしつづけてきた意味を発見したのである。のちに彼はヘルマン・ラウシュニング（訳注13）に熱っぽく語っている。「戦争こそ人生である。いかなる闘いも戦争である。戦争こそすべてのものの源だ」（ラウシュニング、208: 7からの引用）と。

ヒトラーが戦争を愛していたことは、彼が飽くことなくそれを求めつづけたこと、また彼の至福千年的な夢想が明らかに彼自身の前線経験をもとにしている事実から見て、疑う余地がない。彼の哲学においては、「指導者は超人的な高みにまで高められた軍人」（フェスト、71: 103）であり、忠誠心と問答無用の規律が最も主要な美徳であり、共同体という統一体はすべてをつつみこむものであり、ナチズムの「新人類」は何よりもまずヒロイズム、何ものをも恐れぬ心、無慈悲さ、自己犠牲といった突撃隊員の資質をしめすものであった。

だが、意識を変成せしめるような前線での交感体験をもとにして、ヒトラーが新しく見出した心の安定は、ドイツの敗北がもたらした屈辱とカオスによって、再び危機に瀕することになった。これに対する彼の反応は、その人生の、またドイツ史の転換点となるものであった。ヒトラーはそのまえ、イーペルで一時失明状態におちいったことがあったが、回復していた。だが、休戦協定の知らせを聞いたとき、再び失明の状態にくずれ落ちていく自分を感じたのだ。「眼前にあるものすべてがまた再び漆黒の闇に閉ざされてしまった……。母の墓前にたたずんだ日からこのかた、私は一度も泣いたことがなかったのに」（ヒトラーの言葉、ウェイト、260: 204からの引用）。ドイツの敗戦によってヒトラーが、むかし母を喪ったときの深い外傷体験と結びついた断片化や象徴的死の状況に投げこまれたことは、精神分析学者ならずとも理解できるであろう。

だがヒトラーの人格はそれで解体したわけではなかった。そうした経験をとおして彼は変身し、この絶望的な瞬間に、自己のアイデンティティを再編成せしめるような叫び声を聞いたのである。ジャンヌ・ダルクを奮い立たせたのと同じような声が、ユダヤ人たちから祖国を救えと彼に命じた。突如、自分は選ばれし国の救世主なのだと悟ったとき、ヒトラーの失明状態は奇跡的に消失した。これ以降、自分とドイツは神秘のうちに一体化し、自分は内面の感情に従いながら絶対の確信をもって行動することができるのだ、と彼は感じた。(17)

だが、普遍的な力と同一化する感覚を手に入れながらも、なおヒトラーは自分の夢想を知らしめる方法を知らないでいた。公けの場でおこなう演説のなかで自分の感情を巧まずして表現しえたとき、はじめて彼の変身は完璧なものとなったのだ。自分の情念を聴衆につたえ、「それまでは知るすべもなくただ自分の心のなかで感じていたに過ぎぬこと」（ヒトラーの言葉、フェスト、71: 120からの引用）を表現することによって、聞き手や自分の心を燃え立たせることが可能であることを、彼は発見した。そうして彼は、内なる悪魔を外界に追い払い、自己自身の「仮面多幸症」の猛火を聴衆に自然に伝染させることを学んだのである。

ヒトラーは演説のなかで、聴衆に向かって、苦悩と断片化と喪失、そして誇大なアイデンティティの主張やすべての悪の外界への投影による最後の救いという、自己自身の激烈なドラマを再現してみせた。そしてその上演には、外傷に満ちた社会全体の歴史がこだましていた。彼が伝えるメッセージは二極論的メッセージであり、また自分は神々の領域に関与しているのだと感じている男が、強烈な熱情と義務感でさし出す怒りであった。

磁石のような力をもったヒトラーのパフォーマンスに応えて、聴衆のメンバーは生気を取りもどして力強くなった自分、活力に満ちた共同体と合一化した自分、自分たちを一つに束ねた男への献身的感情と畏怖に満たされた自分を発見した。彼らはヒトラーをとおして未来の展望を見ることができたばかりでなく、「いま、ここ」でのエクスタシーを分かちあうこともできた。彼は彼らを結びつけ、彼らに憎むべき敵と愛すべき戦友とをあたえた。何よりもまず、彼はその激烈な感情によって、彼らが住んでいた解体せる世界を一掃してしまったのである。ある改宗者はこう表現している。「われわれはみな、このようなエネルギーに満ちた何ものかを手に入れた……。われわれを取りまくすべてのものが揺らいでいるときでも、われわれはびくともしないでいることができたのだ」（アーベル、1: 299 からの引用）。

制度化されたカオス——非合理なものの支配

国民社会主義の成功によって、ヒトラーにはカリスマ的権力を維持していくうえでいくつかの問題が生じた。「うち負かされた国のひと握りの無名の男たち」（ルデッケ、174: 72）によって闘争がなされた初期の頃には、忠誠心や団結を維持していくのが容易であった。というのは、その時代のナチ党員たちは、共有された犠牲的行為やヒトラーへの絶対的忠誠、また集合体がもたらすあたたかさによって協力しあっていたからである。ノーバート・エリアスが書いているところによれば、そうした草創期のカリスマ運動の客観的環境は「内的な緊張の消滅ではないがその極小化が、また浸透すべき領域への全員一致の協力にもとづく圧力がともなう」（エリアス、63: 124）のである。

政治的な成功によって現実にカリスマ的結合が掘り崩されていくのは、何とも皮肉な真理である。なぜそうなるのかと言えば、カリスマ集団の隠された目的は「成功」することではなく、経験することそれ自体だからである。集合体経験は外的脅威という圧力のもとで強化される。失敗はまた別な意味で集団の結束を固くする。なぜなら、そのとき忠誠心なきものは路傍に落ちこぼれて核になる者のみが残り、彼らは広く承認された現実に対する果敢な抵抗や、まったく正反対の事実をしめす証拠にもかかわらず変わることのない集団的価値観の肯定によって結びつくからである（たとえば、フェスティンガーほか、72）。[18]

だがカリスマ運動というものは、ドイツにおいてナチがそうであったように、ひとたび権力を獲得すると、世界全体に向かって膨張していく。それはいまや支配的現実となり、闘争や弾圧がもたらす結合作用を経験したことのない風見鶏的な改宗者を獲得する。こうした改宗者は、たとえ熱心であっても、緊張が高まるときには脱落していく傾向をもっている。さらにまた、企てがうまく行かず世間が敵対的であったときには隠れていた集団構成員間の内的緊張が、ここにいたって目立ちはじめる。団結をもたらす権力獲得の目標も、連帯感を刺激する外部との対立も、もはや存在しない。イデオロギーの純粋さや自己犠牲の精神が勝利の成果によって堕落させられるのである（この過程についてすでに論述したものとしては、カールダン、133を参照）。

しかしながらヒトラーは、勝利をおさめたあとも、合理化された秩序や制度化されたものと妥協することを拒否し、政府という枠組のなかでもカリスマ運動をあえて継続しようとした。(19) 彼がそのことをなしえたのは、ひとつには、すべての意思決定の中心に自己をおき、同時に、いかなる個別的な政策も分節化することを拒否したからである。「彼をじっとさせておくことはできなかった。言ってみれば、彼はあれもやりこれもやり、すべてのものが流動的で、根っこを欠き、不明瞭で降神術的であった」（ハンフシュテングル、104:129)。したがって彼の側近たちは、彼がほんとうに何を望んでいるのかまったく確信をもてないために、彼の内的願望を察知することに膨大なエネルギーを費やした。そしてその結果、彼らの生活のうちに占める彼の精神的な中心性は増大し、彼に対する彼らの依存性も高められたのである。

こうしたカリスマ的世界の「司令部は、大ヒトラーには拝跪するが、おたがいどうしは無視したり疑いあっていたりするミニ・ヒトラーの寄せ集めであった……。〈すべての者は党のために〉――とはいうものの、じつは〈すべての者は自分のために〉だったのである」（ルデッケ、174：75）。権力や影響力をもたらしたのは、能率のよさでもなければ、規則の合理的な追求でもなく、また官僚制的構造内部の人員配置でもなくて、ただひたすらヒトラーの気まぐれな寵愛を得ようとする願望であった。それはまた彼の権力を増大させるものでもあった。というのは、彼はたんにヒエラルヒーの長であったばかりでなく、運動そのものの表現であり体現者でもあったからである。ヒトラーは最終的な調停者、対立する諸勢力を自分に内在する権威で統一することのできる人間として、ナチズムというあつかいにくい組織全体のキー・ストーンの役割をはたした。もし彼がいなければ、それはバラバラな構成要素に分解していたであろう（この問題についての詳細は、ニョマーケイ、201を参照）。

かくしてそこには自己準拠的循環が存在していた。すなわちヒトラーがカリスマ的リーダーシップを有していることの強調は、強度の競争関係を調整することができる唯一の存在としての彼の重要性を増大させ、それがさらに彼をめぐる競争関係の誘因となったのである。このような世界にあっては、命令の内容を問わない絶対的忠誠だけが凝集力と安定性の源泉となる。「諸君にとって都合がよいと思われるものは、より高い観点から見た場合、有害であることが多い。したがって、私が諸君に対して第一に要求するのは、盲目的な服従である」（ヒトラーの言葉、ラウシュニング、208: 145からの引用）[20]というわけである。指導者としてのヒトラーの役割の演じ方もまた、別の意味で彼のカリスマ性を増大せしめるものであった。なぜなら彼は、総統として日常の茶飯事から距離をおき、調停者としての役割に徹することによって、耳目に入ってくるナチ党の腐敗や無能ぶりに無関心でいることができたからである。彼の超然たるかまえは、有徳の人間という彼のイメージを保全したばかりでなく、それを高めもした。なぜなら民衆は、彼の手下どもによって押しつけられる不正や残酷さからの救済を――「彼が知ってさえいたら……」というかたちで――偉大な指導者に期待したからである。そのため、大戦中がまさにそうであったように、ナチ党が民衆の支持をうしなってもなお、ヒトラーへの賛意は最後まで驚くほど高いものでありつづけることができたのである。

ヒトラーは社会全般に対してもこれと同じような諸政策を推進し、諸個人の差異を解消しつつ、ドイツ全体を、自分の電撃的な登場を待つ巨大で永久的な大衆集会に変えようとした。彼は自分の計画をはっきりとラウシュニングに語っている。

個人が自分にだけ所属するような放埒さや自由な空間はまったく存在しなくなるであろう……。個人的幸福の時代はもう過ぎ去ったのだ。その代わりにわれわれは集団的幸福を感じるようになるであろう。演説者と聴衆とがたがいに一体のものと感じる国民社会主義の集会以上に大きな幸福など、ありうるだろうか？ もしこれと同じくらいの強さで幸福を感じた人々がいるとすれば、それは初期キリスト教の共同体だけであろう。だが彼らもまた、共同体のより高き幸福のために、自分の個人的な幸福を犠牲にしたのだ。（ヒトラーの言葉、ラウシュニング、208: 191-2 からの引用）

こうした政策の帰結が、不定形で内部紛争に満ちた構造をともなう社会形態であった（ノイマン、195）[21]。ヒトラーは政府の内部に、目的のはっきりしない、また影響力を行使する領域がたがいに競合するような数多くの部署、類似した諸制度を創設した。そうして官僚制度は、ルーティンを踏襲することもできず、よく秩序だった権限の系列もなく、ヒトラーの気まぐれな性向に完全に依存するものであったため、次第にまったく形をなさないものへ変化していく道をたどった。

ヒトラーがその権力を用いて従来とは異なる職務系統を創設し、伝統的な権限の系列を切断すると同時に、自分の超越的な霊感こそあらゆる行動の最終的根拠であると断言したとき、これと類似したパターンが軍隊にも生じた。下級のレベルでは技術的合理性が多少とも保持されえたのだが、それはいかなる場合にも上位からの命令によって踏みつぶされてしまった。だがヒトラーの狙いは、至福千年の到来にそなえて、合理的な秩序のまさにこのような側面を解体しておくことだったのである。[22]

日常生活においても、第一次大戦後の原子化はドイツの社会や文化を完全に破壊してしまったというわけではなかった。人々は狩猟グループや労働組合や文化組織やスポーツ・クラブといったもののメンバーであり、そこからアイデンティティや能動性や帰属の感覚を得ていたのである。これは可能性としては、未分化な状態にある大衆への合一化と対立するものであろう(そうした地方組織の例としては、アレン、6を参照)。だがヒトラーは、権力を掌握すると、こうした小規模な地方組織まで壊滅させようとした。社会のなかに残るどんな小さな自律性のかけらも取りのぞこうとする努力によって、あらゆる独立組織が強制的にナチの網に組みこまれたのである。

独自性をもったすべての組織を不定形の状態に組み入れることを狙いとする諸政策を進める一方、ヒトラーは戦争の開始によって自分のカリスマ的影響力を保持することを求めた。敵に包囲されながらも支配権を得んとして奮闘する「ドイツ」なる人物が、権力を獲得せんとして闘った党の経験をくり返し、——そしてヒトラー自身の精神状態を反復する。彼はこのなかで、自分の内なる悪魔を祓いのけるべく、世界をたえずつくり変えつづけていなければならなかった。この戦略は、一方ではヒトラーの宇宙的計画や二極論的パーソナリティ構造と歩調を合わせつつ、同時にまた、自信喪失に揺らいでいたドイツ人たちの集団意識や忠誠心を高める機能をはたした。(23)

『新人類』の形成

ヒトラーのカリスマ性を維持しようとして最後に行きついた政策のひとつは、格別な関心を払うにあたいする。それは、集中的な訓練と教育計画によって、ひたすらヒトラーを崇拝するためのみに生きる「新人類」をつくり出すことであった。のちに見るように、そこで用いられた技法はリフトンたちが描き出した「洗脳」の技法の原型となるものであり、またカリスマ集団への没入を促進するために個人としてのアイデンティティを溶解させることをめざしていた。だがドイツの場合、「犠牲者」たちは教化される名誉を要求できることを誇りとしていたのである。

新人類の模範とされたのは、厳格な訓練を受けたSS、つまり勝手気儘《きまま》なSAに取って代わったナチ教の「高僧」たちであった。SSはすべて志願兵であり、ヒムラーの神秘的な直観と志願者の肉体的・人種的特徴に関する綿密な検査との総合によって選抜された。年長の忠臣たちはたがいに共有する強烈な戦闘体験で結合していたが、SSは人為的な剝奪状況や、総統の全包括的・絶対的な指導のもとでおこなわれる深い共同体感覚の計画的注入によって結ばれていた。

このことを達成するために、非常に多くの特殊な手法が用いられた。新兵はまず、一年の訓練と労働奉仕、二年間の軍務、そして最後の加入儀礼という、長く困難な加入期間をくぐり抜けなければならなかった。千年王国を追求する途上で原ナチが犠牲をはらわなければならなかったように、貧困の誓いを含め、新兵にはかなりの犠牲が要求された。そうした犠牲は、集団への積極的参加をより重要なものと考えさせるという効果を生んだ。なぜなら、それに加わるためにはあまりに多くのものを放棄しなければならなかったからである。これに加えて、多くの志願者がその意を満たせなかったことも目標の価値を高めた。真にそれにあたいする者だけがSSとなることができると、プロパガンダは言うのだった。不純な者、弱い者は見つけ出されて大衆のうちに帰されるであろう、というわけだ。初期の戦士たちが敵と闘うことによって手に入れた連帯感とエリート意識を、ヒトラーとヒムラーはこのようにして再生させたのであった。

教化訓練そのものにおいても、新兵たちは肉体的苦痛に満ちた教練による苛酷で消耗度の高い管理や、延々とくり返される人間の尊厳を傷つけるような侮辱と暴力にさらされた。極度の疲労と苦痛、そして屈辱は、男たちの過去とのきずなを切断し、いかなる自律感覚も腐食させるという効果を発揮した。もちろんこれは、アイデンティティの変容をめざす全包括的な団体に加入しようとする場合、いつでも必要とされる標準的な手続きである（コミューンにおける同様なパターンについては、カンター、123、また精神科病院については、ゴフマン、93を参照)。

スパイが奨励され、ごく些細な規則違反も除名につながった。これは男たちのよるべない感覚を増幅し、集団指導者への集中性を高めた。感情の表現が禁止され、自己否定が要求された結果、次第に人間は個人としての価値を剝奪され、集団の重要性を重視するようになっていった。動物を自分の手で殺したり、苦しみ悶えるような試練に耐えたりといった練習がこれと同じ調子でおこなわれたが、それらは原ナチ信奉者たちの結束を固めた前線体験を反復するものであり、新兵たちに自分の感情を無視し、皆殺しにされようとしているユダヤ人その他の人々に対して感じるであろう同情の念を消し去ることができるよう訓練するものであった。

夜になると新兵たちは、教義、とりわけ自分たちが帯びている地上の浄化という聖なる役割について、徹底的な教育を受けた。イデオロギー的には、教化され一構成員でありつづけることの全過程が、神秘主義と自我の価値剝奪をめざす霊知主義的な教義との折衷主義的混淆によって根拠づけられており、それはすべての伝統的価値を掘り崩し、新兵たちに自分は大いなる目的に向かっているのだという感覚を印象づけるものであった。こうした枠組のなかでは聖なる秩序への「死体のような服従」(訳注14)がよしとされ、知性は全面的に否定されたが、これは自分の師に対するスーフィ教徒の絶対的服従をモデルとしていた。そしてカトリックやフリーメーソンの儀式と似た複雑な儀礼が、自己放棄をともなう集合体経験を強烈なものにした。

孤立した状況は集合的なものへの没入をさらに高めた。ＳＳは正規の軍隊や市民社会のヒエラルヒーとはまったく無関係な独自の法廷と裁判官を有していた。ＳＳの男たちが自分の家族の近くに配置されることは決してなかった。彼らは定期的に移送され、街なかでの任務をあたえられることは決してなく、外部との接触も絶たれていた。彼らはまた、特徴的な黒の制服や、その身につちかった神秘性と危険さのいり混じったオーラによって、それ以外の世界から区別されていた。旧い自我を脱ぎすて、ＳＳメンバーとしての新しい全体的なアイデンティティを装着することが強調された。男たちがクリスチャン・ネームに代えてゲルマン民族風の名前をあたえられたのは、このことの象徴であった。

何もかもすべてを呑みこんでしまうこのような世界にあっては、集団への忠誠心が維持されることを保証するため、ごく親密な個人的関係もＳＳの枠組のうちに嵌めこまれなければならなかった。ヒムラーはすべての結婚について最終決定権をもち、また男たちに彼らの性生活の詳細を問いただす権利を有していた。複雑な規則のために結婚可能な相手の範囲は限定されたし、ＳＳはまた男たちに非嫡出子の父親となることを奨励した。表面上の理由は人種改良ということであったが、そこには結婚による性的なつながりを切断し、集団の連帯を高める機能が隠されていた。

理念からすれば、ＳＳへの加入は、個人としての特徴を棄て、すべての道徳的きずなから切り離され、総統の言葉によってひとつの形をあたえられていることを夢遊病者のように希求している「超人たち」の、強烈な情動的共同体のなかで堅く結ばれあったエリート集団に参加することを意味した。その最終的帰結は、ヒムラーがあるSSの聴衆に語っているように、「すべての自尊心、すべての名誉、われわれが大切にしているすべてのものを犠牲にすることができるような……最も高次の形態の行動」（ディックス、51: 62の引用）が可能な幹部であった。そうした時代遅れになった個人主義的価値の代わりに植えつけられたのは、「衷心からの忠誠、〈なにゆえ〉を問わない服従、〈みんなは一人のために、一人はみんなのために〉を意味する友情」（ヒムラーの言葉、ニョマーケイ、201: 140からの引用）であった。かくしてゲッベルスは、ナチの計画は行進する突撃隊員の顔に書かれている、という有名な注釈を加えることができたのである。

教化はその目標を大いに達した。教化計画に参加するうち、「ひとは、すべての批評精神を喪失するところまで、この生活しか知らないところまで、SSの人間であるという以外は何もないところまで来た。そこには〈死体のような服従〉以外、何の考えもなかった」（スクラー、240: 98からの引用）。ユダヤ人その他の不純な人種の絶滅という自分の最終計画の実行をヒトラーがSSにゆだねた事実は、訓練の過程が決定的な成功をおさめたことを証拠だてている。

この任務に向けて男たちを鍛えるためには、特殊な教化がいくらか必要であったが、結果としてとられたパターンは、ＳＳの学校で通常おこなわれているものとさほど変わりなかった。その教官であったアイケという名の将校は、男たちにまず彼ら専用の徽章、そして交叉した大腿骨と頭蓋骨の図をあたえ、総統が彼らに大いなる信頼を置いていることを誇りに思うようにと命じた。そしてそれから訓練がはじまった。その内容は次のようなものである。

侮辱し屈辱を加えたうえでおこなわれる兵舎での最低最悪の超過軍事訓練……。翌日になると隊員は、囚人に対する「正式」の鞭打ちや拷問を見るために行進させられ、哀れみや嫌悪感を表情にあらわしていないかどうか観察される……。そして、囚人たちを脅えさせたり、消沈させたり、彼らに無慈悲な憎悪や総統の大義への献身ぶりをしめせたときには、彼はまったくの「同志」となって、隊員たちにビールを無理強いしながら夜を過ごすのであった……。隊員たちは彼のことを、「アイケおやじ」、大したヤツとよんでいた。（ディックス、51: 55）

こうした取り合わせは強力である。自分は特別に選ばれた存在だという感覚と自我に対する暴力や屈辱とが結びつけられることによって、個人としての価値が縮減され、集団の力と栄光が強化される。そのあとに続くのは、非人間化の訓練、無力な他人に対する憎悪表出の許容であり、そして、国の神秘的な力そのものを喚起し体現する聖なる総統の代理、とみなされる指導者のもとで強められた友情だ。したがってこのような状況のもとでは、SSは自分を地上の神の代理人と信じ、全包括的で絶対的な社会装置のなかに孤立し、自分の敵は反人間的な存在だと信じるよう教化され、集合的連帯という強力なきずなによって結合しているわけだから、彼らがみずから進んで集団虐殺に加担するとしても、ほとんど驚くべきことではない。

こうした環境のなかで、この歪められた男たちは、ヒトラーとドイツの最も暗い幻想――ついにはドイツを敗北へと導き、またヒトラー自身の自殺を導いた幻想――を上演するための道具となった。この幻想そのものは、ドイツ社会の社会環境とヒトラーの苦悩に満ちた内面生活の接合から出現したのであるが、彼は「落胆を陶酔に転じる」直接的な啓示に入っていくその能力によって自分の空想で聴衆を喚起し、「弱き者にみずからの強さを意識させた」（フェスト、71: 764）のである。

ヒトラー運動は、ニーチェの「超人」崇拝やウェーバーの「新しい預言者」への希求、また「集合的沸騰」の生気に満ちた陶酔へのデュルケムの呼びかけにこたえるものであった。だがヒトラーの啓示は、そうしたカリスマ的経験の肯定的評価が誤りであることを永遠に証明するものであるように思われた。ヒトラーのカリスマ性はそのパラノイア的化身に永遠性と全体的権力をあたえることを要求した。すなわちそれが、自己消滅的・集団虐殺的な絶対的純粋性の追求に導いたのである。このような世界のなかで、ＳＳは新人類の最初の代表となって、楽園へと向かう大量殺人を犯すものとされた。それはヒトラーさえも戦慄せしめた未来であった。「私は新人類の姿を見た。彼らは恐れを知らぬ驚異の男たちである。私は彼らに縮みあがってしまった！」（ヒトラーの言葉、ラウシュニング、208: 248からの引用）。自分の創造になる怪物に戦慄し縮みあがることによって、ヒトラーは彼なりの人間性を垣間見せている——だが創りだされたもの自体は人間そのものであり、それはミラン・クンデラが恐るべき「人間学的問題」とよんだところのもの、すなわち「人間には何が可能であるか」という問いかけへの、もうひとつの答えとなるものであった。

われわれが認めてもいいと思うよりもはるかに極端な行動が、彼には明らかに可能であった。ハインツ・コフートが書いているように、「ナチは野獣であり、そのときドイツは飼いならされていない無感覚さ、動物的な情念にまで退行していたのだ、と言うことはあまりにも簡単である。問題なのは、ナチ・ドイツがわれわれに理解可能だということなのだ」（コフート、138: 251）。次章以下においてわれわれは、他の極端な、しかしもっと親しみやすい文脈にあるカリスマ的諸集団を見ることによって、どのような意味で彼らが理解可能なものであるか、また彼らのおかげでこの究極的な「人間学的問題」への解答にどれほど近づけるかを検討してみることにしよう。

第9章 「愛こそわが裁き」
——チャールズ・マンソンとそのファミリー

私たちはいま、自分自身を見つけ、自分の魂を知り、自分の心を理解し、子供たちから学ぼうとしている。私たちはいま、しぶとく残っている自我を脱ぎすて、親たちが自分に投げあたえたガラクタから自由になり、口をひらくごとに母親のまねをしていたのをやめようとしている。自分自身になろうではないか。指導者もなく、信奉者もなく、ただ自分という人間そのものでありつづけよう。私たちみんなが一つになれるほど、ひとりひとりがおたがいに強くなろう。

——ファミリーによせるチャールズ・マンソンの希望(エモンズ、66からの引用)

ヒトラー運動がおこなった破壊は二〇世紀における最も衝撃的な事件であった。ドイツ人の特殊な歴史や権威主義的傾向、彼らの制度の脆弱さ、未解決のまま放置されていた社会的諸矛盾、階級闘争による緊張、こういったものに論及することによって、われわれはこの破局と自分は無関係なものとみなすこともできる。そうなればナチの出現は、その特殊な先行条件によって説明されるか、目的論的過程のなかの不幸な幕合い狂言として説明されるものとなる。あるいはヒトラーを、たんに地上における破壊原理の出現、突如として光をはなつ稲妻と同様に理解不可能なもの、またはウェーバー流のてんかんの発作として、見ることもできよう。

だが、カリスマの主観的経験に光をあてようとする比較論的アプローチは、そうした逃げ道を許さない。本章と次章においてわれわれは、ヒトラーがドイツ人たちに喚起したのと同じ畏怖と圧倒的な愛情をもって信者たちに尊敬されるカリスマ的指導者の周囲につどった、アメリカ合衆国の二つの集団を検討することにしよう。このカルト集団はいずれも、ヒトラー運動と同じく、パラノイア、暴力、誇大感、そして崩壊という螺旋状の経路を歩んだものである。[1]

われわれ自身の文化的文脈や記憶の枠内でこうした非日常性の顕現を考察することによって、われわれは不愉快なほど身近かにあるものとしてカリスマ経験をとらえることができるであろう。なぜなら、カリスマ経験に魅力を感じるのは、われわれとは似ても似つかぬ生活をしている人々、虐げられている人々、現実とわたりあっていけない絶望的なノイローゼ患者だけではないということを承認するよう、事実そのものがわれわれに迫るからである。ひと世代まえのアメリカにおける（ヨーロッパにおいてもある程度は）カリスマ的指導者は、むしろ反対に、知識人、高い教育を受けた者、特権階層、社会全体のことに関心をいだきそれを気づかう人々に随伴者を見出したのである。(2) ある入信者はこう書いている。「われわれが〈奇怪なパーソナリティ〉の持ち主であるというのは、われわれを一般の人々から孤立させようとして〔メディアが〕発明したものである……。われわれはだいいの娘であり、息子であり、夫であり、妻であり、恋人であり、隣人であり、友人でもよかったのだ」と（タニアことパティ・ハーストの言葉、マクレラン&アヴェリー、178: 527からの引用）。カリスマ的な関わりへ向かうこのような傾向性は、いったいどのように理解できるのだろうか。

アメリカにおけるカルト的環境

カリスマ集団への参加は、ある意味でアメリカの伝統の一部とみなすことができる。ヨーロッパと比較した場合、曖昧模糊とした宗教的「カルト」の開花にとって、北アメリカが肥沃な大地であったことは明らかである。カルトはそこでは、人格を変容せしめるような個人的啓示の帰結としてオーソドックスな宗教の枠内で出現することもあり、また組織化された教会構造の外部で、預言者のメッセージに結晶したかたちで出発し、成長し、硬直化し、おそらくはみずからの正統教義をつくりあげることもあるが、たいていの場合は死滅してしまう。

トクヴィルが指摘したように、アメリカ合衆国におけるカリスマ的啓示へ向かう傾向が、少なくとも部分的には、法のもとでの平等な地位をすべての宗教に保障する憲法で定められた教会と国家の分離の所産であることは疑う余地がない。結果として宗教は、大革命によってフランスがそうなったように面目を失墜することが一度もなく、イギリスのように階級的アイデンティティのたんなる付加的一側面となることもなかったのである。

宗教に対する合衆国のレッセ・フェール的態度は、多元主義やヴォランタリズム、また霊感主義の受容と相関関係にあり、その結果としてアメリカの宗教は、デービッド・マーティンが書いているように、自由に「その対社会的な外見と同じくらい多くのイメージを引き受けることができる……。デノミネーション的モデルにおける主観的選択の要素は、アメリカニズムの脚色をほどこされた場合、感情や自発性の普遍的な強調、そしてついには純粋さの力説に転化する場合がある」(179: 30)。宗教的表現における真正性や感情への関心は、また個人としての責任や救済への道としての内的恩寵――この信念は、ヒュームが指摘しているように、自分が救われた境涯にあることを他者や自己自身に立証するため、自分の熱心ぶりを誇示するよう入信者に強いることもある――といったピューリタン的イデオロギーとも結びついている。

だが、現代アメリカにおけるカルトの開花を、すべて「アメリカ例外主義」に帰してしまうならば、アメリカ合衆国が現代という時代の典型と考えられるような社会的パターンによって特徴づけられていることを、見逃してしまうことになるであろう。たとえばそれは、伝統的な階級的・社会的集団の欠如、自分の行動を判断し正当化するための所与のモデルの欠落、極度に流動的・多元主義的な政治形態、平等主義や個人的選好にもとづく自由選択のエートス、高度の都市化・工業化・特殊化、といったものである。(3) アメリカ特殊論の強力な支持者であるS・M・リプセットでさえ、こう言っているのだ。「階級関係や家族構造のパターンにおいて、また〈他者志向性〉という点において、すべての西欧世界はアメリカと同じ方向へ進みつつあるということ、また工業化以前から民主主義的・平等主義的であったアメリカは、そうしたパターンのために道をきり拓いてきたにすぎないということ、以上のことを主張しうるであろう」(リプセット、170: 130)と。

アメリカ合衆国は「人類に可能な未来のひとつ」(マーティン、179: 32)を提供しつづけているというのが本当であるならば、それはまたそうした未来に固有な諸問題に苦しんでいるということでもある。疎外、断片化の感覚、世界に対する親密感の欠如といったものがそれであり、「そこでは原子化が最も優勢な社会的モードとなる」(マーティン、179: 88)。そして総合的な社会学理論によれば、アメリカのみならず、社会変動が旧来のきずなを切断してしまったところではどこでも、こうした状況は補償としてのカリスマ運動を好むはずである。それゆえわれわれは、アメリカにおけるカルトの発展について、二重の理由づけをもってのぞむことにしよう。すなわち、ひとつはアメリカ史の特殊な性格、そしても

うひとつは現代の生活が置かれているもっと一般的な環境からくるものである。(4)

だが、それにしてもなぜ、六〇・七〇年代にカリスマ的カルトが隆盛しなければならなかったのだろうか。また、集合的人格変容というラディカルな実験にふさわしい候補者とはとても思えないような背景、つまり白人で、中産階級で、豊かで、たいていは大学教育を受けているといった背景をもつ人々から、こうしたカルトのメンバーが選り出されたのは、なぜなのだろうか。

一九六〇年代、中産階級の青年たちがカルトに没入した原因の一部が、社会の基本となる価値観から自分は切り離されていると彼らが感じるようにしむけ導いた社会的・心理的状況にあったことは明らかである。(5) 人気がある政治的指導者のあいつぐ暗殺、いつ果てるとも知らぬ戦争によって引き起こされた無気力さと政治的過激化、あいも変わらぬ人種的な不平等と暴動、こういったことのすべてが教育を受けた理想主義的な青年たちの社会全般に対する不快感を反映し、また促進した。そしてそれは、のちに生じたカリスマへの没入の先行条件となったのである。

だが、アメリカの青年たちがカリスマ的カルトに惹かれたのは、現実に対する幻滅のためばかりではなかった。彼らはまた、意味のある世界は未来にあり、未来は若者たちによって新たに創造されねばならないという現代的な信念の持ち主でもあった。こうした歴史の価値貶下は、親のもつしばしば時代遅れとなった手のわざと子供たちが新たに獲得したより高度な技術的知識が分裂を深めていく過程と同時進行する。そして、教育を受けた中産階級の若者たちが年寄りたちを乗りこえていくのは当然だという期待に、世代間の分断が表現されるわけである。こうした伝統の軽視、また高度な教育を受けた若者の可能性と能力に対する高い評価は、実験的なライフスタイルを試みようとする意欲、無用になった過去とのあらゆるきずなの拒否という、一見したところ低いコストで超越的な価値をあたえてくれるカリスマ集団に、あえて体当たりしてみようとする彼らの意欲を高めた。

中産階級に属すアメリカ青年の多くがカリスマ集団に加わった事実は、カリスマの魅力が、耐えがたい状況からの逃避をカリスマ的な関わりに見出す絶望的な虐げられた人々に限られるものではないことをしめしている。自分自身あるいは自分の潜在的能力に自信をもちながらも、自分が生きている世界が息苦しいほど安全だ、道徳的に腐敗している、またはたんに退屈だと感じている人々においては、みずから進んでその身をカリスマ運動にさらそうとする意欲がより積極的な形態をとりうること、これは明らかである。彼らは絶望やマージナリティのためにではなく、もっと生き生きと、もっと十分に生きたいという冒険衝動のために、喜んでそうした世界を棄てるからである。

自分には人生があたえうる最良のものがあたえられている、と私はつねづね感じてきた……。だが、それでもなお感じるのだ――そう、不完全なものを。(あるエスト訓練(訳注1)

生の言葉、ウォーリス、262: 54からの引用）

私の心のなかには何の目標もなかった。だが私は何かしっかりとしたものをさがし求めていた。ほんとうに満足したことが一度もなかった。何かが欠けていると感じていたのだ。私はより以上のものになることを欲していた。（ある統一教会入信者の言葉、ブロムリー&シュープ、28: 83からの引用）

このような人々の場合、集団に加わる動機となったのは、集合体がさし出すうっとりとするような生気とあたたかさであった。そのために日常生活は生気と感情のとぼしいものに見えてくるのだ。「私がとくに忘れることができないのは、ありとあらゆる人たちのいる集会にはじめて行ったときの第一印象である。それはエネルギーと刺激と強烈さに満ちたひとつの正真正銘の竜巻であった。なんとダイナミックであったことだろう。望むもののすべてがあった。それは途方もなく強烈であった」（あるザ・プロセス[訳注2]入信者の言葉、ベインブリッジ、10: 38からの引用）。

人々をカルトへ駆り立てたもうひとつの要因は、幻覚用麻薬がもたらす意識の変性状態であった。ユースカルチャーはそれを、退屈な日常の仕事から逃避するために用いていたのである。幻覚剤はトランス的な状態をもたらし、そのときには通常の感覚的・認知的インプットが「脱自動化」され、個としての感覚がうしなわれ、自分はより大きな宇宙的実在にあずかっているという感覚が生まれる。「ドラッグは数多くの探検すべき新しい扉と道をきり拓く。生はしなやかな融通無碍のものとなる。長いあいだ守ってきた現実が突如として折れまがり、この世の生が幻想であることを知る……。人々は幻覚剤によって、もといた社会的条件づけ以前の状態に立ち帰ることができるのだ」（グールー・マハラージ・ジ(訳注3)入信者の言葉、ダウントン、54: 109-10からの引用）。

人々は麻薬体験を共有することによって、深くはあるがつかの間の高揚した意識の瞬間、また自己超越と溶融というほとんどテレパシー的な感覚をもつことができた。また「恐怖の幻覚体験（バッド・トリップ）」という非常に現実的な危険性も、究極の目標を追求する究極のギャンブルの生き残りとして逗留者を結合する役割をはたした。すなわちそれは、世の本流から逸脱していることをみずから宣言し、世間の眼にさらすことによって高められた結合であった。もちろん麻薬体験をたんなる幕間の余興としてしか見ないひとも多かったが、想像しうるたいへん望ましい未来をそこに見出したひともいたのである。

しかしながら、麻薬トリップそのものによってそうした未来の具体的内容が明確になることは決してない。なぜならそれは、先入見をかき乱し、感情をかき立て、自我境界を脅かしはするが、そうした経験を保持または理解するための形式をあたえはしないからである。幻覚剤の作用を最も強くこうむった人々の場合、麻薬が切れたあとに残るのはただ虚脱感ばかりであり、彼らはもとの世界やもとの自己との接触をうしないながらも、幻覚状態の強烈さに匹敵しうるものには何ひとつ関わることができなかった。

多くの麻薬服用者が望んだのは、神秘的な「前線体験」の再現を希った突撃隊員たちと同様、麻薬によって得られた、自我境界を超え出ていく大洋的感情の保持であった。「ほんとうに限界と言えるようなものは人類にはまったく存在せず、あるのはただ自分で定めた限界だけである。このことが理解されはじめるとき、はじめて真実と連帯の探究が始まるのだ」（グールー・マハラージ・ジ入信者の言葉、ダウントン、54: 109からの引用）。この「自分で定めた限界」を超える真実の探究は、自分にひとつの方向、強力で神秘的でカリスマ的な集合体のうちにある新しい、もっと抵抗しがたい力をもった真実をあたえてくれそうな指導者へと、求道者たちをおもむかせた(6)。

文化の本流からの離脱や疎外、退屈と衰弱の感覚、新しいライフスタイルを試そうとする自信、麻薬の服用という人格解体的な経験による快楽の追求、こうしたことのすべてが「汝の欲するところをなせ」とか「いまこの時を生きよ」といった勧めをそのイデオロギーとする価値体系によって正当化された(7)。この枠組のなかでは、すべての人間は直接の経験と直観によって何が善であるかを確実に知ることができる、とされていた。麻薬に耽《ふけ》っているときであれ、愛しあっているときであれ、空っぽの部屋に独りすわっているときであれ、彼らはただ自分自身の感情を見つめさえすれば、それを理解することができるというわけだ（ティプトン、253：17）。

もちろんこれは、文化の主流をなす情動主義の前提を理論的極限までおし進めたものである。ヒッピーたちが展開したカウンターカルチャーのイデオロギー的急進性は、まさに現代の道徳に内在する独我論的含意を完全に受け容れたところにある。カウンターカルチャーはそれを受け容れることによって、自分らには客観的な価値が存在すると主張する主流文化のあらゆる努力を偽善として侮蔑的にしりぞけることができたのだ。棄て去った道徳、断ちきった人間関係、世間がさし出す断片化したアイデンティティ、それらの代わりになるものとしてカウンターカルチャーは、可能なかぎり最も強力な感情、それ自体が行動や参加を正当化してくれるような感情をさがし求めた。そして、すでに見たように、カリスマ的な関わりはまさにそうした「純粋な」内的快楽に力強い動機づけをあたえるものであるために、格別な魅力をそなえることになった。個々人の実存的な存在感覚に正当性をあたえようとする願望は、こうしてしばしば、まさに自我の服従へとつながったのである。

しかしながら、アメリカにはそう多くないとはいえ、カリスマへの深い関与に至るもうひとつの道がある。すなわちそれは、すでにヒトラー運動に見たものである。この道の起点は個人主義的な倫理ではなく、大衆との同一化という共同体イデオロギー、また文化の本流をなす自己中心主義の絶対的否定である。こうしたイデオロギー的枠組においては、

（左右を問わず）たえまない討議と審問という過熱した雰囲気のなかで、家族、親族、友人、さらには自分自身のアイデンティティといった、共同体と競合するものへの愛着が攻撃にさらされる。共生解放軍（訳注4）（Symbionese Liberation Army）の声明文は、これをこう表現している。「われわれはわれわれの外部にあってわれわれを抑圧し奴隷化する一切の条件と闘わなければならないし、またわれわれの内部にある敵とも闘わなければならない」（マクレラン＆アヴェリー、178: 522からの引用）。

こうした自己否定的なイデオロギー方針をとるアメリカの急進的政治集団は、彼らの考えによれば腐敗しきったものである外部世界からみずからを遮断するような、劇的で危険にみちた政治行動で結びついていた。またそれと同時に、集団意識と指導者への服属という報酬が——まさに群集心理学が主張したとおり——もたらされた。「われわれには、民衆を愛し、民衆のために生き、民衆のために闘う指導者がある。このような手本があるおかげで、われわれには——すべての兄弟姉妹相互の——注意と理解と気配りと保護とをあたえてくれる戦友愛が可能になるのだ」（共生解放軍の声明文、マクレラン＆アヴェリー、178: 522からの引用）。

かくして六〇・七〇年代におけるアメリカの政治集団は、ヒッピー・コミューンとはまったく正反対のイデオロギーに従いながらも、しばしばカリスマ崇拝という同一の結末にたどりつくことになった。たとえばリンドン・ラルーシュ（訳注5）は、他のカリスマ的指導者とまったく同じ方法で盲目的な献身をひき出した。トロント国際派(訳注6)（Internationalists of Toronto）は、その堅苦しい英語が入会者の標準的な語り口になるところまで、創始者ハーディアル・ベインズをなぞり、模倣した（オトゥール、204）。また共生解放軍は「五人目の預言者」のもとに結集し、彼のためなら喜んで自分たちの生命を犠牲にしようとした。

以上が六〇年代アメリカにおけるカルト的環境の概容である。豊かではあるが病んだ社会に異をとなえ、その代わりに平等と連帯と感情表現と創造力が促進されるような自分たち自身の世界をきずきあげようとする自信にみちた青年たちを、こうした環境が取りまいていたわけである。社会的条件づけによって覆われている真の自己を見つけだしたいという願望が第一の動機となっている場合もあれば、大衆に身を捧げることによって自己を喪失したいという願望が第一の動機となっている場合もあったが、いずれにしても神秘主義的また政治的なカウンターカルチャーの理想主義者たちは、全面的な信仰と一体になった完全な自由のユートピアが実現できるものと信じていた。「コミューンの理想は美しい。思いもよらない結合が、そこでは相互の愛情によって可能になった。人々はともに非所有的に生きる。そこでは物を所有することもなく、人間を所有することもない。ともに生き、ともに創造し、ともに祝い、そしてたがいに自分の場を共有するのだ」（バグワン・シュリー・ラジニーシ(訳注7)の言葉、フィッツジェラルド、74: 54からの引用）。

しかしながらこのような希望にみちた実験の帰結は、しばしば公約された解放の理想からほど遠いものであった。ベンジャミン・ザブロッキは、六〇・七〇年代のアメリカのコミューン集団に関する包括的な研究のなかで、現実がむしろその逆であったことを次のようにのべている。「とはいえ、すべてのコミューンには、今もむかしも、時間の経過とともに増大する権威主義へひき寄せられていく傾向がある。そしてこの権威主義はきまってカリスマ的な形態をとる」(284: 46-7)。

こうしてみると、ここまで概観してきたカルト的環境、すなわち六〇・七〇年代の特殊な状況やアメリカ文化の一般的な枠組のなかで作用し、ヒッピー版の情動主義あるいは社会とラディカルに対決する大衆動員イデオロギーによって鼓舞されたカルト的環境が、カリスマ的な人物たちの台頭と親和関係にあることは明らかである。自分自身あるいは「民衆」のために自由を希求した人々は、往々にして、ふと気がつくと鎖につながれていた。だが、それは彼らの愛する鎖であったようである。一つの、しかし決して例外的ではないケースをあげてみよう。そこでは「帰依者たちは、グールーに叩かれるとエクスタシーを体験すると言った。グールーのお気に入りは自分のすべてを彼に捧げる人たちだということを、みな感じていたのだ」(ドイッチュ、47: 1571)。

このようなエクスタシー的自己放棄がいかにして生じたのかを理解するため、以下においては、そうした破壊的カルトのうち、最もよく資料のそろった、また最も極端なものの一つを詳細に検討してみることにしよう――それはチャールズ・マンソン率いるところのファミリーである。

「生まれながらのアウト・ロー」——チャールズ・マンソン

マンソンは、一九六七年から一九六九年末まで南カリフォルニアで指導者の至福千年的幻想につき従った約三十五人の青年たちの、ゆるやかに組織された幹部会の創設者であり頭目であった。絶対的な愛とこの世の完成というメッセージを中心にしてきずきあげられたこの幻想の帰結は、女優シャロン・テートを含む少なくとも十人の人間の奇怪で血なまぐさい殺害であった。世にも名高い裁判で、ブルジョア的世界を終わらせる破壊的行為の先駆けとなるのだという希望をもってこうした殺人をおこなうよう信奉者たちを説得したとして、マンソンは有罪の宣告を受けた。彼は現在、終身刑で服役している。(訳注8)

マンソンを取りまく集団のメンバーは、「きちんとしたstraight」社会から疎外され、両親に反抗的で、南カリフォルニアのふわふわしたカウンターカルチャー世界を漂っていた、中産階級に属する白人のドロップアウトたちであった。マンソンによれば、「みなさんがファミリーとよんでいる農場の人間はたいてい、まさにみなさんが望ましくないとするような人間、つまり道路上にたむろしている人間、親に追い出されたり、教護院に行きたがらないような人間たちでした」(シュレック、228: 39からの引用)。当初マンソンは、その地にあってこのふわふわした人間たちを常連客とする多数のグールーの一人にすぎず、マンソン・ファミリーはカウンターカルチャー集団の調査書に記載されている同地域の他のコミューンと「ほとんど見分けがつかない」ほどのものであった（ザブロッキ、284: 327）。

マンソン自身の個人史はその信奉者たちのそれとまったく異なっていた。彼らより年をとっていたばかりでなく（一九三四年生れ）、下層階級の出身でもあった。彼は庶子であり、貧しく混沌とした家庭に生まれた。いろいろなひとの手で育てられたが、そのなかには狂信的な信仰心をもち、尊大で権威主義的な祖母がいた。相手をえらばず性的関係をもち、わが子を遺棄しておいて取りもどすということを何度もくり返す母親に対する彼の両義的感情は、深く心を蝕んだ(8)。マンソンは自分の伝記を書いたニューエル・エモンズにこう語っている。「私は生まれながらのアウト・ローだ……。私は生まれてこのかたずっと、愛や承認よりもむしろ拒絶を自分の人生に割りあてられてきたのだ」（エモンズ、66: 24）と(9)。

愛するものに裏切られることへの恐れを、マンソンは早くから覚えた。彼は家出の常習者で、十三歳のときはじめて投獄された。そして少年院で、看守や年長の収容者からサディスティックな性的屈辱を受ける。それは、あとになって十六歳のとき、連邦刑務所に収監されたことを喜ぶほどのものであった。彼はそこではじめて、外の世界で尊敬を受けてきた男たちに出会い、自分も立派な犯罪者になろうと決心した。だが彼は泥棒の達人となることができず、二十一歳で牢獄に舞い戻った。そのとき彼は新しい妻に棄てられ、世間というものに一層激しい敵意をいだくようになる。二十三歳で再び釈放された彼は、ポン引きで生計を立てようとしたが、また捕まって十年の刑に処せられた。

外の世界で自分が知っているすべての人間に見棄てられたマンソンは、牢獄という保護的な環境のなかへ退却し、そこで「たくみなペテン師」という新しいアイデンティティを見出した。刑期があけたとき、彼はもっと刑務所にいられないものかと考えた。「当時の私は、安っぽい部屋に寝泊まりし、明日の夜の泊まり賃はどうしようか、明日のメシはどうして稼ごうかと思いわずらってばかりいる人間であった」(マンソンの言葉、エモンズ、66: 77からの引用)。彼の戸惑いはよく理解できる。というのは、自由の身であった短い期間、マンソンは社会のいちばん片隅にいて、恐怖と裏切り以外の何も知らなかったからである。

しかし、当時若い芽のように成長しつつあったサンフランシスコのカウンターカルチャーは、マンソンを受け容れた。彼の過去に関心をもつものなど誰もいなかったから、彼はそのギターの腕前で友人を得ることができたのである。食べていくことぐらい何とでもなったし、もう貧しくても自分を卑下する原因にはならなかった。たくさんの人々が路上で眠り、無料宿泊所を共同利用していたからである。精神を拡張してくれる麻薬もいたるところにあり、マンソンは一九六七年、グレイトフル・デッド(訳注9)(Grateful Dead)のコンサートでＬＳＤを服用し、そこで多くの人々と同様「よみがえりを経験した」。彼がエモンズに語ったところによれば、彼が若者たちを堕落させたのではなく、若者たちが彼を堕落させたのだ――若者たちこそ彼の先生であったのだ。彼はそうした生活にすぐなじんで、ヒッピーのライフスタイルを吸収し、バンを買い、フリーセックス道徳の利点を活用し、路傍でギターを弾いた。彼は自分を新しい世界の仲間として感じるようになっていった。「私は三十三年生きてきてはじめて、流行だのライフスタイルだのというものに乗っかった」（マンソンの言葉、エモンズ、66: 101からの引用）。

マンソンは自分の先生たちに何かお返しをしなければならないと考えた。そうした考えが特に強まってきたのは、彼らが体験した疎外の経験と自分自身の人格解体的・カオス的な生い立ちとのあいだに、多くの類似性を発見してからである。彼はこう言っている。「私はそれまで地下に、地下道に、世の出来事の裏側に、言いかえれば暗闇のなかにいた」（ケネディのインタビューに対するマンソンの答え、125）。人格の否定と内面的な救済という彼のたどった歴史はひとつのドラマであり、それは彼の話に耳を傾けた青年たちの生のうちに共鳴盤を見出した。「「部屋から出たいと思うなら、ドアから出ちゃだめ」と彼は笑いながら言った。「外へ出たいと思わなきゃいいのさ、そうすれば自由になれる」。それから彼は、実刑に服していた二十年間のこと、苦闘のこと、そして自己放棄と自己愛について語った」（ファミリーのメンバー、「泣き虫」リネット・フロムの言葉、『タイム』一九七五年十二月号からの引用)。彼の話を聞いた者は、彼のなかに、また彼がたどった拒絶と苦悩から魂の再生へという旅のなかに、みずからの手本を発見した。ちょうどヒトラーが信奉者たちに、自分自身の個人的な苦闘から生み出された脱出と超越のイメージをあたえたように。

ファミリーの形成——教化とイデオロギー

だがマンソンは、疎外された状況の克服という神話とは別に、ひとにあたえるべきある特殊なメッセージ、自分の経験や修行から選びぬかれた、また話を聞く者にたいへんふさわしいメッセージをもっていた。マンソンの伝えたメッセージはヒッピー・イデオロギーにはおなじみのものであり、その淵源をたどれば、グノーシス主義(訳注10)や、自由心霊兄弟団のような中世のカルト、さらには東洋の神話に起源をもとめることができる(ゼーナー、285参照)。

マンソン自身はそうした背景について、おそらく何も知ってはいなかったであろう。そうではなくて、彼の折衷主義的なイデオロギーのごちゃまぜの一部は、彼が獄中で勉強したサイエントロジー(訳注11)から取られたものであった。彼はまた、そこで催眠術や精神療法の本、特にエリック・バーンの著書『交流分析』(20)をむさぼるように読み、そのなかに純粋な子供の精神という考えを見出した。彼はまたロバート・ハインラインの小説『見知らぬ土地の異邦人』(106)に感動を受けたが、それはテレパシー能力と飽くことを知らぬ性的衝動をもった人間マルティアンが狂信的な信奉者を惹きつける物語であった。ファミリーに最初に生まれた子供は、この小説の主人公にちなんでヴァレンタインと命名された。エド・サンダース(224)はまた、マンソンは当時活発に活動していたザ・プロセスthe Processという、二極論的で非常に芝居じみたカルト集団の秘法を受けた者であった、と主張している。[10]また、オルド・テンプルOrdo Templeのような地方の悪魔的なネオ・ナチ組織の影響を彼が受けていた可能性もある――マンソンが「種」の隔絶について極度に強調し、黒人の劣等性やいじけた性格を主張する明確な原因は、こうしたファシストたちの影響であろう。

彼の信仰の源泉が何に由来するものであったにしろ、その基本的な信条に、彼自身の不幸な人生やヒッピー的カウンターカルチャーの道徳不要論的倫理が反響していることはまちがいない。それは、社会や家族の影響の拒否、絶対の現在のうちに生きること、他人をあてにしないこと、「抑圧者」に対する暴力的な憎悪、完成された真正な前社会的自己を探し出すために自我を解体すること、これらを要求するメッセージであった。そうした探求のなかでは、「どんな意味も意味をなさなくなる」。つまり生と死といった区別も含めて、あらゆるタイプの区別がかすんでくるのだ。正当化の作業は経験する自我に投げかえされるが、よく考えれば、それはまたそれで非現実的なものにすぎない。「あなたが目にしているものは、すべて幻想、あなたの想像力が生み出した絵空事である。あなたが住んでいる世界はあなたが創ったものだ。あなたの目に見えているもの、それがあなたなのだ。自分自身から外に出て、自分をふり返ってみなさい。そうすれば、自分でさえ一個の幻想にすぎないことがわかるだろう。真に存在するのはただ唯一者のみ。われわれはみな、かの唯一者の一部なのだ」(マンソンの言葉、アトキンズ、9: 132からの引用)。

ファミリーに入れば、絶対的共同体という超越的領域に参加することによって、人を分けへだてる個々人の差異をすべて克服することができるようになるだろう、とマンソンは主張した。しかし同時に、ナチと同様そこでは、よそ者は排除され貶められ、人種イデオロギーに磨きがかけられていた。

自然な直接性の状態に到達するため、信奉者たちは「まず個人としての自分を無にして、心理的・精神的な死を経験しなければならなかった。それはわれわれのうちにある独立した人格を焼き滅ぼすもので、そのあとには空っぽの死せる頭脳しか残らなかった」(ワトソン、263: 72)。マンソンはこのプロセスを「脱プログラム化」とよんだが、それは内部にひそむ感情的一体感をおおい隠している「いつわりの仮面」を、すべて取り去ってしまうことを要求するものであった。唯一可能な価値の源泉としての内なる感情を発見する方法として心理操作を利用することを、彼は正当化した。

各人をその置かれた条件から抜け出させるための実際のプロセスは、社会のしきたりや外的な世界とのつながりに挑戦してそれを切り裂くと同時に、一方ではマンソンによって統制され、彼を焦点とする強烈な集合的感情経験を提供した。そうした目的を達成するためにマンソンが用いた基本的な手法のひとつは、自分を「がんじがらめ」にしているすべてのものを破壊するよう励ますことであった。しばしばそのなかには、性的な空想をそのまま、多くは集団的状況のなかで実行に移すことが含まれていた。ひとびとは共同で食事しながら自分たちの空想について議論し、「もしもそれが実行可能なものであるならば、あらゆる提案を受けとめ、あらゆる願望が満たされるよう、残りの者は注意して努力しようとした」(マンソンの言葉、エモンズ、66: 150-1 からの引用)。またマンソンは、「自由な考えをもった有望な入信者にインセスト行為を模倣してみせることがあった。「私と愛しあおう。お父さんと愛しあっているんだと想像しながらね。君は過去からきっぱりと自由にならなくちゃいけないんだ。いまを生きなくっちゃね。過去などもうない。過去は行ってしまったんだ。明日もない。あるのはいまだけさ。君はお父さんからきっぱりと自由にならなくっちゃだめなんだ。いま」(マンソンの言葉、アトキンズ、9: 8 からの引用)。

マンソンには「暗黒の世界」に生きたいくらかの実体験があり、それが性のグールーという彼の役割を用意させたのだ。彼が牢獄のなかでとりわけ熱心に学んだのは、愛の服従をとりつけるために恐怖や威嚇や性的興奮を用いるポン引き的テクニックであった。[11] しかし、セックスの相手を支配するため、自分の性的欲望に距離をとることができる能力に彼が気づくようになったのは、カリフォルニアにおける「再生」以降であった。彼はセックスが「心のトリップである」（エモンズ、66: 97からの引用）ことを発見した。そしてマンソンは、恋人たちを自分の性的な支配に「有無を言わさず従わ」せる能力によって、自己の精神を支配する新しい力を表現した。

自分が内部サークルのなかで組織・展開した性的オージーのあいだも、支配を持続するためにマンソンは欲望に対する距離を利用した。「彼はあたかも彫刻の傑作を創造しているときのような美しいやり方でそれをやり抜いた。ただし、粘土のかわりにあたたかい肉体をつかったのだが」（あるマンソン信者の言葉、ブリオージ、29: 237）。ファミリーのメンバーはそうしたオージーのなかで、指導者の名人芸的な演出のもと、自分たちは一つに結びつけられていると感じたのである。

また、集団内のどのような分化も許すまいとする意識的な方針によって、溶融的関係が促進され象徴化された。衣服は共有され、個々人の歴史は否定され、時計は禁止された。「ファミリーは現在のうちに、また瞬間とその夢想を生きており、どこから来たのかとか、むかし何であったのかといったことを尋ねはしないのだ」（ワトソン、263: 61）。唯一存在する歴史はマンソンの過去であり、それはグループの神話となっていた。そして、実名のままでいたのもマンソンだけであった。他のすべてのメンバーは、過去の世界からの移住をしめすため、ニックネームをあたえられていた。

また、ファミリーメンバーの各自異なったアイデンティティを解体し、通常の現実に対する彼らの理解を崩壊させるために、精神変性用ドラッグ——ことにＬＳＤ——が用いられた。「かつてはつねに現実のものと見えたものが、いまや空っぽの貝殻に変わり、突如として空想が実体のある、力強いものとなった」。「空っぽの貝殻」に取って代わったのは、分化することのない唯一者という指導者のビジョン——その中心には彼が位置している——であった。「たがいの顔をのぞきこむだけで自分たちの特徴を理解することができるとき、一緒にすわるだけで突如おなじことを考えられるときが、やって来た。まるでわれわれは、一つの共通の頭脳を共有しているかのようであった」（ワトソン、263: 71, 73）。マンソン自身もおなじ集団ダイナミズムに巻きこまれた。「たんに共同で何かやるということ以上のものをわれわれは共有していた。われわれはおなじ眼でものを見、一人の人間として考え、一人の人間として生活した。われわれは一心同体だったのである」（マンソンの言葉、エモンズ、66: 114からの引用）。

各自異なったアイデンティティはまた、役割をめまぐるしく変えていく儀式の挑戦も受けた。そうすることによって、「ある日突然……新しいパーソナリティが身についたとき、あなたはそれをきちんとこなしたことになる」（ワトソン、263: 68, 61）とされたのである。したがってファミリーでは、「だれもがある役割を演じているわけですよ、たいていのひとはまるでその役割に釘づけになっているみたいにね。でも、私たちは毎日じつにいろんな役割を演じていたんです……ちょうどままごとをやっているみたいにね」（マンソンの言葉、シュレック、228: 63からの引用）というわけであった。人格を溶解させる――がっかりすることだが、この言葉はまるで現代の「ポストモダン」の美学諸理論のイデオロギーを思わせる――ためのこうしたメカニズムは、どんな永続的自我も存在しない状況をメンバーが実現するための補助として正当化されていた。「テレビ映画を見るように見なさい。思念の流れをじっと見つめなさい。そしてチャンネルを変え、違った道を歩きなさい」（マンソンの言葉、シュレック、228: 26からの引用）というわけである。

またアイデンティティの解体には、グループ外の人間ばかりでなく、グループ内の人間たちともすべて個人的なつながりを切断する儀式が、あずかって力あった。たとえば、だれとセックスするかはマンソンが決定し、持続性のある男女関係が決してできないようにした。子供たちは母親によってではなく、共同体によって育てられた。それでもなお続いている入信者とその親たちのきずなは、すべてお金をせびり取るために活用された。なぜなら親は「豚野郎」であり、搾り取らなければならないとされたからである。

ひとたび入信者がグループのうちに融合するや、マンソンは私的な会話でのお世辞と人前での侮辱とを意識的につかいわけることによって、彼らの忠誠心をつなぎとめた。そうされることで帰依者たちは、自分のことをマンソンは本当はどう思っているのかたえず不安になり、「チャーリー」がもっと自分を愛してくれるようにたえず努力し、もっともっと完全に自分を奴隷化することによってたえず自分を彼に捧げようとし、彼に対する共通の心酔で結ばれあった仲間たちと、たえず彼の関心を惹こうとして競いあった。そして彼はヒトラーと同様、自分の命令や人間関係を曖昧にしたり、しばしば矛盾のあるものにしたから、信者たちは彼が何を望んでいるのかを察知しようとして神経をとがらせざるをえず、その結果ますます彼に関心を集中させていくことになった。「ここでは抱擁、あそこでは微笑、きまったパターンなど全然なかった。だが彼は私を夢中にさせた」(アトキンズ、9: 89)。

隔離された状況をもとめて、マンソンがファミリーを市の中心から遠くへ遠くへ移動させるたびに、グループの連帯感と彼の影響力は高まった。(12)「どんなことであろうと、相手がだれであろうと、四六時中プッシュしつづけていれば、それを納得させることができるよ。そりゃ百%信じちゃいないかもしれない。でも彼らはそこから意見を導き出すだろう。自分の意見のもとになる情報がそれしかないってときには、特にね」(マンソンの言葉、ブリオージ、29: 483-4)というわけである。しかしながら、マンソンの隔離願望はたんにグループへの影響力を維持するためばかりではなかった。それは、世俗の世界からおしつけられるしがらみや制約、さまざまな要求から逃れたいとする、彼個人の深い感情的な欲求でもあったのである。「文明から遠ざかれば遠ざかるほど、私は気分がよくなった。……そこには垣根も境界線もなかった。唯一存在する制約といえば、そこに暮らす人間の精神的・肉体的境界だけだった。……われわれは地上に最初に生まれた人間のようであろうとした。社会のきまりだの要求だのは、この番外地にはとどかなかったのだ」（マンソンの言葉、エモンズ、66: 153-5）。

だが、文明が種々の娯楽をあたえてくれるにもかかわらず、マンソンの教化テクニックとそれをささえたイデオロギーは、入信者たちをファミリーに深く合一化させる点で著しい成功をおさめ、彼らは絶対的な快楽の感覚で満たされた。テックス・ワトソンはこう書いている。

> 体のすみずみまで、血管のなかを濃い蜜のように流れたもの、それは愛であった。それは行くところすべてを温め、一緒にいるひと、そのひとのために自分の人生を捧げてきたひとと自分とをピッタリ「一つ」にした。そのひとのために自分を犠牲にしても、全然苦にならなかった。なぜならあなたはそのひととピッタリ「一つ」であり、そこにはもう二人のあいだの区別などほとんど存在しなかったからである。（ワトソン、263: 53）

脱プログラム化された人間——カリスマとしてのマンソン

マンソンはいつでも、自分がカリスマ的人物という地位にあることを否定してきた。彼によれば、ファミリーのメンバーは彼らが望んだことをしただけであって、自分にカリスマ性が具わっているとするのは実際にはメディアの創作であり、彼らは危機的社会の投影された恐怖に迎合して「私をあなた方の死刑執行人にしたがっているのだ」（マンソンの言葉、リヴェラ、216: 27）、と。マンソンの言によれば、彼が「二十世紀の魔女として告発される」（マンソンの言葉、シュレック、228: 26からの引用）ようになったのは、そうした恐怖のせいである。

私は読み書きもろくに知らず、生まれてこのかた一冊の本も読んだことがなく、刑務所以外のことは何一つ知らず、嫁さんにゃあ逃げられっぱなしで、情けないポン引きで、盗みをやるたび捕まえられ、ヒットを飛ばすほどのミュージシャンでもなく、たとえ持っていてもお金のつかい方がわからず、家庭生活のあらゆる側面に腹を立てているマヌケだった。だが、サディー(訳注12)の手記が出た一週間後には、ファミリーをひき連れたカリスマ的なカルトの指導者、自分の望んだことを何でもひとにやらせてしまうよう計画してできる天才ということになったんだ。（マンソンの言葉、エモンズ、66: 222からの引用）

この言葉のなかには、彼の言うことを鵜呑みにしてしまいそうになるほど多くの真実がある。たしかにチャールズ・マンソンは、いまも昔もメディアお気に入りの悪魔である。メディアは彼を一個の決まり文句に仕立て上げ、いまだに定期的にインタビューをおこない、何かことがあれば空想をくすぐる悪に魅せられた人間の見本として引きあいに出す――彼の憤懣やるかたない言い方によると、その見本は、魔女として拷問され殺された中世の異教徒とよく似ている。また、自分の個人的な失敗や苦しみについての自己憐憫に満ちた長い説明も、たしかに正確である。

だがそれにもかかわらず、信者たちが彼をカリスマ的人物として本当にあがめたことは明らかである。彼らにとってマンソンは、「催眠力をもったまなざしをもち」(ワトソン、263: 68)、宇宙の諸力とじかにふれあい、病いを癒し、ひとの考えを読み取り、未来を予告し、死者を甦らせることさえできる魔術的な力をしめしたのだ。マンソン自身、「あの若者たちの何人かにとって私が神となることもあった」(マンソンの言葉、エモンズ、66: 232からの引用)と認めている。また、たとえ彼が自分に神的な力があるなどと信じていなかったと主張しても、信者たちの崇拝は彼に影響をおよぼし、彼は空虚さと力という、ヒトラーの場合にも明確に見られた二重の感覚のもとに置かれたのであり、それはカリスマに典型的な事柄なのである。

それをなかば信じつつも、しかし自分がほんとうは何者でもないことを知っていたのに、それが最後めちゃくちゃに自分を焼き尽くすまで私は女たちに神話で自分を養ってもらっていたんだから、どんな顔をしていればいいのか迷っている。……私はそうした神話をたいそう多く耳にし、ときにはそれを信じもする――強く信じるときには、世界は私にひざまずいて恕しを請うべきだと考える。人々が私にした仕打ちのために恕しを請うのではなく、彼らが自分自身のためにしていることのために恕しを請うのだ。（マンソンの言葉、エモンズ、66: 222, 231）

とはいえマンソンは、彼を崇拝する支持者たちの力で急激に地位をのぼりつめるずっと以前から、自分は神聖視されるべきだという信念をいだいていた。彼は自分の霊的な力にしばしば言及しており、神秘的な要素を省いたエモンズの記述のなかでも、自分が子供のころいだいていたイエス像を想起しながら、サンフランシスコの劇的な啓示を思い描いている。そこでは、長く白いローブをまとった聖なる人物が彼を空中に引きあげ、無数の人々を彼にしめしながらこう言うのだ。「これはおまえの恋人たちであり、おまえはこの者どもに必要な人間なのだ」（マンソンの言葉、エモンズ、66: 126）。もうひとつの、彼の想像上の変容がいかなるものかを一層よくあらわした記述のなかで、彼はこう言っている。「刑務所のなかである日こんなことが起きた。無限の唯一者が私の房に入ってくるなり、私の頭をこじ開けた。彼は私に真実をしめしたが、私はそれを望まなかった。私は泣きながら叫んだ。「いやだ、いやだ、俺じゃない」。しかし彼は私に真実をしめしてみせた」（マンソンの言葉、アトキンズ、9: 106）。

この場合マンソンは、十字架にはりつけにされ、死に身をゆだね、突如として世界と膨張的に同一化していく自分を夢想している――これは人間としての死と超越的存在としての再生という、カリスマ的召命に典型的に見られるイメージである。このとき以来、宇宙と一つになることによって心の動揺や無力感から遠ざかり、逆境から脱出したのだ、と彼は主張した。自分には普通の人間より高いレベルで生きる資格があるとすることによって、彼はまた自己破壊的な怒りからも自由になった(13)。彼は自分自身はまったくの空虚でありながら、同時に宇宙のすべてを囲繞《いにょう》する存在となったのである(14)。

私は一九五一年に死んだ。……刑務所のなかにひとり孤独に閉じこめられたまま死んだんだ……。私は法を破りはしない。法を創るんだ。……私は砂漠に住み、山のなかに住んでいるんだよ。私は偉大だ。私の精神も偉大だ。しかしだれもが私にせっつき、まとわりつき、自分の望むこのちっぽけなものに作りかえようとしているんだ。でもそんなのは私じゃないいんだよ。絶対にね。（マンソンの言葉、リヴェラ、216: 19–20）

ヒトラーとおなじく、マンソンは誇大な夢想によって、自分がたどってきた断片化、遺棄された境遇、恥辱の歴史から自分を守ろうとした。それによって彼は、内面の空虚を満たし、自分を拒絶し傷つけた世界への怒りにはけ口をあたえることができたのである。彼は自分を、内面の超個人的な意識の声に直接かつ直観的にこたえる水路、憑依せる媒体としてイメージした。そのような存在として彼は、ひとを指導すべく運命づけられていた。というのは、彼は宇宙の諸力に調和しており、それゆえ「彼だけが、ひとり彼の思想の頂きにあり、完全にすべてを統率し、誰によっても、また何ものによっても左右されることがないからである」(ブリオージ、29: 378)。またヒトラーと同様、マンソンの指導力も絶対的なものでなければならなかった。「ひとが地上に生きることができるとするならば、それはただ究極の人間を仰ぐ一つの世界のみである。私がその究極の人間、肝心かなめの人間なのだ。諸君が私の言うとおりにするか、それとも無に帰してしまうか、そのどちらかしかないのだ」(マンソンの言葉、シュレック、228: 20からの引用)。

もちろん世にある多くのひとのなかには、これとおなじような主張をする精神病患者やたんなる神秘家、またペテン師もいる。われわれにとって興味深いのは、マンソンの「聖なる資質」が、ヒトラーですでに見たような、環境に応じて自分自身を変容させる能力のうちに、どういうかたちで顕現したのかということである。

私はギターであり、一杯のコーヒーであり、ヘビであり、ポケット一杯分の名前と顔である。私は砂漠のなかでガラガラヘビになり、鳥になり、ありとあらゆるものになる。君たち男性諸君は人間という役割をがむしゃらに演じている。私には人間である必要がない。私は特にこれという人間になりたいとは思わない。私はすでに四六時中、ひとの三倍、ありとあらゆる人間なのだ。(マンソンの言葉、シュレック、228: 18-9)

入信者の注意を惹きつけ、彼らに畏怖の念を植えつけたのは、つかの間のうちに膨大な数の役割と性格を演じわけて見せるまさにこうした並みはずれた能力であった。

彼の動作は手品のように、また音もなく滑空するグライダーのように、きわめて繊細で機敏であった。そしてその笑顔も、あったかいお父さんのそれから、楽しげな悪魔のそれへするすると変化した。彼がいったい何者なのか、私にはわからなかった。(フロム、83)

彼の動作は、緩慢でほとんど夢うつつのようであったかと思うと、次の瞬間にはすさまじいエネルギーで爆発し、まわりにあるものすべてに火をつける、といったふうであった。彼はしょっちゅう髪や髭の型を変えたが、そのたびごとに新しく生まれかわることができた——ハリウッドのペテン師、刑務所のならず者、ロックのスター、グ

ール―、子供、放浪者、天使、悪魔、神の子など。（ワトソン、263: 67）

マンソンは特有の率直さでこの能力を説明している。「私は千の顔を手に入れたが、そのおかげで五百人分の統合失調症患者になった。私は人生のなかで次々とその顔を演じた。ときには人々がその役割に私を追いやったから、またときには自分以外のだれかになる方が都合がよかったから」（エモンズ、66: 229）。

「境界例」パーソナリティと同様、マンソンは聞き手の願望を感情移入的に反映することによって、自分の空虚さ、怒り、恐怖から脱出した。すなわち、まず彼らの内的な状態を発見し、模写し、増幅することによって、ついで彼らの行動と表現と動作を模倣することによって、そして彼の深い怒りと恥辱というゆがんだ拡大レンズに映る誇張された形態の自己に彼らを回帰させることによってである。「私はあなた方すべての内側に住んでいるものにすぎない。……私はあなた方が作り上げただけのものでしかない。私はあなた方の反射鏡にすぎないのだ」（マンソンの言葉、ブリオージ、29: 389からの引用）。「私を見てあなた方が心のなかでどんなことをお考えになるか、それがあなた方の自分自身と世界に対する判断のあり方なのです」（マンソンの言葉、シュレック、228: 22からの引用）。

他者の内的状態に対する彼の鋭い感受性とぴったり符合しているのが、日常言語に関するそのヴィトゲンシュタイン的な理解である。マンソンは日常言語を、自分の個人的な啓示に対する破壊的な制約として退けるのだ。「あなた方は言葉を発明し、辞書をつくった。そして私に辞書をくれて、こう言った。「これが言葉の意味なんだよ」と。なるほど、たしかにあなた方にとってはそういう意味をもっているだろう。しかしあなた方以外の人間にとっては、そうした言葉のために別な辞書があるんだよ」（マンソンの言葉、シュレック、228: 56からの引用）。マンソンにとって言葉はものごとの認識のためにあるのではない。言葉は情動を喚起するものであり、多重の象徴性を帯びたものであり、マンソン自身が姿を変えるごとに意味と色調を変化させていくものである。そしてマンソンは、流動性にとんだ言説のほか、自分は承認され参加しているという強烈な感情を感受性にとむ信者のうちにつくり出すため、周辺言語的な刺激をも利用した――彼と最初に出会ったときのことを書いたスーザン・アトキンズの記述に、それを見ることができる。「私はまったく類例のない一瞬を経験した。見知らぬひとと私がおたがいにダンスしながら通りすぎていった。……それは人間の現実を超えていた。ふたたび二人がふり返って見ると、おたがいが相手の完全な鏡像になっていたのだ。私が動けば彼も動き、彼が動けば私も動いた。二人は完全に一緒――一つになった。彼のなかの何かが私のなかに入ったのだ」（アトキンズ、9: 5）。入信者はみずからを虚しくして、自己に投影されるものをすべて反射しかえさなければならないと教えるとき、マンソンの鏡像化能力はその教義のなかにも貫かれている。(15) ファミリーのメンバーは、そうすることによって宇宙愛という永遠の力でたがいに融合し、純粋な心を外へ輝かすことができると信じて、文字どおりのかたちでこの受動的な状態に到達しようと猛烈に努力した。「脱プログラム化」された大人を創造することを目的としておこなわれた子供の教育も、子供がしたことをすべてそのまま反復してみせることをその内容としていた。すなわち、子供が泣けば、その世話にあたる人間も泣きかえしてみせるというわけである(サイプ、239)。

自分はファミリーの指導者ではなく、信者たちの願望の反映であったにすぎない。だから彼らが何をやったにせよ、その責任は彼らにあるのであって、自分にあるのではない、というマンソンの言葉を理解することができるとすれば、それはこのような文脈においてである。結局のところ彼は、信者たちが求めた本質的な無我性と責任放棄の見本であった——つまり彼は、信者たちが他者から隔絶された自分たちの状況を消去することによって一つに結合するための、空虚な空間だったのである。

しかし、マンソンを見習って他者の鏡像になろうとした人々は、マンソンのようにそれで自分自身の現実を創造しはじめたのではなかった。逆に彼らは、これがマンソンの性格だと直観したものをますます多く身につけたというにすぎない。なぜなら、真の存在を顕現するのは、彼の一触即発の激烈さだったからである。「私たちは神と諧和した——すくなくともチャーリーはそうであり、それ以外の者は彼を通してそうしたのである」(アトキンズ、9: 114)。マンソンにつき従い、マンソンになろうと努力することによって、弟子たちは力の究極の根源と想像するものに主観のうえで近づいた。また事実、最も熱心にマンソンを模倣した最側近の帰依者たち——彼らは空っぽの鏡と化していた——は、彼のもつ魔術的な能力を自分も獲得しつつあると感じたのである。スーザン・アトキンズは、いく人かの信者の指揮者として任命されたとき、まさにマンソンがそうできると信じていたように、自分も彼らの考えを読んであやつることができると思った、と報告している。彼女はまた、音楽を作曲し、ギターを弾き、自分は超個人的な力の根源に通ずる水路だと考えもした。

あまりに完全な同一化のため、マンソンは実際に自分たちの一部になってしまったと入信者たちは信じた。つまり、彼らと彼らの指導者とは融合し、彼らの眼をとおして彼はものを眺める、というわけである。「私はチャーリーになった。私はそれが私である以上、すべてチャーリーなのだ。もはや私には何も残らない。そしてファミリーにいる人間の全員、これが自分だというものはもはや何も残らない。彼らもまたみんなチャーリーなのだ」（ある入信者の言葉、ブリオージ、29: 461 からの引用）。

マンソンはいまや、自分の歌う歌に唱和してくれるコーラスを有するにいたった。「在ることをやめよう／こっちへ来てぼくが好きと言えばいいのさ／世の中に見切りをつけよう／……服従は贈りもの／歩みを進めて兄弟にそれを分けあたえよう」（シュレック、228: '73 からの引用）。そして信者たちは、日常生活の迷いやくい違いを克服してくれるこのすべてをつつみこむような共同体のうちに自己を投げだすことを、快楽と感じた。「われわれは一つの家族としてともに生きた。家族が母、父、子供としてともに生きるように。だがわれわれは一心同体であり、チャーリーはその頭であった」(ある入信者の言葉、ブリオージ、29: 318からの引用)。

下降する循環

だが愛の共同体は短命であった。マンソンのうちに住む悪魔、信者たちの期待、そして彼らに敵意をもつ社会の影響、これらすべてが重なりあって最後の破局へとそれを駆り立てたのである。しかしながら最初のうちは、壊滅的な帰結が避けがたいものであるとは見えなかった。「一九六七年、私のすべての旅がはじまったとき、私の心は愛を求めて泣いていた。そして、私が何とかしてひとの注意を惹こうと渇望し、ひとに受け容れられることを願っていたことは、ほとんど疑う余地がない。……もともとは善なるものとして始められたこと、つねに善たるべく考えられたことが、どういうわけか、あとになると結局裏目に出た」(マンソンの言葉、エモンズ、66: 110からの引用)。

実際はじめのころは、マンソンにとってもファミリーにとっても、グループが成長するとともに何かすばらしいことが起こりつつあるように思われていた。日常生活の堕落や虚偽性と彼らが考えたものが、「愛と仲間意識とたがいの欲求を満たしあうことがわれわれを一つに結びつける」共同体（マンソンの言葉、エモンズ、66: 143からの引用）に取って代わられつつあった。ファミリーという崇拝者のサークルのなかにいることで、ついにマンソンは自分自身の延長以外の何ものでもない世界に安堵することができたのである。ところがそうこうするうち、配下の者たちはファミリーを世界に新しい生命を賦与しようとする勢力とみなし、マンソンを新しいキリストと見るようになった。

この崇拝は、すでに不安定になりはじめていたマンソンの人格に、壊滅的な影響をあたえた。以前とるに足りない犯罪者や囚人として生きていたころには、世界の支配という彼のパラノイアや誇大妄想は現実によってはばまれていた。ところが、いざ夢が現実になり、ファミリーの指導者としてちやほやされるようになってみると、千もの役割を演じわけるカリスマ的能力の背後にあった断片化の経験と内的な怒りが表に出ようとして、彼を脅かしたのだ。安全な境遇を維持していくために、彼は自分の共同体と影響力とを拡大してゆかざるをえなかった――この努力は信者たちの幻想によってはずみがつき、またその幻想は彼の幻想にはいりこんでそれをますます増幅した。「彼は彼自身がわれわれのうちにつくり出した狂気を共有していた。そしてついには最も熱心なその弟子となったのである」（ワトソン、263: 27）。マンソンはヒトラーと同様、デュルケムやビオンが想像したような受動的トーテムではなかったが、たんなる悪の天才でもなかった。彼は自分につき従う者たちとの形成的弁証法のうちに、つまり指導者と信者が一緒になって共有の現実をつくりあげる形成的弁証法のうちにあったのだ——その現実はますます過剰に、ますますパラノイア的になりはしたが。

とはいえマンソンは、自分のつくった音楽を通じて、しばらくのあいだ世俗の世界とのつながりをたもっていた。自分は音楽によって有名になり世間に受け容れてもらえるのではないか、と望みをつないでいたわけである。[16]マンソン言うところの謀略によってこの楽しい夢が挫折させられたとき、[17]社会に対する彼の深い憤激が希望を凌駕した。その補償として彼は、ファミリーのなかでいっそう強く自己主張するようになったのだ。それと同時に、共同体も大きくなり、あつかいにくくなっていったから、食物と隠れ家の供給という必要をみたすことがますます困難になった。愛だけですべての人間を食べさせていくことはできなかった。「私は無理を重ねて辛く苦しい事をなし、それを権威の声たらしめんとした。権威の声こそ私に忍びよってきたものであった」(マンソンの言葉、エモンズ、66:175)。グループを維持・拡大しようと努力するうち、彼はすぐに非合法活動に巻きこまれることになった。だがここでも彼は、上々の悪漢たりえなかった。警察が出動して緊張が高まり、マンソンはひどい恐怖に見舞われたあげく、営々としてきずきあげた世界がバラバラに崩壊しはじめたのである。「いったん歯車が狂うと、何から何まで悪い方向へとんとん拍子で進んでいるように思えた。すると頭がくらくらしはじめ、圧迫感が高まり、緊張が増大し、欲求不満が進行して、いまいましいことだ、どうとでもなれと感じてしまう」(マンソンの言葉、エモンズ、66: 171)。

圧迫感に対するマンソンのもともとの反応パターンは引きこもりであった。自分を脅かす社会から離れて砂漠の奥に身を隠すことを、彼は望んだのだ。だが、それ以上に退却しつつ、なお集団として生きのびることは、不可能であった。自分を神とする共同体へ強烈に同一化していたために、彼は囚われ人のままでいなければならなかったのである。「私は自分のものをまとめ、知らない土地へ向かいたいという衝動にしばしば駆られた。だが、あの若者たちのこと、また彼らの生活のなかで自分がはたしている役割のことがどうしても頭から離れなかったから、もしそこを去っていたならば心臓が引きちぎられる思いがしたことであろう。私が必要だという彼らの思い以上に、私のうちにある何ものかが彼らを必要としていたのだ」(マンソンの言葉、エモンズ、66: 183)。

もとから二極化していたマンソンの想像力が、外部の世界をますます暗く危険なものとして描き出すようになると、状況は急速に悪化した。「おまわり、ニグロ、体制派——われわれはやつらにつけ狙われている」(マンソンの言葉、アトキンズ、9: 117)。コミューンは軍事基地と化し、マンソンは「自分たちを拒絶する世界への憎悪、ものの見えぬ人間たち、またものの道理のわからぬ人間たちに対する侮蔑の念」(マンソンの言葉、エモンズ、66: 185)に圧倒された。

不安きわまりない状態のなかで、いまや彼は、活力を高める方法として恐怖心をあおることに着手した。ファミリーは、「いつでも全面的パラノイアの状態にあり、全面的パラノイアが意識のすべてになっている」コヨーテ（マンソンの言葉、サンダース、224: 129）のようになるべきだ、とされた。ナイフを装着することが規則とされ、マンソン自身も「魔法の剣」を身につけて、配下の者たちに振りまわしてみせた。恐怖の意識にたえる能力を高めるため、信者たちは入りくんだ崖っぷちの道路を猛スピードでドライブし、マンソンは側近の帰依者たちをひとの家にやって「いも虫ごっこ」をやらせた。彼らはそこで家人に気づかれることなく密かに家具を置きかえるのである。信者たちにこうした冒険をやらせる一方、マンソンは殺人について考えるよう彼らに命じ、夜の講話で拷問や暴力を論じることがますます頻繁になった。彼はまた、深刻なストレスの症状、つまりカッとなって怒ったり、弟子をなぐったり、ものをこなごなに壊したりといった症状をしめしはじめた。こうした暴力は配下の者たちにとって、アイデンティティに対するもうひとつの挑戦であると同時に、マンソンやファミリーに対するみずからの信仰の試金石でもあった。

指導者のパラノイアと憤激が高じるにつれて、ファミリーのメンバーはいっそう強い親密感と隔離状態に引きこまれていった。以前からファミリーに加わっていた人々は、これが自分の最も深い自己だと感じるものを発見した。すなわち、彼らは集団のなかで融合のエクスタシーを経験するために自己の人格を惜しげもなく棄て去り、迷いから脱出し、自分自身を超えたあるビジョンに加わった。みなマンソンを愛し、彼も彼らを愛していた、いやむしろ彼らのうちにある自分自身を愛していたから、彼らはたがいに愛しあった。彼らはいまや、彼の愛とそれによって自分たちが得たすべてのもののために、またその愛を脅かす悪魔たちをはねつけるために、ドラマの終幕へと向かう準備をととのえた。

それを示唆したのがマンソンであったにしろ、グループの何人かのメンバーであったにしろ、殺さねばならぬという考えが状況の胎内から飛び出してきたことは明らかである――グループは前進することも退却することもできず、マンソンの精神状態、高まる外圧、集団力学といったものを反映してグループ内に鬱積してきた爆発的な怒りを放出するか、共同体がつぶれるか、どちらかしかなかった。マンソン自身の二極化した至福千年的教義が進むべき道を用意していた。なぜなら彼は、暗黒のパワーを完膚なきまでに破壊し、新しい時代を切りひらく巨大な激動を想像していたからである。ファミリーの犯す殺人はそれゆえ、黙示の到来を早めるための方法として、少なくとも部分的には正当化されたのである。

だが、イデオロギーの背後にあるのは混じりけなしの猛毒の憎悪であった。「この乱れきった社会は、一人また一人と私の愛する者たちを私から奪い去っている。目にモノ見せてくれる！　やつらは私たちから獣をつくったのだ――私はこの獣たちの紐をほどいてやろう――恐ろしくておちおち家のなかにいられないような、ゾッとする恐怖をみんなに味わわせてやるのだ！」（マンソンの言葉、エモンズ、66: 199）。そうして、選ばれし民たちはマンソンが愛する乳と蜜の流れる砂漠の、秘密の穴に身をひそめるであろう。地上では獣のようなニグロと堕落しきった白人たちが戦うであろう。そしてそのあとにはファミリーが地上にあらわれて至福千年の到来を告げ、マンソンの救済者としての最終的な神格化がなされるのである。[18]

このようにしてマンソンは、彼の名を高めたグロテスクな殺人を公認してそれに加わり、完全な愛と受容という自分の夢に大虐殺という決着をつけた。殺人が筋書きどおりに進みそうもないこと、砂漠ではグループが長期間生きのびられないこと、また人を殺せば刑務所行きになることを、理性に立ち帰るときには彼もわかっていた。だが「私自身は気にもとめぬ世の中への反感や軽蔑の結果、私はどうとでもなれという気になった。……権力の感覚と憎悪が結びつけば、行き着く先はそんなものだ」(マンソンの言葉、エモンズ、66: 200-1)。もう一度みんなから見棄てられることよりも、むしろマンソンは進んで殺人を犯し——自分が望んだことを全部ぶちこわしたかったのである。

実にファミリーは、殺人事件のあとも、砂漠の奥地の隠れ家にみずからを隔離し、共同の犯罪によってさらにかたく結ばれつつ、しかし愛が消えて不信と恐怖が、また自分たちが共有した暴力性への自負がそれに取って代わった状況のなかで、ともに暮らしつづけた。だがマンソンと実際の下手人が逮捕され有罪を宣告されたのちは、マンソンがかつて体現していた超越的な神話がいまいちどよみがえり、あとに残された人々によって燃え立たされた。彼らは自分たちの楽園がうしなわれたことを思いおこしながら、暗い出来事を忘れること、あるいは自分たちの夢の実現をはばんだ社会にその責任のすべてを転嫁することを選んだのだ。

信者たちが伝道し、マンソンが体現する幻想は、一般社会の多くの構成員にアピールした。それゆえ彼は、ある種の人々には悪魔であるけれども、ある種の人々には神であり、時間に縛りつけられた世界を「永遠の現在」のうちに溶解させる終末論的潜在力を彼のなかに見る人々から、彼はいまも年に何千通もの手紙を受け取っている。(訳注13) しかしながらマンソンは、そうした信仰者たちに対してほとんど共感をすることがない。彼が言うところによれば、結局「人間は神を必要とするが、神は人間を必要としない」(マンソンの言葉、シュレック、228: 29)のであって、独房のなかにひとりでいる神チャールズ・マンソンはだれも必要としないのである。

あなた方にわかってもらいたいのは、私はまさにここで、この世とそれを超えた世界のありとあらゆるものを手に入れているということです。私の眼はカメラです。私の精神はあなた方の世界に存在するよりも多くのテレビ・チャンネルを受信することができます。そしてそれはいかなる検閲も受けることがありません。私はそれを通じて、私自身の世界、私自身の宇宙をもっているのです。だから私に同情するのをやめて、牢獄につながれているのは肉体だけだってことを分かってください。私はその気になれば街路を歩み、あなた方の間にまぎれこむこともできるんです。（マンソンの言葉、エモンズ、66: 227からの引用）

第10章「あなたが知る唯一の神」
――ジム・ジョーンズと人民寺院

ぼくが君を愛するように愛されることはもう二度とないだろうね。
――ジム・ジョーンズの言葉。レストン、213からの引用

私はジョーンズタウンを、自分にもその責任の一端がある悲劇と見ています。うしろをふり返ると、自分の役割を演じ、意思を決定し、行為した多くの俳優たちが眼に浮かんできます。彼らはみな破滅へと仮借なしに進んでいったのです。……俳優たちは残りの私たちとそう異なってはいませんでした。世の中という舞台の上に立つ俳優たちは自分の意思を決定し、一歩一歩クライマックスに向かって進んでいます。死はまだ投げ入れられてはいませんが。私たちはそうした俳優のなかにいるのです。まだ選択の余地はあります。でも進んでゆけば想像もつかぬ悲劇が待ちうけているのです。この世ではジョーンズタウンが

起こらないだろうなどと考えることは、馬鹿げています。
——ジョン・ムーア（ジョーンズタウンで死んだ二人の女性の父親）の言葉。ムーア、187: 395 からの引用

ジム・ジョーンズとその信者たちはカリスマ運動に関する有益な実例をあたえてくれる。マンソン・ファミリーとはたいへん異なった前提から出発し、また異なった社会層にアピールしたが、おなじようにそのメンバー内にエクスタシー的な共同体的無我性を喚起し、指導者のパラノイア的激情を刺激し、またよく似た破局的虐殺で終った——人民寺院の場合、メンバーが他人ばかりでなく自分たちをも殺したという違いがありはしたが。それはいまだに現代のカルト運動中、最も謎の多い運動でありつづけている。なぜなら、一九七八年世界に衝撃をあたえたジョーンズタウンの大量自殺は、狂気あるいは強制力の執行を仮定する以外に概念化することが困難な現象であったし、またいまでもありつづけているからである。

しかしながら、狂気という概念も強制力という概念も的を射ていないことを、事実がしめしている。ジョーンズタウンを取り囲んだ武装した護衛たちは、そうしようと思えば容易に逃げ出すことができたのに、友人たちを殺した毒を飲んだのだし、唯一放たれた銃弾が奪ったのはジム・ジョーンズ自身とその側近の弟子の一人アンネ・ムーアの生命だけで

あり、それは歴然たる心中であった。(1) そのとき偶然にもジョーンズタウンにいなかった何人かの入信者はあとを追って自殺し、生き残った入信者たちは後悔の念をあらわしている。「私も友人たちと一緒に死にたかった。私は友人たちがしたいと思うことは何でもしたかった」(ある生き残りの言葉、ギャラガー、86からの引用)。またコミューンのメンバーは、いかなる臨床的意味においても「狂気」ではなかった。実際、ある評者の言によれば、「ジョーンズの信者の大半について言えば、そのおぞましさは彼らが驚くほど正常であることにあり」(リチャードソン、214: 21)、彼らに敵対的な証人でさえジョーンズタウンの住人が「はじめ予想したロボットのような人間たちでは全然なかった」こと(レストン、213: 229)を証言している。

人民寺院

ジョーンズタウンの悲劇を理解するためにはまず、それに加わった人々に何をそれがあたえたのかを見ておく必要がある。マンソン・ファミリーと違って、人民寺院はこの世の現実を否認する反道徳主義的な信念体系に基礎を置いていなかった。人民寺院はそのかわりになるものとして、ペンテコステ派(訳注1)の信仰治療と左翼的政治行動とを結びつけた。そして現代社会の分裂状況や人種主義にもとづく種々の不快な差別に反対し、そのかわりに新しい共同体的イデオロギーを好んだ。そこではだれもが平等にあつかわれ、共有の価値にあずかり、ジム・ジョーンズの指導のもとでたがいに気づかい癒しあう愛の共同体のなかに結合されるのだ。

グループそのものは、カリフォルニアという土地柄に簇生していた他のいかなるコミューンよりもはるかに複雑かつ強力な組織で、最盛期には五千人の信者がいた。自分の政治計画を実践しようと思えば、ジョーンズは支持者たちを手紙書きのキャンペーンやピケに動員することができたから、彼の支持基盤は実際よりもずっと広範囲であるような印象をあたえた。そのために彼は、数多くの政治家から誘いを受け、サンフランシスコ市委員の職に指名された。最盛期の人民寺院は現世から引きこもった集団ではなかった。それは活発で、人目をひき、強力で、システムのなかにいながらシステムを変えていくために活動していた。

人民寺院の初期の成功の多くは、ジョーンズが黒人社会に向けておこなったすばらしいアピールに負うものであり、これはまたほとんどのカウンターカルチャー組織と人民寺院とを鋭く区別している。前者の場合、そのメンバーは白人中産階級の若い学生くずれからなっていたからである。ジョーンズは中西部における初期の福音伝道から得た白人の原理主義的信徒からなる幹部団のほか、超政治的な急進派や行動主義者といった中産階級の支持基盤を引き入れはしたが、彼が最も成功したのは、貧しく、文化的にも抑圧された黒人たちの改宗であった。彼らは次の事実に感銘を受けたのである。つまりそれは、人民寺院は何も分けへだてしない超人種的共同体であり、人々はそこで飢えや孤独や偏見や貧困の恐れなしに、一致団結してともに働き暮すことができるという事実である。

形がととのった段階で、人民寺院のメンバーは八十%が黒人、三分の二が女性であり、高齢者、極度に貧しい階層の出身者、重度の麻薬患者や前科者がたくさんいた。教会がほとんど白人によって占められていたインディアナポリスにおける初期の時代にあってさえ、ジョーンズはアウトサイダーやスティグマを背負った人々に訴えかける特殊な能力をもっていた。当時からの信者のひとりが言うところによれば、ジョーンズは「たいていのひとが関わりをもつことを避けたがるような人々〔を惹きつけた〕。たとえば、世の中のだれも相手にしてくれないような太った醜い老女たち。彼はほんとに彼女たちを愛しているかのように抱擁し、キスしてまわった。そのときの彼女たちの顔を目にすれば、彼が彼女たちにどのような意味をもっていたかが分かったであろう」（フェインソッド、70: 17からの引用）。恵まれぬ人々、虐げられた人々、愛されることのない人々は、人民寺院のなかに、ともに働き、ジム・ジョーンズの愛と気づかいによって結ばれたよりよい世界を発見した。それは明らかにすべての社会的境界を超えるものであった。彼は彼らのすべてを愛し、彼らのすべてに気をくばり、彼らのために辛抱づよく闘い、いかなる物質的な報酬も期待することなく自分を彼らのために犠牲にしようとした。「『私に家があるうちは、それがあなた方の家となる』と言ってくれる男がここにいる。靴は一足しかもたず、一台の車ももたず、スーツも一着しかもたない男がここにいる――今夜着ているスーツはおそらく借りてきたものだろう。一日に二十時間以上働く男がここにいる。ジム・ジョーンズそのひとである」（復活伝道集会におけるジム・ジョーンズの紹介、レイターマン&ジェイコブズ、212: 307からの引用）。

実際このような描写は、知られているかぎりにおいて真実の描写である。たとえ人民寺院が莫大な額の寄付金を受け取り、その最後の日々には約二千万ドルの手持ち現金をもっていたとしても、ウェーバー型の真のカリスマであったジョーンズは金銭にほとんど関心がなかった。ある入信者によれば、「お金はジムにとってほとんどジョークと化してしまった。……いったいぜんたいそれをどうしたものか、と私たちはよく考えた。だが、それをたくさんつかったことは一度もなかった」（キルダフ&ジェイヴァーズ、134: 82からの引用）。またジョーンズは教会と会衆のために自己を完全に捧げ、超人種的な社会主義共同体という自分の夢を達成するために、ほとんど二十四時間働いた。

人民寺院には、階級や人種の融合、指導者の愛にもとづく献身ということのほかに、もうひとつの魅力があった。それは、三世代にわたるものもいくつか含めて、多くの家族が全員で加わっていたという事実である。この点も、一般に狭い年齢層にしかアピールできなかった他のカルト集団とは非常に異なっている。また一方、人民寺院では自分の近しい親類縁者たちへの愛着を棄て去る必要がなかった。

したがって、人民寺院に入ることと、空想を糧とする隔離された無力な集団のメンバーになることとは似ても似つかないことであった。それはわかちあいと行動という強力な社会主義的イデオロギーをそなえた大きな共同体だった。それは現実に成功し、現実に力をもっていたのである。ある人民寺院の元メンバーが回想しているように、まさに「ジムにはこの世をもっとよいところに変えていく知識と能力がそなわっている。ここは真の人種差別撤廃が実行されるのを見た唯一の場所である」（ミルズ、185: 137）と思われたからこそ、自分たちはジョーンズとその理想を信じたのだ、と多くのメンバーが証言している。ジム・ジョーンズを指導原理とする協同組合的な共同体として組織されることによって、人民寺院は絶望と孤立と屈辱に取って代わる生活のあり方を提供した。つまり、そこでは新しい理想がたんに語られるのではなく、生きられたのである。貧困にあえぐ黒人たちばかりでなく、中産階級の白人たちも人民寺院の経験にある種の絶対的価値を見出した。彼らはこの共同体のうちに生きることを選び、彼らの多くはそこを立ち去るよりもむしろ死ぬことを選んだ。彼らがそのように選択したのは、人民寺院の狂気に対する誓約のためというよりも、むしろ日常の世界に対する告発のためだったのである。

「いつでも独り」——ジム・ジョーンズ

だが、この理想主義的なカリスマ共同体がパラノイアと自殺へ向かったのは、みずからに否定的な社会環境への反作用のためばかりではない。それは部分的には指導者の性格の帰結でもあった。なぜなら、それに形をあたえたのは彼であったし、信者たちの深い願望によって彼の暗い幻想が拡大されたからである。

他の多くのカリスマ的人物とおなじく、ジム・ジョーンズもアウトサイダーであった。「インディアン」的容貌と普通でない家庭生活は、小さな町の少年を、クラスメートに特異視される存在にした。彼の父親は病弱で冷淡、敵意のかたまりといった男で、ジョーンズがまだ小さいころに死んだ――これはカリスマの典型的な父親像である。ジョーンズは母親と密接なきずなをもった。彼女は結婚によって身分を落としはしたが、比較的高い教育を受け、芸術を解することができるという自負をもった女性であった。また慣行にことごとく逆らい、毒づき、酒を飲み、煙草を吸い、工場で働き、幼い息子を一日じゅう独りぼっちにしておいた。(2)

ジョーンズの心は小さいときから怒りと孤立の感覚に満ちており、それは生涯変わることがなかった。(3)「小学校三年の終りまでに、私はいつでもすぐに人を殺すことができるようになった。めちゃくちゃな攻撃性と敵意をもっていたから、殺そうと思えばいつでも殺せたということだ。だれもまったく愛してくれなかったし、理解もしてくれなかった。……いまでもおんなじだ。独りぼっち。いつでも独りぼっちだったのだ」(ジム・ジョーンズの言葉、レイターマン&ジェイコブズ、212: 16–17からの引用)。

幼いジョーンズは呪いの言葉を唱えることで怒りを発散した。それを面白がった労働者たちは彼にお金をくれた。のちに彼は、みずから先頭に立って呪いの業をやってみせることによって、会衆の抑圧を解き放つことに助力したものである。彼は言葉の、また禁じられていることに公然と耽ることの感情的効果をよく知っていた。また同時に、地方のペンテコステ派教会に連れていってくれた近所のひとの刺激もあって、少年は別なタイプの言葉のなかに慰めを見出すようになった。教会の奉仕活動に参加するうち、ジョーンズは異言を語り、すらすらと説教できる能力が自分にあることに気づき、有望な児童宣教師との評判を得た。復活伝道集会の興奮した雰囲気のなかで、彼は自分が求めていた賞讃も感情の解放も手にした。だがそのために彼は多大な犠牲を強いられた。恐るべき悪夢と不眠症がはじまったために彼の活動は間もなく切断され、しかもそれは彼を生涯悩ましつづけたのである。典型的なカリスマ的啓示のあとになってはじめて、彼は説教へ回帰するだけの内的な強さをもつことができるようになった。

教会から落ちこぼれてしまったために、彼は自宅の屋根裏部屋に自分だけの小さな世界を自分できずいた。そこで彼は、演劇的なパフォーマンスを制作・監督し、友だちに向って本を読んで聞かせたり演説したりした。ときにはたいへんな剣幕で彼らの忠誠心を試すこともあった。彼は動物実験を好み、病を治す能力が自分にはそなわっていると主張した。ジム・ジョーンズはこのときすでに、自分の意のままになる環境、自分が生と死をつかさどる者として全能と暴力の幻想を実地に移しかえることができる環境を創造しはじめていた。彼がのちに人民寺院でやろうとしたのは、こうした環境の再現であった。

中学の終わりに、ジョーンズはシーツを身にまとい、故郷の町に伝道しようと旅立った。この冒険は一人の入信者ももたらさなかったが、のちに彼は、もっと大きな町へヒッチハイクし、路上で、とくに貧しい黒人にむかって説教することをはじめた。彼らは喜んで彼の話を聴き応唱した。インディアナ大学での気がぬけたような生活のあと、ジョーンズは結婚し数多くの職業についたが、どれもうまくゆかなかった。猿をふくむペットの動物園をもつことによって、彼はこの不遇からのわずかな救いを見出した。

他のカリスマたちとおなじように、ジョーンズが変容の経験を体験したのはこの困難な時期であった。彼の場合、その啓示はジュリアス・ローゼンバーグとエセル・ローゼンバーグの処刑(訳注2)と結びついている。彼らは電気ショックで処刑されたのだが、そのとき、当時二十二歳のジョーンズは異常な高熱を発して意識朦朧たる昏睡状態にあり、自分で肝炎と診断した病気の長く辛い発作に苦しんでいた。「その昏睡状態から抜け出したとき、私は涙を流して泣いた。シーツがびしょ濡れになるまで泣いた。死んでしまえばよかったのだと思った。そうしているうち、どこかで私は泣くのをやめた。もう泣くのはやめよう。どうせコミュニストってのは辛いもんなんだから、と」(ジム・ジョーンズの言葉、レストン、213: 50からの引用)(4)。この経験は彼に、カリスマのしるしである自己疎隔化の感覚をもたらした。「あなた方は自分のいのちを愛してはならない。私がそうしてきたように、自分のいのちを憎むところまで進んでゆきなさい。いのちをうしなうところまで進んでゆきなさい。そうすればあなた方はいのちを得るでしょう」（ジム・ジョーンズの言葉、レイターマン＆ジェイコブズ、212: 226からの引用）。

ジョーンズは啓示のあと、子供の彼を怖がらせた悪夢と折り合いをつけ、ペンテコステ派の巡回説教師兼治療師(5)としての人生を開始することができた。そして、非常に情熱的な奉仕活動に参加することによって、聴衆に病からの霊的な治癒をあたえたのである。すらすらと演説することができる彼の天賦の才はすでに成熟しており、彼が説教のなかで感じとって伝達したエネルギーの奔流は、彼とその聴衆をともに活気づけた。また同時に彼は、自分が手を触れることによって何人かのひとがほんとうに病気が治るように見えるのを発見し、自分の魔術的な力に対する自信を深めた。

そうした成功に気分をよくしたジョーンズは、自分を中心とする一心同体の共同体という夢が実現されるようなペンテコステ派の教会を、インディアナに創設しようと決意した。しっかりとした教会にするため、将来は人民寺院によって必要なものがすべて満たされるであろうという約束とひきかえにして、現世での全財産を寄付するよう、彼は教区民に要求した。奉仕活動は長く、疲労が大きく、強い感情を要した。それはまるで至るところ熱しきったジェットコースターのようなもので、会衆を疲弊させるとともに霊感もふきこんだ。ジョーンズ自身は生き生きとして、まるでエネルギーの発電機のようであり、しばしば真夜中に電話で同僚をたたき起こしてはアイディアを論じ、いつでもすぐに教区民に弔辞や忠告をのべることができた。

会衆が多くなるにつれて、ジョーンズは自分がカリスマにまで高められることを強く主張するようになった。彼の大げさな自己呈示は、自分を神とよび、多くの活動的な信者を支配したハーレム出身の黒人指導者ファーザー・ディヴァイン(訳注3)を手本にしていた。ジョーンズは、尋問や公開告解をふくむファーザー・ディヴァインの数多くの儀礼を模倣することによって、自分が死後間もなかったディヴァインの霊的後継者であることを、自分の黒人会衆にしめそうとさえした(6)。そうした儀礼は集団のなかに強い合一化の感覚を創出するうえで有効であり、共同体の中心的立場にジョーンズがいることを承認させるのに役立ち、感情の爆発、集合体の浄化、集団的カタルシスを演出した。

罪を犯した者は、前に進み出てジミーにひざまずき、罪そのものではなく、他人に対する悪感情を告白するように言われた。ジミーは哀願する者たちに、敵意を言葉で表現することによって自分の敵たちと和解するよう、指示をあたえた。ひとたびそれを口にすれば、悪感情は消えて涙があふれだし、元気のよい結合感情、兄弟愛、キリスト教徒としての仲間意識がそれに取って代わるのだ。(あるインディアナ寺院の入信者

の言葉、ウェイトマン、269: 20からの引用）

ここでジョーンズは、神が愛の力であるからには、最もよく愛する人間は神の化身なのだと論じた。そしてその人物とはジョーンズそのひとでなければならなかった。また同時にジョーンズは親しいサークルでこのように語った。「もちろん私は神ではないし、イエスでももちろんない。だがこの人々はたいそう信仰心が篤いから、社会主義に同意するよう彼らを説得するためには、そんなふうに話さなければならないんだ」と（ジム・ジョーンズの言葉、イー&レイトン、281: 158）。

しかしながら、自分は神であると同時に世俗の世界では社会主義革命の指導者であると主張しつつも、次第にジョーンズの心は恐怖にとらえられるようになっていった。そしてかつての悪夢が、しかし具体的なかたちでよみがえった。そのとき彼は、自分に反抗しようとする策謀をそこに読みとり、核による破滅を予言し、宇宙からの声が教会を移すよう自分に警告していると主張した。脅迫や狙撃事件も発生した――そうした事件はおそらくジョーンズ自身のデッチ上げであったのだが。いろいろなかたちで攻撃を受けているというエピソードを作り上げることは、ジョーンズの生涯に何度もくり返されるパターンとなったが、目に見えない、だが危険な「アイツら」に対抗するため、会衆が彼に味方して一致団結するうえで有効であった。しかし「敵」の創作はもうひとつの心理的目的をもっていた。なぜなら彼は、ドラマティックな脅威を用意することによって、自分の脅えを人民寺院の世界にもちこみ、そうすることで自分の人格的解体を防ぐために共同体を役立たせることができたからである。

だが共同体のささえにもかかわらず、この異常に興奮した時期、ジョーンズははなはだしい精神衰弱におちいり、二年間にわたってブラジルに退却せざるをえなかった。(7) 彼とその妻や息子、そして選ばれた子供たちからなる人種超越的ファミリーは、ブラジルで非常にマージナルな生活をした。決して深く根づいたものではなかった彼の伝統主義的な道徳規範は、性が自由で、強い情動をおびたカルト的活動がさかんなブラジルの雰囲気の挑戦を受けた。(8) 彼はそれにこたえて自己の変容を持続し、種々の中産階級的な抑制を棄て去って、自己犠牲と至福千年的な社会変動の理論を構築した。インディアナにふたたび帰ってきたとき、ジョーンズは自分が「あなた方が知るであろう唯一の神」であると主張した。彼はいまや、人民寺院を最終局面に引き入れる準備をととのえており、まずそれをカリフォルニアへ連れてゆき、そのメッセージとスタイルでいっそう多くの入信者を獲得したあと、次いでガイアナへ行った。そして青酸カリによる痙攣のうちに、彼の誇大妄想は終わりをとげたのである。

「ジム・ラヴズ・ユー」——人民寺院の生活

人民寺院のメンバーの結合様式は時とともに発展し、最終的には弟子たちが集団のなかへ完全に自己を喪失し、ついには死によって自己喪失するところにまで至った。このプロセスのはじまりは、エリートたるPC（計画委員会）のうちにきわめて明確に見ることができる。(9) PCはインディアナポリス時代に実際的な理由から管理スタッフとして発足したが、敵意を公然と発し、個々人とグループの生活をすべての側面にわたって討議する対決型エンカウンターグループへと急速に発展した。ジョーンズは集会の仲裁者かつ中心人物という役割をつとめ、争いに決着をつける鶴のひと声をあたえた。

彼がブラジルから帰ってくると、集会は行動の「反社会的」な側面、とくに性的な慣行に関心を集中させるようになった。人々は、最も身近かな親類縁者や愛する人間たちを先頭に立って攻撃するよう求められ、かわるがわるおたがいの利己心や性的な不品行、共同体に対する他の諸々の罪を告発しなければならなかった。「セッションは言葉で中傷を加えることからはじまって徐々に言葉の暴力へと進んだ。そのためにひとは涙を流し、やがては身体的な暴力の領域に追いこまれた」（レイターマン&ジェイコブズ、212: 161）。

そうした集会においては、個々人のアイデンティティや他者への信頼が掘り崩されると同時に、ジョーンズの中心性や個人に対する集団の支配が強化された。すべてのPCメンバーは、ほとんど身動きもできない小さな暑苦しい部屋にぎゅうぎゅうづめにされ、二十時間ものあいだほとんど何も飲まず食わずの状態で、指導者の卓越した演出のもと延々と対決し、ときには暴力もふるった。そのさいジョーンズは口論から超然として長椅子にゆったりと寝そべっていたが、長時間におよぶ情熱的な演説をぶつことによって攻撃にメリハリをつけるのを常とした。その演説が語るのは、自分が人民寺院のためにこうむってい る犠牲や病気のこと、自分のすぐれた性的能力、歪んだ性の持ち主であるPCメンバーをみずから進んで満足させてやろうとする自分の無我の気がまえ、絶対の共同体に到達することをめざしながらもPCメンバーのひ弱さによって妨害されている自分の苦闘、自分の不死の愛と偉大な夢、といったことであった(10)。エリートだけでなく、すべての信者が、唯一の真実の愛はジム・ジョーンズの愛であるということを、何度もくり返して聞かされた。それは、まったく分けへだてのない愛であり、彼を一滴残さず飲みつくす愛であり、まったく無我の愛であり、まったく絶対的な愛であるがゆえに、何ものにも置きかえることのできない愛なのだ、というわけである。教会を脱退した彼のある弟子はこう語っている。

いいかい君、君がそこいらで手に入れる愛は心のささえにはなりゃしないんだ。なぜかって言うと、そんなのは君が知ってる愛とは別なものだからさ。ぼくが君を愛するように愛されることはもう二度とないだろうね。金輪際。……なんてことだ。ぼくが君たちを愛するように、ぼくを愛してくれるひとが誰かいればよかったんだ。生まれてからずっと、ぼくはそれだけを求めていたんだ。誰もそんなふうにぼくを愛してはくれなかったんだよ。（ジム・ジョーンズの言葉、レストン、213: 98からの引用）

寺院のメンバーがかわす挨拶の言葉にもそうしたイデオロギーが表現されていた。「「ジム・ラヴズ・ユー」――挨拶、別れ、激励のためのこの義務的な言葉はメンバーに、純粋に利己心なしに愛することができるのはただジムだけだという信念を植えつけた」（イー&レイトン、281: 137）。あらゆる愛の表現はジョーンズに向けられ、ジョーンズに由来するものでなければならなかった。強い愛着をしめす他のあらゆる形式は罵倒された。集団の外部とのいかなる関わりも禁止された。

君たちが家族とのきずなを断ちきるときがやってきた。これからはこの教会が君たちの家族なのだ。血のつながりは危険である。なぜならそれは、ひとがその身を大義にささげつくすことを邪魔するからだ。……家族は敵のシステムの一部である。家族は君たちのことを愛してはくれない。もし困ったことがあるなら、ジムと教会というファミリーだけがそこにおもむいて君たちを助けてくれるであろう。（ジム・ビームの言葉、ミルズ、185: 241からの引用）

しばらくすると、家族という単位は共同体という枠にあうよう再編成されて拡散した。子育ては共同化され、人種の壁を解体するため人種の異なる子供たちを受け容れ、集団意識を促進することをメンバーは奨励されたのである。ジョーンズ自身、非常に多くの子供を受け容れることによって範をしめした。このような背景のもと、家族の者どうしでなされる口論と罰しあいは集団とジョーンズがあいだに入って仲裁した。

われわれはいまや、みなひとつの集団の一員となり、家族の論争は過去のものとなりつつあった。だれが正しいのかという問題はもはや存在しなかった。なぜならジムはつねに正しいからである。家族の問題を討論するためにわが巨大なる家族が集まるとき、われわれは意見を求めはしなかった。そうするかわりにわれわれは子供たちにこう聞いた。「ジムならどうすると思う？」と。それは人生から種々の難題を取りのぞいてくれた。（ミルズ、185: 147）

ロマンティックな男女関係も切断された。ジョーンズは人々に、おたがいに心を惹かれあうことが決してないような相手を指名した。また彼は、他のコミューンの指導者と同様、共同体内部のいかなる自然発生的な恋愛も妨害し、惚れあっていると見えるカップルの関係をズタズタに引き裂いた。なぜなら、そのような性的関係は彼と共同体に対する彼らの関わりを減じさせるものだからである。「ひとがセックスをとおして生にしがみつこうとするとき、……そのロマンスはすでに苦いもの、苦い苦痛に変っているのだ」（ジム・ジョーンズの言葉、レイターマン＆ジェイコブズ、212: 226からの引用）。

夫婦のきずなもまた攻撃を受けた。ジョーンズは既婚者に新しい相手を指名して信者たちに肉体的純潔を要求し、こう主張した。「いったいぜんたいもしセックスが必要とされることがあるとすれば、その唯一の理由は子供をつくることであろう。そしてもちろん、歴史のこの時点、核というわざわいに心しなければならぬとき、わがグループには一人の子供も必要ではない」と（ジム・ジョーンズの言葉、ミルズ、185: 228からの引用）。ただ彼だけが、メンバーのすべてを代表する彼だけが子供をつくるべきだ、というわけである。

信者たちには禁欲を要求していながら、ジョーンズ自身は自分の性的エネルギーをますます強めていった。そして次のように主張した。自分と無限なるものとのあいだには内的なつながりがあるから、自分とのセックスは超越の経験に匹敵するものである、と。その証拠として女性たちは、夫や恋人とのセックスをほんとうは憎んでおり、ジョーンズにしかオーガズムを経験しないと告白することを求められ、一方男性たちは、彼に対して同性愛的魅力を潜在的に感じていることを認めるように強いられた。ジョーンズによれば、寺院の他のすべてのメンバーは「同性愛を隠している。……異性愛的な関係をもつことはたんなる仮装なのだ」（レイターマン＆ジェイコブズ、212: 173）。それとは対照的にジョーンズは自分を唯一の真の異性愛者、「すべての痛みと苦しみを感じることのできる鋼鉄の男」（ジム・ジョーンズの言葉、レストン、213: 224）と規定した。性について自分には曖昧なところがないと言い張るのはすでにマンソンやヒトラーで見た構えであるが、これは多分、自分自身のますます断片化していくアイデンティティや多形倒錯的な性欲に対する反応であったのだろう。このことは、彼が映画館の男性専用室で同性愛をそそのかしたかどで逮捕されたとき、広く明るみに出されるところとなった(11)。

因果関係がどうであったにせよ、ジョーンズの教義は性的エネルギーを彼に集中させ、信者個々人の罪意識と不安を高めるのに貢献した。人民寺院のすべてのメンバーは、自分はジョーンズと愛しあうところを想像したことがあるという告白文を書くよう要求された。「私はあなた方一人一人のところに来た！　私はあなた方みんなのところに来た！　私が言ったように、そのことを認めればあなた方はみんなずっと幸せになれるんだ」（ジム・ジョーンズの言葉、レイターマン＆ジェイコブズ、212: 150からの引用）。男性たちもまた、たんにそれを認めるだけではなくて、ジョーンズに対する自分の性的欲望を身をもってしめしてみせるように強制された。

異性に関心をしめし——そしてそれによって同性愛の「補償」をしようとした——人々は、侮辱の言葉を投げつけられるか、ときには自分の同性愛を証明するためジョーンズのアナルセックスを受けた。……ジョーンズと性的な結びつきをもつことによって何人かの男性たちの心に激しい葛藤が湧きおこった。彼は男色のレッスンをおこなうさい、いつでも自分優位の体位をとることによって、ますます大きな屈辱をあたえたからである。彼は相手を征服すると、これはあなた自身のためになることなんだよ、と彼らに何度も何度も言ってきかせた。自分はこの行為からまったく何の快楽も得てはいないが、君はきっと気持ちよかったろう、と彼は彼らに語った。（レイターマン&ジェイコブズ、212: 173-6）

ジョーンズによって性的に征服された人間は、「私がほんとうの自分の性質を知ることを手助けしてくださってありがとう」と言って彼に感謝しなければならなかった。性の交わりをもったあと、ジョーンズはしばしばみんなの前で、つまりPCの前か、場合によっては会衆全員の前で睦みごとの詳細について論じた。それは相手を罵倒し、その性的アイデンティティを傷つけながらも、共同体の化身――すなわち彼自身――との融合を身をもって演じることによって、共同体のなかへより深く彼らを引きずりこむものであった。

ジョーンズの性欲が実際どれほど激しいものであったか判断しづらいものがあるが、彼の性を圧倒的なものとして描こうとする全員のくわだてが存在したことは確かである。ある脱会者はこう言っている。

私たちはみんな自分が何を言うように期待されているか知っていました。というのはすでに一部始終を見ていたからです。私たちが言うように期待されていたのは次のようなことです。まず、私たちの方から彼にアプローチしたんだ、ということ。彼は私たちを心理的に救ってくれたということ。彼は私たちがいままでに見た一番大きなペニスをしているということ。彼はだれよりも長時間セックスできるということ。そして私たちは彼とセックスすることで初めてオーガズムを知ったということ、などです。その瞬間まで私は、私よりまえに彼とセックスしたひとたちはみんな本当のことを言っているんだ、と信じこんでいました。でもそれは違うんだってことを、いまでは知ってますけどね。（デビー・レイトンの言葉、イー＆レイトン、281: 177からの引用）

この逸話は人民寺院の最も衝撃的な一側面を明らかにしている。すなわちそれは、寺院のメンバー、とくにエリートたる側近の幹部たちが、ジム・ジョーンズの全能神話を維持するために、比喩的な意味でも文字通りの意味でも、相当程度に共謀していたという事実である。[12] PCのメンバーは実際には彼の弱みの多くをにぎっていた。彼が麻薬中毒であることも、健康が思わしくないことも、性の偏りも知っていた。信心深い原理主義的な黒人信者をおびきよせるために彼が用いた「奇跡」がインチキであるということさえ、知っていた。だがPCのメンバーは、グループのためには無謬を誇るジョーンズのポーズを支持しておく必要があるという理由から、そうした弱点やウソに目をつむっておくべきだという考えで意見が一致したのである。PCのあるメンバーはこう言っている。「信者たちから尊敬を集めるためには、指導者はイメージを維持しなければならない」と（ミルズ、185: 140）。それゆえジョーンズは、あたかもメシアであるかのごとくあつかわれ、描かれなければならなかったのである。

そうした主張はジョーンズ自身によっても公然となされた。彼はヒトラーと同様、外見上は何の失敗も破綻もなしに自分の役割を演じなければならないことをよく意識していたのである。たとえば彼は、PCの集会のなかで白熱した対決が続けられているあいだ、攻撃を受けることをまぬがれていた。「私は愛によって君たちの批判を受け容れることができるだろう」と彼はPCのメンバーに語った。「私を信じなさい。私は自分自身、君たちがほかのひとについて言うことのすべてが自分にあてはまりはしないかと気をもんでいる。しかし同胞諸君、われわれはここで強い指導者を必要としているのだから、それは賢いことではないだろう」（ジム・ジョーンズの言葉、イー&レイトン、281: 150からの引用）。かくして入信者たちは、見て見ぬふりをすることによって服従した。彼らは「彼に訓練されたから彼に従ったのではない。そうではなくて、彼を自分たちの指導者にしたから彼の訓練を受け容れたのだ」（ウェイトマン、269: 160）。

しかしながら、エリートのメンバーたちはこのようにきわめて意識的にジョーンズのイメージを築きあげ、共同体への関与をつくり出したにもかかわらず、共同体の経験とジョーンズによって指導されることとの経験は、彼らが自分自身から疎隔化するように作用し、その結果、「まるで不安定な化学原基のように、手のとどくものなら何にでも結びつきたがる」(ホッファー、111: 83)ところまで、個々人のあいだの人格的距離は取り去られた。彼らが結びついたのはジョーンズであり、彼の幻想が彼らをひとつにした。タルドの感光板のたとえにもあるように、事の行く末を知っていたからといって、そうなることを妨げることはできない。だが、理性ある自我は当然、それがたとえ無駄骨になるにせよ、集団への自己喪失に抵抗するであろうとタルドや群集心理学者たちが考えたのに対して、逆に人民寺院のメンバーは、集団への没入をひき起こすことを意識的に求め手助けしたのであった。

その結果エリート幹部は、ヒトラー崇拝の場合と同様、指導者のカリスマ性をたんに促進したばかりでなく、実際に自分自身それを強く信じもした。ジョーンズは病を癒す魔術的な力をもっているのだが、その力を用いるとはなはだしく消耗するので、彼を生かしておくためにはインチキをやることが必要なのだ、と彼らは信じた。彼らは彼の神的な資質を信じ、「ジョーンズは未来を予見することができ、ほかのだれもが知らない情報をもっていると確信していた。このメンバーたちはまた、人民寺院は世界のすべての害悪に対する唯一の解毒剤であると信じていた」(イー&レイトン、281: 165)。

個人としての人格の不安定化とカリスマ集団への再結合というこの過程は、すでに言及したような数多くの手法をひとつひとつ継ぎ足しながら遂行された。個々人の弱さや性的な不適切さ、また友人や家族があてにならない人間たちであることをあばき出すたえまない対決と公開告解。個々人のあいだの感情的なきずなをすべて否定し、感情をジョーンズに集中させること。感情を強化する集団儀礼への参加を義務化すること。外部の世界が腐敗と悪に満ちていることを煽りたてるプロパガンダ。自己断罪的な同性愛告白の強制。こういった手法がそれである。

病を癒すジョーンズの能力、彼のセックス、彼の全能性に関する共有された欺瞞は、ほんらい集団の連帯のためになされたものであるが、同時に、エリート自身の真と偽を区別する能力を腐食させることによって、彼らをいっそう深入りさせもした。たえずくり返されるウソは人格を変容させる効果をもち、聴く者ばかりでなく語る者にとっても現実の定義を変更させる。妄想が現実になり、超越的な力の主張は実際に生じる内的な超越経験と結びついていると彼らは見るのである。

弟子たちに対するジョーンズの種々の要求によって、彼らの集団への関与はいっそう強化された。世俗的な財産はすべて寺院に寄贈されなければならなかったし、子供たちも寺院にさし出されなければならなかった。ジョーンズは信者たちに、過去と絶縁し、次から次へと移動するよう、たえず要求した。彼らはその結果、最初インディアナからカリフォルニアへ、そしてガイアナのさらに隔離された場所へと移動した。そこでは、ジョーンズの絶対的な情報操作、ほとんど途切れることのないグループの集会、メンバーの疲労と飢え、夜も昼もなしにジョーンズのメッセージを人々に伝えつづけるラウドスピーカーの轟音、ジョーンズが発散し醸しだすパラノイア的雰囲気、こういったものの刺激を受けて連帯感がその極点に達した(13)。

集団への溶融というこの過程が生じたのは、自分の怒りと恐怖を抑制し放出してくれる世界を築きあげようとする指導者の苦闘が共同体に反映して、規則が厳密かつ厳格で周到に練りあげられた典型的なカリスマ的支配構造のなかにおいてであった。しかし同時に、指導者の気まぐれで規則が瞬時にして変わることもあった。その結果、「規則や法規に従おうとする善き意志をもった人々は、しばしば……それと知らずに罪を犯した」(ミルズ、185: 288)。完全な恣意性と強迫的統制が逆説的に結びついた絶対的宇宙のなかで生きることを、信者たちは学ばなければならなかった。このような状況の誘発する不安が、方向づけと指導の唯一の中心点であるジョーンズとより強く同一化するよう、弟子たちに強いたのである。

ジョーンズのカリスマ性はまた、実際の政策実行から距離をとることによって維持された。通常の原則としては、共同体は八ないし十人の白人女性からなる経営幹部によって運営された。[14] 彼女たちはPCの上位にあり、ジョーンズの最側近の、最も忠実な同僚であり腹心であった。そして、コミューンの方針に一般の信者が感じるすべての反感をそらす役割をはたした。うまくゆかないことが何かあった場合、非難を受けるのはジョーンズではなく彼女たちであった。ヒトラーと同様、彼は超越的な地平で自分の見解をのべていればよかったのである。

アイデンティティ破壊の技法、共同体の構造、進んでともに行動しようとする集団の意志、これらのものがこうしてすべて結びついて、ジム・ジョーンズの激しやすいパーソナリティを中心とする強力な共同体経験をつくり出した。そうした経験にみずからをさし出した人々は、自分たちがそれを築きあげるのに貢献した絶対的共同体のうちに自己を見出した。そしてひとたびそれが築きあげられるや、彼らの大半はそこから脱出することを望まなくなった。ほかの人々を殺し、ついで自殺するようジョーンズに求められたとき、彼らはそのとおりにしたのである。

「霊的エネルギー」――ジム・ジョーンズのカリスマ的魅力

だが、グループの置かれた社会的文脈、その技法、ともに行動しようとする意志、これらのことをいくら強調しても、ジョーンズ自身にカリスマ的魅力がそなわっていたことを否定できるものではない。夢幻的なメッセージを発するさいに見られた彼の激しい感情と強力な表現力こそ、集団凝集力の源泉であり、共同体の依りしろでありつづけたのである。すべてのカリスマと同様、ジョーンズは極端に激しい感情表現を発揮するずば抜けた能力をもっていた。たとえば、ヒトラー側近の同僚が彼の手きびしい攻撃を恐れていたように、ジョーンズ側近の幹部も彼の気分の急変、とくにその間歇的に生じる激怒の発作——その原因をジョーンズはインシュリン不足のせいにしていた——を恐れていた。義憤から生じる自分の爆発からPCのメンバーを守るためには、見張りを常時自分の近くにおいておく必要がある、とジョーンズは言った。なぜなら彼は、怒りのあまり逆上してだれかを殺してしまうことを恐れたからである。

また同時にジョーンズは、それが個人であれ集団であれ、聴き手を自分との交感状態に引きずりこむ人並みはずれた能力を有していた。「彼は黒い瞳に理解と共感と愛を映しながらだれよりも深く聴きいることができた」(レイターマン&ジェイコブズ、212: 100)。彼は外見的には「異様で魔術的な」人間(カーンズ&ウィード、130: 37)で、チャールズ・マンソンと同様、動物たちにも磁石のような引力を発揮したから、動物たちはあたかもハーメルンの笛吹き男のように彼について行った。印象的な真っ黒の髪と黒眼鏡がそうであったように、けばけばしい服装が彼をいっそう魅力的にした。彼が黒眼鏡をかけたのは、催眠力をもったそのまなざしが「あまりに強力であるがゆえに——その視線から他のものを保護するためにそれをかけた」(ウェイトマン、269: 115)からである。

だがまた彼は、ジョーンズタウンの農場でシャツの袖を腕まくりして労働者たちと働くとき、「彼を含むすべての人間がそこでは一つであるとみんなに実感させるにはどうすればよいか」(オーデル・ローデスの言葉、フェインソッド、70: 115からの引用)を知っていた。共感の能力は恐るべきバイタリティ、一週間ものあいだ一睡もせずに一日二十時間の労働を続けることのできる能力と対になっていた。彼の発散する純然たる肉体的エネルギーは「霊的エネルギー」として解釈され、会衆に対するジョーンズの司牧を経験的に正当化した。なぜなら、彼がいることで彼らもエネルギーを賦与されたと感じたからである。

アンフェタミン(訳注4)を常用していたことも、ジョーンズの信じられないようなスタミナや熱気と大いに関係があるであろう。だが、われわれの理論的立場からすれば、次のような仮説を立てることができる。すなわち、人々を動かさずにはおかないジョーンズの激情と表現力は、発達過程における精神的断片化との葛藤と根源的に結びついており、彼が超越的な力と感じたものとの合一化、内的な死と分離の感覚という犠牲を払うことによってのみ達成された合一化はその終着点であった、という仮説である。

他のカリスマたちの場合と同様、こうしたパーソナリティの再編成はジム・ジョーンズに想像を絶するような資質をあたえた。彼は命綱なしに綱わたりすることができる男であり、死や解体という人間の最も深い恐怖と戯れることのできる男であり、最も生き生きと感情を表現することのできる男であり、他人の内的な願望を直観してそれを満たすことのできる男であり、自制心をうしなうことなしで意のままに動き姿を変えることができる男であった。こうしてジム・ジョーンズは、かつて一度も味わったことのないような感情を他人に味わわせることができる男、彼らの苦悩と願望を映し出す共感の鏡となったから、のちに寺院を去った人々でさえ、ジョーンズは自分たちの考えと感情を直観する人並みはずれた能力をもっていたようだ、と証言したほどである。

自分には、病気を治し、死を未然にくいとめ、未来を予言し、ひとの考えを読み、彼らの心に同化する能力がある、とジョーンズが信者たちに納得させたのは、こうしたことを基盤としてであった。「仕事をしているとき、私の頭のなかにはジム・ジョーンズが入っており、私は彼の眼をとおして世界を見ていると本当に感じたことが、二度ありました」(ミルズ、185: 126)というわけである。

ジョーンズがその霊的な力をしめす中心的な方法は講話であった。講話は、彼の直接的・感情的なアピールを劇的なセッティングと振り付けで高めることができるよう念入りに構成されていた。カリスマ的転移を達成するのにふさわしい雰囲気を創造するためには劇的手法がいかに重要であるかを、伝道芸人ジョーンズは知っていた。彼は初期のパフォーマンスにおいては、聴衆の信頼をかちとるため、自分が普通の人間であり、彼らとよく似た人間であることを強調したが、会衆の規模が大きくなり、名声が高まり、一対一の対面状況で直々に魔術を用いることがもはや不可能になってくると、自分を共同体から引き離してきわだった存在にする派手な衣装や特殊効果に、しだいに依存するようになった。会衆も彼にそうするようにすすめた。彼らはいまや彼を神と見なし、自分たちの神が高められることを願ったのである。

こうしてカリフォルニアの人民寺院では、彼がステージに登場するのに先立って、多くの場合はジム・ジョーンズをメシアとして讃えることを内容とする強い感染力をもったゴスペル音楽が歌われ、興奮と期待の雰囲気を盛り上げた。彼はきらきらと光る赤い絹のローブを身にまとい、サングラスをかけていた。そしていろいろな人種の赤シャツ・黒ネクタイの補佐官たちが彼をとり巻き、みな一つになって彼の講話に応唱する熱狂的なコーラスに和した。ジョーンズは、一方にアメリカ国旗、他方に独立宣言をいれた額、背後は巨大なステンドグラスの窓という、霊的なシンボルと国家的なシンボルを結合させた舞台装置のもと、誰よりも高い席にすわった。

ジョーンズは講話のなかで、説教とあからさまなセックス・アピールとを一つに結びつけた。「彼は聴衆が大笑いするような野卑な注解をあたえた。彼はたくみなユーモア感覚によって、もったいぶった信心ぶりを一蹴し、自分の親しい市井の人々の言葉、イントネーション、ボキャブラリーを用いた。……ジョーンズは飾り気なしに演説することで、演歌歌手のような性的磁力を発散したのである」（ウェイトマン、269: 30）[15]。彼は聴衆を共謀関係に引きずりこんでおいてから、腐敗堕落した外の世界に悪口雑言を加え、それと人々がたがいに一致団結して力づけあっている人民寺院の兄弟愛や平等とを比較してみせた。

私がここにいるのは、やればできるんだということの模範また実例として諸君をしめすためである。また諸君は諸君自身の神ともなることができるのだ！　それは卑屈さのうちにあるのではなく、諸君がこれまで我慢してこなければならなかったあらゆる経済的条件、不正、人種差別、隷従からの再起と向上のうちにある。解放のカギは諸君自身のうちにあるのだ。（ジム・ジョーンズの言葉、レイターマン&ジェイコブズ、212:147からの引用）

彼特有のメッセージを別にすれば、ジョーンズも他のカリスマたちと同様、自分の聴衆に直接的に反応し、聴き手を白熱させて強烈な感情の頂点にまで高めていく能力をもっていた。彼と群集は、〈呼びかけと応答〉というリズムで一緒になって叫ぶことで「歓喜の錯乱」の状態を盛り上げ、より高次の表現力をたがいに引き出し、ついには震えるようなエクスタシー的交感のうちに合流した。

聴衆と自分自身のうちに狂熱を発生させて、自分への感情的同一化に聴衆を引きずりこみ、集団の潜在力を引き出す技術を利用すれば、ジョーンズは自分が神であるともっともらしく断言することができた。そして彼はそれを信者の神格化と結びつけたから、彼らは寺院の会衆に加わり、共同体の代表として彼を崇拝することをとおして、自分自身を超越することができたのである。

これまで諸君の上の方から質流れのようにやってきた恩着せがましい救済者など、われわれは求めていない。この私、地の底、野良仕事の砂塵、労働の苦しみのなかから、また最低の経済的地位から、線路にとびこんでしまいたくなるような貧困の悲惨からやって来た神であるこの私は、諸君のなかにこそ諸君が求める唯一の神はあるということをしめすために、やって来たのだ……。

もし神が必要でないというのなら、それもよかろう。だが神を必要としているのなら、私があの神を嗅ぎ出してやろう。彼はニセの神なのだ。私は諸君の生のなかに正しい考えを植えるであろう……。

私は諸君に、諸君自身が聖書とならなければならないこと、そして諸君以外のすべての聖書、また私がいま諸君にさずけている言葉以外のすべての言葉はみな偶像崇拝であることを、ぜひ理解してもらいたい。

私はいま自分がどこに行こうとしているか知っている。自分が何を信じているか知っている。そして自分がいま何をしているのか知っている。そして私は、たとえこの世の終わりが来ても前進していけるような原理を手にしている。

この世が諸君を見棄ててしまおうとも、私は立っているであろう。なぜなら私は自由であり、平和であり、正義であるからだ。……私は神なのだ!!!!（ジム・ジョーンズの言葉、レイターマン&ジェイコブズ、212: 147-9からの引用）

社会主義的労働神ジム・ジョーンズは、こうしてすべての信者に、自己自身のうちに神を見出すよう、また彼に指導され彼の刻印を受けた集団に合一化することのうちに自己を発見するよう要求した。すでに見たように彼は、そうした発見を促進し、信者の見出す真の自己が確実にジム・ジョーンズのイメージとなるような、カリスマ的組織に典型的な多くのテクニックを用いた。だが彼の魅力の根源は、説教壇の上で死から自己神格化にいたる自分の感情の旅を群集に向かって再現してみせること、自分の声で世界を満たすことによって自分自身の内面の空虚を救うこと、自己と環界の境界線が溶解し——少なくとも一瞬のあいだは——人間が神となるエクスタシーの瞬間、自分に加わるよう聴衆に要求することにあったのである。

革命的自殺

彼のテクニックは、その強烈なカリスマ的パーソナリティや信者たちの共同体願望と一緒になって、寺院に対するメンバーのきずなをたしかに強化した。すでに見たように、それは経済的にも政治的にも非常に成功した事業であった。だがそのなかには時限爆弾がしかけられていた。というのは、共同体のダイナミズムはたえず膨張していくことを求めるのに、集団は成長していくうちその外的限界に達するからである。ジョーンズはもはやだれとも密な関わりをもちえなくなり、自分の炎で彼らを燃え立たせることができなくなった。官僚制的な計画や集団維持の不可避性は、なすべき仕事がますます困難になりながらその報いがますます小さくなることを意味していた。そうなると集団を拡大することがいっそう困難になる。だがいちばんの脅威は寺院からの脱退であった。じっさい、メンバーの自己価値感を高め力づけることに寺院が成功すればするほど、まさにそのことによって逆説的にも集団からの脱退者は多くなった。もう自分の力で世界とわたりあっていける、と感じる者がメンバーのなかに生まれてくるからである。

だがジョーンズと寺院は、自分たちを超えて成長していく者を許すことができなかった。ジョーンズや熱心なメンバーにとっては共同体がすべてであった。それは彼らが虚空へ転落することを防ぐ構造を提供してくれたのだ。ジョーンズは依存関係を創造すること、他者の世界の中心に自分を置くことで空虚さを振りはらうこと、膨張する幻想のうちに彼らを吸収することに、自己の全生命を費やした。彼はそれまで一度も愛されたことなどなかったのに完全な愛をあたえようとした。彼はそれまで一度も人を信頼したことなどなかったのに絶対的な信頼を命じた。彼は両義的な感情によって引き裂かれていたのに一枚岩であろうとした。彼は破壊された家族しか知らなかったのに完璧な家族をつくり上げようとした——だがそれはだれも外へ出ていけない家族であった。つまりそれは、永遠の家族、世界を飲みこんでしまう家族でなければならなかったのである。

自分の支配権を保持しようとするジョーンズのパラノイアと欲望のせいで、いく人かのメンバーが自分と寺院のきずなを考えなおしはじめると、共同体は下降する螺旋のうちに巻きこまれることになった。ジョーンズにとって泣きっつらに蜂だったのは、ジョーンズが自分の後継者に指名した自分たちの子供の保護権を、脱退したある夫婦が必死になってとり戻そうとしたことである(16)。それへの対応としてジョーンズは自分の信者の多くをガイアナに派遣し、新しい至福千年の社会の礎になると同時に、自分の敵たちがもはや自分を脅かすことのない安全な場所を提供してくれる隠れ家をジャングルのなかに建設しようとした。もちろん悪魔を振りはらうことはできなかった。それはジョーンズの魂の奥深くに住んでいたからである。

さらにまた、ジョーンズタウンを建設しようとする移民たちの真に英雄的な努力が共同体の連帯を掘り崩した。共同でおこなう生産労働は、それにたずさわる多くの者たちの自信を高め、自分たちは能動的で創造的な人間たちであるという感情を彼らにあたえたからである。エリック・ホッファーが書いているように、「たえず成功していく行動の味は集合体の精神にとって致命的である」(111: 120)。集団、また自己の支配権に対するこの挑戦を、ジョーンズは看過することができなかった。そのために彼は、ジョーンズタウンに到着すると即座に、自分より前に来て、ジャングルの真んなかでほとんど信じられないほど着実に事業を成長させつつあった先行部隊の成果を、破壊することにとりかかった。彼は次々に非合理な手続きをおしつけるとともに、農場での生産ではなくイデオロギー教化に関心を集中した。そして間もなく、コミューンを放棄してソビエト連邦に移住しよう、などと語るようになった。それは人々の憤激を買い、寺院からの脱退を促進したから、結果として彼はますますひどいパラノイア状態におちいり、最後の大量自殺へと向かう運命的な展開を歩むことになったのである。

死へ向かおうとする推進力は、すでに長らく、ジョーンズの性格と寺院のイデオロギーの一部となっていた。ヒトラーと同様、彼が死に魅せられていたことは、自分の憎んでいる命をこの場で絶ってみせるなどと言って、同僚たちを脅かして何かを強要したところからも明らかである。彼の言によれば、「ほんとうは自分はすでに死んでおり、自分が生きながらえているのは自分を頼りにしている人々への同情から」なのであった。

子供のころ犬が死ぬのを見てから、私はずっと死にたくてたまらなかった。私はそのとき初めてやましさってものを感じたんだ。だけど私はまだ何匹かの犬と猫を飼っていて、その面倒を見なくちゃいけなかった。それで三十九年間ものあいだ生きながらえてきたんだ……。その後しばらくするとママが、そして道端にたむろしている何人かの貧しい人たち、貧しいマイノリティが私を必要とするようになったんだ。それからというもの、黒人たちはいつも私に自分たちの代弁者になってほしがったんだ。いつでもそんなふうだったのさ。（ジム・ジョーンズの言葉、レストン、213: 263 からの引用）

このような構えはある機能を有している。自分には生に対する関心が欠けているということを見せつけ、自分が支払っている自己犠牲についてたえずくどくどと説明することによって、自分の弟子たちは自分を必要としているけれども、自分は彼らを必要としていないのだということを、ジョーンズははっきりさせようとしている。自分は彼らに触れることができるけれども、彼らが自分に触れることは決してできない、というわけである。疎隔され孤絶した自己の内面の状況を表現することによって、ジョーンズは信者たちに対する権力を増大させた。その理由は、「だれか自分に無関心な人間がいれば、それは認知されたいというわれわれの欲望を喚起する。……われわれはその無関心さを恐れるがゆえに、なぜそんなに冷淡なのかを理解しようとすることなく、その人間に感情的に依存するようになる」からである（セネット、231: 86）。信者たちは、ジョーンズが自分たちの代わりに苦しんでくれていると信じる空虚さや疎外感を、彼の肩代りとなって十分に補うだけのことができるなどとは、夢にも思わなかった。かくして彼らは、感謝と愛の証しとして、進んで彼の犠牲となったのである。

とはいえ、彼の自画像は集団の忠誠心を高めるという目的をもって作られたものではない。それは明らかに彼の内的核心に由来するものであり、彼が子供のころからずっと感じてきた断片化や憤激の感覚と相関関係にある。ジム・ジョーンズにとって、生は異和、変化、不確実性、裏切りを意味するものであった。そしてこうしたもののすべてが、彼が築きあげた依存と全能の一枚岩的構造を破壊したのだ――だがもし死んで墓場という隠れ家に行けば、もう何も変わることはあるまい。それゆえジョーンズは喜んで死ぬことができた。そうして彼の人生、麻薬づけになり、病気になり、たえず傷つき、希望もなく、パラノイア的で到達不可能な誇大妄想に取り憑かれ、自分のまわりに集う人々への絶対的な責任を受け容れて背負い、見棄てられることへの投影された憤激や憎悪や恐怖に責めさいなまれた彼の人生をふり返ってみると、自殺すると同時に自分に合一化した共同体の人々を殺してしまいたいと願った彼の願望がよく理解できるであろう。

われわれはまた、コミューンを自殺へ向かわせたあるイデオロギー的傾向にも注意しておかなければならない（J・ホール、100参照）。ジョーンズは「神がかりの社会主義者」であったために、もっと神秘的な傾向を帯びた指導者とおなじように、苦悩と死後の救いという終末論をあたえることができなかった。天国は明らかにジョーンズタウンには位置していなかったし、社会主義的な至福千年が現実に近づく気配もなかった。そして彼がついに最後の隠れ家として思い描いたソビエト連邦は、彼あるいは彼のコミューンの移住を許可することに何の関心もしめさず、その結果、彼は自分の幻想を仕上げるべきいかなる土地も現実の世界に見出すことができなくなったのだ。残ったのはただ、歴史上の記録に記入されることによって獲得された不滅性のみである。[17]

メンバーが自分の意志に反してとどめおかれているのではないかどうかを確かめるため、ウィリアム・ライアン下院議員の調査チームがアメリカ合衆国からジョーンズタウンに到着したとき、ジョーンズは自分のパラノイア的夢想が実現に近づきつつあると感じた。彼はまず、力を尽くして自己を抑制し、客人たちを大いにもてなしさえした。寺院の数人のメンバーが下院議員団についてジョーンズタウンを出て行きたいと願い出たとき、我慢の限界がやって来た。これはガイアナでも裏切りや分裂が起こりうることを意味していた。人民寺院の社会的世界はもはや一枚岩ではありえなかった。それはサタンの甘言によって引き裂かれつつあったのである。

何週間か前からジョーンズは、ジャングルのなかにはＣＩＡの部隊がすでに勢ぞろいしており、寺院地区に対する偽装攻撃をしかけつつある――まさに彼がインディアナにおける初期の教会にしかけたように――と主張し、その瞬間を迎える心の準備をしてきていた。しかしながら、今度ばかりは逃げ場所がなかった。下院議員団に攻撃を加えることによって、（訳注5）ジョーンズはわたるべき橋を焼き払ってしまったのだ。彼はそうすることでアメリカへの、また自分を裏切った人々への恨みを晴らした。そして彼は信者たちにこう語った。国家の仮借ない権力に屈するかわりに、人民寺院は大胆不敵なおこないによって自滅しようではないか、と。

自殺が革命的な勝利、避けることのできない堕落からの脱出、歴史への門出、またジム・ジョーンズの愛の力の証しとして宣言された。その愛は、死んで一つになるというかたちで信者たちを彼との究極的な合一化に導くものであり、ジョーンズは例によってそれに「墓場のオーガズム」（ジム・ジョーンズの言葉、レストン、213: 265からの引用）という性的表現をあたえた。ジョーンズはこれを勝利と見ることができた。なぜならそれは彼の誇大妄想にぴったり合っていたし、自分の自己嫌悪に肯定的な表現をあたえることができたからである。自分を慕う個々の信者たちの運命など、ジョーンズには何の関心もなかった。彼らは自分の延長以外の何ものでもなく、自分の死出の旅のあとに残しておけない惨めな弱い存在だったのだ。「私が諸君をここまで連れてきたのは、未来もなく、愛してくれる者もなく、諸君のためにものごとを図り気づかってくれる者もないところに、諸君を置き去りにするためにではない」（ジム・ジョーンズの言葉、レイターマン＆ジェイコブズ、212: 451からの引用）というわけである。

もし彼を唯一救いえたものがあったとするならば、それは自分以外の何ものかに対する信仰であっただろう。「もし私に指導者があったならば——おお、私はどれほど指導者をもちたいと熱望したことだろう……——もし私に神があったならば——おお私は諸君のように神をもちたいとどれほど望んだことであろう……なぜかと言えばそれは、私は自分が知るかぎり唯一存在する神だからだ。私は天上も地上もくまなくさがし求め、たしかに地獄の中まで吟味してみたのだ」（ジム・ジョーンズの言葉、レイターマン&ジェイコブズ、212: 226からの引用）。

だがジム・ジョーンズはどこを見ても脱出路を発見することができなかった。拒絶され迫害されるこの世にも、また寺院の愛によって憤激や恐怖を振りきることももはやかなわなくなった自分の心のなかにも。一方、共同体はしばらく前から集団自殺の練習をしてきていた。そのために彼らのあいだでは、死という観念からその恐怖が消失してしまっていたのだった。指導者と同様、彼らは敵意をいだく世界に自分たちは包囲されていると信じるようになっていた。その結果、仲間から脱退者が出ることによって彼らはますます結束を固め、永遠なるものへ向かって自分たちを結びつけてくれる男と、喜んで極限の空虚を分かち合おうとしたのである。彼らを自己破壊へ駆り立てたのはジム・ジョーンズではなく、現世だったのだ。

ジムは私がいままでに出会い、また知っている人物のなかで、いちばん正直で愛情豊かでやさしい気づかいにみちた人物であった。……彼はこの世がどれほど卑しいものであるかを知っていて、すべての迷える者を引き受け、一人一人の面倒を見た。彼の人間愛は乗り越え不可能なものであった。……ジム・ジョーンズはわれわれに次のことを教えてくれた。それは、われわれは異質であっても共生しうるということ、またわれわれはみな同じ人間なのだということである。……われわれが死んだのは、あなた方がわれわれを平和に生きさせようとしなかったからである。（アンネ・ムーア、遺言、ムーア、187: 285-6からの引用）

メンバーたちは、ジム・ジョーンズによって一つに結びつけられたために、また自己喪失のあと寺院のうちで再生したために、またそれ以外のどんな結合のあり方も想像しえなかったために、また自分たちは攻撃にさらされていると信じたために、共同体をうしなうこと、あるいは共同体を結晶させた指導者をうしなうことよりも、むしろみずから進んで自分たちの命を捧げようとした。メンバーのひとりはこう言っている。「この集団の外で生きる人生なんてクソみたいなもんさ。……私の望みはただ革命的な死に方をすることなんだ」と（レストン、213: 265-6）。そこで彼らはライアン議員とその一行を殺害したのとまったくおなじようにして自殺した。つまり、きわめて自発的に、平然と。この自殺は非人間的なものであるどころか、本質的に人間的な行為であった。それは集団というもののもつ力、超越の夢から生じた自殺だったのである。

第11章　「聖なるものの技術者」

――シャーマンと社会

人間は壊れた状態で生まれてくる。それを直しながら生きるのだ。

――ユージン・オニール

私は組み立てる者である。

――マザテク・インディアンのシャーマン（マン、192からの引用）

さて、われわれはこれまでのところで、異なった社会的レベルに属すカリスマの現代的なあらわれを三つ見てきた。国民全体を巻きこんだ運動、家族を擬した運動、そして三番目は何千という数の多人種にわたる会衆を一つに結びつけた運動であった。それに参加すれば、カリスマ的指導者の強烈な感情によってエネルギーを賦活された全包括的な共同体に、すべてのメンバーが吸収されるであろうという約束がなされ――そして守られた――

にもかかわらず、いずれも悲劇的な最期をとげた。参加者の多くが明らかにその災厄を歓迎し、指導者や集団と共謀して、自分たちを沈没から守ってくれるはずの防御壁、つまり個人としてのアイデンティティや価値を掘り崩そうとしたことは、その最も恐るべき側面であった。

これらの運動のなかに例示されているカリスマのパラダイムは、群集心理学者やフロイトの後継者たちがわれわれにあたえたイメージに近く、再社会化や心あたたまる共同体といった近代社会学が呈示したような居心地のよいモデルからは遠くへだたっている。現代におけるカリスマの暗い歩みはまた、集合的沸騰に対するデュルケムの賞讃をあまりにナイーブすぎるものと思わせる一方、カリスマ的預言者に対するウェーバーの憧憬はいまや、ときとして不当にも、彼の思想がナチズムの先駆けであったことの証拠として解釈されている。だが、この二人の人物はカリスマ的な関わりを、現代に見るような戦慄すべき事柄として想像したのではなかったことを、思いおこす必要がある。逆に彼らは、最も単純な社会においては、カリスマが集団結合と英雄的行動という自発的な表現のうちに肯定的なかたちで顕現することを描いたのである。

群集心理学者たちは原始的なものに対するこうした評価を逆転させた。彼らにとって、単純な社会構造は退行したもの、幼児的なもの、夢遊病者と同義であった。自然発生性、集団への没入はまさに、文明が自己を維持していくために抑圧しなければならなかった原始的な破壊衝動への拝跪を意味するものであったのだ。フロイトは他の群集心理学者以上に、そうした抑圧がひとに強いるノイローゼや神経衰弱といった犠牲をよく知っていたが、にもかかわらずその必要性を感じていた。実際に生じた出来事は彼や彼の仲間の正しさを立証したように見える。「野蛮な」カリスマ的力の爆発はどうにもならぬほど破壊的なものに見えるからである。

だがこの否定的なパラダイムは、デュルケムやウェーバーがモデルにした前近代的な社会に実際どれほど有効なのであろうか。民族誌的な研究はわれわれに、カリスマ的な経験が予期された出来事、さらに言えば日常的な出来事でさえあるような社会像を提供してくれる。以下において私は、数頁にわたって、そうした前近代的な背景をもつカリスマについて考察してみようと思う。そうすることによってわれわれは、カリスマはほんとうに永遠に群集心理学者たちが描いてきたような破壊的な力なのか――それともデュルケムやウェーバーの方が真実に近いのかを、判断することができるであろう。

だが民族誌的な資料を検討するまえに、原始的な社会におけるカリスマについてのデュルケム的な、またウェーバー的な理解を簡単に復習しておくことにしよう。デュルケムにとってカリスマとは、ひとが集まるときいつでも前ぶれなしに発生してくる集合的事象であった。トーテムは共同体がもつカリスマ的力の寄坐《よりまし》として崇拝され、活気に満ちた強化儀礼のなかに顕現する。そしてそこで人々は、個別的なアイデンティティを喪失し、たがいに融合して恍惚のエクスタシー状態に至るのである。
デュルケムは人間もトーテムになりうることを認めるけれども、彼がもっぱら関心をもったのは、道徳性を高揚させる共同体儀礼のなかでちっぽけな個人的利害からひとを引き離し、その参加者を変容させる集団の力であった。だが、社会学のなかでは個人はいかなる役割もはたすべきではないと念じていたデュルケムは、実際にはトーテミズムがひとりの専門家、つまりトーテムの秘密を知り、自己の人格のうちにその力を顕現できる人間を必要とすることを無視した。そうした霊性をもった人間は一種のシャーマン、ミルチャ・エリアーデの有名な言葉でいえば「聖なるものの技術者」であって、「特殊で、神秘的な由来をもち、危険で、超自然的な力」（フリード、80: 618）をそなえている。それゆえ、原古の宗教の範例はトーテミズム（これは実際にはきわめて稀少である）ではなく、シャーマニズム――神聖性を具現する者の啓示と崇拝――なのだ。[1]
マックス・ウェーバーが以下にあげるようなカリスマ理論の出発点とするのは、まさにデュルケムが顧みることのない聖なるパフォーマーである。ウェーバーはシャーマンをトランスの達人として理解する。「彼のエクスタシーはてんかん体質と接合しており、それを所有していること、またそれを試すことによってカリスマ的資質がしめされる」（ウェーバー、265: 246）。[2] だが個人に焦点をあてたと言っても、狂熱的自己喪失へ向かうシャーマンの非日常的能力は同様な恍惚状態へ観衆を引きずりこむと記すとき、ウェーバーはデュルケムと交差することになる。誘導によって生じるこうしたエクスタシー的交感状態のなかで、熱心な信者たちは日常の孤立せる悲惨から脱出し、またシャーマンの発作が喚起する「没対象的な愛の無差別主義」のなかで死の恐怖から脱出する（M・ウェーバー、266: 330）。かくしてシャーマンとは、みずからの感情の奔出によって集団の集合的沸騰をうながす神格化された人間的主体なのである。

シャーマンと現代のカリスマ

トーテミズムこそ宗教であるという自分の不正確な理論を確証するため、デュルケムは広範な研究をおこなったけれども、もちろん、シャーマニズムやシャーマンがうながす集合儀礼について多くのことが知られていたわけではない。とはいえ、それ以後あらわれたオリジナルな民族誌的著作は、カリスマ的原始宗教はエクスタシーにもとづいて生じる事象であるという当初の理解が本質的に正しかったことを証明してきている。またわれわれは、儀礼の中心にあるシャーマンは「トランスのスペシャリストで、自己の内部にそうした状態を発生させるとともに、他の人々に同様なトランス状態を発生させること、そして後者の受容は、彼ら自身の意志と彼の媒介の両方によって用意されるものである」こと（クレーダー、141: 184）も知っている。(3)

実のところ、デュルケムやウェーバーが単純な社会における宗教的パフォーマンスのエ

ものの意味そのものの影響である。その意味とは、西洋の探検家たちに最初にその言葉を伝えたシベリア・ツングース族の語り手の理解にもとづくものである。「シャーマン」という言葉の語源となったツングース語の「シャーマン」という名詞は、「興奮し、感動し、高揚した人間」を意味する。またそれは動詞として「エクスタシーという流儀で何かを知ること」を意味する。したがって実にシャーマンとは、すぐれてカリスマ的な人物——すなわちエクスタシー的トランス状態にあるとき現実に聖なるものの存在をしめすことができる人間——を意味する。ウェストン・ラバールが書いているように、「シャーマンと祭司との真の違いは、神とはだれであり、どこにいるのかということ、神が内部にいるか外部にいるかの違いである」(145: 108)。

民族誌的文献をひと通り読んでみれば、こうした非日常的な人物やその会衆と現代のカリスマ的啓示とのあいだに注目すべき類似性が存在することがわかる——あまりによく似ているために、ロバート・エルウッドは「カルト現象はほとんどシャーマニズムの現代的再生とよびうるだろう」(65: 12) と書いたほどである。たとえば、シャーマンになった人々はこの骨の折れる職業を、ふつうみずから進んで選択したのではない。現代のカリスマたちと同様、精霊たちに「呼び出され」、彼らによって、強烈でしばしば恐ろしくもある個人的な苦悩の感覚、強力な感情、そしてアイデンティティの解体の領域への入巫を手ほどきされるのだ。入巫局面の凶暴さは個人によって違い、また文化によっても違いがあるが、非常に多くの場合、精霊は入巫しようとする者をズタズタに引き裂き、その肉を骨から引きちぎり、煮えたぎる油に浸し、内臓をえぐり出してバラバラにしてしまうとされる――これはみな、トランス意識という変性状態に典型的に見られた、またカリスマへの没入に先立つものとして見られた分解過程の、生き生きとした象徴的表象である。次にあげるネパールからの事例叙述は、あるシャーマンが入巫のさいに見た幻想の雰囲気を伝えるものである。

何が起きているのか私にはわからなかった。私ははげしく揺れはじめ、ほんの一分間もじっとすわっていられなくなった。……私は裸のまま、森のなかへ三日も逃げこんだ。祖父その他の精霊は私にミミズをあてがい、私はそれを食べるか、さもなければ死ぬしかなかった。……私は多くの悪霊を見た。長くねじまがった牙をもつ者、頭がなく胸のまんなかに眼のついている者もいれば、体の腐った者もいた。彼らは私を攻撃し、気がつくと私の上を這いずりまわって体をむさぼり食っていた。(ピーターズ、206: 23からの引用)

こうした入巫過程のあいだ入巫者たちは、解体幻想の影響のもと、引きこもり、極度の抑鬱、幻覚、ヒステリー的発作、人格の解体など、おなじみの徴候的行動を、「狂気」あるいは少なくとも深刻な精神障害の状態にあると見えるほど典型的なかたちでしめす。[4]とはいえ、シャーマニズムが存在するいかなる文化においても、人々はみずから真正なシャーマンの精神状態と真の狂気とを明確に区別している。シベリア・ツングース族の場合、後者を「影におおわれた心」に苦しんでいると言う。たとえ両者の行動が似ていようとも、また「狂気」(しばしばこれは精霊の憑依として文化的に定義される)は入巫しようとする者がシャーマンとしての才能をもつことのしるしであるという事実にもかかわらず、この区別がなされるのである。だが、精霊の憑依によって狂気に追いこまれた人間とシャーマンとの差異は決定的に重要である。精霊に憑依され、狂熱のうちに禁止された言葉を語り、裸になって森に分け入り、大いなる強靭さとスタミナを痙攣によって表現する不幸な人間たちは、自己のうちに住む神々の気まぐれをただ行動に移しかえているだけである。一方シャーマンは、たとえ活動の出発点が憑依による狂気であろうと、またおなじような狂気の徴候をしめそうとも、憑依する悪魔をコントロールする力をもっており、したがってまた、必要なときにはそれから分離した状態に入ったり、多かれ少なかれ自分の意志でそこを離れたりすることができる(ノル、199)。こうした能力を獲得するため、シャーマンは憑依する精霊たちを飼いならし、彼らの奴隷である状態から解放されなければならない。かくして、シャーマンという役割につくことは、現代においてカリスマとなることとおなじく、アイデンティティ解体という初期局面から、苦痛に満ちた自己再構成を経て、他のもっと弱い魂たちを圧しつぶす潜在的な精霊をコントロールして顕在化させる能力をもった変身せる専門家としての再生へ向かう運動なのである。

アカワイオ・インディアン(訳注1)の言うところによれば、「ひとがシャーマンとなるためには、そのまえにまず死ななければならない」(ルイス、162: 70)のであり、シャーマン的伝承にはそうした死と再生のイメージが普遍的に存在している。シャーマンのカリスマ的地位の中心にあるのは、まさに死と心理的断片化の克服である。「シャーマンの究極の勝利とは、いまにも自分を引きずり倒そうとするむき出しの力というカオス的経験に対する勝利である。身を切りきざむような苦悩と魂の闇夜から、霊的な勝利のエクスタシーが文字通りのかたちであらわれてくるのだ」(ルイス、162: 188)。

こうした叙事詩風の戦闘がシャーマンがおこなう交霊の基盤となり、それは解体と再統合というシャーマン自身の原基的な入巫経験を、より一般化して反復するような劇的筋書きで展開される。ゆっくりとした歌唱、くり返しの多い音楽、ダンスといったもので始まり、しだいに加速しつつ力強い感情のこもった高いピッチのものに移行し、シャーマンがトランス状態に入ることでクライマックスに達するというのが、パフォーマンスの原型である。そこでシャーマンは「感情の激化と……人々が見ているその場にふさわしいそうした感情の表現」(ノル、199: 454)を呈示する。そのなかには「めちゃくちゃに顔を歪めること、声を変えること、痙攣その他の取り憑かれたしるしを見せること」（ハルトクランツ、113: 45）が含まれる。シャーマンはまた自分が気まぐれに姿を変えていく人間であるところを見せなければならない。彼は「日常のアイデンティティを脱ぎすて、いくつもの異なった役割を演じわけていく。彼は自分が超自然的な助力を請う精霊たちになり、癒しを求める患者たちになり、こなごなに壊されたあと寄せ集められた太鼓となり、病気を治すのに適した技術をもつ神がかりの占い師になるのだ」（グリム、96: 52）。次にあげる十八世紀オジブワ（訳注2）の呪医に関する記述には、ときに凶暴でさえあるこの変身の姿が明確に描かれている。「呪医はときとして踊り、歌い、顔を醜悪に歪め、眼を白黒させては伏し、鼻を上に向け、あごを前方につき出し、下あごの関節をはずした。首は伸びたと思うと縮んだ。肺は脹らみ、お腹も膨張した。指や手や腕も伸びたり引っこんだりした」（キャディラックの言葉、グリム、96: 141-2からの引用）。パフォーマーはそれから「茫然自失の硬直」状態におちいるが、最後には魔術的な病気治しの力をたずさえて意気揚々と帰還する。その間に彼は、精霊の世界への神話的な旅をなしとげ、死を変容させそれを超越する力をもっていることを証明するのである（ハルトクランツ、113: 42）。

現代のカリスマと同様、シャーマンの力はまずその強烈な感情のうちに、また人並みはずれた変身能力によって顕現する。それゆえクロード・レヴィ＝ストロースは、シャーマンが見せるエネルギッシュな自己超越のパフォーマンスは、除反応という精神分析学の概念によって最もうまく概念化できるであろう、と論じた。すなわち、「処方の決定的な瞬間は、最終的に障害を克服するまえ、障害の発生源となっている原状況を患者が強烈に生きなおすときである」。かくしてシャーマンは「除反応を惹きおこすプロ」なのだ、と(レヴィ゠ストロース、161: 181)。

だがレヴィ゠ストロースも気づいているように、抗しがたい感情の力をともなったシャーマンの呼びかけによる再現行為は、精神分析の状況とは正反対な性格をもっている。なぜなら後者の場合、患者は注意深くはあるがクールで傍観的な分析家に見守られながら、心理的な外傷を生きなおすことによって平常の均衡状態に到達しようと努力するからである。それとは対照的にシャーマンは、人々の目のまえで自分自身の外傷体験をくり返し再経験し、見る者を興奮させて共感にもとづく感情の流出に導くことによって病気を治す。見る者はシャーマンの表情豊かな啓示にあずかることで、一体化したエクスタシー集団につくり変えられるのだ。これが前章までの民族誌的叙述に見た現代のカリスマ的人間関係と類似していることは明らかである。

カオスとの闘いをとおしてシャーマンが獲得する力もまた、信者たちがカリスマ的人物にそなわっていると例外なく考えるような力と類似している。すなわちそれは、心を読みとる才能、距離を置いてものを見る才能、エックス線的透視力、また病気を治し(引き起こしもする)、未来を予見し、身体から離れて遊行し、またしばしば動物界に親しい精霊と一つになる能力といったものである。[5] こうした資質はいずれも、カリスマは身体の限界を超越し、共感によって他人と同一化する能力をもっているという信念を象徴している。

もうひとつのきわだった類似性は、現代のカリスマと同様に、シャーマンはエクスタシー的トランスのさなかでも、「いわばその場から身を引き、自分の幻想の内容を操作することができるように」(ピーターズ、206: 35)、一定の分離を保持しつづけるということである。経験を積んだシャーマンはまさに次の点でこれから入巫しようとする者と区別される。すなわち、「入巫候補者の場合、通例、エクスタシーは意識がなかば混濁したヒステリー状態に転じていく。一方シャーマンの場合、エクスタシーはまさに通常の安定した状態と異常で不安定な状態という二つの状態を分かつ境界線上にとどまりつづける」のだ(シロコゴロフ、233: 274)。それゆえシャーマンとは、すでにわれわれにとって馴染み深いものとなった奇妙に分裂した人物であり、アラスカの呪医が言っているように「われを忘れはするが、狂いはしない」(マーフィー、193: 58からの引用)人物である。彼はトランスにとらわれつつ、しかもその外部にいる。恍惚となった参加者であると同時に自己意識にとんだ俳優、[6] それがシャーマンなのである。

ここまで私はもっぱらシャーマンの性格に着目してきたが、現代のカリスマたちの場合とおなじく、シャーマンの営みは決して孤独な職業ではない。彼に応答する観客が見つめつつ参加する集合体という舞台においてのみ、シャーマンは存在する。そうした参加が生じるのはきわめて劇的な、またよく組織された環境のなかにおいてであって、そこでは観客がパフォーマーの経験するものを経験し、彼の感じるものを感じられるよう演出がたくみにほどこされる。(7)そうした目的を達成するための演劇的手法はお馴染みのものである。ふつう交霊は夜更けに暗く狭い部屋のなかで演じられ、リズミカルな歌唱、くり返し、太鼓といった、シャーマンばかりでなく見物人にも伝染するような、非常に多くのトランス誘導術をともなっている。セルゲイ・シロコゴロフ描くところのツングース族の交霊はその典型である。

シャーマンのリズミカルな音楽と歌、そしてそのあとの「ダンス」は、すべての参加者を集団演技へと次第次第に巻きこんでいく。観客が助手と一緒になってリフレインをくり返しはじめるときには、身構えている者をのぞいてすべての人間がコーラスに加わっている。演技のテンポは高まり、精霊の取り憑いたシャーマンはもはやいつもの男あるいは身内の者ではなくなり、精霊の寄りつく「場」と化す。精霊も観客と一緒になって演技する。そしてそのことを観客のだれもが感じとる。多くの観客の状態はいまやシャーマン自身のそれに近づき、シャーマンがいるときには精霊はただシャーマンのなかに入っていくだろうという強い信念だけが、参加者たちがひとかたまりとなって精霊に「憑依」されることを引きとどめる。……シャーマンの営みにおいて、

観客は観客であると同時に演技者であり参加者なのだ。（シロコゴロフ、233: 33）

シャーマンと現代のカリスマ的指導者のあいだにかなりの類似関係が存在することは、民族誌上の資料から見て明らかである。両者はいずれも強烈な感情を発露し、役割演技の才を見せ、アイデンティティの流動性、また内的分離と結合した共感能力をしめす。われわれはまた、カリスマ的シャーマンがその地位を獲得するのは一般に実存的なアイデンティティ危機に苦しんだ結果としてであるということ、除反応的交霊のなかでその危機が再現されるということも見てきた。精神分析学的研究者たちは、現代におけるカリスマのパフォーマンスの核心には自我の瓦解とカリスマ的ペルソナの再構築があると仮定してきたが、以上のことはこれとあまりによく似ているように思われる。この文脈で言えば、シャーマン的呪者が文字通り境界線上の人物――人間と宇宙の境界にまたをかける者――とみなされていること、つまり何ものも固定されず、何ものも眼に見えるとおりのものではなく、夢が現実となるリミナルな状態の両義性をその人格のうちに体現する人物とみなされていることは意味深い。

さらにまた、シャーマンと現代のカリスマ的人物はともに、カリスマは曖昧なものを否定するための寄坐《よりまし》であるというフロイト的仮説にぴったり合うような、二極化した宇宙像を立てる。シャーマンはいつでも、患者が染まっている悪の原理を退けることによって病を癒し、いつでも悪魔と格闘することによって力を獲得するのだ。そして最後に、シャーマニズムにおいては、現代のカリスマにおいてと同様、指導者がその刺激によってエクスタシーに満ちた参加による交感状態を観衆にもたらし、除反応的パフォーマンスへの没入という生きられた生命力を彼らにあたえる。

!クング族

しかしながらシャーマンは、明らかにカリスマ的人物であるとは言っても、システムに激しく敵対する者であるわけではない。シャーマニズムは逆に、聖なるものの広く承認された顕現という役割をはたすものであり、呪者は社会のなかに組みこまれている。この点をもっと具体的に説明するため、デュルケムやウェーバーがその理論を発展させたときに彼らが念頭に置いていた集団とよく似た構成をもつ社会から、一例を取り上げてみることにしよう。

アフリカのカラハリ砂漠に住む!クング・サン・ブッシュマンは、非常に単純な技術しかもたない非常に移動性の高い狩猟採集民である。(8) 彼らの融通無碍な個人主義的かつ平等主義的な社会には、最も初期の人間文化の特徴をなす社会パターンを要約した姿がある、と長いあいだ考えられてきた。それが真実であるかどうかはさしあたり問題ではないが、彼らにおけるカリスマのあらわれ方が、カリスマに関する現代人の否定的イメージを検討するための典型的事例を提供してくれることは確かである。

!クング族のなかには特殊化した役割がただ一つだけ存在する。シャーマン的呪医がそれである。呪医は!クング・サン族がン/ウムとよぶ内的な生命エネルギーを駆使するわざを学んだ男、またときには女性である。共同体の人々の病気を治すために呪医がこのエネルギーを用いるのは、徹夜で歌って踊るパーティが惹きおこす!キアとよばれるエクスタシー状態のなかにおいてである。

しかし、呪医はスペシャリストであると言っても、例外的な人物というわけではない。男性のまるまる半分、女性の一〇%は呪医になるし、病気治しの儀式には!クング族の全員が参加するのだから。この儀式は一週間に一度あるいはそれ以上おこなわれる——事実それは、大きな動物が死んだとき、だれかが病気にかかったとき、大きな集会があるとき、客人が到着したとき、またたんに人々が!キアになりたいと感じたとき、いつでもおこなわれる。なぜなら!キアは、それ自体が絶対的な善と考えられているからである。

ン/ウムの生命エネルギーの登場をうながすダンスは、午後おそくキャンプの中心地区にともされた火のまわりに女性たちが集まるときに始まる。(9)「彼女らはならんですわり、ピッタリと体を密着させ、足をからめ、肩をくみ、火のまわりにすき間のない輪をつくる」(カッツ、124: 40)。こうした密度の濃い身体的接触は一般にシャーマン的パフォーマンスの中心的特徴である。ひとが多くなり、群集の密度が高くなればなるほど、大きなエネルギーが発生すると考えられている——まさにこれは集合的興奮に関するデュルケムの考えの正しさを証明するものである。

女性たちが集まると、今度は踊り手たちが彼女らをとり巻きはじめる。女性たちがリズミカルに手を打ち歌を歌ううち夜が深まっていくと、歌や拍手やダンスは激しさを増し、踊り手たちはますます激しく体を動かさざるをえなくなってくる。特別な歌が用いられ、「その歌が力強く——つまり情熱的に、感情をこめて、またとくに多くの歌手たちによって——歌われると、踊り手たちのン／ウムが熱してくる」(カッツ、124: 122-3) からである。

歌や拍手がますます自由奔放になってくると、雰囲気は高揚し、踊り手たちは激しく大地を叩き、汗でびしょ濡れになる。いよいよ何人かがトランスに入りはじめる。そのプロセスは、ふるえ、よろめき、最後の虚脱といった特徴を見せながらゆっくりと生じることもあれば、突如として生じ、パフォーマーが甲高い叫び声をあげ、とんぼ返りしながら踊り手の輪から出ていく場合もある。展開が緩慢であれ急速であれ、！キアに入っていくときの感覚は苦痛に満ちている。

背骨に何かとがったものを感じ、それが上へ動いていく。背骨の根もとがチクチク、チクチク、チクチクとうずく。そしてン／ウムのために頭でものが考えられなくなる。

……心臓がストップする。死んでしまったのだ。思考というものがまったくない。呼吸するのも困難だ。状況、ン／ウムの状況が見えてくる。精霊がひとを殺しているのが見える。燃える肉、腐った肉のにおいがする。そして病気が治る。病気を外に追い出すのだ。治る。治る。治る。そして生きる。眼球がすっきり晴れやかになり、人々がはっきり見えてくる。（カッツ、124: 42, 45からの引用）

シャーマン文化に属す他の民族と同様、!クング族はトランスのなかで経験する死と再生のつながりをメタファーとはみなさない。そうではなくて、「死がわれわれの全員を殺す……だが治療師はふたたび甦るであろう」（カッツ、124: 116）と彼らは言うのだ。よその場所でもそうであるように、トランス死の状態に入っていくわざを学ぶのは容易ではなく、あえて自我の境界を越境しようとする入巫志願者たちは狂気の徴候をしめす。彼らはヒステリックに凶暴になり、てんかん発作におちいり、火のなかを転げまわり、ひとをなぐり、炭を投げつけ、草むらに荒々しく走りこみ、日常生活のなかでは非暴力という!クング族の理想によって禁止されている反社会的なふるまいをするのである。(10)

抑制を欠いたカオス的な未熟者の行動は、彼が生命力と触れあっていることをしめしているが、発作は危険である。それは社会的世界を掘り崩すものであり、それゆえにコントロールされなければならない。見習いシャーマンの「狂った」行動はどこでも、きちんと調整された紋切り型のエクスタシーに取って代わられなければならないのと、ちょうどおなじように。!クング族においてそのことがなされるのは、入巫志願者その他のおなじようにトランスに憑かれた人々の先生たちが、自分とおなじリズムで振動し、汗で自分をこするか、おそらくは自分を水で冷やすよう未熟者に要求して、自分のン/ウムを抑制し放出するわざを教えるときである。

集合体の肉体的・心理的結合のこうした直接的表現は、入巫しようとする者を集団のうちに引き戻し、時とともに彼は、方向喪失と暴力性を克服し、!キアをコントロールし、病気をなおすためにそれを用いるわざを学んでいく。彼自身が集団の愛情に満ちた関心によって調和状態に還帰できたのとちょうどおなじように、彼はいまや、入巫しようとする者を浄めたン/ウムの燃え立つエネルギーによって、社会に幸福を奪回することができる。かくして!キアの死を受け容れることは、個人的な再生にひとを導くばかりでなく、共同体の生命力を蘇らせるものでもある。[11] ン/ウムがとくに多産や繁殖力と結びつけられるのは、こうした理由によってである。

トランス状態に入るわざを学ぶには、何年もの年月を必要とする。しかしながらその結果とは、すでに別のところで見たように、入巫しようとする者の精神的な死と再生を公衆の面前で再現してみせる能力である。このリミナルな状態に到達するエキスパートになれば、即座にトランス状態に入りこみ、癒しの汗で人々をこすることによって集合体とン/

ウムをわかちあい、まるで麻痺したときのようにふるえている手の上に横たわらせることによって人々から病気を取りのぞくことができる。このようなパフォーマンスのなか、トランス状態に入った人間の境界線を超えてエネルギーがあふれ出し、集団を接着させてひとつの活気に満ちた集合体へと変えていくとき、個人としてのシャーマンのアイデンティティは消失する。

!キアのエキスパートとなった人々は、他の!クング族のパーソナリティとは異なったパーソナリティを獲得する。経験をつんだ呪医は日常生活のなかで「より感情に傾きがちになる。彼らはよりクスガ・ク・ツィウである。すなわち精神がより〈活気づき〉、彼らはより〈表情ゆたか〉あるいは〈情熱的〉になる」（カッツ、124: 235）と言われる。間違いなくこうした変化は次の事実によるものである。つまり、!クングのパフォーマーは、どこのカリスマもそうであるように、ン/ウムの生命力を放出しているとき、「異常な活動性、興奮の高まり、元気がよくてしばしば暴力的でさえあるエネルギー消費の状態にある」（リー、156: 249）という事実である。そしてそのとき、「恐怖であれ、陽気さであれ、真剣さであれ、感情は異常なレベルまで喚起される」（カッツ、124: 42）のである。

呪医は他の!クング族よりもはるかに豊かな想像生活をいとなみ、はるかに透過性の高い身体イメージを有していることが、心理テストによって明らかにされており、これは「身体の通常の解剖学的境界を突破していく流動性の高い心理的な変化と推移が中心的な

重要性をもっている」（カッツ、124: 235）ことをしめしている。こうした発見は、変性意識状態を長期間にわたって経験することがパーソナリティ構造にどのような結果を生じさせるかということに関する科学的研究、また精神分析学が描き出すカリスマ的な「境界」パーソナリティ像と、よく一致するものである。

異論がとなえられることも時にはあるけれども、呪医にははっきりとしたヒエラルヒーがある。!キアのなかへ容易に滑りこむことができ他の者より有効な治療をなしうる者、「アマ・アマ」つまり偉大な呪医という称号をさずかり、!クングたちに畏怖と高度の両義的感情をふくんだ敬意を表されるごく少数の年老いた呪医たち。いまの時代にはそれほど強い力をもった者はいないけれども、かつてのそうした偉大な呪医たちはライオンに変身して人を食べることができた、と!クングたちは言っている。

だが、このような区別は日常生活においては無意味であり、ダンスの領域以外では偉大なエキスパートも何の影響力ももちえない。聖なるものを部族の他の者たちよりたくみに体現し表現することができようとも、その専門知識はたんに——よい視力とおなじような——共同体をうるおすためにつかうことのできる生まれつきの個人的能力とみなされる。彼ら自身が聖なるものと考えられることはないから、彼らは他のすべてのひととまったくおなじように労働し生活しなければならない。デュルケムが考えたように、この共同体では個人が集団に包摂されているのである。しかしながら、共同体の優位は決して絶対的なものではない。

実際、ブッシュマンがより強度のヒエラルヒーと複雑さをもった隣接するバンツー族の支配下にはいると、服属という条件に呼応して集合意識が変化し、ほとんど時を移さずして変容が生じる姿が見えはじめている。そうした環境のもと、卓越した!キアの踊り手のなかにはン/ウムを喚起するフルタイムの専門家となる者も出てきている。彼らは専属の旅まわりの楽団をもち、土地から土地へと移動し、ダンスし、激しく興奮したノリのいい観客のまえでブッシュマンの聖なる力を体現するプロとして、金銭を受け取る。彼らは数が少なく、金をもち、威信も高いから、少年や青年たちは彼らのことを「大いに偶像視」しており、その癖や歌のまねをする（ギュンター、97: 164）。またブッシュマンとバンツー族はともにこうしたエクスタシーの踊り手たちを恐れ、彼らには病気を治すだけでなくひとを殺すこともできる強い能力がそなわっていると信じている。

こうしてバンツー族によって剝奪され貧しくなったブッシュマンのなかでは、もはや偉大な!キアの踊り手は、天賦の才に恵まれぬ同胞たちと一緒に集合儀礼に参加したあと日常生活に帰ってゆく「同等者のなかの第一人者」ではありえない。そうではなくて、苦難にあえぐブッシュマンとしての自尊心の生ける象徴、バンツー族に対する抵抗の中心という新しい永続的な地位を獲得してきている。言いかえるならば、彼は「広範囲におよぶ権威をもったカリスマ的政治指導者という潜在的な役割を賦与された」（ギュンター、97:

165）のである。こうして、明確に平等主義をとるブッシュマン社会においても、ウェーバー流のカリスマ的権威をもった人物が浮上しつつある。そして彼は、外圧と歴史的条件が許せば、立ち上がって自分を神格化された指導者として宣言し——また宣言される——であろう。(12)

病理と構造

以上のようなカリスマの前近代的なあらわれはどう考えればよいのであろうか。群集心理学の影響を受けた精神分析学的傾向の強い理論家たちにとって、シャーマンが現代のカリスマと共通の特徴をもっていることは、シャーマンもまた断片化したアイデンティティと闘わなければならないことをしめすものである。またたしかに、こうしたシャーマニズム社会では、他の人々よりもうまくトランスに没入するエキスパートは人々によって、また自分自身によって、自己と環境の区別を曖昧にすること、豊かな想像生活、内面的分離のきわだった能力と結びついた高度の感情表現力——これらはみな境界病理に典型的に見られる状況である——といったものを含む異常な精神能力をもっていると認知される。こうした特性類型は問題の多い家族関係の帰結に違いない、というのが精神分析学の主張であろう——分析家の理論的立場からすれば、それは性と権威というエディプス的問題であるか、断片化したアイデンティティに導く人格解体的な初期幼児期であるか、のどちらかであろう。

しかしながら、このモデルには重大な難点がある。たとえば、ある行動はそれに先立つ病理が存在するに違いないことをしめしていると仮定している点である。もっと重要なのは、心理学的モデルには強い価値付与がなされているという事実である。自己喪失への願望は、自我統合や「大人の」個人主義といった肯定的な状態とは対照的な、反社会的で退行的なイドの衝動の帰結に違いないと、病理学は仮定する。このような仮定は、!クング族のような、エクスタシー的シャーマンが広く承認された名誉ある個人となる社会に、否定的な価値判断をくだすことを自動的に要求する。かくして「原始的」という言葉は幼児的なものと同義とされ、シャーマンの病理性は自明視されるのである。

だが民族誌の資料は次のことを明らかにしている。すなわちそれは、シャーマニズム的宗教をもつ単純な社会にあっては、西欧社会で初期精神病の症候とみなされるような流動的アイデンティティや身体からの乖離といった「境界」的な個人的徴候が、霊的な力に到達するための通路としてむしろ大切にされ、共同体全体を活気づけるのに用いられるということである。こうした除反応的精神状態が大切にされるために、理由はどうあれカリスマ的発作へ向かう精神的素因がありそうな特殊な人々には、共同体の支持や模倣するのにふさわしい役割モデル、また公的領域のなかで自分の人格解体的状態を演じてみせる場があたえられている。それらは現代のカリスマがもつことのない土台である。このような文脈のなかで生じるトランスは、カオス的な境界をもたない狂熱ではなく、ニーチェ的超人によっておこなわれる反社会的な力の主張でもなく、精神病に落ちこんでゆく傾向をもった退行的な暴力と激怒のあらわれでもない。むしろシャーマニズムは、すでに見たように、パフォーマーのあふれ出る過剰な感情を観客の福利へ振りむける比較的形式的な、儀礼化された、演劇的な構造のなかで表現されるのである。

さらにまた、入巫志願者はほんとうにトランス状態になるための方法としてあたかもトランス状態にあるかのようにふるまうすべを教えられるように、シャーマンという地位を獲得するうえで学習は中心的な意味をもっている。トランス状態の研究が明らかにしている次のことを想いおこせば、カリスマにおける学習の役割がいっそうよくわかる。すなわちそれは、トランスにくり返し没入することによって頭脳の能力が変化し、ひとは一次思考過程や生き生きとした感情表現により容易に近づけるようになるということである。シャーマンという状態は少なくともある程度は学習可能な、ひとに望まれる地位であるという事実によって、そうした環境にあるカリスマ的人物に精神分析学的な病理性を想定することの信憑性は損なわれ、現代のカリスマもその地位に至るには大いなる社会化を受けていることに、われわれは驚きの念をもつにいたる。

シャーマンから観客に目を転じるならば、たとえカリスマ的発作それ自体を呪者の病理性のあらわれとして診断しても、カリスマのパフォーマンスに人々が惹きつけられることは逸脱として特徴づけられるものではない。トランスを非常に大切にしている!クング族その他の社会においては明らかに、多くの個人がシャーマンのパフォーマンスに参加し、より複雑な社会構造ならカリスマ的経験と結びつくようなエクスタシー的行動を見せる一方、トランス能力に欠けた人々でさえひとの集まりを肯定的かつ生命力に満ちたものとして感じているからである。

実際、複雑性のよりとぼしい社会から得られた資料は、カリスマ的な関わりについての肯定的な見方が、人間共同体における例外というよりはむしろ原則であること、またそのような関与が否定的に価値づけられるのは、社会が高度に集権化し、没人格化し、合理化していくときだけであることをしめしているように思われる。このような視点に立てば、次のように主張することができる。すなわち、カリスマ的指導者とその信者たちに対して条件反射的に狂気の汚名を着せることは、たいていの場合、直接的・共同体的・超越的な経験への没入に深い両義的感情をいだき、そのためそのような経験を手厳しい否定的・威圧的なまなざしで見る社会——これはシャーマンが生きているような、カリスマへの関わりがはるかに好意的な、より相対的な言葉で概念化されている社会的世界の対照をなすものである——と関係づけることができる、と。

社会形態とカリスマの出現との相互作用はたんなる仮説ではなく、民族誌の資料によって実証されたものである。たとえば、!クング族の卓越したシャーマンが強められた力、永続的に高められた地位、両義的性格を獲得するのは、民衆がバンツー族の支配を受けるときであった。ヒエラルヒー化、植民地化、権力構造の中央集権化といった同様な条件のもとでは、土着のシャーマンはどこでもこれと同様の特殊な権力を獲得し、また支配的権威からは悪霊に憑かれた人間という告発を受ける――つまり、その地方の悪魔信仰のあり方によって、魔女、人食い、共産主義者などと定義される――であろう。そして同時にエクスタシー的トランスに参加することは、ヘゲモニーをにぎる権力によって、卑劣で、穢れ、破壊的なものとして中傷されるであろう（この点についての詳細な議論と他の事例については、ダグラス、53、クレーダー、141、ラン、147、ランテルナーリ、150、ルイス、162, 163を参照）。

一方、虐げられている人々にとっては、魔女＝シャーマンはいまや病気からの癒しばかりでなく、広く承認されたヒエラルヒーに関わりなくエクスタシー的トランスの直接的経験を通じて自己の力を主張する方法をあたえる人間である。カリスマの個人的魅力は支配秩序の制度化された権威に敵対する。なぜなら彼（あるいは彼女、というのもそうした信仰の多くは家父長制社会におけるみずからの劣位と周縁化に抗議する女性たちによって成り立っているからである）は、支配秩序によって恐れられている精霊を飼いならして受肉し、現実に存在する世界を否定し、不満分子に直接的交感をもたらす潜在的能力をそなえているからである。ヴィクター・ターナーの適切な言葉をつかうならば、かくしてカリスマ的啓示は、あまりに硬直し、抑圧的な冷たさをもった、また被支配者の、あるいは周縁に追いやられた集団を無視し抑圧してきた社会構造における「弱き者の力」の示威運動、「反構造」の契機、警告の「コミュニタス」となる(257)。

ふつうこのような示威運動は、主として安全弁や「反復儀礼」の役割をはたし、現状への挑戦を演劇的なもの、霊的なものの領域に向けなおすことによって、現状を強化していくのが通例である。だが、支配エリートはシャーマンの危険な潜在力をよく知っている。たとえばイギリスの支配エリートたちは、植民地主義的侵略に呼応して、アフリカのナイル川流域でディンカ族やヌエル族のシャーマン一族のなかから自然発生的に立ち上がったカリスマ的預言者を、即座に投獄した。現在の国家構造においても、シャーマン＝魔女の魅力的なエクスタシー経験にもとづく主張は深刻な脅威となりうること、またそれは社会そのものが不安定で不当なものとみなされるときにはとくに執拗で抵抗しがたい力をもつに至ることを、歴史はしめしている。

カリスマ台頭の最も巨大な事例はおそらくすでに第八章で検討したヒトラーであろうが、魔術からの解放とカリスマ的啓示の過程は他の多くのところでも明確に見ることができる。たとえばノーマン・コーンは、中世ヨーロッパにおけるカリスマ的な至福千年信仰は「伝統的な生活様式が崩壊し、伝統的価値観に対する信念を喪失した貧しく抑圧された人々のあいだで」開花したことを明らかにしている。そうした信仰が広まるのは、とくに「地方、都市、またその両方に、組織されない原子化した民衆……たんに貧しいだけではなく社会のうちに保障され認められた場を見出すことのできない民衆が存在するところ」であると（コーン、37: 52, 282）。

もちろん、純粋に実際的な理由——小作料の引き下げ、より公正な賃金、よりよい労働条件など——による社会的蜂起なら、歴史を通じていつでも存在した。だが時として生じる真に孤立し、失望し、絶望した人々が、はるかにもっとラディカルなものを要求することもある。それは「不正も病気も争いもない社会を誠実な人々が支配する至福の時代」（アダス、2: 287）である。そうした要求をかなえようとすれば、指導者は実際家ではありえない。むしろそれは、その霊感によって集団を鼓舞し、「憑依した霊媒やシャーマンが、くり返し発生してくる問題に自分自身の文化的伝統の枠内で解答をあたえるばかりでなく、新しい刺激や圧力に応じてメシア的な啓示を告げるような真の預言者運動に転じ」（ルイス、163: 45）うるエクスタシー的・シャーマン的人間である。言いかえるならば、民衆が疎外され抑圧されているとき、シャーマンは「聖なるものの技術者」にとどまるのではなく、むしろ自分自身が救済者たる地位を獲得して、エクスタシーによる内的啓示のおかげで「自分の信者たちに、非常に大きな、世界を揺るがすような重要性をもった社会的使命を命じるであろう。それは……社会の全体的変革という頂点に達することをめざす使命である」（コーン、37: 60 ——こうした過程に関する古典的な記述はウォーレス、261 を参照）。

またこのような過程が生じると、カリスマはその性格を変え、治療による交感の参加者全員が感じる兄弟愛をたんに確認するだけのものから、しだいに高まってゆく指導者の神格化と彼への同一化、また敵対者の悪魔視へと移行していく。民衆十字軍(訳注3)の預言をめぐる信仰についてコーンはこう書いている。

彼らは指導者の善良な子供たちであり、そのごほうびとして彼の超自然的な力を共有した。指導者がその力を彼らが有利になるようにつかうばかりでなく——彼に忠実であるかぎり、彼ら自身もその力にあずかり、したがって人間以上の者、失敗することも負けることもない聖人になったのである。彼らは輝ける軍隊であり、「白い亜麻、白く清潔な亜麻を着ていた」。彼らが最後に勝利することは永劫の昔から定められている。そして、それまでに彼らがおこなうすべてのおこないは、泥棒であれ強姦であれ大虐殺であれ、罪をまぬがれているばかりか、聖なる行為でもあった。(37: 85)

それゆえ堕落した世界に対する容赦のない憎悪と絶対的な独善は、カリスマ的メッセージの一部となった——中世の詩が表現するところでは「おれたち神の子、おまえら毒虫」(コーン、37: 87) というわけである。(13)

これはすでに見た事例のなかで、また歴史的に見ても、いちばん強く表現された現世拒否的なカリスマの形態である。それはまだ第三世界においては影響力をもっており、そこでは革命的な社会運動が至福千年的な夢想と政治運動を結びつけ、強者に対する弱者の反抗への無私の参加をうながす。その反抗は、まえもって合理的に考えればあまりにリスクの多すぎる反抗なのだ。ガンジー、スカルノ、トロツキー、カストロ、毛沢東、ホメイニといった指導者は、すべてこのような至福千年的雰囲気をもったカリスマであり、信者たちの絶対的な忠誠と理屈ぬきの崇拝を自由にあやつりながら、強烈な劇的パーソナリティと超越的な変革のメッセージ、また堕落した抑圧者たちの破壊と絶対的な宗教－政治的権威を結びつけた[14]。

だがウェーバーが正しくもわれわれに教えたように、中央集権化された官僚制的構造へ向かう一般的な発展が成功の可能性を次第に制限するにつれて、こうした至福千年的カリスマ運動は起こりにくくなってきている。それは中央権力が反抗を禁じるからであり、また合理化そのものが、世界を脱神秘化・脱魔術化することによって、カリスマ的啓示への信仰を困難にするからである。さらにまた、抑圧や周縁化といった至福千年的カリスマに先立つ条件も、官僚制的な手段的合理性の途方もない技術的成功のために、はっきりと目に見えるものではなくなってきている。

とはいえ、すでに見たように、群集心理学者をはじめ現代生活に関する理論家たちは、合理化された現代社会は目に見える抑圧はおこなわないけれども、まさにカリスマ的な関わりによってもたらされるような感情は厳しく制限している、と論じてきた。すなわちそれは、自我の限界を超越する運動に参加することにともなってあらわれる生命力の拡大である。人々はその逆に、共同体的な温もりをまったく欠き、それどころか人間が相互のへだたりと敵対性を表現することを成功への道として容認し奨励するシステムに巻きこまれているというわけである。そうした理論家からすれば、交感への願望は抑圧を受けると水面下に生きのこり、激しさを増し、目的が歪み、外に出ることを構造が許せばいつでもどこでも噴出するであろうことが、自明の事柄になっている。それゆえカリスマの形態は、いかなる社会にあっても、社会構造のなかにそれがあらわれることで克服されなければならない抑圧のタイプと程度をしめすものであろう。

現代社会においてわれわれの見たカリスマの異常な形態は、明らかに巨大な抑圧、巨大な情念の存在をしめしている。というのは、そこではカリスマ的人間関係が歪みつつ病的に肥大しているからである。社会がエクスタシー的呪者に狂気や悪を帰属させれば、共同体はそれに逆らうように自分たちの指導者の絶対的な神格化を主張する。このような二元論が指導者自身の魂と集団のなかで保持されつづける。彼らは疑惑や非難を相殺するためにますます度はずれた主張をかかげ、しばしば非常に不名誉なあつかいを自分たちにつづけてきた一般社会を完全に拒否するに至る。さらにまたカリスマ的な関わりには、中世の至福千年運動と同様、帰依者たちにとって、日常世界の利己主義に自我の否定で徹底的に立ち向かうための完全な方法という、大胆不敵な約束があたえられるのである。

このような環境にあっては、一時的ではなく永続的な、生きられた直接的交感が必要である。エネルギッシュな啓示によって復活の力を体現するカリスマは、そのとき神を臨時的に受肉するエキスパートであることをやめる。彼は信者たちにとって、未来永劫の神、つねに臨在する全能の神となるのだ。そして信者たちは、指導者自身のあまりに人間的な数々の弱み、またすべての外的な影響から、その超越的なアイデンティティを執拗に保護し防御するのである。[15]

すでに見たように、その最終的帰結は、およそ想像しうるかぎりのありとあらゆる形態の合理性から間違いなくはずれた個人に対する集団的忠誠心であろう。だが明らかに、現代のカルト、また歴史にあらわれた至福千年的カルトのなかにわれわれが見出した〈パラノイア―孤立―恐怖〉という循環は、カリスマの心理のなかにだけあるのではない。共同体の全体に支持されたかつてのシャーマンとは違って、現代社会の陶片追放にあえてたち向かうカリスマ的指導者には模倣すべきモデルもなく、自己の内的な断片化を切りぬけるための広く承認された方法もない。そして、カリスマは移ろいやすい境界的パーソナリティの持ち主であるという仮定が正しければ、そのような人間は、必要な社会的支持を得られぬ場合、精神的崩壊にとりわけおちいりやすいであろう。

逸脱せる集団とその指導者に精神的な変調をきたした者というレッテルを貼ることと、

彼らが実際に狂気に落ちこんでいくこととのあいだには明確な相関関係がある。そのときには白熱し非常な圧力を加えられたコミューンの雰囲気のもと、そうしたレッテルが現実に生きられるのだ。そうした状況のなかで、精神的解体と病的幻想へ向かう指導者の基本的傾向は、永続的かつ全面的な変容経験を欲する信者たちのたえまない欲求によって増幅される――そしてこの欲求は指導者がより大きく幻想へ逸脱することを可能にするとともに、さらに大きな圧力を彼に加えるのである。

シャーマニズムの民族誌、またシャーマン的啓示の歴史的変質を見るならば、ずっとむかしウェーバーが指摘したように、カリスマ的エクスタシーがどのように経験され理解され評価されるかということに、社会構造とそれに付随する価値観が中心的な位置をしめていることは明らかである。だが、ウェーバーが考えたようにカリスマは合理化によって消滅させられるのではなく、カリスマ的啓示は合理化によってますます歪められ狂信的になってきている。今日におけるカリスマの過剰なあらわれは、交感を求める人間の根源的な欲求を社会システムが満たしえないでいることの反映である。愛が憎しみに、平和が暴力に、エクスタシーがパラノイアに変化すること、ひどく気の滅入るようなこういうカリスマ運動の定数的部分は、カリスマ自体から生じる帰結ではなく、社会構造的要因から生じる帰結である。すなわちそれは、その暗さによってわれわれ自身が置かれているディレンマの輪郭をくっきりと縁どる影なのである。

第Ⅳ部　結論

第12章　今日のカリスマ

私は本書において、人間には自我の限界を脱出しようとする深い願望があると論じてきた。その願望は社会環境のあり方によって多様な外姿をとる。非日常的な無我の状態に到達できる一つの方法が、移ろいやすい気質をもったカリスマ的指導者という霊感喚起的な人物によって結合された集団に所属することだということを、われわれは見てきた。シャーマニズムの社会にあっては、カリスマに関与するそうした経験が生活の日常に組みこまれ、現にある世界を強化する。自分たちが不当なものとみなすシステムに人々が虐げられ抑圧されている、あるいは無意味なものに見える社会のなかで人々が無気力になっている、より複雑な社会システムにおいては、ひとはエクスタシー的交感に参加する機会をあたえてくれるばかりでなく、堕落した世界に対する変革運動を導く約束もしてくれるカリスマ的救済者を待望するであろう。これは第三世界に共通の状況であり、前章でのべたように、そこではラディカルな至福千年運動が最も生じやすい。

しかしながら、以上のような条件はいずれも現代の西欧世界によくあてはまらない。たしかにわれわれはシャーマニズムに適した顔の見える単純な社会を生きているわけではない。また一方、たいていの人々は抑圧を感じておらず、支配的な権力構造を不当あるいは無意味なものと考えているわけでもない。とはいえ社会学が描きだす現代像によれば、個々人の孤立、めまぐるしい流動性、競争主義、情動主義の価値を超える価値観の欠如といったものをふくむ数多くの位相があり、それはそれをおぎなうある種のカリスマ的啓示をかき立てて社会的枠組のなかの弱点とする。われわれの取り上げた事例——ナチス・ドイツ、マンソン・ファミリー、人民寺院——は、カリスマによる交感や再生へ向かうこうした圧力がいかに激しいものであるかを想起させる。

とはいえ、こうした特殊事例は例外的なものにすぎない。カリスマ運動は合理化された社会秩序をいまだに揺るがしていないし、予見可能なかぎりでの未来にはそのような秩序の転覆は起こりそうもない。最も近いところまでいったナチズムは、敵意と人種差別という文脈のなかで生じた不安と分裂という、願わくは二度とくり返されるべきでない極端な状況への反応であった。私が取り上げた他の運動も、そのメンバーたちにとっては非日常的な力に満ちていたが、われわれにとってはたいてい好奇心と不安をかき立てる新聞ダネ以上のものではない。そしてひとは、三流の新聞で新しいカルトの記事を読むときにだけそれを思い出すのである。また、カリスマがこのように意識の辺境に追いやられたとしても、まったく意外なことではない。なぜなら支配的な地位にある合理的な思考様式は、自明な世界に挑戦状をつきつける運動がもつ力や権威を否定しようと努力せざるをえないからである。

とはいえ、ここで作用しているのは、対立するものを抑圧しつづけるヘゲモニーをもった合理化されたシステムだけではない。実のところ、カリスマ的反発をうながすように見える社会的条件にもかかわらず、カリスマ運動はわれわれが思うほど広がりもしなければ、圧倒的な力をもつこともない。本章では、カリスマ的な関わりによってあたえられるのと類似した、しかしそれよりもたいていは弱めの自己喪失を、現代の西欧の人々が実際に経験していることがその原因となっていることを、論じてみよう。カリスマとは異なり、こうした感情はシャーマニズムの社会におけるカリスマ的な関わりがそうであるように、社会構造の脅威となることがないばかりか、実際には社会の現状をささえるようなかたちで、放出され、変形され、あるいは拡散されてゆく。だが私は、そうしたささえはしばしば儚いものであること、またそうした状態は時としてもっと錯綜し、拡大し、力のある、危険なものに転じうることを指摘してみたいと思う。

カリスマと世俗的選択肢

現代世界の世俗的領域には非常に多くの選択肢が機能しており、それらはカリスマがもたらすのと同質の、しかしおだやかに飼いならされた熱狂の経験をあたえている。たとえばアメリカでは、消費の倫理が重要な共同体的機能をはたしている。なぜならそれは、自由企業の倫理が設定する目標が現実に到達可能であること、我慢強さと少々の運があればだれでもそれに参加し成功できることを、社会に対して証明するものだからである。自分の選好に耽溺する可能性、したがってまた衒示的消費で自己の価値を証明する可能性は、競争主義的な枠組にもかかわらず、わかちあいの感情をもたらす。すべての敵対者は世界が自分の予想どおりに動き、自分が欲望するよう教えられている報酬を与えてくれるという信念で元気づけられる。さらにまたシステムがもつ途方もない生産力は、中産階級のいだく不快感が文化のもたらす実に現実的で豊かな物質的な快楽によって相殺されることを意味している。ひとはパンのみで生きるものではないが、パンのあまりの豊かさは孤独感をつぐない、そのことで大いなる忠誠心を発生させるのである。

このような文脈で言えば、商品を買う行為は共同体におけるひとつの儀礼であり、商店街は他人とつどい、日常意識からの快適な離脱を集団のなかで楽しむ舞台となっている(ジェイコブズ、119)。抑鬱状態にある人々が夢中になって大散財するという事実は、物質的財の誘引力ではなく、むしろそうした微弱な形態の交感状態がもつ魅力を語っているのだ。

だが、希釈されたものとはいえ、そうした力と参加の感覚をもたらすのは人々が一堂に会することではない。人々は毎日地下鉄のなかですし詰めになっているが、そこでは結局いら立ちと疲労以外の何も生じないからである。それに加うるに、ひとの集まりの焦点となるもの、群集を刺激してそれに特殊な性格をあたえる触媒が必要なのだ。商店街の場合で言えば、商品と結びついた人格化されたイメージが触媒となる――性的な力やグラマーのイメージ、また国家的自尊心のイメージがそれである。こうしたシンボルがあるおかげで、買物客は商品を購入するさい、もっと生き生きとした官能的な世界をわかちあう経験にともに参加しているのだという確信を同時にもつことができる。成功レースに挫折した人々は社会よりもむしろ自分を責め、自分のフラストレーションや無価値さを、個人的な内省、あるいは市場の拡大によって入手可能になった麻薬や娯楽による自己慰安でかたづけようとする傾向がある。障害があまりに大きくなれば、ひとは自己改良の精神療法(以下に論じるように、これはそれ自体が「安全な」カリスマの別形態である)、または宗教的回心に助力を求めることもあるであろう。だが、社会の前提そのものに挑戦するような運動に助力を求めることはめったにない。というのは、みずからが約束したものを産出しつづけるかぎり、社会は確固不動のものと見えるからである。

市場そのものがうまく機能しているかぎりは、物質的な満足と一般的な参加感覚がより強制的でリスクが大きいカリスマ運動に巻きこまれることを未然に防ぐ。もちろん経済が破綻すれば、人々は自信を喪失し、おそらくはカリスマ的な関わりによって、集合的な力を回復するための新しい道を求めることもあろう。

カリスマ運動のメンバーとなることに対するもうひとつの代替的選択肢は、個人と国家全体のあいだに育まれる強い愛着である。国家に対する民衆の強度の情緒的関係は家族や近隣的紐帯の解体と密接に結びついており、その結果として、国家は共同体に参加する感覚の中心的な源泉となる。国民国家と自我の同一化はとりわけアメリカ合衆国において顕著である。そこでは国家は抽象的な観念としてではなく、また政治的諸制度や官僚制機構の組み合わせとしてでもなく、生ける実在――巨大な個人――として思い描かれる。市民たちは、強烈なプロパガンダと洗練された宣伝によって、アメリカは個人としてのアメリカ人の理想的パーソナリティとおなじきわだったパーソナリティをもっていると教えられる。すなわちそれは、慈悲深く、つきあいがよく、競争心旺盛で、金があり、平等主義的で、力強いパーソナリティである。こうしたイメージがあるために、孤立せる市民たちは力強い全包括的な国家に同一化することによって、自分自身の欠点や挫折を超越あるいは等閑視することができるのである。

このような国家主義的イメージの中心にいるのは大統領であり、彼の個人生活は国や市民の本質的性格と一体化したものとして受けとめられている。擬人化された国家やそれを体現する大統領が権力や支配に肯定的な印象をあたえつづけるかぎり、民衆は活力と自尊心と共同体の感覚を手に入れることができる。それは水増しされた、遠距離からのカリスマへの関わりなのである。
しかしながらここでも個人と巨大なシステムとの結合は、システム自体がよく機能していると認知されるかぎりにおいてのみ機能する。それゆえ国家のイメージを脅威にさらすような出来事は、客観的な条件から予想されるものをはるかに超えた社会不安を生じさせる。そうした脅威を民衆はその主観において、実利的な関心に対する脅威としてではなく、国家の一員たることによって得られる個々人の超越的なアイデンティティに対する脅威として受けとめる。このようなアイデンティティ危機は、攻撃によって根もとから掘り崩されつつある理想的な性格特徴を力強く体現してみせるカリスマ的政治家の出現につながる。人質事件(訳注1)のさいにイランがとったアメリカの力を無視した態度が引き起こしたアメリカ世論の変化は、その実例である。カーター政治、さらにはアメリカ人そのものと結びついた無能さのイメージが、ロナルド・レーガンのカリスマ的スタイルをとくに魅力あるものにしたのである。もっと深刻な危機においては、彼よりもはるかに酷薄なカリスマ的人物があらわれて、脅威にさらされる聖なる国家を体現するであろう。

カリスマ運動に流れこむべきエネルギーを吸収する世俗的参加形態としては、このほかに、現代の西欧文化の大きな特徴となっているスポーツのヒーローや芸能界の有名人の偶像視がある。陸上競技の選手、映画スター、歌手、著名な芸術家、一定の政治家、その他のイコン、すべてが民衆によってカリスマ的人物とみなされる。実際に群集の集まりに中心点をもたらし、ファンのあいだにカリスマ的結合の出現をもたらすという意味では、そう考えることは正しい。ブライアン・ウィルソンが主張しているように、そうした環境のなかではカリスマは「たんなる楽しみ」(273: 125)になる。そして彼らは大衆に、退屈からの一時的な救済、拘束を受けない生活の思い出、また心地よい刺激、原始的な感覚、匿名的でない人間関係、想像上の肉体関係に――それ相当の犠牲を払って――つかの間ふける機会をあたえるのである。

こうした芸能人や芸術家は、システムのひいきを受ける持続性をもった境界的人物として、もっとラディカルなカリスマには許されることのない保護された空間を有している(1)。そうした飛び地のなかではある程度の実験的試みが許されるし、俗世間とは異なった種々の世界観が想像され、派手なかたちで実行に移される。それは、合理性からはずれた「スター」たちの伝説めいた特徴をきわだたせるものである。このような選択肢はふつう、大衆の全体にごく時たまの慰安をあたえるにすぎないが、彼は自分自身ではいかなるリスクもおかすことなしに、高い情動性を帯びた生に代償的に同一化することができる。とはいえ、そのメッセージがいかにラディカルであろうと、手本となるそうした人物たちの影響は実際にはごく表面的なもの、つかの間のものにすぎない。なぜなら、たえまのないスタイルの変化は、ライムライトを長期間浴びていられるアイドルがごくわずかでしかないことを意味しているからである。これこそまさに「安全弁」としてのカリスマであって、彼らは抑圧された民衆のエネルギーを儀礼と幻想へ拡散させると同時に、資本主義的消費に燃料を供給しているのである。

だが社会的危機の時代にあっては、劇的性格の人間はカリスマを求める群衆の中心という役割をはたすことができるし、彼らのライフスタイルが芸術という飛び地以上の魅力を獲得することも起こりえよう。われわれはまたここで、挫折せる芸術家とカリスマ的指導者との密接な結びつきを想起すべきである。芸術家の共同体――これは現代社会のなかにありながら逸脱と移ろいやすい感情性を助長する空間である――が高度に専門化し硬直化して、世の辺境に追いやられた夢想家たちを受け容れられなくなるときには、そうした夢想家たちがカルト的環境のなかに自分の観客を見出し、また自分の美学を政治に応用しようと努力するであろう。

宗教におけるカリスマ

ここまで考察を加えてきたのはカリスマの世俗的な代替物であるが、カリスマはまた現代宗教のなかでも制度化され飼いならされてきた。たとえば、初期のメソディズムを特徴づけた大いなるカリスマ的熱狂はもはや忘れ去られ、ウェーバーがアメリカにおけるカリスマ的信仰としてあげたモルモン教も、もの静かな堅実な宗教に転じた。また、宗教的カリスマ運動の現代における「典型例」とされた文鮮明師率いる統一教会も、十分に定式化された教義と複雑な官僚制的組織を発展させるにいたっている。だが、こうした信仰運動はいずれも、合理化が進むにつれて教会メンバーが減少し、メンバー自身もしばしば情熱を欠き、自分の信仰をおもに習慣によるものとしてとらえるようになってくるという、苦境を経験している。

しかし同時にアメリカ合衆国では——またヨーロッパでも次第に——、本書で取り上げたものより水増しされてはいるが、ラディカルで現世拒否的なカルトが台頭しているばかりでなく、降霊術、錬金術、魔術的な「アクエリアス」儀礼（訳注2）、またサイエントロジー、エスト（訳注3）、種々の団体の本流にうまく入りこんだその多くの分派といった、明らかにずっと穏健な——そしてずっと大きな広がりをもった——「ニュー・エイジ」の諸宗教（訳注4）が、オーソドックスな宗教共同体を攪乱してきている。

非常にプラグマティックなメッセージをもったこうした「現世肯定的」な信仰は、はじめのうちは、カリスマ的宗教どころか、宗教という項目のうちにさえ属さないもののように見える（こうした用語法についてはウォーリス、262を参照）。そうした宗教はあるがままの現世への適応を説くことから出発する。そこでは成功することがとくに強調され、それは「いまここで経験されうる超個人的な完成の結果」（ティプトン、253: 211）なのだとされる。このような集団が、力強い物質主義的な倫理、またある金額を払えば買うことのできる「幸福になるためのテクニック」の宣伝によって訴えかけるのは、ラディカルなアウトサイダーでも、抑圧されたマイノリティでも、麻薬癖をもったヒッピーでもない。彼らが惹きつけるのは、自分のキャリアを高め、生活を豊かにするための即席の方法を発見することに関心をもつ中流階級の勤労者なのだ。

有用な知識をさがし求めるこうした実利主義的な信者たちは、おおむね宗教の初心者とみなすことができよう。そこにあるのは、世界変革的なカルトにコミットする献身的な信者や信徒よりもはるかに希薄な人間関係でしかない(バード、24)。実際また、こうした現世肯定的運動の一般メンバーは、いかなる特定のメッセージあるいは指導者にも強い愛着をもたない傾向がある。市場における他のすべてのものとおなじように、消費者は自分のもとめる最良の商品、最も刺激のあるメッセージ、いちばん簡単に成功を手に入れるための方法を物色する。(訳注5)そして彼らは、良心のとがめをたいして感じることもなしに、パワー・クリスタルからペンタグラムまで、(訳注6)銘柄をとっかえひっかえするのである。(2)

しかしながら、メンバーたちの歴然たるプラグマティックな功利主義にもかかわらず、こうした集団は、少なくともすでに手ほどきを受けた者どうしの内輪のサークル内では、カリスマ的なカルティズムの方向へつき進んでいく傾向をもっている。たとえばサイエントロジーの場合、片手間の信奉者たちがつくりなす大きくはあるが流動性の高い外部サークルと、特殊なユニフォームと複雑な規則をその特徴とするシー・オルグという、小さな、よく訓練された、また非常に献身的な内密の中央組織が指導した。後者は、L・ロン・フバードというカリスマ的な指導者を中心とする緊密な共同体のうちに生きる達人たちの内密のエリート・サークルを形成しており、彼に対する奉仕の「十億年契約」にサインすることで自分たちの献身ぶりを宣言したのである。信仰の熟練者たちがつくりなすネットワークが結束し、みずからを秘教的知識の所有者として外部の世界と区別するときには、これと同様なパターンがどこにでもあらわれる。そしてこのような結束はしばしばカリスマ的指導者への崇拝を生じさせ、その啓示は集団の実存の基盤となるのである。

エスト、サイエントロジー、その他の「ニュー・エイジ」の諸集団といったプラグマティックな世俗的・現世肯定的運動の中核部分に、狂信的・現世拒否的な内密の幹部集団が存在するという一見したところ奇妙な現象は、異質な要素の結合として理解できる。たとえば、イデオロギーという観点から見た場合、どの集団も社会のしきたりやきずなが価値のないものであることを説き、集団にコミットするにあたっては内面の動機にもとづき、感情によって正当化された自由な選択だけが唯一の基礎となりうるという前提を受け容れている。またどの集団も、個人としてのアイデンティティを掘り崩し、強度の除反応的な情動を刺激し、強くコミットしている他の信者たちの緊密なネットワークに入信者たちをひきずりこむような技法を、多種多様に用いている。すでに見たように、そうしたイデオロギーや技法は草創期のカリスマ的組織集団に典型的に見られるものなのである。(3)

現世肯定的集団に加わった人々は、その結果、「親密さ、共同体、運動体内部におけるエリートの地位が、はじめ思い描いていたような現世的成功や自己実現よりも優先さるべき地位を獲得した」ことを知るにいたるであろう。そして、さらにその結果として、実利主義的な初心者から至福千年的なカリスマ崇拝への全面的没入へ、という全般的な移行が生じる。そこでは入信者たちの集合サークルがもつ雰囲気のなか、「自我や個人的アイデンティティは……指導者の意志とパーソナリティに従属せしめられ」、彼は集団全体を体現する者とみなされるのである（ウォーリス、262: 122-4）[4]。

だが、もし「ニュー・エイジ」の運動が、その表面上のプラグマティズムや世俗的な性格にもかかわらずカリスマ的啓示へ向かうとするならば、おなじような傾向はオーソドックスな宗教にも存在すると言えよう。ペンテコステ派の運動はアメリカにおいて急成長しつつある宗教運動であるが、それが依拠しているのはまさに、自分たちの共通の宗教的信仰を正当化してくれる一瞬のエクスタシー感情を会衆のうちに喚起する、カリスマ的説教師の能力である。この運動がもっている力をアメリカにおいて最もはっきりとしめしたのは、興行師的なテレビ伝道家が博した大変な人気である。指導者がほんとうは陰に隠れて実に汚いことをやっていることを暴露されても、なお多くの熱心な信者たちが忠誠を誓いつづけるという事実は、そうした「テレビ伝道」の牧師たちにおいては教義よりも人格が優位することを物語っている。だが、このようなマス・メディアに登場する人物たちは別にしても、アメリカにはどの町にもみずからのカリスマ的な表現力で熱狂的な支持を得ているペンテコステ派の地方説教師がいる。彼らはすべての強力な官僚制的構造から比較的離れた位置にあるおかげで、大変自由に説教することができるが、いつでもそれは人民寺院のような経路で発展してゆく危険性をはらんでいる。

だがカリスマはまた、最も高度な形式的教会組織のなかで、またカトリック教会という厳格なヒエラルヒーのなかでも、よりデュルケム的なあり方で出現してきている。いわゆる「カリスマ復興」運動はカリスマ的「反構造」の噴出を例証するものである。その運動においては、カトリック信徒たちが公式の教会が設けた境界を超えて集結し、異言を語るなど直接的霊感の儀礼に参加するのである。

それがどの程度のものであれ、そうしたヒエラルヒー化した構造のなかで生じるカリスマ的霊感は、親教会に対する不安定な適応に深刻な脅威をあたえる。なぜならそうした経験は、超越にいたるもうひとつの、より直接的な水路となるものだからである。しかしながら、熱狂や交感への願望から発したカリスマ的人物や反体制的運動が正統的信仰のなかで徐々に発展してゆけば、それは絶滅の危機に瀕する信仰を再活性化させるための霊的基盤となりうるであろう——過去においてもそうであったし、未来においても間違いなくそうでありつづけるであろう。またそうなれば、ラディカルな結果が生じることもありえよう。現在、ラテン・アメリカの革命的カトリシズムに見られるように。

とはいえ欧米に関して言えば、最も主要なカリスマの別形態が見られるのは、資本主義的消費という公的・世俗的な領域でもなければ、国家崇拝でもなく、芸能界でもなく、宗教でもない（これはオーソドックスなものであるか呪術的なものであるかを問わない）。人々はそれらよりももっと親密な環境のなかで合一化と自己喪失を経験しているのだ。たとえば、アメリカの中産階級における家庭は、理想からすれば「無情な世界の安息の地」（ラッシュ、151）として、親密であたたかい雰囲気を提供するものである。そこでは集団への無条件の参加という感情が、たんに許されるばかりでなく大切にされる、とされている。かくしてそれは、闘争や敵対に満ちた公的な世界に対峙する私的な共同体のすみかなのだ。

だが、いまや頼みの綱となった家族の結合も社会の現実によってズタズタにされている。家族は純粋な気くばり、情緒的な表現力、同情といった濃厚な人間関係の源泉またモデルとして存在してはいるけれども、しかしまたそのメンバーに、独立心や他人に対して距離をとること、駆け引きの技術や企業家精神といったものを訓練してやらなければならない。その結果、親と子は融合して愛の結晶となるのではなく、それぞれが「過去につくった貸しを理由にして将来の特権を主張するための権利を獲得すること」（エリクソン、68: 317）を求める相互に独立した取引主体になっている。

さらにまた、専門家の介入する領域が次第に拡大してきた結果、自己意識が強まり、家族のなかに感情的へだたりが生じつつある。また一方では、共稼ぎの経済的な必要性、無数の片親世帯、家庭内労働の低い地位といったものを含む数多くの社会的要因は、子供たちがますます制度的枠組のなかに取りこまれ、孤立感や感情的きずなの欠如を経験するようになることを意味している（コフート、137）。

これに加えて、近代家族においては家族内の両義的感情が高められる。なぜならそれは代々継承されていく拡大家族ではないからである。子供たちは家を出て、養育目標であった自立した生活をおくることを期待されているわけだから、近代家族はむしろ解体するために存在しているのだ。こうした要因のすべてがよって来たる結果、家族があたえる保護はごくつかの間のものとなり、あたたかさは偶然のものでしかなくなっていく。しかしながら、公的世界の酷薄さがひとを凍てつかせるほどのものになればなるほど、安息の地への希求はますます抵抗しがたいものとなり、そうした要求を満たすことが困難になればなるほど、家族をあたたかさと生気に満ちた隠れ家につくり変えたいという要求も大きくなっていく。

いまや家族は人間的充足感という観点からあまりに多くのものを要求されているために、かえってそれが実際にもたらすものに失望するひとは多くなるのだ。マンソン・グループのような数多くのカウンターカルチャー的コミューンがみずからを「ファミリー」と名乗り、家族はかくあるべしと自分たちが信じるものの幻想をコミューンのなかで実践しようとつとめたのは、まさにそうした理由のためであった。また、六〇年代後半の学生運動家たちは心理的欲求の階層中最も高いところに「養育されること」を位置づけていたということ（ゲラー＆ハワード、88）、また当時のカウンターカルチャー的「革命家」たちの態度テストがしめすところによれば、彼らを動機づけていたのは平等主義的イデオロギーや社会的犠牲者への関心ではなく、「発育期に自分のものとしてあったあたたかい苦労知らずの安全感を取りもどそうとする」願望であったということ（レッセ、157: 589）も、注目にあたいしよう。

親密な共同体として想像される二番目の形態は、友情の共同体である。家族と同様、これも民衆の心のなかで理想化されているが、やはり約束のものをもたらすにはいくつもの致命的な難点をかかえている。その約束とは、競争主義的な市場の外部にある、感情豊かな気づかいに満ちた、永遠の、平等な人間関係である。事実はどうかと言えば、アメリカ人はしょっちゅう引っ越ししているから、彼らの望む親密さや友情の交流は当然根もとで切れてしまう。また、社会生活の分節化が進み、仕事にますます大きな比重がかけられるようになるにつれて、非常に多くの人々はいまや、競争主義とライバル関係によって人間関係が汚染されざるをえない職場においてしか、ほとんど友人を見つけられなくなっている。そしてもし仕事以外のところ、特殊な関心をもつ者の集まりという飛び地的な空間

——これはますます多くの人々の結節点になりつつある——に友人を見出すとしても、そこでは交流の範囲が共通の関心領域に限定されてしまうから、友情はごく浅い、あるいは弱いものにとどまる傾向が強い。

家族や友人に対する失望はひとを、「ニュー・エイジ」の運動のような、いかにノイローゼ状態を脱して各人の潜在的可能性を実現するかを人々に教えることを明確な目標とするセラピー的人間関係に導く。そうした試みがうまくいくかどうかは私の議論の対象ではない。重要なのは、セラピーはクライエントに寛容で共感性にとんだ環境のなかでの相互作用を提供するということ、そしてそこでは極度に受容的な状況のもと、強い連帯（と敵対）の感情を表出することができるということである。セラピー状況は文字通りもう一つの家族とみなされ、そこでは初期幼児期の外傷体験から発生した感情問題を解き明かすために必要不可欠な方法として、セラピストを敬慕すること、また彼（女）と「恋に落ちること」が期待され奨励される。また患者は患者で、セラピストという中心人物の周囲に組織されたおなじセラピー集団の他の患者たちと、集合的共同体を形成する機会を得ることもよくある。

だがセラピーというものは、まさにみずからを取りのぞくことを動因とするカリスマ的関係だから、セラピストは専門家としての、それゆえまた反カリスマ的な姿勢を保持し、そうした関係がセッションの範囲を超えてゆくことを許そうとはしないものである。共感性にとんだアイデンティティ志向型のセラピーは、他のセラピーよりも患者との感情的交流を大幅に認めはするが、それでもアドバイザーとクライエントのあいだでかわされる職業上の契約から逸脱するような関係を唱導することまではしない[5]。したがって、セラピストが故意に感応することはないと仮定した場合、精神療法のなかで実際に生じる転移は、自己喪失や除反応的な強烈な感情の経験のとっかかりをつくるためにカリスマ的人物が創造されるというデュルケム的な議論の、あざやかな証左となるのである。

ロマンティックな二人関係

最後にもうひとつ、他のどの関係よりも強くカリスマ的な特徴を帯びた人間関係の形態がある。それはロマンティックな恋愛である——これは大衆文化において、近代における理想化された愛着関係の、最も重要で、最も心はずむ、最も一般的な形態として認知されている。恋愛は、ひとを窒息せしめるような制度的枠組の作用に対する重しという役割を個人生活のなかではたし、生まれ育った家族から出てゆくことの償いとなり、一人の永遠の友人と超越を直接的に経験できる親密な二人関係とをあたえてくれる[6]。ロマンティックな恋愛とカリスマは多くの点で類似している。たとえば西欧のイデオロギーにおいては、ロマンティックな恋愛はカリスマと同様、両当事者を完全に絡めとり、時間を超えたものという主張をなすものと信じられており、家族あるいは友人に期待される（がそこでは滅多に見出されない）相互依存、強烈な感情、豊かな感情表現といった特徴をもっている。また他のすべての社会的きずなが、親族関係のように強制的なものであるか、友人関係のように選択にもとづくものであるかのどちらかであるのに対して、ロマンティックな恋愛はカリスマと同様「まったく偶然に出くわす」ものであり、そのとき主体は、「義務と快楽がそこでは偶然に一致するような、またそこではすべての疎外が消滅するような、まったく一義的な対象」（アルベローニ、5: 23）としてあらわれる、欲望された対象の磁石のような魅力に圧倒されるのである。

みずからの目標に到達するとき、恋人たちはカリスマの信者と同様、愛する者との合一化に自分自身を捧げるものとして感じる。ジョルジュ・シムノン（訳注7）はこう言っている。「恋とは二人でひとつになることだ。恋とは、二人があまりに近すぎるために、一人が語ろうとして口を開くとき、他方が相手のまさに言おうとしたことを言ってしまうことである。恋とはひとつの……融合である」（238）。フロイト流の対象関係論的視点で見るならば、このような合一化の状態を求めるのは、恋人にあってもカリスマの信者にあっても、「相互分離状態を打ち消し、個性化以前の段階で味わった至福の状態へさかのぼる道を見出そうとする」試み（バーグマン、19: 75）としてである。また恋愛においては、カリスマにおいてとおなじように、相手のうちへ自己を喪失することが縮小としてでなく、「高揚、エクスタシー、自我の拡大」（シャスゲ＝スマーゲル、33: 356）として経験される。

こうした自己拡張的状況においては、大いなる自己犠牲が可能である。なぜなら、信者／恋人は愛する他者のうちに深くはいりこんでいるために、個人的な安心立命などどうでもよくなっているからである。そのとき、もしそれが愛する者の快楽となるか、あるいは愛する者を保護するものであるならば、犠牲は苦痛でないばかりか、ひとつの快楽となる。実際、相手に惹かれる気持は他のすべての人間関係や価値よりも優位に立ち、愛する者なしの人生は生きるにあたいしないものと感ぜられるとともに、ただ欲望対象の近くにありたいということそれ自体が究極の価値となるのである。

ロマンティックな恋愛においてはまた、カリスマにおいてと同様、恋人どうしの関係が社会的な束縛に抗するものと考えられるために、恋人たちはコミューン集団とおなじく、一体性をもとめる努力のなかで年齢、階級、人種などの壁を突破していくことができると信じられている。(7) そして、これまたカリスマ関係とおなじように、計画、合理的計算、自己中心的なエゴイズムの侵入は愛に対する大罪となる。原則としてこの関係は、どのような物差しでも推しはかれぬもの、自我の境界を超えていくものなのだ。

さらにまたロマンティックな恋愛は、カリスマとおなじく、喪失感や孤立感のために個人的なアイデンティティが価値を貶められ危機に瀕している状況のなかで生起する。そして恋に落ちる、あるいは運動に加わる態勢がととのった人間はまず、「自分は不完全な者であるという感覚、ノスタルジー、何かに帰属したいという欲望」(ライク、211: 43) に取り憑かれるのだ。かくして「孤独は……超越の前提条件である」(カーンバーグ、128:96)というオットー・カーンバーグの言葉は、恋愛にもカリスマにも妥当するわけである。

それゆえロマンスは、理論から言えば、まさにカリスマ運動に好適な条件によって、すなわち古い義務的関係やつながりが消滅し、自我が不確かなもの、問題をはらんだもの、あるいは危ういものとなった世界の、社会的な疎外、競争主義、流動性に対する反作用として普及する。アイデンティティを危機におとしいれるこうした条件のもとでは、「日常生活のなかに何か価値あるものを見つけだすことの不可能性」(アルベローニ、5:69)、また自我をつくりかえて主観的な世界を再活性化しようとする深い衝動が存在する。カリスマと同様、恋愛は実存を価値あるものにする超越的経験的真実をもたらすのである。(8)

恋愛がもたらすのは、……人間の最もさし迫った心理的欲求、すなわち社会的孤立によって、自分が生きる世界に対する概念的手がかりのまったき欠如によって、また仕事による満足感の欠如によってつくり出される欲求の満足である。……技術の進歩によってわけの分からぬ機械の取るに足りないネジとなった人間、道徳的価値の転落や自家撞着に途方に暮れた人間は、ただ恋愛においてのみ、自分は重要な存在だという感覚を取りもどすことができるのである。(バイゲル、14:333)

最後になるが、カリスマとロマンティックな恋愛の類似関係が最も顕著なのは、もちろん指導者／恋人の神聖化においてである。いずれの場合にも、「指導者／恋人に特別な地位と力をさずける同一種類の昇格、理想化、合体化」（ミラー、184: 205）が見られる。恋する人間がその恋人を喜ばせることに自己実現を見出すように、信者は指導者と同一化することによってその力にあずかる。信者も恋する人間も、ともにその愛の対象を、強烈な感情に満ちた生ける非日常として、またすべての善きものと望ましきものを具現する存在として、言いかえれば「カリスマ的人物」として認知する。恋する人間はこのような性質を帯びているために、カリスマの信者とおなじく、愛の崇拝対象に進んで服従し、相手の願望を直観的にさがしあててそれを即座に満たそうと努力する。カリスマにおいてもロマンスにおいても、愛する者に献身することは自分を高貴にしてくれるもの、エクスタシー的なものと感じられるから、自己放棄は喪失ではなく利得となる。それゆえ以上のような広範な類似関係から言えば、恋に落ちることは、フランチェスコ・アルベローニが言っているように、巨大な革命のエクスタシー感情と変革パターンを小規模で複製する「集合運動の最も単純な形態」(5)なのである。(9)

恋愛 対 カリスマ

しかしながら、恋愛とカリスマという二つの経験のあいだには少なからぬ差異が存在する。カリスマ集団と一般社会のあいだの関係をしばしば特徴づけるものとなる敵対性や非難の応酬とは対照的に、構造や規範に対する反抗という恋人たち自身の主観的な感情にもかかわらず、ロマンスは近代西欧の社会システム内に存在しうるし、また現に存在しているうえ、それをささえてもいる。そしてそれは、たとえ反社会的な志向をもっていても、ノーマルな人間関係とみなされている。なぜかと言えば、恋愛はカリスマ的な関わりと異なって、発達過程のなかで当然発生してくる段階、結合力をもった他のメカニズムが存在しない状況で男女を結びつけるために必要な情緒的接着剤をもたらす段階として文化的に認知されているからである。

恋愛はまたもうひとつの機能を有している。それは恍惚と交感という広く承認されたイメージ、すなわち競争的個人主義からの脱出路をあたえるのだ。恋人たちのたがいの思いやりは、人間の敵意や疎外を超越することがだれにも可能であることを再認識させてくれるから、世界のすべてが恋人たちを愛する。また恋人たちは、彼らをはたから見るものに、恋をすることで日常生活の敵対関係やいら立ちから脱出した自分自身の経験、あるいはそうなりたいという希望を心地よく想起させてくれもする。恋愛にまつわる膨大な量の歌・物語・映画・詩は、恋愛イメージの機能が、大衆をなだめ癒すこと、また現代世界に生きる緊張を縮減することにあることを証明している。

ロマンティックな恋愛は、たいそう強力でひとを引きずりこむ力をもっていながら、しかしまた同時にたいそう無害なものでもあるから、さもなければ危険なカリスマ的社会運動に流れこむかもしれない強烈な情動を、最もうまく最も有効に放出する安全弁となっている。恋愛において、超越への強い願望は現世にふり向けられずに二人の相互関係に限定され、そのなかで恋人たちは社会環境から引きこもって自分たちの親密な世界をつくり出す──そして引きこもりはハネムーンという制度によって象徴化され正統化される（スレーター、242）。この象徴的引きこもりは社会的な承認を受けるが、それは二人がそのあと帰ってきて自分たちの第一の仕事、すなわち再生産の基礎として社会全体に奉仕する仕事に従事するという条件においてのみである。(10)

こうしてカリスマ集団と恋人の二人関係は、明らかに「諸個人が遭遇する多くの心理的ディレンマを解決するための戦略として、択一的・競合的関係にある」（ミラー、184: 208）。これら二つの戦略はいずれも過剰な非合理的関わりを要求するものであるために、競合的、敵対的にならざるをえない。つまり、どちらも強烈な情動喚起的関係における自他の完全な同一化を要求するものであるために、同等の力をもった二つの情緒的関係を同時並行的に結ぶことはできないのだ。それゆえ、一人のひとがカリスマ集団の内部で合一化の状態に服しつつ、なおかつ恋愛関係にあるということは不可能である。

カリスマ集団と個人のロマンティックな関係との敵対性は、理論においても現実においても明らかである。たとえばカーンバーグは、「指導者への服従は」いつでも「愛しあう一対の男女ができあがることへの不寛容」をともなっている(129)と書いている。そして実際われわれは、カリスマ的共同体の内部では、一方では集団との合一化という力強い感情を喚起せしめる指導者に性的欲望を集中させつつ、男女一対のいかなる強いきずなも価値を貶め、それを引き裂こうとするたえまない努力がなされることを見た(ザブロッキ、284: 131)。チャールズ・マンソンが要求した乱交は、そうした過程の一形態にすぎなかったのである。(11)

逆のパターンもあてはまる。フロイトがのべているように、「恋人たちは自足して」おり、集団によってなされる要求に敵意をいだく(78: 55)。カルト集団を脱退したメンバーたちは、集団を出ようと決めた彼らの決意が、集団の圧力にもかかわらず二人のロマンティックな関係を確立または維持しようと努力した直接的結果であったことを、判で押したように証言する。統一教会の元メンバーが語った次の言葉は、こうした事例のすべてにあてはまるであろう。「愛は、二人の思考する存在のあいだで花開くことを許されるとき、高められた価値の認識をもたらす。……私たちにとって、それは正気へのゆるやかな回帰を象徴するものであった」(ウッド&ヴィテック、279: 169)。

もしカリスマとロマンスが、構造上対立しつつも、愛する者と合一化することでエクスタシー的に自我を超越しようとする深い願望をおなじく表現するものであるとするならば、またもしロマンスがそうした願望を現代世界において表現する最有力な方法であるとするならば、われわれは次のことを問うてみなければならない。すなわちそれは、もしロマンティックな恋愛という理想がその価値を貶められるときは、いったいいかなることが生じるのかという問いである。多くの社会理論家によれば、これこそまさに現代の西欧社会において、とくに自我実現（self-actualization）の理想がロマンティックな愛着という理想に取って代わることによって生じつつあるものである。このイデオロギーがいかなるものであるかは、現代の情動主義についてすでに論じたところから、またカウンターカルチャーのレトリックから知ることができよう。

男女二人のあいだの相互依存的関係よりも、内的な感情の核心の認識にもとづく自我実現を優先させることは、「そうした関係にある両者が相互に自律的で分離した状態にとどまり、めいめいが、関係が終わったとき自分は何を手に入れるのだろうか、何を持っていこうかと心くだいている」こと（スウィドラー、250: 137）を意味している。自分の内的な自我がたがいのきずなのおかげでどれほど成長し進歩していると両当事者が感じているかというプラグマティックな計算によって、二人の関係の質が推しはかられるのだ――これはロマンスの非利己的な本質と相容れない態度、感情の充足を得るために払われる苦痛をまったく拒否する態度である。

こうした損得計算は、恋愛関係に入れば否応なく生じてくる諸々の責任や相互依存的な関係のなかでは、真の自我、自律的な自我がうしなわれてしまうのではないかという広くゆきわたった恐れとよく符合している。それゆえ「自制を保持する能力、と言ってもただ……いざとなればきっぱりと――つまり即座に、効果的に、効率よく――別れる能力のことであるが、そうした能力が養われ、洗練され、尊ばれる」（ポープ、207: 22）。恋愛関係に深入りすることの欠如はまた、要求されることがあまりに多く、さほど快適ではないものとわかってしまった関係の代わりに、他のもっと満足度の高い関係をすばやく見つけることを可能にする。その結果として生じてくるのは、「ただ性的な領域だけに制約されるのではない開かれた関係の模索であり、それは転換可能な関係の模索へと容易に変化していく」（ザブロッキ、284: 171）。

このような変容は、近代社会のなかで突出した存在であった家族という単位がたえまなく衰退しつつあることとよく符合し、またおそらくそのことと相関関係にある。家族衰退の原因となっているのは、家族外でおこなう仕事が親たちにとって次第に重要性を増してきたこと、またそれにともなって生じた託児所・保育園・夏期キャンプなどの、核家族に対するより合理的な選択肢の出現である。家族の必要性が減じるにつれて、家族という制度に先駆するものとしてのロマンティックな二人関係がもつ社会的有用性も着実に損われ、より自分中心的なイデオロギーに道をゆずることになる。人々は、相手に対する義務という望みもしない不必要な鎖のために、自分の楽しみや好きなものを進んで放棄することなどしなくなるのだ。このような推移は支配的な諸制度が望むところでもある。というのは、そのおかげで労働力は私的なものへの愛着から解き放たれ、合理化された世界に完全に組みこまれることに抵抗する堡塁たらんとする者は消滅させられるからである。

だが私の提案した感情構造のモデルからすれば、ロマン主義的イデオロギーの崩壊は次のことを意味している。すなわち、その結果として、その代わりになる何か別な形態の超個人的関係のなかで自己を喪失し、同一化にもとづく合一化をはかろうとする圧力が高まるであろうということ、これである。近代化の過程に随伴する労働環境における競争性・多様性・流動性の増大によって、交感の経験が現世全体でますます欠如するようになるにつれて、こうした圧力はますます強まっていくであろう。多くの人々はその空虚な感情を精神安定剤やテレビでまぎらせているが、親密な個人的関係のうちにはもはや見出すことのできなくなった、また社会の中心的な諸制度にはとっくの昔から不在となっている自己超越の経験を、どこか別のところに追い求める人々もいよう。

われわれはすでに、拡散された形態のカリスマ的愛着をもたらす選択肢のうち、社会生活の主要領域において入手可能なもののいくつかを見てきた。もし一対の男女がおこなう同一化の潜勢力が衰退していくならば、そうしたスポーツ・宗教・芸術・芸能・消費といった表出的公共空間は人々の生活のなかでますます重要性を増していくだろう、と予想することができる。また個人と擬人化された国家の融合もますます大きくなっていくだろう、と予想することもできる。しかしながら、そうした抽象的で疎遠な象徴形態は、現実の、身体をもった他者の現前という直接性と比すれば、生気を欠いたそれの代替物にすぎない。ロマンティックな理想化の死滅によって生じるギャップは、それでは埋めることができないのである。

その代わりとなる理想化された愛着の形態が虚弱であるか存在していない現代の状況にあっては、恋愛にのめりこむことの欠如が、それをおぎなうものとして、それと同等な生命力と自己喪失の感情をもたらすカリスマ的集団関係への参加に導くこともありえよう。(12) そうしたカリスマ性のあらわれは、たいていの場合、私が概観してきた諸運動ほど陰性のものでもなければ極端なものでもなく、むしろ支配的な諸制度に順応するか、それによって推進されるものでさえありえよう。そしてわれわれはそこに、「現世拒否的な」カルトではなく、より「現世肯定的な」共同体、社会の現状をささえる現世的成功の倫理とともに同志愛と参加感情と同一化とをもたらす共同体を見るであろう。そうした集団はまた職場のなかで、そのメンバーに強い興奮と参加の感情、そして会社とそれを代表する上級管理職への忠誠心をあたえるものとして取引きされるであろう。こうしたパターンはすでに、情熱が職務遂行上の必要不可欠な前提条件とされるいくつかの組織にはっきりと見ることができる。(13)

しかしながら、よく制度化されており、さほど激しくなく、より容易にコントロールできるけれども、にもかかわらず内面的な変容によって満足のいく参加感覚と感情の充足をあたえる中程度の共同体的集団が無数に存在しているこの構図は、持続的な社会的安定をその基盤としている。多元的で複合的な社会が、社会的に承認され有機的に機能する疎外からの脱出路としてカリスマ的共同体を許容し、さらには促進さえすることを、それは可能にするのである。一方ではしかし、もし社会が危機におちいるならば、もっとラディカルなカリスマ的メッセージや活動、また社会全体のもっと不寛容な態度があらわれてくる、と予想することができよう。

さらにまた、すでに見たように、現代という状況におけるカリスマは、たとえ穏健な現世肯定的外見をしていても、そうたやすくコントロールできるものではない。そのような集団にも、現世拒否的な内的中心や誇大感をもった指導者を育んでいく傾向が存在しているからである。かくして、カリスマ的活動の「常態化」にもかかわらず、全包括的な社会形成への圧力や集団の要求と指導者の心理とが織りなすダイナミズムは、そうした集団が至福千年的な主張を掲げるならば、それに従う者たちの狂信的な情熱をいまだに煽動しうることを意味している。そのような場合には、集団に対する彼らの激しい関わり方は、集団が自認する目的の表面上のトリヴィアリズムやプラグマティズムと、しばしばきわだった対照をなすことになろう。共同体のメンバーであることそれ自体が共同体の見かけ上の目標に対する優越性を獲得し、指導者への忠誠によって批判が駆逐されることになるのだ。われわれはそのときそこに、二極論の高まり、神話的思考の横溢、妥協の忌避を見るであろう。またそれに加えて、劇的な性格と白熱せる感情を帯びた指導者への心酔も見出されるであろう。彼は、大衆を映し出す鏡となり、自己の顧客の情熱を強化することによって権力をたもつのである。そしてこのようなカリスマ集団とその象徴的指導者は、圧迫を加えられると、精神病的な幻想や崩壊へ向かって急速に旋回していくであろう。

だがもし相対的な安定が維持できるのであれば、現代におけるカリスマ的な関わりは必要以上に破壊的になることはない。カリスマが変革を達成するための強さと想像力を人間にもたらすものであることを、われわれは知っている。だがそれは、ウェーバーが考えたのとはまったく正反対に、秩序を維持する要因ともなりうるのだ。現代の断片化され孤立化した状況にあっては、カリスマ的人物のまわりに参集する集合体のメンバーとなることで、個人としてのアイデンティティに対する脅威が取りのぞかれることもありえよう。そうした集合体は、敵意に満ち非情なものと見える世界を漂流している人々に、活力を高める共通の感情的土台をもたらす。日常の世界がその魅力をうしなったとき、そうした集団のなかで得られるカリスマ的他者との生き生きとした融合の経験は、生の継続と感情的意味づけとを可能にしてくれる。このようなかたちでカリスマに参加することによって、ひとは場面転換のための一瞬の休息地点を得て、新しいアイデンティティを構築するための力や拠りどころとすることができよう。

現代の問題はカリスマ的な経験そのものではない。というのは、「カリスマ」とは結局のところ、恩寵の賜物を意味する言葉だからである。それは本質的に、世俗的な世界の疎外と孤立の外部にあって、それと対立する根源的な超越の瞬間をもたらす直接的なエクスタシーの経験——これは日常生活を構築するための土台となる記憶である——、ということ以上の実質的な内容をもたない。ウェーバーやデュルケムによって確立され、心理学的な理論によって異なった表現をあたえられたパラダイムが主張しているのは、実のところ、社会は自己と他者の深い情動喚起的な交感、理性ではなく生きられた生命力をもたらす交感をその基礎としているということであった。人間を充電するこうした境界の超出がなければ、もはや生はその醍醐味を損ない、行動は力を欠き、世界は色彩をうしなって単調さのうちに沈むであろう。

だから問題なのは、このような無我と交感というモーメントが今後も存続しつづけるかどうかではない。それはわれわれ人間の不可欠な条件の一部である。問題なのは、そうしたモーメントがどのような形態をとるかということなのである。

原注

【第1章】

（1）政治的カリスマに関する周到な概念化については、シュヴァイツァー（229）を参照。

【第2章】

（1）情念のリストの内容は、もちろん固定したものではなかった。たとえばダンテは、基本的な情念として自尊心、嫉妬、利己心をあげ、他方カントは、野心、権力への渇望、そして――ついでに――利己心をあげている。また情念は、それがどれほど穏やかで従順で社会的に有用なものと考えられるかで、ヒエラルヒー的に順位づけられてきたが、これも決して固定したものではなく、時代とともに変化してきている。のちに本章で論じるように、かつて欲望のなかで最も卑しいものとして罵倒された利己心は、今日では社会的に有用であり賞讃すべきものであるとみなされている（ハーシュマン、109を参照）。

（2）『ラモーの甥』のなかで同様な主張を展開している点で、ディドロも賞讃にあたいする。彼は自分が想像したポリネシア人たちの風変わりな習慣から、人間の道徳は欲望に敵対し、それと共役不可能な諸秩序の一機能であると認めざるをえなかった。

（3）私の見方からすれば、これこそまさにコミュニケーション能力の理論を構築しようとしているユルゲン・ハーバーマスの野心的な試み（99）が逢着せざるをえない問題である。ハーバーマスはカントと同様、もし適切な状況をあたえられたならば、人間は合理的な理解に到達することができるだろうと仮定する。私の考えでは、これは哲学者たちにはまったくふさわしいが、普通の人々あるいは普通の相互作用には適合しないユートピア的な人間観である。

（4）このような主張をしてはいるけれども、スミスはひとがそう考えがちな還元主義者ではない。富の追求は財そのものをめざしておこなわれるのではなく、自分が置かれた状況を改善しようし、他人の尊敬を得るためにおこなわれるのだ、とスミスは主張する。経済的な利益へ向かうという衝動は、ひとに注目される名誉ある存在になりたいという欲望の乗り物となる。だからこそ「スミスは、人間性のうちにひそむ他の重要な次元に対するかつての自己の関心と完全に両立するものとして、経済行動に関心を集中することができるようになった」（ハーシュマン、109: 110）のである。

（5）これはアーネスト・ゲルナーの立場である。古い信念体系が聖性を剝奪され、手段的理性の領域が拡大してゆくにつれて、合理的な計算は容易になるのではなく、より困難で満足のゆかないものになってくる、と彼は書いている。というのは、「世界のより一般的な、あるいはより基本的な諸側面は、いまやたんなる仮説という地位に降格させられるとはいえ、まさに取りかえ不可能なもの、あるいは独自のもの、あるいはきわめて基本的なものであるがゆえに、合理的な評価がおよばない」（89: 82）からである。

（6）ミルの描く構図には手前勝手な側面がある。なぜなら彼は、そうした主張をすることで

「生まれつき最高に鍛えあげられた性向をもち、状況を改善するために社会を指導してゆくことのできる少数の非凡な精神は、大多数の人々を縛りつけるにふさわしい規則を免除されなければならないということを、普通の多くの人々に理解させよう」(レットウィン、158:306)としているからである。ミルはそうすることによって、ハリエット・テイラーと自分の因習にとらわれることのない結びつき(訳注 ミルは人妻であったハリエット・テイラーと公然たる恋愛関係を長期間もっていた)――この関係は彼にとって人生を生きるにあたいするものにした関係であった――を正当化しようとした。

【第3章】

(1) さまざまな世界把握の方法がすべて妥当なものであることを、ウェーバーは無条件に肯定する。そうした把握様式のうち、どれかがどれかよりも大きな価値や真理を有するなどということは本質上ありえない、と彼は言う。彼は自分の思想でさえ、特権的な地位にあるものではないと主張する。なぜなら「どのように概念を構成するかは問題設定いかんにかかっており、後者は文化そのものの内容に応じて変化するもの」(ウェーバー、266:105)だからである。価値判断の拒否、価値の絶対的差異性の肯定、また価値選択の必然性に関する有名な主張(「私はここに立つ、私はこれ以外のことをなしえない」(訳注 ルターがヴォルムスで宗教裁判にかけられたときに言った有名な決意の言葉)といったもののために、ウェーバーはあたかも一個の実存主義者のように見えてくるが、私見によれば、彼はたんに功利主義の情動主義的前提を文化レベルで受け容れたにすぎない。

（2）ウェーバーは合理性を二様に定義する。ひとつは、抽象的な概念による体系的な現実支配の高まり、そしてもうひとつは、所与の実際的な目的に到達するためにおこなわれる手段的な、入念な、計算にもとづく努力である。ウェーバーによれば、第一の形態の合理性（価値合理性）は身分状況、生の様式、名誉や品位の概念といったものと結びついている。その場合、効用の最大化は一定の基準に合致するように生き、一定の流儀でふるまうことと関連をもつことになろう。そのとき行為は、行為そのものに内在する価値の表現として、あるいは特殊な行為規範の遵守という観点から定義されるからである。

第二の形態の合理性（目的合理性あるいは手段的合理性）は、手段的経済的行為や技術的－法的－官僚制的構造と不可分に結びついている。この場合、効用の最大化とは、たんに特定の目標を達成できるようきちんと行為することにすぎない。そうした目標の効果的な追求を促進するものであれば、どんな行為でも許されるのだ。それゆえ合理性のこの形態においては、手段と目的が切り離され、社会的行為はもはや価値や規範の制約を受けることがない。ウェーバーの歴史観によれば、この第二の形態は技術的に見てより機能的であるために、第一の形態の合理性を根もとからゆっくりと掘り崩してゆかざるをえない。そしてそれは近代西欧において、行為志向の支配的な様式となるにいたるのである。

しかしながら、ゲルナー（89）がのべているように、両者の違いは実際にはそれほど大きなものではない。どちらも、特定の目標を達成するために情報を効果的に活用する。そしてどちらも、規則の遵守、行為の首尾一貫性が自明の前提になっている。言いかえれば、両者はいずれも本質的に、個人的な目標の効果的追求をその目的としており、それゆえ功利主義的な原理に根ざしているのである。

（3）しかしながら、伝統的権威に関するウェーバーの概念化のうちには、変化へのかすかな糸口が用意されている。そのよりどころは、慣習という制約の外部に立つことができるかぎりにおいて独立した行為をおこないうる可能性をもった、支配者自身の行為である。直接の命令権をもたず、自分の願望を強要する形式的権威と手段をまったく欠き、それゆえ配下の者たちにいつ見棄てられても不思議はないベドウィン族の遊牧集団の首長を、彼は例としてあげている。彼は自分に従う者たちにひとつの手本を供する能力以上の権力をもっておらず、ただ自己の個人的な威信という力が模倣を動機づけることを期待するのみである。もし失敗すれば、彼はもはや指導者ではいられないのである。

伝統的な権威形態と二番目の非合理的な行為形態が重なるのは、まさに伝統的な指導者が有する、ひとを惹きつけて信従を動機づける能力、すなわちカリスマにおいてである。伝統的指導者が、自己の立場ではなく、自己の個人的な性格がもつ磁力をもとにして信従を獲得し維持するときにはいつでも、彼はカリスマという地位の獲得に近づいている。

（4）カリスマという言葉の始まりは、もちろんウェーバーではない。それはキリスト教の神学的議論のうちに長い歴史をもっており、神の恩寵の贈物を意味する言葉であった。これはギリシアにおける「神人」の観念、あるいは神的なものとの結合によって計画を成功に導く英雄の生まれもった能力をさすローマのファキリタスの概念と、いくつかの意味でよく似ている。それはキリスト教徒たちにとって、聖人は神と密接に接触しているという、世俗の人間たちの直観的な認識を意味するものであったのである。

(5) あるがままの世界を承認し聖化するこのタイプのカリスマは伝統の大黒柱であり、おそらくは伝統そのもののうちに包含されている場合すらあった。しばしばウェーバーの支持者たちは、それこそが本質的な形態であると考えている。たとえばシルズは、「カリスマは秩序への欲求と関係がある。カリスマ的な資質をだれかに帰属させる現象は、秩序を創造し、秩序を顕現させ、秩序を発見する力が求められる状況のまっただなかで発生する」(232: 204)と書いている。この意味でのカリスマは現状維持とわかちがたく結びついている。

(6) それゆえ教師は、どんなに深い教育をあたえようともカリスマではない。教師には信念や体系的なメッセージはあるが、信者を惹きつけるのに必要な情念が欠けているからである(ウェーバー、268: 514)。一方、てんかん発作のために泡をふいているシャーマン、あるいは殺人の狂熱に駆られている凶暴な戦士は、その行為や言葉が意味を欠いていようとも、最もはっきりとカリスマ的である。

(7) ウェーバーによれば、宗教の発展とは、垂範的預言者の瞑想、倫理的禁欲者が要求する現世内の脱俗的行為といった、新しい、より穏健な、鍛練された交感の形態が進化するにつれて、見る者を酩酊状態に誘導するためのこうした技法が次第に衰弱していく過程である。宗教も、他の生活領域とおなじく、急速に官僚的な合理化が進み、当初あった情念が消失する。シャーマンが祭司となるように、世襲の王は儀礼のなかで文化英雄を見習い、裁判官は法典の根底にある霊感にもとづく言葉を反復し洗練する、というわけである。

(8) 多くのひとはデュルケムをまず第一にシステム論者として見ている。なぜなら彼は、人間の思考は「一定数の対象の共通した特徴を、たんに分離してまとめるだけのものではない。

それは可変的なものを恒久的なものと、また個人と社会を関係づけるものである」（56: 487）ということ、すなわち包括的な分類体系を次々に発展させてゆくことによって得られる関係づけというものを、たいへん強力に論じているからである。だがデュルケムの場合、象徴構造は、情動的な基盤を有し、何よりもまず集合体の連帯経験にその基礎を置くものであったことを想起しなければなるまい。また事実、彼の学問的貢献はすべて、これと同一の基本的前提をその出発点としているのである。

(9) デュルケムが個人的な利己心や功利主義的な経済行為は共同体生活の基盤たりえないとしたのは、とくにこの理由によってであった。彼が論じるところによれば、そうしたものは「いまだかつて宗教とはっきりと結びついたことのない唯一の社会活動の形態」（56: 466）であり、したがってまた共同体の感情的水源と結びつくことのない社会活動の形態である。

(10) リン・ハント（117）、フランソワ・フュレ（84）、モナ・オズーフ（205）といった最近の著作家たちは、革命的現在そのもののなかからフランス革命を理解することの重要性を主張したミシュレの考えを受け容れている。彼らの解釈は、デュルケムならきっと賛意をあらわしたにちがいないようなやり方で、フランス革命によって生じた儀礼やシンボルの重要性を強調してきた。しかしながらそうした新しい解釈には、革命に参加する行動を過度に主知化し、革命的現在に関するミシュレやデュルケムの叙述できわめて中心的な位置をしめている無我性への情熱を軽視するきらいがある。

(11) われわれの先人たちは概念というものを欠いたまま儀礼に参加していたのだが、その後になってそうした儀礼は人々に概念を課すようになったのだというイメージはばかげていると主張して、多くの解説者はデュルケム思想のこうした側面を笑いものにしている。私はしかし逆にこう主張したい。そういうイメージがばかげているのであれば、逆の立場に立つ理論家がいまもそう考えているように、社会は知性と利己心はあるがどういうわけか社会性を欠いている諸個人が、どのように行動すべきかという点で同意に達したことの帰結であると考えるのも、おなじくらいばかげていると。さらにまたゲルナーが解説を加えているように、デュルケムの見方は少なくとも論理的には擁護することが可能である。なぜならそれは、社会的世界を説明するために、より深いレベルにおける集合的参加のメカニズムを利用するものだからである（ゲルナー、89: 155）。

(12) デュルケムとウェーバーのいずれにおいても、個々人の弁別的特性の解体とエロティックなエネルギーの無制約な解放の最も強く激しい形態を象徴するオルギーは、カリスマ的モーメントの原型とされている。

そして両者は、カリスマ的経験はそれが発生させる激しい感情によって社会を強化し、人間に生命力をあたえるけれども、同時にそれはアルコール中毒や過度の性行為とまったくおなじように、個人としての人間の生命力を枯渇させるものでもあるとする点で一致している。

(13) 集合的経験の若返りを経験する機会を可能なかぎり多くしようとすることは、社会にとって健康なことであるとデュルケムは感じていた。それゆえ彼は、トクヴィル (254) とおなじく、個人と国家をつなぐ小規模な中間集団の必要性を説いた。だが、そうした集団のなかでひとは民主主義的な行動と自律性を学ぶと考えたトクヴィルに対して、デュルケムは、それはより大きな忠誠心を可能にするために必要不可欠な自己喪失のための空間となるであろうと信じた。

【第4章】

(1) 第11章で見るように、メスマーの技法はいくつかの非常に古代的な心霊治療の形態を再現している。だがメスメリズムの先駆者を特定するとなれば、それはおそらくパリのジャンセニストたちの発作に見出されよう。メスマーの登場に先立つこと五十年前、サン゠メダール教会の墓地での奇矯なふるまいによって、彼らはパリ市民を驚嘆させた。そこに見られたのは「てんかん病者のように昏倒する男たち、また小石やガラス、さらには燃えている石炭までも噛みこむ男たち、そして空中を闊歩する女たち。……耳にするのは、うめき声、歌声、さけび声、口笛、罵声、預言、金切り声といったものばかりであった」(ノックス、136: 377に引用されている目撃者の証言)。こうしたエクスタシー状態にある者の多くはまた、その霊的な力によって病気を治した。彼らが反乱をおこすやもしれぬと考えた政府は一七三二年に彼らの宣教集会を禁じた。四散した痙攣教徒たちは秘密裡にトランスをおこなう呪医となり、富裕階級の家庭で会合をもち、そこで病気を治すとともに「より高次の」力のつながりを人々にあたえた。

(2) メスメリズムのもつ平等主義的な側面は、それにひとつの政治的色合いをあたえた。というのも、メスメリズムはその実践のなかで、深い感情移入による恍惚とした交感のうちにすべての者が結合する状態をはっきりとしめしたからである。ブリソンはそれを「赤ちゃんをあやす母親の状態」になぞらえている(ダーントン、42: 96からの引用)。メスマー自身はこうのべている。「私の家でいろいろの社会的条件とまじりあうことで高貴な生まれの人々の自尊心が傷つくことになっても、私は驚かない。私にとってそんなことはどうでもよいことだ。私の人間性はすべての社会階層をつつみこむものなのだ」(ダーントン、42: 73からの引用)。

(3) アンシャン・レジームの崩壊直前の時期には、こうした形態のメスメリズムが優勢になった。交霊会、霊魂の操縦、大規模な集会が次第に人気を博し、病気の治療はそれとともに重要性をうしなっていった。のちに見るように、どの文化においても、トランス状態にある人間の奇蹟的な能力は、他の類似した状況に顕現する超自然的な力の典型である。

(4) こうしたイメージは、社会的世界にあってはひとはみな多かれ少なかれトランス状態にあるという、スワンソンの社会像と酷似している(249)。またそれは、そこでは無意識のうちに反復することが標準的な存在様式になっているという、ウェーバーの伝統的社会像とも近い。

(5) このような前提があるために、ウェーバー流の合理化へ向かう運動などタルドには思いもよらぬことであった。また彼は、進歩する歴史サイクルという観念にも、さらには有機的な社会組織の増大というデュルケム的な前提にさえ同意しなかった。ニーチェに大きな影響をおよぼした東洋の伝統に属す循環論的思想家たちと同様、彼にとって人類は創造と崩壊の終わりなきくり返しを運命づけられたものだったのである。

(6) カリスマのあらわれ方が文化の違いによっていかに異なっているかをしめすすばらしい比較研究をウィルナーがなしえたのは、まさにこうした理論的枠組のなかにおいてであった

(272)。ガンジーがおこなった性的禁欲は力の蓄積に関するインド人の考え方とよく合っていたが、一方インドネシアの文化的文脈のなかではスカルノの性的貪欲さが彼のカリスマ性を高めた。またヒトラーの怒りはアメリカ合衆国では適切さを欠いたものであっただろうが、ルーズヴェルトの社交性はドイツでは功を奏さなかったであろう。

(7) このような指導者像は、たとえば「愛されるより恐れられる方がずっと安全だ」(マキャヴェリ、176: 59) という有名な格言を残したマキャヴェリが描く指導者像とはっきり区別される。マキャヴェリが書くところによれば、愛情は都合次第で棄てられてしまう義務関係であるが、恐怖心は信従者を縛りつける。さらにまた、「支配者を愛するかどうかはひとによってまちまちであるが、支配者を怖がるかどうかは支配者が何をするかで決まる」(マキャヴェリ、176: 60-1)。

しかしのちに見るように、群集心理学の見るところ信従者の愛はそのうちに強い恐怖の感情を秘めているし、一方ではマキャヴェリは普通考えられているほど一面的ではなく、君主のために「いちばんの砦は民衆の愛のうちにある」(マキャヴェリ、176: 108) とも書いている。

(8) 指導者にまつわる潜在的な性的イメージは、しばしば集団関係のなかで、象徴的にも実際的にも十分に具体化されてきた。たとえばナポレオンは、フランスを自分の女として特徴づけた。「私は彼女と寝た」と彼は宣言したのである。ナポレオンは比喩的に語っているわけだが、のちに見るように、他の指導者たちは弟子たちとの関係をそれよりもはるかに文字通りのかたちでセクシュアライズしてきた。

【第5章】

（1）このような思弁にフロイトがあたえた非常に難解な宇宙論的解釈、またかなりの時代遅れになってしまった彼の生物学的前提を、その後の分析家たちの多くが拒否しているにもかかわらず、このダイナミックな視点は魅力を保持しつづけてきた。このダイナミズムを技法上また理論上どのように理解するかについても、大きな意見の食い違いがある。たとえばメラニー・クラインとその弟子たちが、子供は生まれる前から自己の内奥に存在する愛と憎しみの対立に苦悶していると主張する（135）のに対して、対象関係論学派は、子供は基本的に無傷のまま生まれてくるものであり、母親や環境との相互作用によってはじめて引き裂かれるのだと論じる（たとえば、ウィニコット、276、フェアバーン、69）。最近では、生まれて間もない子供たちの行動を研究してきた何人かの理論家が、幼児は実際には、両学派によって一般に認められているよりもはるかに大きな自律性と能動的意志をそなえていると主張している（デモス、44を参照）。

とはいえ文献を追ってゆくと、ほとんどの理論家は明らかになお、時にはひそかにではあるが、人間の合一化への願望と分化や分離を要求する現実や成長の必要性とのあいだには避けがたい葛藤が存在するという、フロイトの根本的な仮説を受け容れている。この弁証法的な運動は形而上的で生得的なものとも、長期にわたる養育や母子間の強いきずなから派生するものとも、またその両方であるとも考えられる。だが原因が何であれ、こうした文献のなかでは、人間性はなおこのようなモデルをもとにして規定されているのである。

（2）フロイトと群集心理学者のあいだにはこのほかにもまだ類似点がある。人間は自分が愛着を感じる重要な他者の特徴を模倣し内化することによってみずからの人格構造をつくりあげるというフロイト的な構図は、個人の成長過程における「まどろみの堆積」というタルドのイメージと、明らかに非常によく似ており、ある批評家は実際、次のようにのべている。「フロイトの考えは多くの点で、精神分析の概念に翻訳されたタルドの思想であるかのように思われた」と（エレンベルガー、64: 528。なおまた、フロイトとル・ボンとタルドの関係に関する興味深い議論については、モスコヴィッシ、188を参照）。

（3）この理想化は時とともに両親を超えて、愛着を感じる友だちへ、権威ある人物へ、そしてさらには抽象的な文化対象へと拡大してゆく。かくしてフロイトは、デュルケムと同様、道徳を超自我によって押しつけられるもの、集団のダイナミズムに胚胎する圧力から生じてくる非合理な力ととらえたわけであるが、そのメカニズムは非常に異なっている。デュルケムの場合、集合体にその身をひたすことの強烈な快楽から道徳が発生してくるのに対して、フロイトの場合、道徳は行き場をうしなった攻撃性を懲罰的な超自我のうちへ方向転換させることの所産とされるのである。

（4）権威への献身が両義的なものであることの証拠を、フロイトは原始王権の儀礼と神人王をとりまく禁制のなかに見出した。彼はこう書いている。「王をめぐる儀礼的タブーは、見かけ上は彼にとって最高の名誉となり保護となるものであるけれども、現実には彼の昇進に対する懲罰である」（75: 51）。

（5）ちなみにフロイトは、たとえ指導者がいなくても、ある大義のために一緒になって働き、利害と人間的諸特徴を共有することで、感情移入にもとづく集団的同一化の感覚が生じる場合がある、と記している。だがフロイトによれば、そうした世俗的要因は、嫉妬や欲望によって集団が性的な対関係に分解していくことを防ぐのに足る情熱をあたえるものではない。

(6) 現代の精神分析思想は一般に、内面生活はこのような断片化した複数の自我から成り立っているというフロイトの考えを受け容れている。自我と対象の区別が一切解体し、通常の現実吟味が完全に消失する本格的な精神病という枠を超え出るために、研究者たちは「パラフレニー」障害というカテゴリーを練りあげてきた。そしていまではこのカテゴリーは、それほど極端ではない「境界」症候群やナルシシズム的人格障害をも含むにいたっている。そうした障害を病む患者は、現世のなかで自分の役割をはたすことはできるが、それはただ、深い内的な空虚感、曖昧なものを許容する能力の欠如、他者との融合のうちにアイデンティティを見出したいというたえまのない欲望といった犠牲を支払ってのことである。多くの分析家は、現代の患者の大多数はこのようなカテゴリーに属するものであると主張している。

(7) フロイトは同一化と理想化を区別する。フロイトによれば、理想化は自己と他者の分化のあとになってはじめて生じうるものであり、エディプス段階、また超自我の発展過程の特徴である。父親は優越せる存在として、彼に服属する息子に理想化される。しかしながら理想化は、同一化、つまりたんに他者を尊敬するだけでなく他者になりきってしまうことをその核としている。フロイトは同一化の過程を「他人との感情的きずなの最初期における表現」(77: 37) と定義している。幼児における母親との共生的なつながりは、その典型例であると同時にその原型でもある。

シャスゲ＝スマーゲル（33）をはじめとする理論家たちによって展開されてきた自我理想と超自我の区別は、同一化と理想化の区別とパラレルな関係にある。このモデルの場合、ナルシシズム的な原初的一体感は自我理想のうちに表現され、それは母親との幼児的な合一化をあらわすものとなるとされる。幼児期において未分化な自我が愛されるために自我理想は愛すべきものとなるが、一方超自我は父親の懲罰の所産であり、罪深い攻撃性をその燃料としている、というわけである。かくして自我理想との融合は同一化と同義のものとなり、カリスマ的人間関係とも関連をもってくる。

（8）神経症的な集団のダイナミズムとナルシシズム的な集団のダイナミズムとの区別は、理想化され、道徳的にもすぐれたメシア的指導者——これはフロイトが言う懲罰的・家父長的・超自我的人物とよく似ている——と、誇大なカリスマ的指導者——これは信奉者たちに同一化、また合一化と力という熱狂的な経験をもたらすとき、より退行的なナルシシズム的衝動を表現している——を区別するコフートの考え方の基礎となっている（138: chap. 7、またリンドホルム、167も参照）。

（9）「ひとを愛している状態は、心理学的に見て大いに注目すべきものであり、精神病の正常原型である」（フロイト、75: 89——傍点筆者）と書くとき、フロイトにおける視点の変化は明らかである。フロイトの用語法にあっては、精神病はパラフレニーの別用語であり、それは神経症とちがって、アイデンティティ形成をめぐる前エディプス的諸問題と結びつけられているということ、またそうした用語法はそれに付与された価値づけにもかかわらず、本質的に二つの異なった精神構造をさすものであるということを、思い出していただきたい。

【第6章】

（1）政治学者ハロルド・ラスウェルはこのような命題の有名な一変種を提起した。彼の主張は、著名人になろうとする者はみな低い自己評価をおぎなおうとして権力を求める、というものであった（154）。だとすれば、研究者の仕事は、その証拠となるような、指導者の幼年期にあって低い自己評価の原因となった諸要因を発見することである。

（2）カリスマ的指導者のエディプス的モデルが描く家族状況と、アイデンティティ理論や対象関係論のモデルが描く家族状況が類似していることは、注目にあたいする。しかしながら、子供が疎遠な父親と似た者になろうと努力するところに生じてくる問題を強調する前者に対して、後者は子供が母親から分離しようと努力するときに生じてくる問題——父親が不在の場合にこの問題は悪化してくる——を強調する。

（3）男同士のライバル関係を強調する正統フロイト派の立場では、カリスマ的指導者の役割をはたすことができるのは当然男性だけということになろうけれども、このような視点に立てば、女性のカリスマ的人物を容れる余地ができてくる。しかしながら、本書では一貫してカリスマに男性代名詞（彼、彼ら）を用いることにしよう。というのは、女性のカリスマは比較的数が少ないからである。なぜそうなのかは今後の研究課題ではあるが、私は権威をめぐる文化的イメージと関係があるのではないかと思っている。

（4）群集と指導者に関するビオンの結論は、小規模な治療集団に関する自分自身の研究を基礎にしている。そのなかで彼は不介入主義の立場をとって、どのようなダイナミズムが展開するかを観察した。彼はその経験から、集団は自然発生的に精神病的性格を帯び、それは個々のメンバーのより合理的な動因を圧倒するにいたる、という確信を得たのである。そうした条件のもとでは、選ばれた指導者となった人物はふつう集団全体のなかで最も病理性の高いメンバーである。ビオンが集団に、どのような公式的リーダーシップも、またいかなる規則や規範もあたえることを拒否するところから開始した状況は、旧来の価値観やリーダーシップが正当性を剝奪されて生じるカオスの社会と相似している。彼の実験はこの種の非日常的な状況——世俗的な集団の相互作用ではなく——を理解しようとする際に最もよくその有効性を発揮すると、私は主張したい。

(5) 傷ついた否定的アイデンティティの持ち主はカルトに加わる傾向が強いということが、元ヘロイン使用者がシナノンのような包括的なカリスマ組織に吸収されていく事実によってよく例証されている(訳注 シナノンは一九五八年にドラッグからのリハビリ・プログラムとして創設されたが、一九七〇年代には「シナノン教会」へと発展、「アメリカ史上最も危険で暴力的なカルト」ともよばれた。その後、一九九一年に解散)。シナノンはたてまえとしては中毒状態を治療するために組織されたのだが、結局最後は権威主義的な共同体になってしまったのである(レバン、209を参照)。また、統一教会の入信者たちが入信以前にかなり大きな心理的問題をかかえていたことを証明しようと試みた有名な研究があるし(ギャランター、85)、カルトの入信者は弱い自我の持ち主であり、人間関係をとり結ぶことが困難な場合が多いと主張するひともいる(スペロ、245)。信者たちは精神錯乱の状態にあるものと仮定する精神分析学視点がとくに信憑性を増すのは、幻覚剤の犠牲者やその他の人格を破壊された人々をよび寄せた六〇、七〇年代の多くの集団に適用された場合であるが、それはしばしば拡大されて、抑圧された弱者の宗教となっているカリスマ運動にも適用される。彼らは幼児期に、相互依存の関係と自己喪失とを求めるようになるのが当然というような剝奪の経験を経てきている、と論じうるからである。

(6) これとは違った視点から、カリスマ集団にその身をひたすことは現代の制度的不合理性に対するひとつの積極的な適応であり、それは「健康な人々に狂気のシステムと折り合いをつける方法を教える」役割をはたしている、と論じる人々もいる(ウェストレー、271: 153)。この視点はエストのような現世肯定的カルトにとりわけよくあてはまる。なぜならそれらは、現実に対する適応力を教え、所与の秩序が変わりうる可能性を完全に否定すると同時に、権威を受け容れることを支持するものだからである。また献身的な信者たちが、カルトによる訓練のおかげで自分は労働環境とうまく折り合っていく能力を高めることができたと信じていることを、現世肯定的カルトのメンバーに関する研究が明らかにしている点でも、このような視点はある程度の妥当性をもっている。

【第7章】

(1) 現代におけるこのことの顕著な事例はソビエト連邦におけるスターリン崇拝である。

(2) 比較文化論的な類型学と分布パターンを構築するという目的をもってなされた、特殊な意識形態の発現様式に関するブルギニョンのコード化は、特筆にあたいする試みである(26)。

(3) スワンソン(249)は、群集心理学の影響も受けつつ、より意味中心的なアプローチをとっている。彼によれば、「トランス」経験はそれ自体がカリスマ的である。というのは、自我の外部にありながら自我の行為志向をかたちづくる高次の力と出会いが、それに含まれているからである。実際スワンソンは、社会のすべてに催眠的トランスが浸潤しているものと見ている。まさにタルドの焼きなおしといったイメージであるが、しかしながらこのカリスマのイメージには、個人、変革、エクスタシーといった要素がまったく欠けている。

(4) ASC経験、またカリスマに没入する経験は、慢性的な脳葉性てんかん、ジル・ドゥ・ラ・トゥレット症候群、そしてサックス（222）が精神過剰あるいは過剰障害とよぶところの他の諸形態といった神経障害と、強度の類似性を有している。そこでは成長とエネルギーの内的ダイナミズムが病的状態のうちに姿を消し、病気が多幸症としてあらわれる。最初のカリスマ的人物をてんかん患者として特徴づけたウェーバーは、したがって標的に近いところにいたわけである。こうした病的状態が魅力あふれるものであることは、ドストエフスキーの記述からも明らかである。「君たち、健康な諸君はみな、われわれてんかん患者が発作の前の瞬間に感じる幸福がいかなるものであるか想像もできないだろう。……この至福の状態は何秒、何時間、あるいは何ケ月も続くものなのかどうか、私にはわからない。だが私を信じてもいい。人生がもたらしうるすべての喜びとそれとを、私は取りかえっこしないであろう」（サックス、222: 137 からの引用）。

(5) ハイチのブードゥー教の調査中に憑依型トランスを経験したマヤ・デレンは、アイデンティティ拡散という分離状態を誘発するうえで、太鼓やダンスがいかに重要な役割をはたすかを論じつつ、この状態を次のように記述している。「そうした瞬間には、ひとは音に合わせて動いているのではなく、音の動きそのものであり、音によって創造され縛りつけられている」(45: 257)。他のカリスマ運動の報告においてもこれと類似した自己喪失のイメージが共通のテーマとなっていることを、われわれはのちに見るであろう。

(6)社会の期待に合わせて内的な感情の状態までも操作しようとすることで、アイデンティティを維持しようと格闘している不安でひるみがちな現代人の意識というイメージは、客観的な研究においてもいくらかは確認されている。たとえばフィスケは、下層および中間層のアメリカ人の態度に関する大規模な縦断的研究から、「どのように考え、感じ、行動すればよいのかを教えてもらいたいという欲求が高まりつつある」(73: 239)という結論を導き出している。

(7)このような報告はセラピストの臆測の産物なのか、それとも現代において現実に生じつつある精神的機能不全の形態変化を反映するものなのか、そのどちらとも言えない。理論的に見て後者のような主張はよく理解できるところであるが、いずれにしても人々がそうした障害に昔より強い関心をもつようになってきていることは明らかであり、それはそれ自体が重要なものであるアイデンティティの問題に社会の一般的関心が集まってきていることをしめしている。

【第8章】

(1)本章で依拠しているのは、スターン(246, 247)、モッセ(189, 190)、チャイルズ(35)、テイラー(252)、ホルボーン(110)、クレイグ(39)、ノイマン(195)といった、国民社会主義の起源と活動に関する標準的な歴史的記述である。そのほかの典拠については、本文中にあげた。

(2) 非常に多くの歴史家が、ドイツ人のアイデンティティの相対的断片化や国家としての弱さを、ヘーゲルにおける国家権力の理想化やニーチェの超人願望、またドイツの現象学派の哲学を特徴づける「真正さ」のイデオロギーと結びつけている。このような文脈で考えた場合、政権初期におけるハイデガーのヒトラー支持は驚くべきことではない。というのも、彼ははじめヒトラーを、すべての哲学が無力化してしまうような世界で、生気に満ちた行動を展開する人間の手本と見ていたからである。

(3) ドイツの突撃隊は、ナチ・イデオロギーにおいては民族的な英雄の伝統への訴えが非常に重要な意味をもっていたが、これは真正さや権威へのこうした希求に民衆レベルで相当するものであると同時に、偉大で能動的で神秘的な指導者の力によって結晶した、根の深い感情的基盤をもつ何らかの共同体を主張したいという同一の願望を、その発生源とするものであった。

(4) ドイツの突撃隊は、無慈悲であると同時に極端な柔軟性をもった人間になれるよう特別な訓練を受けた。彼らは自分をエリートとみなし、ある程度の非公式な行動を許されており、その弛緩した規律は正規軍の部隊をかき乱すもとになった。

(4) このような文脈からすれば、フライ・コールやその後のSAで頻繁かつ公然と同性愛がおこなわれていたのは注目すべきことである。

(5) クラカウアーはこう書いている。「ドイツ人の大半は、ナチの教化に対して免疫をもっていることを立証するのではなく、単なるプロパガンダやテロの所産ではありえないような自発性で全体主義の支配に適応した……。ドイツ人は政治レベルではヒトラーに反対しえたのだから、ナチ教に対する彼らの奇妙なものわかりのよさは、どのようなイデオロギー的ためらいにもまさる心理的気質から来たものであるにちがいない」(140: 204)。

ヒトラー自身、自分が広大な支持基盤をもっていることを誇りとしており、在任中はずっと国民投票による選挙を続けた。そして、そこではつねに九八％の得票を獲得したのである。彼は自分でこう言っている。「私は独裁者ではないし、決してそうなろうとは思わない。独裁者なら、どんな道化師でもつとまるのだ」(フェスト、71: 418 からの引用)。

(6)ヒトラーに対する支持が最も弱かったのはカトリック信者や熱心な共産党員、労働組合員であった。イデオロギー的問題を別にすれば、ナチに対する抵抗の要因となるもののうち、強固な共同体的組織が存在したことが、ドイツ人にヒトラーの魅力を受け容れやすくした疎外感や孤立感やアノミー感覚から彼らを守ったことは、明らかである。

(7)大集会の壮麗さや色彩と日常生活の単調さがつくり出す強烈なコントラストが、個々人の生の価値剝奪を促進し、集団への没入や理想化を高めるのに貢献した、とエリック・ホッファーは書きしるしている(111)。

(8)非常に多くの精神分析の理論家が、ユダヤ人に対するヒトラーの憎悪の源泉を発見しようと試みてきている。たとえばビニオン(22)は、原因となった要因として、自分の母親の最後の病いを看取ったユダヤ人医師に対するヒトラーの激怒をあげる。またもちろん、自分にはユダヤ人の先祖がいたのだという、ヒトラーの思いこみによる信念をあげる学者もいる。自分の過去と絶縁したいとヒトラーが強く望んでいたことは確かである。「人々は私が誰であるかをさぐり出そうとしてはならない」（フェスト、71: 14に引用されたヒトラーの言葉）というわけだ。

特別な原因となったものが何であれ、ヒトラーがいだいていたユダヤ人のイメージが、けがれに対する彼の恐怖心と結びつき、内面の分裂や解体への苦痛に満ちた不安を反映していることは、明らかである。ユダヤ人の殲滅は間違いなく、そうしなければ完全な崩壊へ自己を導くであろう精神的葛藤を外化し、客体化するヒトラー流の方法だったのである。

（9）このような文脈で考えた場合、つぎのようなラウシュニングの洞察は引用しておくに値する。「ローマの皇帝たちとヒトラーを類比してとらえるのは誤りである。ヒトラーのまわりで鳴り響いていたのはシャーマンのドラムだったのだ」（208: 259）。

（10）あとでシャーマンの儀礼のうちに見る伝染、発火、猛火というイメージはまた、ナチズムの特徴でもある。そこでは松明行列や巨大な篝《かが》り火が、群衆のカリスマへの没入ぶりを劇的な形式で象徴していた。ヒトラー自身、火に魅せられていた。彼は自分の屋敷のすべての部屋に暖炉をとりつけることを望み、炎に薪を投げ入れることを愛した。群集の興奮のシンボリズムに関するもっと詳しいことは、カネッティ（31）を参照。

（11）洗練されたプロパガンダや劇的な技法をよりどころにしていたのだから、ヒトラーのカリスマはじつは「えせカリスマ」にすぎない、とする批評家もいる（たとえば、ベンスマン&ギヴァント、18）。だが、ウェーバーが言っているようにカリスマは信奉者によってあたえられる属性なのだとすれば、こうした批判はあたっていない。さらにまた、すでにのべたように、ヒトラーのイメージを手段として「製造」した当人たち自身がほんとうにそれを信じており、決して合理的な利害関心を追求する操作主義的な冷笑家でなかったことは明らかである。そして、ヒトラー自身が自分の神的な霊感をまじめに信じていたこともはっきりしている。

(12) このようなメタファーに関する、論争をよんだ字義解釈については、ビニオン (22) を参照。ビニオンによれば、ヒトラーのヒステリー性失明を治療した医師は、彼に催眠をかけ、「あなたはこれからのち、意志の力のみによってすべての障害を克服していくことができるだろう」という暗示を植えつけた。ビニオンはそれをヒトラーの個人的背景やドイツが置かれていた状況と結びつけて、この暗示は彼がカリスマ的魅力を発展させていくうえで決定的に重要だったと考えている。

(13) そこにはフィードバックの環も作動している。なぜならカリスマ的人物は、感情の自然な表出に対する抑制力そのものによって、いつもは無自覚な感情の露出に不純物を混入する両義性やためらいを鈍らせることができるからである。換言すれば、真正さや自発性といったイデオロギーのためにわれわれがそう思いこみがちなように、激しい感情の力強い表現は自意識にもとづく擬態と対立するものではなく、むしろ実際には、強力な感情のもっともらしい表現こそ劇的演技や感情からの分離と一致するのである (ゴフマン、92)。

(14) 代表的な例としては、たとえば、スミス (243)、ビニオン (22)、エリクソン (68)、ウォルフェンスタイン (277)、コフート (138)、ランガー (149)、ウェイト (259, 260) を参照。これらの理論はヒトラーが生まれ育った家庭のダイナミズム――過保護な母親よりもずっと年上の冷淡で権威主義的な父親――に焦点をあてている。その父親はヒトラーがたいへん幼いころに亡くなり、母親もヒトラーが成年に達して間もないころに痛々しい最期をとげた。ウェイトはまた、いくつかの状況証拠をあげながら、睾丸の片方が欠けていたことがヒトラーの精神状態にある影響をおよぼしたことをしめしている。

(15) ヘルマン・ラウシュニングが伝えるところによれば、ヒトラーの助手のひとりは彼の寝室に呼ばれたとき、次のような総統の姿を見たそうである。彼は「むやみやたらにあたりを見回していた。「ヤツだ。ヤツだ。ヤツがここに来た。」と彼はあえぎながら言った。唇はまっ青だった。汗が頬をしたたり落ちた。すると突然すらすらと、文字を、そしてまったく意味不明の奇妙な言葉や断片的な文句を書きはじめた……。そして突如こうさけんだ。「そこだ、そこ！ 隅っこだ！ そこにいるのは誰なんだ？」」(208: 256)。ラウシュニングの報告が正確なものであるかどうかはこれまで疑問とされてきたところであるが、ヒトラーの性格の他の側面について知られているところを考慮にいれるならば、この幽霊事件もありえない出来事ではない。

(16) ニセの、あるいは挫折せる芸術家がもっていたカリスマ的啓示へ向かう傾向は、ホッファー(111) によって指摘されている。彼が論じるところによれば、世界に対してカリスマ的人物がいだく憤激の核心にあるのは、挫折せる創造力である。だがわれわれが指摘しておかなければならないのは、ロマン主義的伝統においても、芸術家はカリスマ的人物たちと同様、自分はより高次の力が流れ出る水路であり、超越的なメッセージを携えており、ほとんどの場合、純粋な意志や創造的行為によって世界をつくり変えることができる能力をもっている、と信じている(そして社会もそう思っている)ということである。カリスマの原型たるシャーマンはまた最初の芸術家でもあった、というロンメル（173）の主張も、おそらくここで注目しておく価値があるだろう。

(17) もちろんこれはヒトラーがみずからの正しさを立証するために語った物語であるが、のちにわれわれは他のカリスマたちが語った同様な伝説を見るであろう。こうした物語はいつでも、人格的アイデンティティの中断が現実に存在したこと、またそこで変身が生じたことを主張する。たしかにそこでは、実際には非常に緩慢な過程であったものに再解釈がほどこされているのであろうが、ヒトラーの記録、現代の他のカリスマたちの記録、そしてシャーマニズムの出現についてわれわれが知っているもの、これらに見られる類似性は、そうした物語が自己正当化のための単なるデッチ上げではなく、カリスマ的指導者、また彼がみずからを超越的な力として想像し呈示する能力にとって、深い意義をもつものであることをしめしているように思われる。

(18) 実際、信奉者の心に深くしみこんだ信仰、つまりアイデンティティの中心をしめるにいたった信仰は、カリスマ性が最終的に消滅しても必ずしもなくなるわけではない。たとえばフォン・リッベントロップは、ニュルンベルク裁判でヒトラーの写真を目にしたとき泣きくずれてしまった。「彼がどんなにみんなを夢中にさせたか、わからないのか？」と彼は絶叫した。「いいですか、私がたとえ何を知っていようとも、もし今ヒトラーがこの部屋にいる私のところにやって来て「こうしなさい！」と言ったら、――私は今でもそのとおりにするでしょうね」（ギルバート、90: 195-6 からの引用）。

(19) ヒトラーはいつでも注意深く、国民社会主義は運動であって党ではない、と言っていた。

そのことによって彼は、変化とプロセスという要素を強調していたのである。

(20) このような文脈で考えた場合、ヒトラーによって追放され殺されたとき、SA隊員たちが「ハイル・ヒトラー」と口々にさけびながら死んでいったことは指摘しておくに値する。総統が自分たちを裏切ったということなど、彼らには想像もできなかったのだ。

(21) カリスマ的支配のこのようなパターンは、ウェーバーが描き出すスルタン制と非常によく似ている。そこでは支配者の個人的な命令が法であり、複数の制度がその目的においてたがいに重複すると同時に対立しあい、支配者の寵愛を得ようとして取り巻きたちが張り合うのだ。違いは、スルタンがひとつの模範として伝統によって拘束され、権力の維持だけを目的としているのに対し、ヒトラーは自分が新しい世界を創造しつつあると信じており、権力はそうした目的を達するための手段にすぎなかったということである。しかしながら両者が用いる手法は驚くほど似ており、このことは、ウェーバーにおける伝統的指導者のモデルとカリスマ的指導者のモデルが交差しあうものであることを証明している。

(22) これとまったく異質な文化状況のなかで類似したパターンが見られたのが、中国の文化大革命であった。そこで毛沢東は、発達しつつあった官僚制的な権限系統の破壊をきわめて意識的に推進し、そのことによって「革命的イデオロギー」の優位性を保持しようとした。同様なパターンは、あとで検討するような、より小規模のカリスマ集団にも発生する。

(23) ここでもまた、たとえばホメイニのイランのような他のカリスマ的国家システムに、これと同様のことを明確に見ることができる。そこでは支配者が、敵意を外部に集中させ、世界を自分の終末論的夢想に対する内在的脅威として描き出すことによって、絶対的権力を維持しようとしたのである。

【第9章】

（1）通俗的な言葉づかいのなかでは、「カルト」という言葉に軽蔑的な意味あいがこもってい て、それはロボットのように信者を奴隷化してしまう催眠力をもった悪魔的な指導者という イメージを喚起する。だが元来それは、たんに真の信仰者の敬虔な行為——そのなかでもと くに重視されるのは、マリア信仰（cult of Mary）に見られるような、献身的な信者が人格 化された神性に感じる賛嘆の念の表現である——を意味する言葉であった。

社会学における「カルト」の標準的な定義も個人的な献身と表出行為に力点を置くもので あるが、預言者が存命中で教義がいまだに合理化も固定化もしていないような、壊れやすく てたいていは短命な生成局面にある萌芽期の宗教をさす言葉としても、それを用いる（イン ガー、283、ネルソン、194）。また、セクトが正統的信仰の範囲内で異議申立てをする改革 運動であるのに対して、カルトは混合的で個々人のエクスタシーと新奇さに力点を置くもの であるとして、両者を区別するひともいる（シュープ、235）。カルトに関するより複雑な類 型論としては、次のようなものがある。神秘的知識のカルト、内的な力の解放をめざすカル ト、救済共同体としてのカルトという分類（ウィルソン、274）。献身的な信者、弟子、初心 者という分類（バード、24）。伝統的＝二元論的カルトと相対主義的＝一元論的カルトの分 化（ロビンズ&アンソニー、217）。現世拒否的カルト、現世肯定的カルト、現世順応的カル トという三元論（ウォーリス、262）などである。

だが本書の目的からすれば、カルト生成期に典型的に見られるカリスマ的啓示やコミューン的なエクスタシー経験の方が、こうした分類よりも重要である（エルウッド、65）。そのように定義すれば、共生解放軍やトロント国際派（オトゥール、204）といった政治的行動集団をカルトとみなすことが可能になる。彼らは明確に反宗教的なイデオロギーをもっているが、カリスマ的なリーダーシップ、またカリスマへの自己投入に典型的に見られる強烈な集団経験をその特徴としているからである。

（2）これは非特権的な人々をよび寄せた集団、とくに黒人パワーと結びついた集団の意義を軽く見るものではない。というのは、そこではしばしばカリスマ的な人間が支配権をにぎっていたからである。とりわけマーティン・ルーサー・キングはそのきわだった事例である。われわれはのちに、ジム・ジョーンズの信者の大半が公民権をもたない黒人社会の出身者であったことを見るであろう。

（3）リプセットが言うところによれば、これとは対照的に「ヨーロッパでは、衰退しつつあるとはいえ、うやうやしい規範がいまだに強く残存し、階級的な行動基準に同調することを要求している」（170: 123）。だがヨーロッパも、商業主義の浸透にとどまらぬ深いかたちで「アメリカナイズ」が進行するにつれて、こうした階級的差別の遺物も急速に消滅しつつある。

（4）よそのところでは、伝統的な紐帯の風化や近代化の圧力に対する反作用は、非宗教的な方向性をもちうるし、実際しばしばそうなっている——たとえば東欧の共産主義社会では、偉大な指導者の権威に率いられる国家が大衆の救済者として崇拝されている。合理主義の気風が強いイギリスでも、最近では公民権をもたない階級に暴力的な大衆行動が頻発する一方、心霊主義、魔術、神秘的な儀礼といった、現代社会の圧力から脱出するためのより穏健な方法に目を向ける中産階級があり、また若者たちは音楽の世界に偶像を見出している、といった次第である。カリスマへの関わりというパターンは、このような事例のすべてに認められよう。しかしながらアメリカの諸事例は、その明確さと過剰さという点で、とりわけ役に立つ。

(5)また西欧社会の若者たちは、過渡期という構造的な位置にあるために、経済力や地位に関係なく、いつでも集合体の誘惑にかかりやすいということを思いおこすべきであろう。彼らはすでに家を出てしまっているか、家を出ようとして努力している。彼らはまだ永続性をもったロマンティックな男女関係を形成していない。そして彼らは、自分は自分を取り巻く世界に参加し、それとつながっているという感覚を大人たちにあたえる包括的な価値観や文化全体の構造とあまり結びついていない。新しい生活や新しい同盟関係を求める人々がそうであるように、若者の場合、カリスマ的なカルトや集団に加わることで失うものよりも得るものの方が大きいのである。だから、そのような集団の不行跡は、驚くべきものであるけれども、若者たちがそうした集団に入ってゆくこと自体は実際には何ら驚くべきことではない。

(6)もちろん、非常に多くのメンバーがそうであるとはいえ、すべてのメンバーが元麻薬常用者であったわけではない。またグループによって、ひきつける客層もちがった。たとえばグールー・マハラージ・ジの神光伝道教会は、信者の非常に大きな割合を元麻薬常用者がしめているが、文鮮明氏の統一教会では比較的低い割合しかしめていない。

(7)「自己発見」とか「自我の実現」といったセラピー用語のなかにも、これと同様な唯我論が表現されている。

(8)のちにマンソンは、女性は忌まわしき「自我プログラミング」の源泉であるから、自分の子供に影響をあたえることを許されるべきではない、と信者たちに語った。彼が作ったある歌のなかには、「ぼくは機械じかけの男の子、ぼくはお母さんのオモチャ」というコーラスが入る(シュレック、228: 75からの引用)。

(9)マンソンはこの伝記を拒否し、自分について書かれた一切のことを否定した。もちろん、この本に書かれた言葉のうち相当な部分が削除され、組みなおされていることは明らかである。だが、エモンズが詳細なインタビューをおこなっていることは事実であり、この本に語られている物語は、強調点こそちがえ、他の関係者が語っていることと基本線において一致する。さらにまた、一般に伝記というものは、ある種のもっともらしさをそなえ、われわれがカリスマ的人物について知っていることと辻褄が合うようにできているから、それを価値あるものにするためには、ヒトラーに関する伝記的資料とおなじように注意深く用いなければならない。

(10)ザ・プロセスのメンバーは陳述を拒否している(ベインブリッジ、11)。

(11)マンソンの獄中における友人のひとりは、マンソンとどんな話をしたかをのべている。おもな話題は「姐御 Main Old Ladies——ポン引きから見た場合のナンバーワン・ガールで他の女の子たちを統率する——や、子分 stables ——自分のために稼いでくれる複数の女の子たち——のことだった。そして俺たちはたいてい、若い娘をどうやってかき集めてくるかを話していた」（サンダース、224: 23からの引用）。

(12) スパーン牧場におけるファミリーの孤立ぶりは相当なものであったが、なおもマンソンはいっそう遠い砂漠地の無人となったバーカー牧場へ移住しようとした。しかしこの移住は、孤独と過酷な環境を恐れた多くのメンバーの抵抗を受けた。

(13) マンソンの怒りは彼が発議した殺人ばかりでなく、彼のタブーのいくつかにあらわされていた。マンソンはヒトラーとおなじく菜食主義を厳格に実行し、動物はもちろん、虫でさえも生命を奪うことを極度に嫌悪した。彼はいつでも信者がハエを殺すとかんかんに怒ったし、実際、ハエが唇に群がってもおかまいなしであった。精神分析学的な視点から見た場合、このような極端さは、表面にあらわれて自分のパーソナリティを滅茶苦茶にしてしまうのではないか、とマンソン自身が恐れていた暴力衝動への補償を意味するものであろう。こう言ったからといって、すべての菜食主義者が暴力性を隠しもっているというわけではないが、マンソンの場合には、平和や調和という理想と殺人という現実との矛盾が歴然としているのである。

(14) 貪るように読み耽った魔術に関する文献の影響下にあったマンソンは、また神秘的な支配者、とくにアブラクサス（訳注　古代ギリシャ由来の魔神）に同一化していた。それは、時間の暴虐から人間を解放し、マンソンがつねに「永遠の現在」と呼んでいたものに加わることを可能にするとされる、形態変容の力をもった秘教的存在である。

(15) またマンソンは、性的行為を映し出し、増幅し、かつそれに距離をおくため、誘惑する際に鏡を用いた。彼はそれによってセクシュアリティを、直接の身体感覚から観察の領域へと拡張し、セクシュアリティという親密で隠微なプライバシー、個人の神秘を解体した。リースマン（215）に言わせれば、他者志向型人間にとって感情の裏づけをもった内的真実の最後の隠れ家であるエロティシズムは、かくしてその私的な本質をうしない、他者性の経験となるのである。これは自律性の最後の痕跡をひとからうばい、のちの集団オルギーでの融合へ向かう道を準備した。

(16) ヒトラーも、創造的意志の働きによってかたちづくられる芸術家的な現実像を、政治や人間関係のなかにもちこんだ挫折せる芸術家であったことを、読者は思い出されるであろう。

(17) マンソンがそのように信じこんだのも無理からぬ、ちょっとした理由があった。彼はある有名なバンド（訳注　ザ・ビーチ・ボーイズ）の一メンバーとつきあっていたことがあり、彼らのマネージャーとも知り合いだった。彼は彼らに自分が作った歌をいくつか売りこみたいと思い、実際、マンソンが作ったものをほんの少し変えたばかりの歌詞が彼らのアルバムのひとつにつかわれた（訳注　楽曲は“Never Learn Not To Love”）のだが（“cease to exist”が“cease to resist”になっている）、それはマンソンの作品とされなかったのである。

(18) 殺人にはもうひとつの、より世俗的な理由があった。それは、ファミリーの何人かのメンバーが当地のある男性から金銭をゆすり取ろうとしておこなった殺人事件から、注意をそらすためでもあった。そうすれば警察は黒人の闘士たちに嫌疑をかけるであろう、という考えだったのだ。マンソンが殺人の狂熱に取り憑かれたとき、彼の頭にどれほど明確な行動計画があったかは不明である。おそらく彼は、アトキンズが書いているように、そのときそれに自分が本能的に反応できるような行動を扇動することを願いながら、また自分を正しく導いてくれるより高次の諸力との結びつきを当てにしながら、ますます膨れあがっていくパラノイアに攻撃で応えようとしたのであろう（9）。彼自身が魔法の穴の存在を信じており、殺人を犯したあとそれを発見するために信者たちを砂漠へ導いたことは、疑う余地のないところである。

【第10章】

（1）集団自殺の顛末はテープレコーダーによる録音でその大半が明らかになっているが、最後の行動はいまだに不明である。ジョーンズは虐待のまえ、側近の何人かの信者に多額の金をもたせてジョーンズタウンから送り出している。そのためある人々は、彼は逃亡する決意をかためていたのだが、逃げ出すまえに殺されてしまったのだ、と考えている。しかしながら、彼の最後の言葉は生きることに疲れはてたひとりの男をしめしているように思われる。

（2）ジョーンズはつねに母親と密接なきずなをもちつづけた。そして彼女は、集団自殺の直後にジョーンズタウンで死んでいる。

（3）テープに録音されたジョーンズの自伝がジョーンズタウンで発見されたが、そのなかで彼は前半生の事実を作りかえ、幼いころから政治的急進派や反抗的人間であったことに仕立てようとしている。われわれは英雄的な自己イメージをつくり上げようとするこうした試みを額面通りに受け容れる必要はないが、ジョーンズの心理的自己像は真摯に受け取るべきである。――とくに、お世辞で飾られることが比較的少なく、その像がカリスマ的パーソナリティ類型について知られているものとよく一致する場合には。

(4)ここでもまた、重要なのは啓示のなかの特定の内容ではなく、また現実にそれが起きたかどうかということでもなく、変容と内的分離のイメージである。

(5)信仰治療の劇的パフォーマンスは、祭りの手品ショーを強く思い出させるような演劇形式をとる。つまりそれは、一組の筋書きにしたがいながら、テント張りの会場で説教して回る巡回説教師の魔術的な力を証明しようとするのである。パフォーマーはまず観衆に関するいくつかの事実を「発見」し、神秘的なテレパシー能力をもっていることを証明する。そうやって彼らの信頼を得たあとで、彼は説教し、神に向かって自分のなかへ降りてくるように、また自分の前に並んだ病人たちを治してくれるように呼びかける。するとしばしば、説教師によって方向づけられた治癒力の噴射が求道者をたたきのめし、彼らは苦痛を癒されて立ち上がる。ジョーンズは商売の駆け引きのコツを知っており、自分独自のコツも編み出した。それは腐った鶏の内臓である「ガン」を、観客のなかでもとくにかしこまっている人々の体内から、奇跡的に取り出してみせるものであった。

のちに彼は、あとで説教中に魔術の力で見抜いたものとすることができるような情報を見つけ出すために、人民寺院のエリート幹部の若い女性たちをつかって、ゴミ入れをあさらせ、方々の家に侵入させた。この女性たちは、それをつかえばジョーンズが権威ある存在であることを騙されやすい人々に確信させることができるような、「秘法」の精密なファイル・システムさえも開発した。

(6)ジョーンズは経済的に豊かなファーザー・ディヴァインの教会を引き継ごうと努力し、実際に、死者を蘇らせたり、その他の奇跡ができるかのように見せかけることで、何人かのメンバーを自分の会衆に改宗させた。夫の死後、教会の指導権を継承したファーザー・ディヴァインの妻は、彼に好印象をもっておらず、自分の財産から手を引くよう彼に命じた。

（7）みずから課したこの幽閉の期間、獄中のヒトラーと同一の手法でジョーンズが親教会に対する支配権を維持しつづけたことは、注目にあたいする。その手法とはつまり、何人もの指導者をたくみに指名し、すべてのライバルを分断する、というやり方である。カリスマ的人物に共通なモチーフである引きこもりと回帰というパターンも、注目にあたいしよう。

（8）ジョーンズはのちに、自分はブラジルにいるあいだジゴロとなることによって、ファミリーのための金を稼いだのだ、と主張した。

（9）PCは信者の上級階層で、ほとんどが高い教育を受けた白人の信者から成り立っていた。一般の信者が至福千年的な宗教セクトによく似ていたのに対して、それは普通考えるような「カルト」とよく似ていた。

（10）こうしたセッションのあいだ、PCのメンバーは空腹のままでいるのに自分は果物やステーキを食べ、格別に身分の高い共同体メンバーに足をマッサージさせながら横になっているといったことで、ジョーンズは自分が高貴な立場にあることを図式的に例示してみせた。これはまったく正しいことだとPCメンバーが感じていたことを、強調しておかなければならない。そのように祭りあげられることをジョーンズが要求したわけではない――それは、自分たちのためにジョーンズが背負いこんだ苦悩に見合うだけのことが自分たちには絶対にできないという理由から、彼らが彼のためにそうしたのであった。

（11）レイターマン&ジェイコブズ（212）によれば、ジョーンズは『ダーティ・ハリー』を上映していた映画館の男性専用室で内偵中の警官を誘おうとした。

(12) ジョーンズは五〇年代後半に麻薬中毒になった。彼はそのときはじめてパラノイアの症状をはっきりとしめし、生涯にわたってくり返されるストレス時の崩壊パターンを見せはじめる。彼の言うところによれば、そのとき使用した薬物はB12であった。彼はその後、集団のなかでは麻薬はもちろんのこと、アルコールやタバコのような刺激物も厳しく禁じられるべきだと主張しながらも、明らかな薬物依存の状態におちいった。彼が死んだとき、死体解剖によって、その身体組織から高濃度のフェノバルビタール(訳注 抗てんかん薬の一種)が検出された。

(13) 事実、ジュディス・ウェイトマン(269)は、現実に存在しうるものとしてローザベス・カンター(123)があげた二十六種類の動員メカニズムのうち、ジョーンズタウンは二十四種類までも利用したと見積もっている。ジョーンズがヒトラーその他の多くのカリスマ的指導者と同様、群集心理学や集団社会学を実際に研究しており、新しい教化活動に着手するに際してはそうした文献に盛られた情報を活用していたことも、言及するにあたいしよう。

(14) この女性たちはみな彼の関心を惹こうとしてライバル関係にあり、彼もまた、彼女たちの忠誠心を維持していくうえで嫉妬がどれほど有効であるかをよく知っていた。ジョーンズはこう言っている。「私は彼女ら全員に、私は君たちをいちばん愛していると言う。実際にはしかし、大義だけを愛しているのだ」と(ジム・ジョーンズの言葉、ミルズ、185: 256 からの引用)。

(15) ジョーンズは講話のなかでタブーの破壊を大いに利用し、聖書を罵倒し、自分の詠唱する呪いに会衆（彼らはたいていきわめて保守的な宗教的背景の持主であった）を加わらせた。そうした手法で解き放たれる感情エネルギーは爆発的なものであった。

(16) ジョーンズはその子の父親であるティモシー・ストーンに、自分はジョーンズに請うて妻を妊娠させてもらったという趣旨の自白書に、うまくサインさせた。人民寺院を脱退したあと、ストーンはこの言葉を否認した。おそらくジョーンズに対する訴訟を起こすことで彼の主張してきた全能性を脅かしたために、ジョーンズにとってストーンは、自分に敵対すべく勢ぞろいした諸勢力を体現する存在になった。ジョーンズは最後の演説のなかで、こう言って大量自殺を正当化している。「われわれが没するとき、われわれは勝利する。ティム・ストーンはもうだれも憎むべき者がいないのだ。そうなれば彼は自分で自分を滅ぼすことになるであろう」（レイターマン&ジェイコブズ、212: 558）。

(17)「歴史のなかに自分の場をもちたいという彼の強迫観念は狂気じみていた。歴史のなかに自分が当然しめるべきだと考えていた場がうしなわれてしまったことに、もし彼の思いがおよぶならば、彼は落胆し、すべてはうしなわれてしまったと言うことであろう」（キルダフ&ジェイヴァーズ、134: 118）。

【第11章】

(1) シャーマニズムは広範囲にわたって存在しているが、単純な社会ならどこでも見出せるというわけではない。しかし私は、シャーマンの機能、つまり生命力を体現しそれを伝えるという機能は、その様式こそちがえ、どこでも何らかのかたちではたされるであろうと主張したい。

たとえばメラネシアにおいては、生命の力は余剰生産物の複雑で大規模な交換や分かちあいによって伝達され、企業家精神にとんだ大物を中心とする儀礼的パフォーマンスのなかで豊作を確約する。だがこのような社会も、緊張した状況のもとにおかれると、至福千年的なカーゴ・カルトの象徴的指導者というかたちでカリスマ的人物を生み出してきた（ワースレイ、280）。

（2）ここでは男性代名詞を用いているが、シャーマンは時として女性であるということを忘れてはならない。社会が大規模化しシャーマニズムが周縁に追いやられると、女性のシャーマンの方が優勢になってくる（大貫、202）。これは本章でのちに論じる「弱者の権力」の一例である。

（3）しかしながら、シャーマンの厳密なカテゴリー化に関しては文献ごとに大きなへだたりがある。代表的な論述については、エリアーデ（62）、ハルトクランツ（114）、シロコゴロフ（233）を御参照願いたい。シャーマン的エクスタシーとブードゥー教の儀礼で生じるような精霊による憑依は区別しうるものかどうか、トランス状態のなかで生じる出来事にシャーマンが気づいていなければならぬものかどうか、トランス状態にあるパフォーマーは覚識をうしなっているかどうか、シャーマンは守護霊をもたなければならないかどうか、またエクスタシー的幻視と守護霊の関係はベネディクト（17：20）が主張しているように「弁証法的に偶発的」なものであるかどうか、などといった問題について多くの論究がなされつづけている。とはいえ、他にどのような定義がつけ加えられようとも、主観のうちに生じるエクスタシー的なトランスという変成状態の所有が、シャーマニズムの中心にあることは間違いない。そしてどのような場合においても、シャーマンとは、集合体の利益になるものと信じられているトランスに入りこみ、それを他者にも誘発することができる能力をもった、公的なパフォーマーなのである。

（4）シャーマンは正気であるかどうかという問題は、従来、論争の一主題とされてきた。というのは、シャーマンはしばしば奇妙に見えるだけでなく、実際にやることも奇妙だからである。そのためにボゴラスは、この職業の必須条件として神経質で興奮しやすい気質をあげている（25: 426-8、またヨヘルソン、121: 187、クローバー、144、エリアーデ、62: 306、ドゥヴルー、50: 1089を参照）。一方ボイヤーは、アパッチのシャーマンは実際には集団の他のメンバーよりも分別があり、自我に奉仕する状態へ復帰していける能力をより多くもっていると主張する（27: 173、またシュウィーダー、236、ハンデルマン、103も参照）。のちに構造的視点からながめるように、シャーマンの相対的な「正気」は、社会的複雑性の程度や文化におけるシャーマンの周縁化と逆比例の関係にある。

とはいえシャーマンは、非常に単純な社会にあっては、他の地位標識がまったく存在しない社会構造のなかで、媒介者というきわだった役割を有していることをしめす方法として、異様な容貌や行動をとらざるをえぬであろう。この「異様さ」は実際には高度にステレオタイプ化されており、そのなかにはしばしば呪者が「境界」身分にあることを図式的に象徴化する服装倒錯が含まれている。「奇妙な」容貌とおなじく、異性の服装を着用することも本質的にはシャーマンのユニフォームの一部であり、習慣となっている抜粋的表現が狂気を意味するものではないように、それは必ずしもホモセクシュアリティを意味するものではない（チャプリッカ、40: 243-55）。

（5）動物を支配することは狩猟社会・牧畜社会にとって決定的に重要であるから、これはもちろん手段的なものである。だが動物の世界との同一化も象徴的なかたちで強調されており、それゆえシャーマンはたいてい自分と自分の動物の親友とを「一体のものとして」感じている（レーム・ディア&アードス、146: 156）。しかしながら、シャーマンの自我と自然との境界の消滅はまた、シャーマニズムの両義的性格をあらわしている。なぜなら、シャーマンはそのことによって、ひとを援助する力ばかりでなく、自分に敵対する動物たちの暴力的でときには人を食べもするような習慣をも身につけることになるからである。このような文脈で思い出されるのは、ヒトラー、マンソン、ジョーンズがみな動物界と特殊な関係をもっていたことである。彼らはみな動物に対して、きわだった、また明らかに不可思議な魅力をもっていたようである。ヒトラーは、自分を狼とよぶことを好んでいたくらいだし、マンソンは自分をコヨーテになぞらえ、ジム・ジョーンズは生涯いつもペットに囲まれていた。

（6）自己意識にとんだパフォーマーというイメージは、パフォーマンスが本物であるかどうかが議論の対象となることを意味している。見物人の畏敬の念を高めるため、たいていのシャーマンが奇術の妙技その他の商売上のトリックを用いていることは間違いがないし、そうしたトリックが職業の全内容となっているパフォーマーもいるだろう。

実際にはしかし、シャーマンには通例たんなるトリック以上のものがあるようだ。土着の者も外から訪れた者もふくめて、観察者のあいだには、「最良」のシャーマンはシャーマン行為をやっているときほんとうに変性意識状態に入っていくのだ、というかなり高い合意が見出せる。またシャーマンたち自身もトランス状態の有効性を主張する。たとえばノルトラントは、キリスト教徒となり、自分のかつての宗教的慣行を強く拒否するようになったアメリカ・インディアンのシャーマンは、それでもなお自分たちのシャーマン的経験が真実のものであったことを主張しつづけると報告している(200)。

さらにまた、レヴィ゠ストロース(161)が論じたクワキウトル族の冷笑的なシャーマン、クウェサリドの事例のなかでフランツ・ボアズが証言しているように、観客が彼にそなわっているものとみなす魔術的な力をペテン師が信じこみ、自分自身の力を真に受けるようになることもある。ごまかしのテクニックを用いながらも、なお自分には病気を治す奇跡的な力がそなわっていると信じていたジム・ジョーンズの場合にも、それと類似した過程が見られる。また興味深いのは、まったくのいかさま師自身がしばしば別な神秘的治療師のクライエントになっていることである(ベインブリッジ&スターク、11)。インチキ詐欺師が冷笑家であることはめったにないということ、また通常彼ら自身がだまされやすい人間たちであることは明らかである。

(7) パフォーマーと観客が共生的な関係にあることは、パフォーマンスに成功しようと思うならば、観客の信念と協力が絶対に必要だという事実によって立証できる。たとえばシロコゴロフは、ツングース族のシャーマンは冷ややかな観客の前ではパフォーマンスできないと語り、ハルトクランツは、スピリット・ロッジ(精霊の家)のシャーマンは、現代の多くの心霊術家と同様、観客のなかに不信心者がいる場合にはパフォーマンスすることを拒否すると言っている。

(8)!クング族は舌うちが音素となっている言葉を話す。「!」は、上あごに舌先をあててやる舌うちであり、(訳注 後出の)「/」は舌の中央部でやる舌うちである。

(9)!クング族のあいだでは、火はン/ウムの原型であり、ダンサーの身体内にン/ウムを目覚めさせることによって、ダンスの最中に発汗をうながすものとされている。また同様に、ナイル川流域のディンカ族は、彼らが「聖なる肉」(Flesh)とよぶカリスマの産出力を、ゆらゆらと燃える火あるいはゆらめく灯火に似たものとして想像しており(リーンハート、164)、よそのシャーマンも火の上を歩いたり火と戯れることで自分の力をしめすことが多い。火が集団におけるカリスマの伝染力、つまり中心の火花から次第に広がってそれを取り囲む群集を燃えあがらせる伝染力の自然的象徴としてとらえられることがどれほど多いかを、エリアス・カネッティはのべている(31)。火の象徴がヒトラーによってどれほど効果的に用いられたかは、すでに見たところである。

(10)新しいシャーマンの凶暴さは、おそらく少なくとも部分的には、日常生活のなかで!クング族が要求する従順さへの反動であろう、と論じられてきた。憤激や敵意の表現は、!キアの来襲がエリートへの反抗ではなく、あるゆる攻撃行動を否定する社会構造に対する反抗の儀礼の一種であることをしめしている。見物人たちもまた、この禁止された行動に二次的に参加することによってある程度の満足感を得る。見習いシャーマンの行為はまた、新しい地位への就任を象徴するものでもある。彼らはもはや普通の人間ではなくなっているが、いまだに!キアの支配者ではなく、彼らの内的性格は、野蛮さ、またアイデンティティと自己制御の欠如の表出をその特徴としている。

以上のような説明は疑問の余地なく正しいが、トランスという「死」のなかで個人としてのアイデンティティが消失し、放出されたエネルギーがまだ共同体全体に統合されないとき、未熟な者が真実の実存状況にあることも忘れてはならない。

(11) ン／ウムと多産とのこうした関係は、ン／ウムが出現する場の多様さに表現されている。それは火のなかだけでなく、沸騰した湯のなかにも、実ろうとする植物のなかにも、月経の開始のなかにもあらわれるのだ。同様にしてディンカ族は、自分たちに憑依する神的な「聖なる肉」(Flesh)は、生贄として殺されたばかりの獣からほとばしる血やピクピク動いているその身体にもあらわれるものと考えている。また他のシャーマン的シンボリズムも、これと同様な生命力とトランスの結びつきをしめしている。

このレベルの社会にあっては、女性たちはこうした再生の儀礼にあまり関与しないことが多い。彼女らの儀礼はもっと個人的なものである。こうした差別は、種の再生産が主たる関心事となるこのような文化では、実際上女性たちが生命力の中心にいるという事実と、構造的に関連している。そうした男性たちの周縁性が、男性が中心的な役割をはたすこのような儀礼によって補償されるわけである。のちに見るように、社会がより複雑になり、女性の役割が周縁に追いやられるにつれて、女性たちはそれを補償するシャーマン的カリスマ的カルトに関与する度合いが高まってゆく。

(12) これとは逆の、徹底的にルーティン化された古代の複雑な社会構造にあっても、指導者のカリスマ的要素はしばしば重要な役割をはたした。たとえば古典期以前のマヤ社会では、シャーマン王が「個人的なカリスマ的力」を顕現してみせることに、複雑な公的儀礼の中心が置かれていた（フリーデル&シール、81: 550）。同様に古代中国でも、支配者は聖なるものを受肉する特別な能力をもった「首席シャーマン」であった（チャン、32: 45）。

(13) 多くの民族の解放闘争は、これと同様なカリスマの噴出をその特徴としてきた。ペルーを混沌とした状態におとしいれた「輝ける道」（訳注　スペイン語で「センデロ・ルミノソ」。ペルーの極左武装組織で、無数のテロ行為をおこなった。犠牲者は三万人以上とされる。創設者で最高指導者マビマエル・グスマンは二〇二一年九月に八十六歳で刑務所で死去した）は、アヤトラ・ホメイニの出現がそうであったように、現代版のこうした至福千年的「反構造」運動である。

(14) 多くの人々が彼らに従ったのは、間違いなく、指導者の価値観のため、あるいはそれほど理想主義的でない他の何らかの理由のためであった。そのような場合、指導者と支持者の関係は第一義的にカリスマ的なものとは言えまい。だが、当初は価値観や実際的な利得によって動機づけられていた人々にも、革命の大義を体現し、支持者を明らかに勝ち目のない闘いに命を賭けようとする気にさせる指導者の、強力な感情的魅力という要素が入りこんでくる。体現すべき感動的で理想的な人間、また理想そのものが文化によって違うから、個々の指導者がとるスタイルも文化ごとに異って当然である。ウィルナーがしめしたように、そうした状況にあって「カリスマになる指導者は、自分が属す文化のうちに動いている神話の貯水池に、無意識的あるいは意識的にふれることのできる人物」（272: 62）、危機におちいった過去との深い連続性やみずから進んで未来を英雄的につくり変えようとする意欲を、自分の人柄のうちに表現する人物である。しかしながら、そういう個別的な違いがあるからといって、このような人物たちをカリスマとして見ることができないというわけではない。そして事実ウィルナーは、こうした事例のいずれにおいても、支持者たちがカリスマ集団の典型的特徴をはっきりとしめしていることを証明している。すなわちそれは、ただ彼がそう言ったからという理由で指導者の言葉を進んで受け容れようとすること、指導者は超人であるという信念、絶対的な服従のために個人としての選択や判断を放棄すること、そして指導者のエクスタシー的崇拝と彼に対する感情的な関わり、といったものである。

(15) これと関連して、現代のカルトにおいてカリスマが耐久力や凄惨な性格を増すようにしむけているもうひとつの要因がある。現代という状況のなかでは、成功した集団は、運動の拡大を保証し指導者の権威をささえていくために、官僚制的な組織や手法、つまり「みずからの基本的な推進力がそれに対抗する方向性をもっているはずの作用そのもの」(ウィルソン、273: 113) を整えざるをえないということが、それである。そのためにわれわれは、非常に精巧な資金調達組織やメディア・キャンペーンと一切の合理性の終焉というカリスマの宣言との共存という、明らかに矛盾した光景に出会うことになるのである。

前章までの事例研究で見たように、カリスマ的指導者がそうした手法や構造に内在する硬直化や束縛に抗して闘うこともありうる (たとえばウォーリス、262 を参照)。しかしながら、カリスマ的なオーラを人為的に作りだすことが可能だということがよく知られるようになればなるほど、信者たちは認知的不協和を避けようとして、テクニックの背後に真のカリスマ的パワーという疑問の余地のない本質がひそんでいることを、ますます強く主張するようになる。人心操縦の秘密を知っている内部の中心メンバーが冷笑家にならず、たいていはより周縁的なメンバーよりも指導者の神聖性を強く信じているのは、ひとつにはこうした理由からである。

【第12章】

(1) シャーマンは宗教的人物の原型であるのみならず、芸術家や芸能人の範例でもあることを想起されたい。

(2) 当然のことながら、どの集団も、人々をこうした周縁的な地位からもっともっと強く関与する立場へ引きずりこもうとして懸命に努力する。カルトの計画や教化運動にもっと熱心に参加すれば、意識面での「収穫」やより高い地位が得られるであろうという約束によってである。新しいメンバーの勧誘も開悟の証明として求められるから、新しい信者たちはほかのひとを入信させるよう強制され、その結果、人まえで自分の熱心さを明らかにすることを通じて自分の信仰を強固にしてゆくのである。また集団活動も信仰を広げる方法として奨励され、信仰を強固にする役割をはたす。

(3) 世俗的な現世肯定的運動における中央集権化やカルト的雰囲気の高まりの一部はまた、自分が提出した教えに対する支配権を市場のなかで保持しつづけようとする創始者の努力の帰結でもある、とウォーリスは論じている。その結果、創始者は世俗的な知識の体系を、カリスマ的なメッセンジャーとして自分を中心とするひとつの宗教に置きかえなければならなくなる、というわけだ。もしそうした置きかえがうまくゆけば、それはビジネスを持続させ、ほかの人間がおなじような知識の体系を市場で売買することを阻止し、自分の権威を安定化してくれる忠誠心を、顧客から取りつけることができるであろう。ウォーリスはこれを「自分の生産物の超越化」(262: 101)とよんでいる。だが彼は、誇大なカリスマ的支配権の主張が市場のなかですぐれた意味をもつ理由をたしかに明らかにしているけれども、どのメンバーもそうした指導者の主張を受け容れるのはなぜなのかという問題については、等閑に付している。

(4) 現世肯定的な運動は明らかに現代の世界にふさわしいカリスマの形態であり、それは企業家的な、また個人主義的なイデオロギーを、自己のラディカルな内容の隠れみのにしている。だがそれは新しいものではない。ヨーロッパの歴史においては、ギリシアの時代からこれと同様な運動が見られる。その時代、グノーシス教の熱狂的な信者たちは、自己否定、アイデンティティの断片化、神格化された達人の指導による変身といったシャーマニズム的な手順を通して「人間の条件を超越して神になろう」とした(コーン、37: 174)。現代のニュー・エイジ運動とおなじく、この教義が訴えかけたのは貧しく抑圧された人々ではなく、自分の生が熱気と意味をうしなってしまったと感じる退屈し失望した人々であった。また現代における現世肯定的なカルトと同様、この神秘的な形態をもったカリスマ的啓示は、引きこもりと禁欲主義のほか現世的な快楽と成功を許すのみであったから、貧しく周縁化された人々のカリスマ的な蜂起という明確な革命的内容をもつことはなかった。またそれは中央集権化されてもおらず、むしろ一般に、ニュー・エイジの環境とおなじく、地方巡業をなりわいとするさまざまな放浪する名人につき従う求道者たちという「カルト的環境」をなしていた。とはいえ、ノーマン・コーン（37）が見事に描き出しているように、このような大昔にあらわれた神秘的アナーキズムといえども、適切な指導者と適切な環境があれば、中央集権化された至福千年的になる可能性を秘めていたのである。

（5）カリスマ的なパーソナリティをそなえたセラピストが自分の権力を診療室の外部にまで拡張し、患者たちの生活を支配してやろうと決意するときには、往々にして治療集団そのものがカルトへとエスカレートする（クリーグマン＆ソロモン、143）。セラピーの手法も、ニューエイジの宗教その他のカルト的集団によって、広く教化手段として用いられている――除反応的なカタルシスを刺激する方法として人前でトラウマを追体験するという方法はとくによく用いられているが、そこで得られたカタルシスはカルト指導者の哲学のおかげとされる。

（6）ロマンティックな恋愛は相互関係に生じるはずのものであり、したがってそれが生じうるのは、モノや大義に対してではなく、人間に対してのみである。愛される者に対する愛する者の劣位性を強調した中世宮廷人の恋愛と違って、近代世界におけるロマンティックな恋愛は平等主義的である。したがってそこには、子供に対する母親の愛情や神への愛が入りこむ余地がない。しかし、だからといってそれとカリスマとが結びつかないというわけではない。なぜならカリスマ的人間関係にあっては、誇大感をもった指導者に同一化する信者にとって、指導者と信者とのきずなは相互的で自分の精神を高めてくれるものとして認知され感じられるからである。

（7）ほとんどのロマンティックな愛着関係は、年齢、人種、階級、さらには住居の近さといった厳格な境界のなかでいとなまれているという事実にもかかわらず、この信念は強固である。しかし「愛はすべてに勝つ」――勝つことは実際にはそんなにむずかしくないとはいえ。こうしたイメージに象徴されているのは、自我の境界を突破して、相互にへだてられている人間のあいだに融合状態をつくり出す、愛の根源的な力である。かくて言葉のなかでは、西欧社会の強固な個人主義のもと、愛による自己喪失は拡大され、階級や人種といったカテゴリーで言いあらわされるような、さほど強い強制力をもたない境界のすべてを侵食していくのである。

（8）数多くの歴史家（たとえばストーン、248、ショーター、234）は、西欧におけるロマンティックな恋愛の観念を、工業時代の初頭におきた親族ネットワークの解体に対する機能的反作用と見た（これに反対する見解としては、セガレーヌ、230を参照）。何人かの人類学者が恋愛の機能を明らかにしようとするこれと同様な試みをおこない、それを配偶者の居住パターンや相対的な経済的自立度と関係づけてきた（コッピンガー&ローゼンブラット、38、ローゼンブラット、220、ムコーパデャイ、191）。しかしながらこうした歴史的・民族誌的研究全体の結果には矛盾が多く、これといった結論を見るにいたっていない。

私自身の資料からすると、ロマンティックな恋愛の観念は、極端に競争主義的で流動的で不確実な環境に棲息する人々のあいだでとくに生じやすい。彼らは個人としての自己利益をめざす個人としての行動という支配的なエートスをもち、敵対性からの隠れ家を提供してくれる安定したアイデンティティ標識を欠き、他に同一化可能な対象もまったく欠いている。アメリカ・インディアンのオジブワ族はその一例である（ランデス、148：ロマンティックな恋愛の発展に好適な構造的文脈についての詳細は、リンドホルム、169、ソロモン、244を参照)。

(9)二つの経験は、そのいずれに対してもそれが社会的な意味をもつ突出した存在であることを社会科学が認めてこなかった点でも、よく似ている。カリスマと同様、恋愛はもっと下世話で実際的な動機の仮面、あるいは一種の病気として概念化されることが多い。もしそれが本当なら、恋愛はウェーバー流に、結婚という合理的な制度に先立ってあらわれる非合理的で分析不可能なカリスマ的なものと見ることができる。しかし、カリスマの信者が指導者を神格化しつづけているように、アメリカ人たちはいまだにロマンティックな関係というステレオタイプを信じ、また生きていることが、社会心理学者たちのおこなった態度テストによって明らかにされている(たとえばヒューストン&バージェス、118、ルービン、221、レヴィンガー、160、ドリスコル他、55を参照。恋愛とカリスマの構造的類似性と差異に関するより詳細な比較研究については、リンドホルム、167を参照)。

(10)男女関係と国家の関係に関する議論については、コーンハウザー(139)を参照。コーエン(36)も同様な趣旨で、リネージ(訳注　成員間の系譜関係が相互に明確な出自集団)のようなもっと大規模な、潜在的な危険性をもった社会構造を破壊していく方法として、国家システムはロマンティックな男女関係の形成を好む、と論じている。

(11)ジョン・ハンフリー・ノイエスのオナイダ共同体で「特殊な愛」が制裁を加えられるように、多くのカリスマ的コミューンにはこれと同様なパターンが見られる(ケファート、126)。ナチ運動においても、性的な関係に対するドイツ的な態度によってロマンティックな理想化が否定された（シャフナー、225）。出産に対するヒトラーの優生学的なアプローチからそうした態度が強調されたのであり、それはセクシュアリティを国家の監視下に置こうとするものであった。男女関係を破壊するための戦略としては、このほかに、シェーカー教徒（訳注　キリスト教プロテスタンティズムの一宗派。至福千年説を信じ、宗教的共産社会を形成し、独身制を保持。十七世紀後半フランスで組織されたが、迫害されてイギリスへ移住、さらにアメリカへ渡って最盛期を迎えた）における強制的な独身主義や、もっとラディカルなところではロシアのスコプツィ派（訳注　十八世紀のロシアで生まれたキリスト教の教派。去勢派ともよばれ、カルト宗教として異端視されることも多い）における去勢の命令といったものを見ることができよう。

(12) 私が予測しているのは、もちろん形こそちがえ、ある意味でシャーマニズム的儀礼の復活である。高度に複雑な現代の社会システムがそうした「原始的な」文化的特質に貢献することなど、たしかにとてもありえそうもないことのように見えるが、事実としては、われわれの社会とシャーマニズムを特徴とするいくつかの社会とは、多くの本質的な点――とくに個人の重要性、非常に高い社会的環境の圧力、人々をライバル関係におとしいれる強度の生存競争、自分は外的な力によってコントロールされているという感情――で、そう遠くへだたっているわけではない。私は最近の著作でこうした類似点のいくつかを、またそれが感情の表出にもたらす諸結果を論じたし（リンドホルム、168）、将来もっと詳しく考察してみたいと思っている。

(13) ある初期のエストの信者はこう書いている。「われわれは石鹸売りではなかった。われわれは悟りの道を歩む完璧な存在であった」(ティプトン、253: 210からの引用)。

訳注

【第1章】

(訳注1) チャールズ・マンソンと「ファミリー」とよばれるその信奉者たちは、一つの殺人未遂事件を黒人過激派組織の犯行と見せかけるため、妊娠中の女優シャロン・テートを含む少なくとも八人の人間を、残虐きわまりない方法で次々に殺害した。殺人現場は血の海で、「くたばれ、ブタ野郎」などの落書きが残されていた。カウンターカルチャーや青年の異議申立て運動の全盛期、しかもそのメッカにおけるこの秘儀めいた事件は、アメリカはもちろん全世界の注目を集めた。詳しくは第9章を参照のこと。

(訳注2) 一九七八年十一月、南米の新興社会主義国ガイアナの密林で、アメリカのカルト教団「人民寺院」の信者九一四人全員が集団自殺するという事件が起こり、世界中の耳目をそばだたせた。教祖ジム・ジョーンズはアメリカの中西部出身で五六年に二十五歳のとき「人民寺院」を創設した。「神のお告げ」に従い、ユートピアを求めて本拠地を移動させ、最後にたどりついたのがガイアナであった。彼は黒人差別を執拗に攻撃し、白人に対する強迫観念から、白人を「白い騎士」と呼び、彼らが「ユートピア」に近づけばただちに射殺し、信者も全員が自殺して、白人の手の届かぬ新天地へ逃れる手筈をととのえていたのである。(綾

部恒雄『秘密の人類学』アカデミア出版会、参照）詳しくは第10章を参照のこと。
（訳注3）「!」の表記については第11章の注（8）を参照。

【第2章】

（訳注1）十六～十八世紀フランスのカルヴァン派プロテスタントの通称。
（訳注2）イギリス清教徒革命期における左翼急進派。水平派とも訳される。
（訳注3）ヤンセン主義とも。オランダの神学者ヤンセンの恩寵論の影響下に十七～十八世紀のフランスで展開された宗教運動。
（訳注4）プロテスタントの一派。イギリスの神学者ウェスリーの信仰覚醒運動に端を発し、一七九五年英国国教会から分離して成立。

【第4章】

（訳注1）一七三四～一八一五。オーストリアの医学者。ウィーン大学で医学を修める。ウィーンで開業し、動物磁気説を唱えて一種の暗示療法をおこなった（メスメリズム）。人気を得たが一七七八年に追放され、パリでも自説の紹介に努めたが認められず、スイスに隠棲。メスメリズムはモーツァルトのオペラ『コジ・ファン・トゥッテ』にも登場する。

【第8章】

（訳注1）「匕首《あいくち》伝説」とも訳す。第一次世界大戦でドイツが敗れたのは前線の戦いではなく、

国内で厭戦気分をあおり、革命を先導した社会主義者、平和主義者、ユダヤ人たちのせいであるとする説。(『ブリタニカ国際大百科事典』参照)

(訳注2)一八九五〜一九九八。ドイツの小説家、評論家。第一次世界大戦における戦場体験を原体験とし、日常的な市民生活に同調できない前線世代の心情を『鋼鉄の嵐のなかで』『内的経験としての戦闘』『炎と血』『総動員』『労働人』などの作品に表現したが、のちパリにおいて反ヒトラー運動に参画、戦後はヒューマニズムの立場からキリスト教に近づき『大理石の断崖の上で』『ヘリオポリス』などを著した。(平凡社『世界大百科事典』、岩波書店『西洋人名辞典』参照)

(訳注3)ミュンヘン一揆とも言う。一九二三年十一月八日、戦勝国側に対するドイツ政府の弱腰な姿勢に憤ったヒトラーは、ミュンヘンのビアホールで開かれた地方政府総監グスタフ・フォン・カールら主催の集会にSAメンバーを率いて突入し、国民革命の開始を宣言した。翌九日、デモ行進中に警察隊の武装弾圧に遭って一揆は失敗し、ナチ党は解散、ヒトラーも裁判の結果五年の禁錮刑を宣告されたが、法廷での雄弁によってヒトラーは国民的人気を博し、また獄中で自伝『わが闘争』を著した。(前掲『世界大百科事典』参照)

(訳注4)一八四七〜一九三四。ドイツの軍人、政治家。普墺戦争、普仏戦争、第一次世界大戦に勲功をたてて国民的英雄となるとともに、元帥、参謀総長に昇進。一九二五年にはドイツ共和国第二代大統領となり、三二年にも再選された。(岩波書店『広辞苑』、前掲『西洋人名辞典』参照)

(訳注5)「T4作戦」とよばれる。ナチ・ドイツは知的障害者・身体障害者・精神障害者を、

「生きている価値なし」として、毒ガス室や薬物注射で殺害した。犠牲者は二十万人以上とされる。

（訳注6）一九〇〇～一九四五。ナチ・ドイツの政治家。二三年にナチ入党、二三年ミュンヘン一揆に参加、その後、SS隊長、ゲシュタポ（国家秘密警察）長官、内相、国内国防軍司令官などを歴任。四五年、英軍に捕えられ服毒自殺。強制収容所における残虐行為の主要責任者であった。（前掲『西洋人名辞典』参照）

（訳注7）一八九三～一九四六。ナチ・ドイツの政治家。一九年にナチ入党、機関紙『フェルキッシャー・ベオバハター』の編集長となり、ナチ理論の宣伝者として活躍。著書に『二十世紀の神話』がある。第二次大戦後、ニュルンベルク裁判により絞首刑となる。（前掲『西洋人名辞典』参照）

（訳注8）一八九四～一九八七。ナチ・ドイツの政治家。二〇年にナチ入党。二三年、ミュンヘン一揆に参加、獄中でヒトラー『わが闘争』を口述筆記。その後、ナチ副党首、ヒトラーの「第二後継者」に指名される。四一年、独ソ戦を前に対英和平交渉のため単身英国に飛ぶが捕えられて第二次大戦終戦まで英国にあった。ニュルンベルク裁判で終身禁錮刑に処せられる。（前掲『西洋人名辞典』参照）

（訳注9）一八九七～一九四五。ナチ・ドイツの政治家。ボン大学、フライブルク大学、ヴュルツブルク大学、ミュンヘン大学で歴史や文学を学び、ハイデルベルク大学から博士号。二五年にナチ入党。その後、機関紙『アングリフ』を創刊、編集し、国会議員、党中央宣伝部長、啓蒙宣伝相、文化会議所総裁を歴任、巧妙な宣伝と演説でナチの政策遂行に重大な役割を演

じた。ベルリン陥落直前、総統官邸で家族とともに自殺した。（前掲『西洋人名辞典』参照）

（訳注10）一八八八～一九七一。ドイツの政治家、ヒトラーの元側近。二九年ＳＡ参謀長、三一年ナチ党経済政策局長、三三年帝国経済委員など歴任ののち、一切の職務を解任された。著書に『国民社会主義ドイツ労働党の経済プログラム』。（"Adolf Hitler, Monologe im Führerhauptquartier 1941-1944. Die Aufzeichnungen Heinrich Heims herausgegeben von Werner Jochmann" Gondrom Verlag, Bindlach, 1988 を参照）

（訳注11）一八九七～一九七四。ドイツの政治家、評論家。ナチ党員でありながら、反ユダヤ主義に反対し、共産主義者との協力を説いてナチ党員に暗殺されたグレゴール・シュトラッサーの弟。二五年にナチに入党したが、三三年ヒトラーと対立して亡命。その後チューリヒやパリで反ナチ活動を続け、「自由ドイツ運動」を創立、その議長となる。パリ陥落後カナダに亡命。著書に『ヒトラーと私』など。（前掲『西洋人名辞典』参照）

（訳注12）北欧神話の主神。民族移動期以前から、ほとんどすべてのゲルマン民族のあいだで崇拝されていた。『エッダ』『サガ』などの神話に、巨人ブルの身体から全世界、また最初の人間を創造した万物の父として、また詩神、魔術の神などとして登場する。世界の終末には狼フェンリルに飲み込まれて生命を落とす。（前掲『世界大百科事典』参照）

（訳注13）一八八七～一九八二。現代ドイツの政治家、評論家。ナチ党員として活躍したが、三五年転向してアメリカに亡命。著書に『ニヒリズムの革命』などがある。（前掲『西洋人名辞典』参照）

（訳注14）イスラム世界における神秘主義者、神秘家。八世紀頃から登場、神への神秘主義的愛

を強調し、修道場で集団生活をおこないながら、神との合一化を目標として宗教的勤行に励む。(前掲『世界大百科事典』参照)

【第9章】

(訳注1) エストについては第12章訳注3参照。

(訳注2) 白人至上主義的な色彩をもつアメリカの新宗教。

(訳注3) 一九五七〜。神光伝道教会(ディヴァイン・ライト・ミッション)で生き神と崇められる人物。現在はプレム・ラワットという。インドの新興宗教の開祖パラン・サント・サットグルデーヴ・シュリー・ハンス・ジー・マハラージの四男で、六六年父の死後、八歳で後継者となった。十四歳のとき渡米、伝道を開始した。これが神光伝道教会で、本拠はコロラド州デンバーにある。熱心な信者はアシュラムに住み、禁酒、禁煙、麻薬を断ち、菜食主義を守り、共同生活をいとなんでいる。(自由国民社『総解説 世界の宗教と教典』参照)

(訳注4) アメリカの左翼過激派組織。銀行強盗、誘拐などの犯罪的行為で有名。一九七五年に壊滅した。

(訳注5) 一九二二〜二〇一九。アメリカの政治運動家。ラルーシュ運動とよばれるその政治運動はきわめてカルト的で多面的な性格をもち、大統領選にも八度立候補した。

(訳注6) 七〇年代アメリカの新宗教。白人至上主義をその特徴とする。

(訳注7) 一九三一〜一九九〇。「四大洗脳宗教」のひとつとされるラジニーシ教の教祖。ジャイナ教徒の子としてインドに生まれ、五三年悟りの体験を得る。六六年以後、ムンバイ、プ

ーナを本拠地として布教、さらに八一年以後は、オレゴン州のラジニーシプーラムというコミューンを中心に、ヒンズー教、仏教、道教、スーフィズム等を折衷した教えを説いた。（前掲『総解説　世界の宗教と教典』参照）

（訳注8）二〇一七年十一月、服役中病没。享年八十三歳。

（訳注9）六〇年代アメリカの代表的ロック・グループ。コンサートにおいてメンバーと聴衆の双方がLSDほかの麻薬を使用したことで有名。

（訳注10）キリスト教の誕生と同時期にローマ帝国の辺境で起こった宗教思想運動。神秘的直観（グノーシス）によって超感覚的な神との融合の体験を得ようとした。（前掲『広辞苑』『世界大百科事典』参照）

（訳注11）SF作家ラファイエット・ロナルド・ハバード（一九一一〜一九八六）を教祖として一九五五年に始められたアメリカの新宗教。疑似科学的心霊治療理論ダイアネティックスを核とし、それに宗教的要素や宇宙科学的要素をくわえた教義にもとづき、ワシントンを本拠地として布教を展開している。教義や教祖の性格から「SF宗教」とよばれる。（ブロムリー&シュープ『アメリカ新宗教事情』ジャプラン出版、参照）

（訳注12）マンソン・ファミリーのメンバー、スーザン・アトキンズのニック・ネーム。彼女がその手記（9）のなかで自分を神格化したために、自分の誤ったイメージが世間に流布されてしまった、とマンソンは考えていた。

（訳注13）これは本書が書かれた一九九〇年頃の状況であるが、同様の状況はマンソンが死没するまで変わらなかったようである。

【第10章】

（訳注1）二十世紀初頭にアメリカで生まれたキリスト教カリスマ運動で、原始キリスト教時代にペンテコステで信徒たちに聖霊が下ったように、礼拝において集団的精神高揚による聖霊の直接的体験をめざすべきであるとし、異言や神癒を重視する。聖書や教理の解釈は保守的で、ファンダメンタリズムの立場に立つ。世界で最も成長著しいキリスト教派で、現在の信者数は一億二千万人をはるかに超えていると言われる。（R・ケネディ『世界宗教事典』教文館、前掲『総解説 世界の宗教と教典』参照）

（訳注2）一九一八〜一九五三、一九一五〜一九五三。アメリカのユダヤ系市民夫妻。夫は電気技師、妻はタイピストであったが、冷戦時代の到来とともに平和主義者であった夫妻は原子爆弾設計のスパイ容疑者として五〇年に捕えられ、マッカーシズムの吹き荒れるなか、妻の弟の密告を唯一の証拠として三年後に電気イスで処刑された。彼らの弁護に当たった弁護士ブロックも謎の死をとげた。獄中の夫妻には冤罪であるとして世界中から助命運動がなされ、その獄中書簡『愛は死をこえて』は諸国語に訳されたが、九〇年代になって夫妻がソ連のスパイであったことが明らかになった。（前掲『西洋人名辞典』参照）

（訳注3）ピース・ミッション（平和教団）という一九三〇年代アメリカの代表的な黒人宗教の教祖。全知全能、宇宙の創造神を自称し、教団は急速に発展することによって白人の信者も獲得した。教団では毎夜豪華な晩餐会が催され、信者たちは全能の神が臨席するなかで食事することを無上の光栄とした。六五年に彼が死去したのちは、妻のマザー・ディヴァインが

教団をひきいている。(前掲『総解説　世界の宗教と教典』参照)

(訳注4) いわゆる覚醒剤で、中枢神経(脳と脊髄)を興奮させる薬の代表的なもの。(前掲『世界大百科事典』参照)

(訳注5) 人民寺院の一信者がライアン議員をナイフで襲撃するという事件が起きたため、帰国希望の信者たちを連れて急きょ帰国しようとする調査チームを、人民寺院の武装部隊が飛行場で銃撃し、ライアン議員ほか五名の人間が殺害された。

【第11章】

(訳注1) ガイアナ、ブラジル、ベネズエラ三国の国境地域、マザルニ川上流域に住む民族。かつてはシャーマニズムが盛んで、ピアイチャンとよばれるシャーマンが森の霊を盟友として病気治しや外敵への攻撃をおこなっていた。(弘文堂『文化人類学事典』参照)

(訳注2) チッペワともいう。北アメリカの東部森林に住むインディアンの一部族の名称。(前掲『文化人類学事典』参照)

(訳注3) 第1回十字軍の一部として一〇九六年に起こった西ヨーロッパの庶民たちによる大規模な聖地巡礼運動。

【第12章】

(訳注1) イランアメリカ大使館人質事件。イラン革命のさなか、一九七九年十一月四日、イランのテヘランでアメリカ大使館が革命派の学生に占拠され、大使館員が人質となった事件。

革命を逃れてアメリカに亡命した国王パフレヴィー二世の身柄引き渡しをイラン革命政府は要求したが、アメリカがこれを拒否したため、憤激した学生たちがアメリカ大使館を占拠し、館員五十二名を人質にした。交渉は難航をきわめて事件は四四四日間続いたが、パフレヴィー二世が一九八〇年七月に死去、一九八一年一月二十日に解決した。交渉に当たった「ハト派」のカーター大統領は人気が凋落し、大統領選で「タカ派」のレーガンに敗れた。

（訳注２）春分点が魚座から水瓶座（アクエリアス）に移行し、新しい時代が始まったという占星術の主張に対する信仰。

（訳注３）ウェルナー・エアハードを教祖とするヒューマン・ポテンシャル（人間潜在性開発）運動の一種。入門者は六時間にわたるエアハード・セミナー・トレーニング（ｅｓｔ）を受けなければならない。禅の影響をとくに強くこうむっていると言われる。（前掲『総解説　世界の宗教と教典』参照）

（訳注４）アクエリアス信仰にもとづき新しい時代（ニュー・エイジ）の到来を共通して信じるアメリカの新しい宗教群で、一九八〇年代後半以降、非常に顕著な流行となった。輪郭のはっきりしない多くの運動体の総称であるが、ブラバツキーの神智学、シュタイナーの人智学、ベイリーの思想などの影響を受け、オカルト志向、東洋の影響、瞑想、自然食、エコロジー志向、新世界秩序への待望、汎神論、ヨガなど数多くの共通の志向をもっている。既成観念の破棄と新しい思考への移行が強調され、キリスト教への反感が強い。（前掲『総解説　世界の宗教と教典』参照）

（訳注５）ラジニーシ教では宝石やクリスタルには非常な霊的力がやどるとされ、さまざまな儀

礼や心霊治療行為にそれらが活用される。

（訳注6）星形五角形。ユダヤ・キリスト教世界で魔術的な力をもつ形として伝統的に使用され、現在でも多くの新宗教で魔的なもののシンボルとして使用されている。

（訳注7）一九〇三〜八九。ベルギー生まれのフランスの小説家。大衆小説と純文学にまたがる驚くべき多作家で、とくに「メグレ警視」シリーズは広く親しまれている。（前掲『西洋人名辞典』参照）

文庫版訳者あとがき

本書は一九九二年に新曜社から刊行された訳書『カリスマ』を文庫化したものである。刊行から三十年近く年月がたち、とっくの昔に忘れ去られたような状態になっていた本にこうしてまた光をあてて生き返らせていただけるのは望外の喜びである。

一九九五年春、本書の旧版が刊行されてから三年たったころ、前代未聞の大犯罪事件が発生して、国中を震撼させた。麻原彰晃というカリスマ教祖を中心に組織された教団、オウム真理教による地下鉄サリン事件である。この事件が起きたとき、マスコミの報じる事態があまりにも本書に書いてあるとおりで、まるで著者リンドホルムは事件を先取りして分析したかのようだと感じたくらいだが、いまは廃刊になったある科学雑誌が半年ほどあとに取り上げてくれたのを唯一の例外として、本書が取り上げられることはなく、少々歯がゆい思いがしたものである。優秀で前途有望な青年たちが教祖の異常な妄想に引きずりこまれていった理由を説明しようとして、マスコミでよく使われたのは「マインドコントロール」という概念であった。本書で中核概念となっている「変性意識状態」の方がそれよりずっと詳細に分析できると思うのだが、いかがであろうか。なお、本文庫版解説では、大田俊寛氏が、本書を応用してオウム真理教についての分析を試みられている。

さて、本書には、時空を超えたカリスマの一般理論が展開されているわけだが、さすがに刊行されて三十年近くもたつと、わかりにくくなっているところもなくはない。そこで文庫化にあたっては、そういう「難解」事項に訳注を補足したほか、若気の至りで表現が生硬過ぎる箇所は訳文を変えた。いくらかでも読みやすくなっていれば幸いである。

そうした訳稿見直しの作業から奇遇のこぼれ話。その一。二二四頁にナチの安楽死プログラムについて記載があり、四七六—四七七頁にその訳注があるが、この訳注は原版にはなく、いまの時代だとわからない読者が多かろうと新しく入れたものである。実は入れるか入れまいか迷っていたのだが、迷いに迷ったその晩、NHK・BSで安楽死プログラムを特集した番組があり、それを見て入れようと決めたしだいである。奇遇その二。四六五頁にペルーの左翼過激派組織「輝ける道」の記載があり、同頁にその訳注があるが、これも原版にはなかったのを、わかりにくい事項だからと新しく入れたものである。訳注作成の翌朝、朝刊を開いて訃報欄を見ると「ペルー極左ゲリラ・最高指導者死去」とあり、グスマン受刑者のことが写真入りで大きく報じられていて、偶然の巡り合わせにびっくりした。奇遇その三。参考文献のうち邦訳があるものについては、調べて載せているが、邦訳文献作成中、ナチ関連文献の訳者の名前にどこか懐かしい見覚えがあり、調べてみると、はたしてそれは五十年も昔、私が大学新入生のとき、ドイツ語を教わった先生であった。先生がナチの研究者であることを私はいまさら初めて知ったわけだが、私にとっては「アーベーツェー」の先生、社会的にはナチズムの専門家、その大きな落差は私を驚かすに十分だった。このほかにも奇遇はいくつもあるが、もうやめておこう。要するに文庫化の作業は思いもかけぬ驚きをいくつももたらしてくれたと言いたかったのだ。

多くの奇遇のことを考えているうち、人生はみな全部、何から何まで奇遇の寄り集まりであることに、この年になって愚かにもようやく気づいた。奇遇のうちにはオウムやナチのような極限的に不幸な奇遇もあるが、「一期一会」と言われるような幸福な奇遇も無数にある。私にとってそんな幸福な奇遇が寄り集まっていま目前にあるもの、それが本書である。私に本書という奇遇をもたらしてくださった三人の方と一つの組織に謝辞をのべて「あとがき」の終わりとしよう。一人目は、私に本書原版の翻訳をすすめ、刊行にこぎ着けてくださった新曜社の故・堀江洪社長。二人目は、ナチ関連の多くの事項で詳しくご教示いただいた元同僚でナチ研究者の長崎大学名誉教授・濵﨑一敏氏。三人目は長年忘却の彼方にあった本書に着目して私に文庫化をすすめ、刊行のために煩雑な事務作業・編集作業をきめ細かくやってくださったちくま学芸文庫編集部の伊藤大五郎さんである。そして感謝を忘れてならないのがウィキペディア。いちいち表記してないが、文庫化にあたって新しく付した訳注のほとんどはウィキペディアを参照して作成したものである。私の知る限りＩＴ革命の最良の成果であるウィキペディアがなければ、訳注はとうてい満足のゆくものにならなかったであろう。これらみなさんのおかげでこの本は日の目を見ることができました。ほんとうにありがとうございました。

こうして多くの皆さんのご尽力で世に出るこの本との出会いが、どうか読者の皆さんにとって幸福な奇遇となりますように。

二〇二一年十月　　訳者　森下伸也

解説　リンドホルムのカリスマ論とオウム真理教事件

大田俊寛

「カリスマ」とは本来、ギリシャ語で「好意」や「賜物」を意味する言葉である。その含意を丁寧に説明するなら、「神の好意によって特定の人間に与えられた神秘的な資質」となるだろうか。

カリスマという言葉は、今日の日本社会においても広く人口に膾炙《かいしゃ》している。「あの人にはカリスマ性がある」「ここはカリスマ性を発揮しなければならない」といった表現を耳にすることも少なくないだろう。またその言葉は、一九九九年の新語・流行語大賞トップテンに選出されており、当時は「カリスマ美容師」や「カリスマホスト」といった名称が流行《はや》ったことも記憶に新しい。

とはいえ、私たちは本当に、カリスマの本質を理解しているのだろうか。いわゆるカリスマ性とは、人間の精神を強く魅了し、その生を特定の方向に導いてゆくような神秘的な力のことを指す。果たしてその力は、いかなる要因に由来し、どのようなメカニズムで人々を呪縛するのか。正確に理解している人はほとんどいないだろう。

私自身が「カリスマという謎」に正面から向き合わざるを得なくなったのは、二〇一〇年頃に行っていたオウム真理教研究の過程においてであった。オウムという教団はきわめて多様かつ複雑な性質を有するが、その中核にあったものが、教祖である麻原彰晃のカリスマ性であったことは間違いない。麻原という人物は、一般社会の側から遠巻きに眺める限りでは、まったく不穏で不審でしかない存在に映る。ところが他方、彼に直接的に触れた一部の人々、取り分け教団内の信者たちに対しては、濃密な磁場のような強い呪縛力を及ぼしたのである。オウムという教団と彼らが引き起こした事件について正確な理解を得るためには、「カリスマ」という事象について踏み込んだ理解が必要であることは否定しようがなかった。

とはいえ当時の私は、マックス・ウェーバーが『支配の社会学』(一九二二年)において展開したカリスマ論をわずかに知る程度で、現代の新興宗教に現れた生々しいカリスマの姿をどのように分析することができるのか、何の見通しも持っていなかった。そうした問題意識を抱えながら、関連があると思われる書物を手当たり次第に渉猟していったのだが、そのなかで偶然出会った一冊が、リンドホルムの『カリスマ』であった。

『カリスマ』は一九九〇年に原書が出版され、二年後に邦訳の単行本が公刊されていた。とはいえ当時の日本社会において、同書は十分な注目を集めてはいなかったように思う。私もネットの古書店で注文し、実際に手に取るまでは、その内容についてほとんど知らず、最初はあまり期待せずにページをめくり始めたことを覚えている。とはいえ、同書を一読した私は、リンドホルムが展開している考察の広さと深さに、少なからず驚かされた。そのとき感じたのは、同書は「カリスマ論の決定版」と呼び得る域に達しており、同様のテーマでこれを超える研究書を著すことはきわめて難しいのではないか、ということであった。この解説文を執筆するために、私は約十年ぶりに本書を改めて通読したが、その印象は現在もまったく変わらない。

同時に私に印象づけられたのは、本書はそのままオウム真理教論としても読める、ということであった。リンドホルムが本書の執筆を進めていたのは、おそらく一九八〇年代の後半であり、当時の彼が日本の新興宗教であるオウムについての知識を持っていたとは思われない。また本文のなかにも、オウムの名前はどこにも登場しない。しかし、それにもかかわらず、本書にはオウムを想起させる記述が随所に見受けられるのである。

『カリスマ』の内容は、前半の「理論編」と後半の「実例編」に大別され、まず前半では、哲学・社会学・心理学に見られるカリスマ論が手際よく概観される。全体としては、哲学によるカリスマ的事象の発見という問題提起を受けた後、カリスマの存在を共同体の結成や再活性化の際の主要なモーメントとして肯定的に捉える社会学の見解、カリスマの精神の病理性に着目して否定的に捉える心理学の見解を紹介し、両者の対立を歴史的な視点から止揚する、という構成が取られている。この部分について私はすでに、『ブックガイド

シリーズ 基本の30冊 宗教学』(人文書院、二〇一五年)という書物のなかで紹介しているため、ここでは割愛しよう。

後半の実例編においては、アドルフ・ヒトラーのナチズム、チャールズ・マンソンのファミリー、ジム・ジョーンズの人民寺院という三つのケースが取り上げられ、それらの運動のダイナミズムが具体的に分析される。序説のなかで手短に触れているように、リンドホルムが主体的な関心を惹きつけられたのは、マンソン・ファミリーと人民寺院のケースであっただろう。マンソン・ファミリーによる連続殺人は一九六九年、人民寺院の集団自殺は一九七八年に起こっている。一九四六年にアメリカで生を受け、カウンター・カルチャーや学生運動の息吹に触れながら人類学者として自己形成したリンドホルムにとって、若い頃に次々と起こったこれらのカルト的事件は、看過することができない厄介な謎として存在し続けてきたと思われる。ゆえに本書は、マンソン・ファミリーと人民寺院というアメリカの二つの破壊的カルトの存在に衝撃を受けたリンドホルムが、類似した大きな実例としてナチズムの運動を参照しつつ、人文系の諸理論を駆使しながらその解明を試みたもの、と見ることができる。

翻《ひるがえ》って私はと言えば、一九七四年に生まれ、ちょうど二〇歳を迎えて大学で宗教学を専攻し始めたときに、一九九五年の地下鉄サリン事件の惨状に直面した。その後の私は、特にオウム真理教と直接的に関係のある研究を手掛けていたわけではなかったが、オウム事件は喉の奥に刺さった棘としていつまでも残り続け、結果として二〇一一年に『オウム真理教の精神史』（春秋社）という書物を著すことになった。その際にリンドホルムの『カリスマ』は、二〇年ほど早く同種の問題に向き合った先行的な業績として、貴重な導きの糸となったのである。

本書の内容がオウム事件と深い親近性を持ち、日本人の私たちにとっても他人事ではないことは、おそらくは一読して明らかだろう。とはいえここでは、実例編で取り上げられたカリスマ運動のプロセスを五つの段階に整理した上で、オウムとの関係性を手短に指摘しておきたい。そうすることによって、本書の内容がより身近で切実なものになると同時に、その射程が西欧社会だけに留まるものではないこと、また、その応用範囲が非常に広いものであることを示せればと思う。

①幼少期の問題

後にカリスマとなる人物は、その生育歴を振り返ると、幼少期に何らかの問題に直面し、自我の健全な成長を阻害されていることが多い。

アドルフ・ヒトラーの父親はきわめて権威主義的な性格であり、明確な証拠が残されているわけではないものの、ヒトラーは父から虐待を受けながら育ったのではないかと推測されている。チャールズ・マンソンの母親は性的に奔放であり、マンソンを遺棄しては再び取り戻すということを幾度も繰り返した。またジム・ジョーンズは、幼少期に父親を失い、多忙な母親からは育児放棄され、孤独な少年時代を過ごしたことが知られている。幼少期に大きな問題に直面したことは、麻原彰晃にも認められる。彼は幼い頃から視覚障害を煩い、小学一年生の中途で、全寮制の盲学校に転校させられている。当時の麻原は、左目に障害を抱えていたものの、右目は高い視力が保たれていたため、彼自身は家から小学校に通うことに問題を感じてはいなかったのだが、両親の判断によって強引に転校が決められてしまった。麻原はこれを、国から与えられる補助金を得るために家族から捨てられた、と捉えたようである。

後にカリスマ性を発揮するような人物は、全般的に、生まれながらにして強い自己愛傾向を示す。とはいえ、そうした生得的な条件に加え、幼少期に両親や周囲の人々から十分な愛情を注がれず、自己愛の健全な発達が阻害されることは、その形態を歪ませ、病的に肥大化させることにもなる。

②再生の経験

後にカリスマとなるような人物は、幼少期から問題に直面するのみならず、青年期においてもまた、大きな苦境や挫折に見舞われる。しかし彼は、そうした絶望の淵のなかで、特殊な「再生」の契機を経験するのである。

ヒトラーの場合、若くして両親を亡くし、美術大学の受験にも失敗したため、社会との結びつきを欠いた根無し草の状態に陥った。しかし第一次世界大戦への従軍により、魂の再生を経験したのである。またマンソンは、生まれながらのアウト・ローと呼ぶべき人物であり、若い頃は投獄と出獄を繰り返す生活を送っていたが、LSDの服用によって強烈な蘇りを体験している。そしてジョーンズは、結婚や仕事に満たされない思いを抱えるなか、スパイ疑惑を掛けられた夫妻が処刑されるという事件に衝撃を受け、彼自身も昏睡状態に陥ってしまう。しかしそこから回復したとき、自身に神秘的な力が漲《みなぎ》っていることに気づいたのである。

麻原もまた、似通った挫折と再生を経験している。社会的エリートになることを切望していた彼は、盲学校を卒業した後、医者や政治家になることを志すが、大学受験にことごとく失敗する。以降は鍼灸院や薬局の経営を手掛け、一定の成功を収めるものの、薬事法違反によって罰金刑を受けてしまう。結果として麻原は、一般社会を忌避してヨーガや仙道の修行に没頭するようになり、そのなかで神の啓示を受けるのである。

このように、カリスマ的人物の経歴には、象徴的な「死と再生」というモチーフが見られることが多い。そしてそれは、彼に続く多くの信奉者たちにとっても、生のモデルを提示するものとなってゆくのである。

③超越性と全体性を求める信奉者たちの参集

自我の断片化、社会からの孤立化という状況に苦しんでいるのは、何もカリスマばかりではない。程度の差はあれ、現代社会の多くの人々もまた、そうした苦悩を抱えている。そして彼らにとって、「死と再生」の経験を有するカリスマは、揺らぎのない絶対的な自我の持ち主であるかのように映るのである。

第一次世界大戦の退役軍人であるヒトラーの演説は、ドイツの民衆を熱狂させ、彼らはそこに国家再生の希望を見た。カウンター・カルチャーに興味を引かれた若者たちは、マンソンの人格のなかに、まったく新しい人間、究極の人間の姿を感じ取った。そして人民寺院の参加者たちは、ジョーンズこそが、人種・性別・階級を超えた絶対的な愛の体現者であると信じたのである。

オウム真理教の場合には、その信奉者たちの多くが、「死とは何か」という問題に直面していたことが知られている。一九八〇年代の日本は、バブル経済の好景気に沸いていたが、一部の若者たちはその流れについてゆけず、根深い虚無感を抱え込んでいた。彼らは、死ねばすべてが失われてしまうにもかかわらず、金銭やセックスを追い求めて時間を浪費することに何の意味があるのだろうかという、単純にして難解な疑問に取り憑かれたのである。そのような人々に対して、麻原彰晃が示した修行方法や超能力、さらには、霊の進化、間近に迫った世界最終戦争、霊的達人たちが築くユートピアといった世界観は、きわめて魅力的な響きを帯びた。

こうしてカリスマの周囲には、現世を根本的に変革してくれるような超越性に魅惑された信奉者たちが参集し、全体主義的な共同体を形成してゆくことになる。

④共同体中核部の秘密結社化

とはいえ、カリスマを中心として形成される共同体は、通常の近代社会のように、明確な制度や法に基づいて運営されるわけではない。その統治原理となるのは、カリスマが発する個人的な魅力と意志であり、そしてその共同体は、カリスマとどれほど親密な関係にあるかという条件によって階層化されてゆく。結果として共同体の中核部は、カリスマと秘密を共有する特別な幹部たちの結社によって占められるようになるのである。

ナチスの中心部には、ハインリッヒ・ヒムラーが率いる親衛隊という組織が存在し、そこには「人種的エリート」が集められた。彼らは秘密の儀式を行うとともに、もっぱらナチズムの敵の排除という事業を手掛けたのである。またマンソンは、その信奉者たちに絶えず試練を与え、自らの人格と深く合一したメンバーを選別し、ファミリーの中核部に加えていった。そして人民寺院の上層部には「ＰＣ（計画委員会）」という組織があり、彼らはジョーンズが密かに抱えていた欠点や虚偽を隠蔽しつつ、そのカリスマ性を演出する役割を担ったのである。

オウム真理教には、表面的には位階制や省庁制といった制度が存在していたが、私が聞き取りを行ったある元信者の述懐によれば、実際の教団は、教祖である麻原とどれほど「近い」関係にあるかということによって構造化されていた。すなわち、教団の中核部は、麻原との深い合一化を果たした特別な側近たちによって占められ、彼らは、教団内外の敵対者を粛清する「ヴァジラヤーナ」活動、教祖の後継者を出産・育成する「タントラヤーナ」活動を秘密裏に推進していたというのである。

カリスマ運動は、ときに常識を超えるような過激で奇矯な軌跡を見せることがあるが、その背景には、共同体の中核部が秘密結社化し、教祖と側近のあいだに複雑な相互作用が交わされているという要因が潜んでいる、と考えるべきだろう。

⑤被害妄想と暴力

各種のカリスマ運動は、一般社会と徐々に融和するものから、激しい衝突に行き当たるものまで、多種多様な帰結を迎える。とはいえ、「破壊的カルト」と呼ばれるような過激な団体の場合、長期にわたって運動を持続することが難しく、遠からず大きな暴力的事件を引き起こすことが多い。そしてそこには、共同体が外部の敵によって攻撃され、存在を脅かされているという、濃密な被害妄想が介在している。

ヒトラーは、若い時期からユダヤ陰謀論の信奉者となり、そしてナチズムにおいては、ゲルマン民族の純血を維持するためにヨーロッパ社会からユダヤ人を駆逐するという政策が実行された。またマンソンは、カウンター・カルチャーのアイドルの一人となることによって親密なコミューンを手にしたが、そうした成功を手にすればするほど、彼の脳裏では、警察・黒人・体制派が自分たちを付け狙っているという妄想が肥大化していった。そしてジョーンズは、彼のコミューンから数名の脱退者が出たとき、CIAによる攻撃が間近に迫っていると思い込み、「革命的な集団自殺」へと踏み切ったのである。

麻原彰晃の精神においても、教団が成長し、数多くの秘密を抱え込むのと比例して、被害妄想が肥大化していった。すなわち彼は、日本の官僚機構や米軍がユダヤ＝フリーメーソンに支配されており、真理の組織であるオウムを潰そうとしていると思い悩むようになったのである。そして、陰謀勢力の支配から世界を解放するために、サリンの大規模な開発に着手することになった。

全体として言えばカリスマ運動は、パラノイア的世界観を提示するカリスマのもとに、自我の断片化に苦しむ信奉者たちが参集することによって発生する。そしてときにその運動は、カリスマを中心とする「純粋」で「親密」な共同体と、周囲に広がる「不純」で「敵対的」な社会という、危険な二元論を生み出すのである。

オウム真理教事件を含め、二〇世紀後半に世界各地で頻発した破壊的カルトの運動は、二一世紀前半の現在、取りあえず影を潜めたように見える。とはいえ、数々の惨劇を生み出した危険な諸要因が、社会から完全に払拭されたとも言えないだろう。インターネットがグローバルに普及することにより、小さなカリスマたちが動画配信やオンライン・サロンのなかで乱立するとともに、陰謀論的な終末思想も絶えずヴァージョンアップされ続けているからである。カリスマ運動のもたらす「毒気」に不用意に当てられないためにも、本書がもたらす知見はまだまだ有用であると思われる。

（おおた・としひろ　宗教学）

人名索引

ア 行

カ　行

サ　行

タ　行

ナ　行

ハ　行

マ 行

ヤ 行

ラ 行

ワ　行

事項索引

さ　行

た　行

な　行

は　行

ま 行

や 行

ら 行

わ 行

ん

参考文献

邦訳のあるものについては文献番号の右
肩に＊印を付し、末尾に一括掲載した。

1. Abel, Theodore 1938: *Why Hitler Came into Power: An Answer Based on the Original Life Stories of Six Hundred of his Followers*, New York: Prentice Hall.
2. Adas, Michael 1979: *Prophets of Rebellion: Millenarian Protest Movements against the European Colonial Order*. Chapel Hill, NC: University of North Carolina Press.
3. Adler, Gerald 1979: The Myth of Alliance with Borderline Patients. *American Journal of Psychiatry*, 136, 642-5.
4.* Adorno, Theodor et al. 1950: *The Authoritarian Personality*. New York: Harpers.
5. Alberoni, Francesco 1983: *Falling in Love*. New York: Random House.
6. Allen, William 1984: *The Nazi Seizure of Power*. New York: Franklin Watts.
7. Appel, Willa 1983: *Cults in America: Programmed for Paradise*. New York: Holt, Rinehart and Winston.
8.* Arendt, Hanna 1973: *The Origins of Totalitarianism*. New York: Harcourt Brace Jovanovich.
9. Atkins, Susan with Slosser, Bob 1977: *Child of Satan, Child of God*. Plainfield, NJ: Logos.
10. Bainbridge, William 1978: *Satan's Power: A Deviant Psychotherapy Cult*. Berkeley, CA: University of California Press.
11. Bainbridge, William and Stark, Rodney 1980: Scientology: To Be Perfectly Clear. *Sociological Analysis*, 41, 128-36.
12.* Becker, Ernest 1973: *The Denial of Death*. New York: Free Press.
13. Becker, Howard 1946: *German Youth: Bond or Free*. New York:

Oxford University Press.

14. Beigel, H. 1951: Romantic Love. *American Sociological Review*, 16, 326–34.

15. Bellah, Robert 1973: Introduction. In Robert Bellah (ed.), *Emile Durkheim on Morality and Society*. Chicago: University of Chicago Press.

16* ——, Madsen, Richard, Sullivan, William, Swidler, Ann and Tipton, Steven 1985: *Habits of the Heart: Individualism and Commitment in American Life*. New York: Harper and Row.

17. Benedict, Ruth 1923: *The Concept of the Guardian Spirit in North America*. American Anthropological Association.

18. Bensman, Joseph and Givant, Michael 1975: Charisma and Modernity: The Use and Abuse of a Concept. *Social Research*, 42, 570–614.

19. Bergmann, M. 1980: On the Intrapsychic Function of Falling in Love. *Psychoanalytic Quarterly*, 49, 56–77.

20. Berne, Eric 1978: *Transactional Analysis in Psychotherapy*, New York: Grove Press.

21. Bettelheim, Bruno 1943: Individual and Mass Behavior in Extreme Situations. *Journal of Abnormal and Social Psychology*, 38, 417–52.

22. Binion, Rudolph 1976: *Hitler Among the Germans*. New York: Elsevier.

23. Bion, Wilfred 1961: *Experiences in Groups*. New York: Basic Books.

24. Bird, F. 1979. The Pursuit of Innocence: New Religious Movements and Moral Accountability. *Sociological Analysis*, 40, 335–46.

25. Bogoras, Waldemar 1909: *The Chukchee. Memoirs of the Jesup North Pacific Expedition*, vol.11. New York: American Museum of Natural History.

26. Bourguignon, Erika 1968: World Distribution and Patterns of Possession States. In Raymond Prince (ed.), *Trance and Possession States*, Montreal: R. M. Bucke Memorial Society.

27. Boyer, L. Bruce et al. 1964: Comparison of Shamans and Pseudo-

shamans of the Apaches of the Mescalero Indian Reservation: A Rorschach Study. *Journal of Projective Techniques*, 28, 173–80.

28* Bromley, David and Shupe, Anson 1981: *Strange Gods: The Great American Cult Scare*. Boston: Beacon Press.

29. Bugliosi, Vincent with Gentry, Curt 1974: *Helter Skelter: The True Story of the Manson Murders*. New York: Norton.

30. Bullock, Alan 1962: *Hitler: A Study in Tyranny*. New York: Harper and Row.

31* Canetti, Elias 1978: *Crowds and Power*. New York: Seabury.

32. Chang, K. C. 1983: *Art, Myth, and Ritual: The Path to Political Authority in Ancient China*. Cambridge, MA: Harvard University Press.

33. Chasseguet-Smirgel, Janine 1976: Some Thoughts on the Ego Ideal. *Psychoanalytic Quarterly*, 45, 345–73.

34. Chessick, Richard 1979: A Practical Approach to the Psychotherapy of the Borderline Patient. *American Journal of Psychotherapy*, 33, 531–46.

35. Childs, David 1971: *Germany Since 1918*. New York: Harper and Row.

36. Cohen, Yehudi 1968: Ends and Means in Political Control. *American Anthropologist*, 71, 658–87.

37* Cohn, Norman 1970: *The Pursuit of the Millennium: Revolutionary Millenarians and Mystical Anarchists of the Middle Ages*. (Revised edition). New York: Oxford University Press.

38. Coppinger, R. and Rosenblatt, P. 1968: Romantic Love and Subsistence Dependence of Spouses, *Southwestern Journal of Anthropology*, 24, 310–19.

39. Craig, Gordon 1978: *Germany 1866–1945*. New York: Oxford University Press.

40. Czaplicka, M. 1914: *Aboriginal Siberia*. Oxford: Clarendon Press.

41. Dahrendorf, Ralf 1979: *Society and Democracy in Germany*. New York: Norton.

42* Darnton, Robert 1968: *Mesmerism and the End of the Enlightenment in France*. New York: Schocken.
43. Deikman, Arthur 1972: Deautomatization and the Mystic Experience. In Charles Tart (ed.), *Altered States of Consciousness*, New York: Doubleday.
44. Demos, Virginia 1988: Affect and the Development of the Self: A New Frontier. In Arnold Goldberg (ed.), *Frontiers in Self Psychology*, vol. 3, Hillsdale, NJ: The Analytic Press.
45. Deren, Maya 1953: *Divine Horsemen*. London: Thames and Hudson.
46* Descartes, René 1972: *Discourse on Method and Meditations*. Harmondsworth: Penguin.
47. Deutsch, Alexander 1980: Tenacity of Attachment to a Cult Leader: A Psychiatric Perspective. *American Journal of Psychiatry*, 137, 1569–73.
48. ——1983: Psychiatric Perspectives on an Eastern-style Cult. In David Halperin (ed.), *Psychodynamic Perspectives on Religion, Sect and Cult*, Boston: John Wright.
49. Devereux, Georges 1955: Charismatic Leadership and Crisis. In W. Muensterberger and S. Axelrod (eds), *Psychoanalysis and the Social Sciences*, New York: International Universities Press.
50. ——1961: Shamans as Neurotics. *American Anthropologist*, 63, 1088–90.
51. Dicks, H. V. 1972: *Licensed Mass Murder: A Socio-Psychological Study of some SS Killers*. London: Sussex University Press.
52* Diderot, Denis 1964: *Rameau's Nephew*. New York: Bobbs-Merrill.
53* Douglas, Mary 1970: *Natural Symbols*. Harmondsworth: Penguin.
54. Downton, James V. 1979: *Sacred Journeys: The Conversion of Young Americans to Divine Light Mission*. New York: Columbia University Press.
55. Driscoll, R., Davis, K. and Lipetz, M. 1972: Parental Interference and Romantic Love: The Romeo and Juliet Effect. *Journal of Personality and Social Psychology*, 24, 1–10.

56* Durkheim, Emile 1965: *The Elementary Forms of the Religious Life*. New York: Free Press.
57* ——1966: *Suicide*. New York: Free Press.
58. ——1973: The Dualism of Human Nature and its Social Conditions. In Robert Bellah (ed.), *Emile Durkheim on Morality and Society*, Chicago: University of Chicago Press.
59* ——1982: *The Rules of Sociological Method*. New York: Macmillan.
60* ——1984: *The Division of Labor in Society*. New York: Free Press.
61. Eagle, Morris 1984: *Recent Developments in Psychoanalysis*. Cambridge, MA: Harvard University Press.
62* Eliade, Mircea 1964: *Shamanism: Archaic Techniques of Ecstasy*. Princeton, NJ: Princeton University Press.
63* Elias, Norbert 1983: *Court Society*. New York: Basil Blackwell.
64* Ellenberger, Henri 1970: *The Discovery of the Unconscious*. New York: Basic Books.
65. Ellwood, Robert Jr 1973: *Religious and Spiritual Groups in Modern America*. Englewood Cliffs, NJ: Prentice-Hall.
66* Emmons, Nuel 1988: *Manson in His Own Words*. New York: Grove Press.
67. Erikson, Erik 1970: On the Nature of Psycho-historical Evidence: In Search of Gandhi. In D. Rustow (ed.), *Philosophers and Kings*, New York, Braziller.
68* ——1985: *Childhood and Society*, New York: Norton.
69* Fairbairn, W. 1954: *An Object-Relations Theory of the Personality*. New York: Basic Books.
70. Feinsod, Ethan 1981: *Awake in a Nightmare*. New York: Norton.
71* Fest, Joachim 1974: *Hitler*. New York: Harcourt Brace Jovanovich.
72. Festinger, Leon, Riecken, Henry and Schachter, Stanley 1956: *When Prophecy Fails*. Minneapolis: University of Minnesota Press.
73. Fiske, M. 1980: Changing Hierarchies of Commitment in Adulthood. In N. Smelser and E. Erikson (eds), *Themes of Work and Love in Adulthood*. Cambridge, MA: Harvard University Press.

74. FitzGerald, Frances 1986: Rajneeshpuram. *New Yorker*, 22 Sept., 46–96.
75* Freud, Sigmund 1950: *Totem and Taboo*. New York: Norton.
76* ——1957: On Narcissism: An Introduction. In *The Complete Psychological Works of Sigmund Freud*, London: Hogarth, vol.14.
77* ——1959: *Group Psychology and the Analysis of the Ego*. New York: Norton.
78* ——1962: *Civilization and its Discontents*. New York: Norton.
79* ——1977: *Introductory Lectures on Psychoanalysis*. New York: Norton.
80. Fried, Morton 1965: *Readings in Anthropology*, vol. 2. New York: Thomas Y. Crowell.
81. Friedel, David and Schele, Linda 1988: Kingship in the Late Preclassic Maya Lowlands: The Instruments and Places of Ritual Power. *American Anthropologist*, 90, 547–67.
82* Fromm, Erich 1941: *Escape from Freedom*. New York: Holt, Rinehart and Winston.
83. Fromme, Lynette 1975: Memoirs of Squeaky Fromme. *Time*, 15 September, 12–14.
84* Furet, François 1981: *Interpreting the French Revolution*. London: Cambridge University Press.
85. Galanter, M. et al. 1979: The Moonies: A Psychological Study of Conversion and Membership in a Contemporary Religious Sect. *American Journal of Psychiatry*, 136, 165–70.
86. Gallagher, Nora 1979: Jonestown: The Survivors Story. *New York Times Magazine*, 18 November, 124–36.
87. Gay, Peter 1985: *Freud for Historians*. New York: Oxford University Press.
88. Geller, J. and Howard, G. 1972: Some Sociopsychological Characteristics of Student Political Activists. *Journal of Applied Social Psychology*, 2(2), 114–37.
89. Gellner, Ernest 1985: *Relativism and the Social Sciences*. Cambridge:

Cambridge University Press.
90. Gilbert, G. M. 1950: *The Psychology of Dictatorship*. New York: Ronald Press.
91. Glassman, Ronald 1975: Legitimacy and Manufactured Charisma. *Social Research*, 42, 615–36.
92* Goffman, Erving 1959: *The Presentation of Self in Everyday Life*. New York: Doubleday Anchor.
93* ——1968: *Asylums*. Harmondsworth, Penguin.
94. Green, Martin 1974: *The von Richthofen Sisters: The Triumphant and the Tragic Modes of Love*. New York: Basic Books.
95. Greenfeld, Liah 1985: Reflections on Two Charismas. *British Journal of Sociology*, 36, 117–32.
96. Grim, John 1983: *The Shaman: Patterns of Siberian and Ojibway Healing*. Norman, OK: University of Oklahoma Press.
97. Guenther, Mathias 1975: The Trance Dance as an Agent of Social Change among the Farm Bushmen of the Ghanzi District. *Botswana Notes and Records*, 7, 161–6.
98. Gutman, David 1973: The Subjective Politics of Power: The Dilemma of Post-Superego Man. *Social Research*, 40, 570–616.
99. Habermas, Jürgen 1979: *Communication and the Evolution of Society*. Boston: Beacon.
100. Hall, John 1982: The Apocalypse at Jonestown. In Ken Levi (ed.), *Violence and Religious Commitment: Implications of Jim Jones's People's Temple Movement*. University Park: Pennsylvania State University Press.
101. Hall, John A. 1987: *Liberalism: Politics, Ideology, and the Market*. Chapel Hill, NC: University of North Carolina Press.
102. Halperin, David 1983: Group Processes in Cult Affiliation and Recruitment. In David Halperin (ed.), *Psychodynamic Perspectives on Religion, Sect and Cult*, Boston: John Wright.
103. Handelman, Don 1968: Shamanizing on an Empty Stomach. *American Anthropologist*, 70, 353–5.

104. Hanfstaengl, Ernst 1957: *Unheard Witnesses*. Philadelphia: J. B. Lippincott.

105. Heiden, Konrad 1935: *A History of National Socialism*. New York: Knopf.

106. Heinlein, Robert 1968: *Stranger in a Strange Land*. New York: Berkley.

107* Herf, Jeffrey 1984: *Reactionary Modernism: Technology, Culture and Politics in Weimar and the Third Reich*. Cambridge: Cambridge University Press.

108. Hine, Virginia 1974: The Deprivation and Disorganization Theories of Social Movements. In Irving Zaretsky and Mark Leone (eds), *Religious Movements in Contemporary America*. Princeton, NJ: Princeton University Press.

109* Hirschman, Albert O. 1977: *The Passions and the Interests: Political Arguments for Capitalism before its Triumph*. Princeton, NJ: Princeton University Press.

110. Holborn, Hajo 1970: *A History of Modern Germany, 1840–1945*. New York: Knopf.

111* Hoffer, Eric 1951: *The True Believer*. New York: Harper and Row.

112. Hughes, Richard 1961: *The Fox in the Attic*. New York: Harper and Row.

113. Hultkrantz, A. 1962: Spirit Lodge, a North American Shamanistic Seance. In Carl Edsman (ed.), *Studies in Shamanism*, Abo, Norway: Scripta Instituti Donneriani Aboensis.

114. ——1978: Ecological and Phenomenological Aspects of Shamanism. In V. Diószegi and M. Hoppál (eds), *Shamanism in Siberia*, Budapest: Académiai Kiadó.

115. Hume, David 1964: *Essays Moral, Political and Literary*, eds T. H. Green and T. H. Grose (2 vols). Aalen, Germany: Scientia Verlag.

116* ——1978: *A Treatise of Human Nature*, ed. L. A. Selby-Bigge. London: Oxford University Press.

117. Hunt, Lynn 1984: *Politics, Culture and Class in the French Revolution.* Berkeley: University of California Press.
118. Huston, T. and Burgess, R. 1979: Social Exchange in Developing Relationships. In R. Burgess and T. Huston (eds), *Social Exchange in Developing Relationships.* New York: Academic Press.
119. Jacobs, J. 1984: *The Mall.* Prospect Heights, IL: Waveland.
120* James, William 1929: *Varieties of Religious Experience.* New York: Modern Library.
121. Jochelson, Vladimir 1926: *The Yukaghir and the Yukaghirized Tungus. Memoirs of the Jesup North Pacific Expedition*, vol. 14. New York: American Museum of Natural History.
122. Jouvenel, Bertrand de 1958: Authority: The Efficient Imperative. In C. Friedrich (ed.), *Authority.* Cambridge, MA: Harvard University Press.
123. Kanter, Rosabeth Moss 1972: *Commitment and Community: Communes and Utopias in Sociological Perspective.* Cambridge, MA: Harvard University Press.
124. Katz, Richard 1982: *Boiling Energy: Community Healing among the Kalahari Kung.* Cambridge, MA: Harvard University Press.
125. Kennedy, Keven 1985: Manson at 50. *Harper's Magazine*, Sept. 28-9.
126. Kephart, William 1987: *Extraordinary Groups.* New York: St. Martin's Press.
127. Kernberg, Otto 1967: Borderline Personality Organization. *Journal of the American Psychoanalytic Association*, 15, 641-85.
128. ——1977: Boundaries and Structure in Love Relationships. *Journal of the American Psychoanalytic Association*, 25, 81-144.
129. ——1980: Love, the Couple and the Group: A Psychoanalytic Frame. *Psychoanalytic Quarterly*, 49, 78-108.
130. Kerns, Phil with Weed, Doug 1979: *People's Temple: People's Tomb.* Plainfield, NJ: Logos.
131. Kershaw, Ian 1987: *The Hitler Myth: Image and Reality in the*

Third Reich. Oxford: Clarendon Press.

132. Kersten, Felix 1962: *The Kersten Memoirs 1940–1945*. London: Macmillan.

133. Khaldun, Ibn 1981: *TheMuqaddimah*. Princeton, NJ: Princeton University Press.

134* Kilduff, Marshall and Javers, Ron 1979: *The Suicide Cult*. New York: Bantam.

135* Klein, Melanie 1975: *Envy and Gratitude and Other Works 1946–1963*. New York: Free Press.

136. Knox, R. A. 1950: *Enthusiasm: A Chapter in the History of Religion, with Special Reference to the XVII and XVIII Centuries*. New York: Oxford University Press.

137. Kohut, Heinz 1977: *The Restoration of the Self*. New York: International Universities Press.

138. ——1985: *Self-Psychology and the Humanities*. New York: Norton.

139* Kornhauser, W. 1959: *The Politics of Mass Society*. New York: Free Press of Glencoe.

140* Kracauer, Siegfried 1974: *From Caligari to Hitler: A Psychological History of the German Film*. Princeton, NJ: Princeton University Press.

141. Krader, L. 1978: Shamanism: Theory and History in Buryat Society. In V. Dioszegi and M. Hoppal (eds), *Shamanism in Siberia*, Budapest: Academiai Kiado.

142. Kriegman, D. and Solomon, L. 1985a: Cult Groups and the Narcissistic Personality: The Offer to Heal Defects in the Self. *International Journal of Group Psychotherapy*, 35, 236–61.

143. ——1985b: Psychotherapy and the "New Religions": Are they the Same? *Cultic Studies Journal*, 2, 2–16.

144. Kroeber, A. 1962: Psychosis or Social Sanction. In A. Kroeber (ed.), *The Nature of Culture*, Chicago: University of Chicago Press.

145. La Barre, Weston 1970: *The Ghost Dance*. New York: Doubleday.

146. Lame Deer, John and Erdoes, Richard 1972: *Lame Deer, Seeker of Visions*. New York: Simon and Schuster.
147. Lan, D. M. 1985: *Guns and Rain: Guerrillas and Spirit Mediums in Zimbabwe*. London: James Currey.
148. Landes, Ruth 1969: *The Ojibwa Woman*. New York: AMS Press.
149* Langer, Walter 1972: *The Mind of Adolf Hitler: The Secret Wartime Report*. New York: Basic Books.
150* Lanternari, V. 1963: *The Religions of the Oppressed: A Study of Modern Messianic Cults*. New York: A. A. Knopf.
151. Lasch, Christopher 1977: *Haven in a Heartless World*. New York: Basic Books.
152* ——1979: *The Culture of Narcissism: American Life in an Age of Diminishing Expectations*. New York: Norton.
153* ——1984: *The Minimal Self*. New York: Norton.
154* Lasswell, Harold 1960: *Psychopathology and Politics*. New York: Viking.
155* Le Bon, Gustave 1952: *The Crowd: A Study of the Popular Mind*. London: Ernest Benn.
156. Lee, Richard 1968: The Sociology of the !Kung Bushman Trance Performances. In Raymond Prince (ed.), *Trance and Possession States*, Montreal: R. M. Bucke Memorial Society.
157. Lesse, S. 1969: Revolution Vintage 1968: A Psychosocial View. *American Journal of Psychotherapy*, 23, 584–98.
158. Letwin, Shirley 1965: *The Pursuit of Certainty*. Cambridge: Cambridge University Press.
159. Levine, Saul 1984: Radical Departures. *Psychology Today*, August, 20–7.
160. Levinger, G. 1977: The Embrace of Lives: Changing and Unchanging. In G. Levinger and H. Raush (eds), *Close Relationships: Perspectives on the Meaning of Intimacy*. Amherst, MA: University of Massachusetts Press.
161* Lévi-Strauss, Claude 1963: The Sorcerer and his Magic. In Claude

Lévi-Strauss (ed.), *Structural Anthropology*, New York: Basic Books.
162.* Lewis, I. M. 1971: *Ecstatic Religion: An Anthropological Study of Spirit Possession and Shamanism*. Harmondsworth: Penguin.
163. ——1986: *Religion in Context: Cults and Charisma*. Cambridge: Cambridge University Press.
164. Lienhardt, Godfrey 1961: *Divinity and Experience: The Religion of the Dinka*. Oxford: Clarendon Press.
165.* Lifton, Robert Jay 1961: *Thought Reform and the Psychology of Totalism*. New York: Norton.
166. ——1969: *Boundaries: Psychological Man in Revolution*. New York: Simon and Schuster.
167. Lindholm, C. 1988a: Lovers and Leaders. *Social Science Information*, 27, 3-45.
168. ——1988b: The Social Structure of Emotional Constraint. *Ethos*, 16, 227-46.
169. ——unpublished MS, The Social Anthropology of Romantic Love.
170.* Lipset, Seymour Martin 1979: *The First New Nation: The United States in Historical and Comparative Perspective*. New York: Norton.
171. Little, G. 1984: *Political Ensembles*. New York: Oxford University Press.
172. Lofland, John and Stark, Rodney 1965: Becoming a World Saver: A Theory of Conversion to a Deviant Perspective. *American Sociological Review*, 30, 862-74.
173. Lommel, Andreas 1967: *Shamanism: The Beginnings of Art*. New York: McGraw-Hill.
174. Ludecke, Kurt 1937: *I Knew Hitler*. New York: Scribner's.
175. Ludwig, Arnold 1972: Altered States of Consciousness. In Charles Tart (ed.), *Altered States of Consciousness*, New York: Doubleday.
176.* Machiavelli, Niccolò 1988: *The Prince*. New York: Cambridge University Press.
177. MacIntyre, Alasdair 1981: *After Virtue: A Study in Moral*

Theory. London: Duckworth.
178. McLellan, V. and Avery, P. 1977: *The Voices of Guns*. New York: Putnam.
179. Martin, David 1978: *A General Theory of Secularization*. New York: Harper and Row.
180. Mazlish, Bruce 1981: The next "next assignment" Leader and Led, Individual and Group. In *Psychohistory Review*, 9, 214–37.
181* Michelet, Jules 1967: *History of the French Revolution*, ed. Gordon Wright, tr. Charles Cocks. Chicago: University of Chicago Press.
182. Michels, Robert 1949: *First Lectures in Political Sociology*, tr. Alfred de Grizia. Minneapolis: University of Minnesota Press.
183* Mill, John Stuart 1975: *On Liberty*. New York: Norton.
184. Miller, J. 1980: Romantic Couples and the Group Process. In K. Pope (ed.), *On Love and Loving*, San Francisco: Jossey-Bass.
185. Mills, Jeannie 1979: *Six Years with God: Life Inside Rev. Jim Jones's Peoples Temple*. New York: A & W Publishers.
186* Mitscherlich, Alexander 1969: *Society Without the Father*. London: Tavistock.
187. Moore, Rebecca 1986: *The Jonestown Letters: Correspondence of the Moore Family 1970–1985*. Lewiston, MN: Edwin Mellen Press.
188* Moscovici, Serge 1985: *The Age of the Crowd: A Historical Treatise on Mass Psychology*. New York: Cambridge University Press.
189. Mosse, George 1964: *The Crisis of German Ideology*. New York: Grosset & Dunlap.
190. ——1968: *Nazi Culture*. New York: Grosset & Dunlap.
191. Mukhopadhyay, C. 1979: The Functions of Romantic Love. *Behavior Science Research*, 14, 57–63.
192. Munn, Henry 1973: The Mushrooms of Language. In M. Harner (ed.), *Hallucinogens and Shamanism*, New York: Oxford University Press.
193. Murphy, Jane 1964: Psychotherapeutic Aspects of Shamanism on

St Lawrence Island, Alaska. In A. Kiev, *Magic, Faith and Healing*, London: Free Press.

194. Nelson, Godfrey 1960: The Spiritualist Movement and the Need for a Redefinition of Cult. *Journal for the Scientific Study of Religion*, 8, 153–60.

195* Neumann, Franz 1942: *Behemoth*. London: Oxford University Press.

196* Nietzsche, Friedrich 1964: *The Will to Power*, tr. Anthony Ludovici. New York: Russell and Russell.

197* ——1966: *Beyond Good and Evil*. New York: Vintage.

198* ——1977: *The Twilight of the Idols and The Anti-Christ*, tr. R. J. Hollingdale. Harmondsworth: Penguin.

199. Noll, Richard 1983: Shamanism and Schizophrenia: A State Specific Approach to the "Schizophrenia Metaphor" of Shamanic States. *American Ethnologist*, 10, 443–59.

200. Nordland, Odd 1962: Shamanism as an Experiencing of "the Unreal." In Carl-Martin Edsman (ed.), *Studies in Shamanism*, Abo, Norway: Scripta Instituti Donneriani Aboensis.

201. Nyomarkay, Joseph 1967: *Charisma and Factionalism in the Nazi Party*. Minneapolis: University of Minnesota Press.

202. Ohnuki-Tierney, Emiko 1980: Shamans and *Imu* Among Two Ainu Groups. *Ethos*, 8, 204–28.

203. Olsson, Peter 1983: Adolescent Involvement with the Supernatural and Cults. In David Halperin (ed.), *Psychodynamic Perspectives on Religion, Sect and Cult*, Boston: John Wright.

204. O'Toole, Roger 1975: Sectarianism in Politics: Case Studies of Maoists and De Leonists. In Roy Wallis (ed.), *Sectarianism*, London: Peter Owen.

205*. Ozouf, Mona 1988: *Festivals and the French Revolution*. Cambridge, MA: Harvard University Press.

206. Peters, Larry 1982: Trance, Initiation and Psychotherapy in Tamang Shamanism. *American Ethnologist*, 9, 21–46.

207. Pope, Kenneth 1980: Defining and Studying Romantic Love. In K. Pope (ed.), *On Love and Loving*, San Francisco: Jossey-Bass.
208* Rauschning, Hermann 1940: *The Voice of Destruction*. New York: Putnam.
209. Rebhan, James 1983: The Drug Rehabilitation Program: Cults in Formation? In David Halperin (ed.), *Psychodynamic Perspectives on Religion, Sect and Cult*, Boston: John Wright.
210* Reich, Wilhelm 1970: *The Mass Psychology of Fascism*. New York: Farrar, Straus and Giroux.
211. Reik, T. 1972: *A Psychologist Looks at Love*. New York: Holt, Rinehart and Winston.
212* Reiterman, Tim with Jacobs, John 1982: *Raven: The Untold Story of the Rev. Jim Jones and his People*. New York: Dutton.
213. Reston, James Jr. 1981: *Our Father Who Art in Hell*. New York: Times Books.
214. Richardson, James T. 1982: A Comparison Between Jonestown and Other Cults. In Ken Levi (ed.), *Violence and Religious Commitment: Implications of Jim Jones's People's Temple Movement*, University Park, PA: Pennsylvania State.
215* Riesman, David with Glazer, Nathan and Denney, Reuel 1961: *The Lonely Crowd*. New Haven: Yale University Press. (Abridged, with a new foreword).
216. Rivera, Geraldo 1988: *Murder: Live from Death Row. In Geraldo Transcripts*, 55. New York: Investigative News Group Inc.
217. Robbins, Thomas and Anthony, Dick 1978: New Religions, Families and Brainwashing. *Society*, May/June, 77–83.
218. Roheim, Geza 1970: The Origin and Function of Culture. In W. Muensterberger (ed.), *Man and His Culture*, New York: Taplinger.
219. Rosenblatt, P. 1967: Marital Residence and the Functions of Romantic Love. *Ethnology*, 6, 471–80.
220. ―― 1978: Cross-Cultural Perspectives on Attraction. In T. Huston, *Foundations of Interpersonal Attraction*, New York: Academic

Press.
221* Rubin, Z. 1973: *Liking and Loving*. New York: Holt, Rinehart and Winston.
222* Sacks, Oliver 1985: *The Man who Mistook his Wife for a Hat*. New York: Harper and Row.
223. Sandel, M. 1982: *Liberalism and the Limits of Justice*. New York: Cambridge University Press.
224* Sanders, Ed 1971: *The Family*. New York: Dutton.
225. Schaffner, Bertram 1948: *Father Land: A Study of Authoritarianism in the German Family*. New York: Columbia University Press.
226. Schiffer, Irvine 1973: *Charisma: A Psychoanalytic Look at Mass Society*. Toronto: University of Toronto.
227. Schramm, Percy 1971: *Hitler: The Man and the Military Leader*. Chicago: Quadrangle.
228. Schreck, Nikolas (ed.) 1988: *The Manson File*. New York: Amok Press.
229. Schweitzer, Albert 1984: *The Age of Charisma*. Chicago: Nelson Hall.
230* Segalen, Martine 1986: *Historical Anthropology of the Family*. New York: Cambridge University Press.
231* Sennett, Richard 1981: *Authority*. New York: Vintage.
232. Shils, Edward 1965: Charisma, Order, and Status. *American Sociological Review*, 30, 199–213.
233. Shirokogoroff, S. 1935: *Psychomental Complex of the Tungus*. London: Kegan Paul, Trench, Trubner.
234* Shorter, E. 1975: *The Making of the Modern Family*. New York: Basic Books.
235. Shupe, Anson 1981: *Six Perspectives on New Religions: A Case Study Approach*. New York: Edwin Mellen Press.
236. Shweder, Richard 1972: Aspects of Cognition in Zinacanteco Shamans, Experimental Results. In William Lessa and Evon Vogt, *Reader in Comparative Religion*, New York: Harper and Row.

237. Simcox-Reiner, Beatrice 1979: A Feeling of Irrelevance: The Effects of a Non-supportive Society. *Social Casework*, 60, 3–10.
238. Simenon, Georges 1984: interview. *New York Times Magazine*, 22 April, 20–3, 60–6.
239. Sipe, Onjya, with McGrath, Robert 1976: *Devil's Dropout*. Milford, CT: Mott.
240. Sklar, Dusty 1977: *Gods and Beasts: The Nazis and the Occult*. New York: Thomas Crowell.
241* Slater, Philip 1976: *The Pursuit of Loneliness: American Culture at the Breaking Point*. Boston: Beacon Press.
242. ——1977: *Footholds*. Boston: Beacon Press.
243. Smith, Bradley F. 1967: *Adolf Hitler: His Family, Childhood and Youth*. Stanford: Hoover Institution.
244. Solomon, Robert 1981: *Love: Emotion, Myth and Metaphor*. Garden City, NY: Anchor.
245. Spero, Moshe 1983: Individual Psychodynamic Intervention with the Cult Devotee. In David Halperin (ed.), *Psychodynamic Perspectives on Religion, Sect and Cult*, Boston: John Wright.
246* Stern, Fritz 1961: *The Politics of Cultural Despair*. Berkeley, CA: University of California Press.
247. ——1972: *The Failure of Illiberalism*. New York: Knopf.
248* Stone, L. 1978: *The Family, Sex and Marriage in England: 1500–1800*. New York: Harper and Row.
249. Swanson, Guy 1978: Trance and Possession: Studies of Charismatic Influence. *Review of Religious Research*, 19, 253–78.
250. Swidler, A. 1980: Love and Adulthood in American Culture. In N. Smelser and E. Erikson (eds), *Themes of Work and Love in Adulthood*, Cambridge, MA: Harvard University Press.
251. Tarde, Gabriel de 1903: *The Laws of Imitation*. New York: Henry Holt and Co.
252. Taylor, A. J. P 1988: T*he Course of German History*. London: Routledge.

253. Tipton, Steven 1982: *Getting Saved from the Sixties*. Berkeley, CA: University of California Press.
254* Tocqueville, Alexis de 1969: *Democracy in America*. Garden City, NY: Doubleday.
255. Tumarkin, Nina 1983: *Lenin Lives! The Lenin Cult in Soviet Russia*. Cambridge, MA: Harvard University Press.
256. Turner, Henry (ed.) 1985: *Hitler: Memoirs of a Confidant*. New Haven: Yale University Press.
257* Turner, Victor 1982: *The Ritual Process*. New York: Aldine.
258. Waite, Robert 1952: *Vanguard of Nazism: The Free Corps Movement in Postwar Germany 1918-1923*. Cambridge, MA: Harvard University Press.
259. ——1971: Adolf Hitler's Anti-semitism: A Study in History and Psychoanalysis. In Benjamin Wolman (ed.), *Psychoanalytic Interpretations of History*, New York: Basic Books.
260. ——1977: *The Psychopathic God: Adolf Hitler*. New York: Basic Books.
261. Wallace, Anthony 1956: Revitalization Movements. *American Anthropologist*, 58, 264-81.
262. Wallis, Roy 1984: *The Elementary Forms of the New Religious Life*. London: Routledge and Kegan Paul.
263. Watson, Tex 1978: *"Will You Die For Me?"* Old Tappan, NJ: Fleming H. Revell.
264. Weber, Eugen 1965: The New Right: An Introduction. In Hans Rogger and Eugen Weber (eds), *The European Right: A Historical Profile*, Berkeley, CA: University of California Press.
265* Weber, Max 1946: *From Max Weber: Essays in Sociology*, eds Hans Gerth and C. Wright Mills. New York: Oxford University Press.
266* ——1949: *The Methodology of the Social Sciences*, eds Edward Shils and Henry Finch. New York: Free Press.
267* ——1958: *The Protestant Ethic and the Spirit of Capitalism*.

New York: Scribner's.
268* ——1978: *Economy and Society*, eds G. Roth and C. Wittich. Berkeley, CA: University of California Press.
269. Weightman, Judith Mary 1983: *Making Sense of the Jonestown Suicides: A Sociological History of the Peoples Temple*. New York: Edwin Mellen Press.
270. Weinstein, Fred 1980: *The Dynamics of Nazism: Leadership, Ideology and the Holocaust*. New York: Academic Press.
271. Westley, Francis 1982: Merger and Separation: Autistic Symbolism in New Religious Movements. *Journal of Psychoanalytic Anthropology*, 5, 137–54.
272. Willner, Ann Ruth 1984: *The Spellbinders: Charismatic Political Leadership*. New Haven: Yale University Press.
273* Wilson, Bryan R. 1975: *The Noble Savages: The Primitive Origins of Charisma and its Contemporary Survival*. Berkeley, CA: University of California Press.
274* ——1976: *Contemporary Transformations of Religion*. Oxford: Oxford University Press.
275. Winkelman, Michael 1986: Trance States: A Theoretical Model and Cross-Cultural Analysis. *Ethos*, 14, 174–203.
276* Winnicott, D. 1965: *The Maturational Processes and the Facilitating Environment*. New York: International Universities Press.
277. Wolfenstein, E. Victor 1967: *The Revolutionary Personality: Lenin, Trotsky, Gandhi*. Princeton, NJ: Princeton University Press.
278. ——1969: *Personality in Politics*. Belmont, CA: Dickenson.
279. Wood, Allen Tate with Vitek, Jack 1979: *Moonstruck: A Memoir of My Life in a Cult*. New York: William Morrow.
280*. Worsley, Peter 1968: *The Trumpet Shall Sound*. New York: Schocken.
281. Yee, Min S. and Layton, Thomas 1981: *In My Father's House*. New York: Holt, Rinehart and Winston.
282. Yinger, Milton 1946: *Religion in the Struggle for Power*. Durham,

NC: Duke University Press.
283. ——— 1957: *Religion, Society and the Individual.* New York: Macmillan.
284. Zablocki, Benjamin 1980: *Alienation and Charisma.* New York: Free Press.
285. Zaehner, R. C. 1974: *Our Savage God.* London: Collins.

邦訳書

4. 『権威主義的パーソナリティ』（田中義久・矢沢修次郎・小林修一訳）青木書店
5. 『恋すること』（泉典子訳）草思社
8. 『全体主義の起源』全３巻（大久保和郎・大島通義・大島かおり訳）みすず書房
12. 『死の拒絶』（今防人訳）平凡社
16. 『心の習慣』（島薗進・中村圭志訳）みすず書房
28. 『アメリカ「新宗教」事情』（稲沢五郎訳）ジャプラン出版
30. 『アドルフ・ヒトラー』（大西尹明訳）みすず書房
31. 『群衆と権力』上・下（岩田行一訳）法政大学出版局
32. 『古代中国社会―美術・神話・祭祀』（伊藤清司ほか訳）東方書店
37. 『千年王国の追求』（江河徹訳）紀伊國屋書店
42. 『パリのメスマー』（稲生永訳）平凡社
46. 『方法序説』（落合太郎訳）岩波文庫ほか
52. 『ラモーの甥』（本田喜代治・平岡昇訳）岩波文庫
53. 『象徴としての身体』（江河徹ほか訳）紀伊國屋書店
56. 『宗教生活の原初形態』上・下（古野清人訳）岩波文庫
57. 『自殺論』（宮島喬訳）中公文庫ほか
59. 『社会学的方法の規準』（宮島喬訳）岩波文庫
60. 『社会分業論』（田原音和訳）青木書店
62. 『シャーマニズム』（堀一郎訳）冬樹社

63. 『宮廷社会』（波田節夫ほか訳）法政大学出版局
64. 『無意識の発見』上・下（木村敏・中井久夫監訳）弘文堂
66. 『悪魔の告白』（越智道雄・樋口幸子訳）ジャプラン出版
68. 『幼児期と社会』１・２（仁科弥生訳）みすず書房
69. 『人格の対象関係論』（山口泰司訳）文化書房博文社
71. 『ヒトラー』上・下（赤羽龍夫ほか訳）河出書房新社
72. 『予言がはずれるとき』（水野博介訳）勁草書房
75. 『トーテムとタブー』（西田越郎訳）『フロイト著作集』第3巻所収，人文書院ほか
76. 『ナルシシズム入門』（懸田克躬・吉村博次訳）『フロイト著作集』第5巻所収，人文書院ほか
77. 『集団心理学と自我の分析』（小此木啓吾訳）『フロイト著作集』第6巻所収，人文書院ほか
78. 『文化への不満』（浜川祥枝訳）『フロイト著作集』第3巻所収，人文書院ほか
79. 『精神分析入門』（懸田克躬・高橋義孝訳）『フロイト著作集』第1巻，人文書院ほか
82. 『自由からの逃走』（日高六郎訳）東京創元社
84. 『フランス革命を考える』（大津真作訳）岩波書店
87. 『歴史学と精神分析―フロイトの方法的有効性』（成田篤彦・森泉弘次訳）岩波書店
92. 『行為と演技』（石黒毅訳）誠信書房
93. 『アサイラム』（石黒毅訳）誠信書房
94. 『リヒトホーフェン姉妹』（塚本明子訳）みすず書房
106. 『異星の客』（井上一夫訳）東京創元社
107. 『保守革命とモダニズム』（中村幹雄ほか訳）岩波書店
109. 『情念の政治経済学』（佐々木毅・旦祐介訳）法政大学出版局
111. 『大衆運動』（高根正昭訳）紀伊國屋書店
115. 『ヒューム道徳・政治・文学論集　完訳版』（田中敏弘訳）名古屋大学出版会
116. 『人性論』全４巻（大槻春彦訳）岩波文庫
117. 『フランス革命の政治文化』（松浦義弘訳）ちくま学芸文庫

120. 『宗教的経験の諸相』上・下（桝田啓三郎訳）岩波文庫ほか
124. 『〈癒し〉のダンス：「変容した意識」のフィールドワーク』（永沢哲・田野尻哲郎・稲葉大輔訳）講談社
131. 『ヒトラー神話―第三帝国の虚像と実像』（柴田啓二訳）刀水書房
133. 『歴史序説』全4巻（森本公誠訳）岩波文庫
134. 『自殺信仰』（新庄哲夫訳）講談社
135. 『羨望と感謝』（小此木啓吾ほか訳）『メラニー・クライン著作集』第5巻，誠信書房
137. 『自己の修復』（本城秀次・笠原嘉監訳）みすず書房
138. 『自己心理学とヒューマニティ』（林直樹訳）金剛出版
139. 『大衆社会の政治』（辻村明訳）東京創元社
140. 『カリガリからヒトラーへ』（丸尾定訳）みすず書房
146. 『インディアン魂―レイム・ディアー』上（北山耕平訳）河出文庫
149. 『ヒトラーの心』（ガース暢子訳）平凡社
150. 『虐げられた者の宗教』（堀一郎・中牧弘允訳）新泉社
152. 『ナルシシズムの時代』（石川弘義訳）ナツメ社
153. 『ミニマル・セルフ』（石川弘義ほか訳）時事通信社
154. 『人間と政治』（加藤正泰訳）岩崎書店
155. 『群衆心理』（桜井成夫訳）創元社ほか
161. 『構造人類学』（荒川幾男ほか訳）みすず書房
162. 『エクスタシーの人類学』（平沼孝之訳）法政大学出版局
165. 『思想改造の心理』（小野泰博訳）誠信書房
170. 『国民形成の歴史社会学』（内山秀夫・宮沢健訳）未来社
176. 『君主論』（大岩誠訳）角川文庫ほか
177, 『美徳なき時代』（篠崎栄訳）みすず書房
181. 『フランス革命史』（桑原武夫ほか訳）『世界の名著』第48巻所収，中央公論社ほか
183. 『自由論』（塩尻公明・木村健康訳）岩波文庫ほか
186. 『父親なき社会』（小見山実訳）新泉社
188. 『群衆の時代』（古田幸男訳）法政大学出版局
195. 『ビヒモス』（岡本友孝ほか訳）みすず書房
196. 『権力への意志』（原佑訳）『ニーチェ全集』第11・12巻，理想社ほ

か
197.『善悪の彼岸』（木場深定訳）岩波文庫ほか
198.『偶像の黄昏』（原佑訳）『ニーチェ全集』第13巻所収，理想社ほか
205.『革命祭典』（立川孝一訳）岩波書店
208.『ヒトラーとの対話』（船戸満之訳）学芸書林
210.『ファシズムの大衆心理』上・下（平田武靖訳）せりか書房
212.『人民寺院』（越智道雄訳）ジャプラン出版
215.『孤独な群衆』上・下（加藤秀俊訳）みすず書房
221.『好きになることと愛すること』（市川孝一・樋野芳雄訳）思索社
222.『妻を帽子とまちがえた男』（高見幸郎・金沢泰子訳）晶文社，ハヤカワ文庫ＮＦ
223.『自由主義と正義の限界』（菊池理夫訳）三嶺書房
224.『ファミリー』（小鷹信光訳）草思社
230.『家族の歴史人類学』（片岡陽子ほか訳）新評論
231.『権威への反逆』（今防人訳）岩波書店
234.『近代家族の形成』（田中俊宏ほか訳）昭和堂
241.『孤独の追求』（渡辺潤訳）新泉社
246.『文化的絶望の政治』（中道寿一訳）三嶺書房
248.『家族・性・結婚の社会史』（北本正章訳）勁草書房
251.『模倣の法則』（池田祥英・村澤真保呂訳）河出書房新社
252.『近代ドイツの辿った道―ルターからヒトラーまで』（井口省吾訳）名古屋大学出版会
254.『アメリカにおけるデモクラシー』（岩永健吉郎・松本礼二訳）研究社ほか
257.『儀礼の過程』（冨倉光雄訳）思索社
258.『ナチズムの前衛』（山下貞雄）新生出版
265.『宗教社会学論選』（大塚久雄・生松敬三訳）みすず書房ほか
266.『ウェーバー政治・社会論集』（出口勇蔵ほか訳）『世界の大思想』第23巻，河出書房ほか
267.『プロテスタンティズムの倫理と資本主義の精神』（大塚久雄訳）岩波文庫ほか
268.『宗教社会学』（武藤一雄ほか訳）創文社ほか

273. 『カリスマの社会学』（山口素光訳）世界思想社
274. 『現代宗教の変容』（井門富二夫・中野毅訳）ヨルダン社
276. 『情緒発達の精神分析理論』（牛島定信訳）岩崎学術出版社
280. 『千年王国と未開社会』（吉田正紀訳）紀伊國屋書店

本書は『カリスマ　出会いのエロティシズム』
として一九九二年五月、新曜社より刊行された。

哲学ファンタジー

レイモンド・スマリヤン
高橋昌一郎訳

論理学の鬼才が、軽妙な語り口ながら、切れ味抜群の思考法で哲学から論理学まで広く論じた対話篇。哲学することの魅力を堪能しつつ、思考を鍛える！

ハーバート・スペンサーコレクション

ハーバート・スペンサー
森村進編訳

自由はどこまで守られるべきか。リバタリアニズムの源流となった思想家の理論の核が凝縮された論考を精選し、平明な訳で送る。文庫オリジナル編訳。

ナショナリズムとは何か

アントニー・D・スミス
庄司信訳

ナショナリズムは創られたものか、それとも自然なものか。この矛盾に満ちた心性の正体を、世界的権威が徹底的に解説する。最良の入門書、本邦初訳。

日常的実践のポイエティーク

ミシェル・ド・セルトー
山田登世子訳

読書、歩行、声。それらは分類し解析する近代的知が見落とす、無名の者の戦術である。領域を横断し、秩序に抗う技芸を描く。（渡辺優）

反解釈

スーザン・ソンタグ
高橋康也他訳

《解釈》を偏重する在来の批評に対し、《形式》を感受する官能美学の必要性をとき、理性や合理主義に対する感性の復権を唱えたマニフェスト。

声と現象

ジャック・デリダ
林好雄訳

フッサール『論理学研究』の綿密な読解を通して、「脱構築」「痕跡」「差延」「代補」「エクリチュール」など、デリダ思想の中心的〝操作子〟を生み出す。

歓待について

ジャック・デリダ
アンヌ・デュフールマンテル序論
廣瀬浩司訳

異邦人＝他者を迎え入れることはどこまで可能か？ギリシャ悲劇、クロソウスキーなどを経由し、この喫緊の問いにひそむ歓待の（不）可能性に挑む。

省察

ルネ・デカルト
山田弘明訳

徹底した懐疑の積み重ねから、確実な知識を探り世界を証明づける。哲学入門者が最初に読むべき、近代哲学の源泉たる一冊。詳細な解説付新訳。

方法序説

ルネ・デカルト
山田弘明訳

「私は考える、ゆえに私はある」。近代以降すべての哲学は、この言葉で始まった。世界中で最も読まれている哲学書の完訳。平明な徹底解説付。

ちくま学芸文庫

カリスマ

二〇二一年十二月十日　第一刷発行

著者　C・リンドホルム
訳者　森下伸也（もりした・しんや）
発行者　喜入冬子
発行所　株式会社　筑摩書房
東京都台東区蔵前二―五―三　〒一一一―八七五五
電話番号　〇三―五六八七―二六〇一（代表）

装幀者　安野光雅
印刷所　星野精版印刷株式会社
製本所　株式会社積信堂

ISBN978-4-480-51059-4 C0130